全国高等教育自学考试指定教材
教育学专业(独立本科段)

教育统计与测量

Jiaoyu Tongji yu Celiang

(含:教育统计与测量自学考试大纲)

(2018年版)

全国高等教育自学考试指导委员会　组编
主编　赵德成

高等教育出版社·北京

扫描微信二维码
关注自考教材服务

图书在版编目（CIP）数据

教育统计与测量／全国高等教育自学考试指导委员会组编；赵德成主编. --北京：高等教育出版社，2018.11（2021.5 重印）
ISBN 978-7-04-050834-5

Ⅰ.①教… Ⅱ.①全… ②赵… Ⅲ.①教育统计-高等教育-自学考试-教材②教育测量-高等教育-自学考试-教材 Ⅳ.①G40-051②G40-058.1

中国版本图书馆 CIP 数据核字（2018）第 243354 号

策划编辑 雷旭波　　责任编辑 雷旭波　　版式设计 于 婕　　责任校对 刘 莉
责任印制 田 甜

出　　版	高等教育出版社	咨询电话	400-810-0598
社　　址	北京市西城区德外大街 4 号	网　　址	http://www.hep.edu.cn
邮政编码	100120		http://www.hep.com.cn
印　　刷	北京市鑫霸印务有限公司		
开　　本	787mm×1092mm　1/16	版　　次	2018 年 11 月第 1 版
印　　张	22.75	印　　次	2021 年 5 月第 5 次印刷
字　　数	560 千字	定　　价	48.00 元

本书如有质量问题，请与教材供应部门联系

物 料 号　50834-00

组编前言

21世纪是一个变幻莫测的世纪，是一个催人奋进的时代。科学技术飞速发展，知识更替日新月异。希望、困惑、机遇、挑战，随时随地都有可能出现在每一个社会成员的生活之中。抓住机遇，寻求发展，迎接挑战，适应变化的制胜法宝就是学习——依靠自己学习、终身学习。

作为中国高等教育组成部分的自学考试，其职责就是在高等教育这个水平上倡导自学，鼓励自学，帮助自学，推动自学，为每一个自学者铺就成才之路。组织编写供读者学习的教材是履行这个职责的重要环节。毫无疑问，这种教材应当适合自学，应当有利于学习者掌握和了解新知识、新信息，有利于学习者增强创新意识、培养实践能力、形成自学能力，也有利于学习者学以致用，解决实际工作中所遇到的问题。具有如此特点的书，我们虽然沿用了“教材”这个概念，但它与那种仅供教师讲、学生听，教师不讲、学生不懂，以“教”为中心的教科书相比，已经在内容安排、编写体例、行文风格等方面都大不相同了。希望读者对此有所了解，以便从一开始就树立起依靠自己学习的坚定信念，不断探索适合自己的学习方法，充分利用自己已有的知识基础和实际工作经验，最大限度地发挥自己的潜能，达到学习的目标。

欢迎读者提出意见和建议。

祝每一位读者自学成功。

全国高等教育自学考试指导委员会

2018年1月

目 录

教育统计与测量自学考试大纲

教育统计与测量

全国高等教育自学考试
教育学专业(独立本科段)

教育统计与测量自学考试大纲

全国高等教育自学考试指导委员会　制定

大纲前言

为了适应社会主义现代化建设的需要，鼓励自学成才，我国在20世纪80年代初建立了高等教育自学考试制度。高等教育自学考试是个人自学、社会助学和国家考试相结合的一种高等教育形式。应考者通过规定的专业考试课程并经思想品德鉴定达到毕业要求的，可获得毕业证书；国家承认学历并按照规定享有与普通高等学校毕业生同等的有关待遇。经过30多年的发展，高等教育自学考试为国家培养造就了大批专门人才。

课程自学考试大纲是国家规范自学者学习范围、要求和考试标准的文件。它是按照专业考试计划的要求，具体指导个人自学、社会助学、国家考试、编写教材、编写自学辅导书的依据。

随着经济社会的快速发展，新的法律法规不断出台，科技成果不断涌现，原大纲中有些内容过时、知识陈旧。为更新教育观念，深化教学内容和方式、考试制度、质量评价制度改革，使自学考试更好地提高人才培养的质量，各专业委员会按照专业考试计划的要求，对原课程自学考试大纲组织了修订或重编。

修订后的大纲，在层次上，本科参照一般普通高校本科水平，专科参照一般普通高校专科或高职院校的水平；在内容上，力图反映学科的发展变化，增补了自然科学和社会科学近年来的研究成果，对明显陈旧的内容进行了删减。

全国高等教育自学考试指导委员会教育类专业委员会组织制定了《教育统计与测量自学考试大纲》，经教育部批准，现颁发施行。各地教育部门、考试机构应认真贯彻执行。

全国高等教育自学考试指导委员会

2018年9月

Ⅰ. 课程性质与课程目标

一、课程性质和特点

“教育统计与测量”课程是全国高等教育自学考试教育学专业(独立本科段)、教育管理专业(独立本科段)必考的一门专业基础课。掌握教育统计与测量的基本理论知识、基本技能和实际应用方法,是进一步学习教育和心理学专业课程,以后做好教育教学工作,或进行教育科学研究的重要条件,必须重视本课程的学习与考核。

教育统计与测量是教育学、心理学、测量学与统计学交叉结合的产物。教育统计是应用统计,是数理统计方法在教育领域的具体应用;教育测量是通过测验对学生的学业成就和心理特质进行定量描述的过程。两者结合起来能帮助我们定量描述人的身心发展特点,认识教育现象和规律,是一门工具性很强的学科,为教育学与心理学研究提供了一种科学的分析方法。在自学考试命题中,应充分体现本课程的性质与特点。

二、课程目标

设置本课程的主要目标是:使自学应考者掌握教育统计与测量的基本概念和基本原理,培养其描述统计分析能力和初步的推断统计能力,并掌握测验编制的基本技能,会进行测验质量分析和正确解释分数意义,从而在未来的工作实践中能用统计与测量的方法解决教育教学和管理工作中的实际问题,提高研究能力。

三、与相关课程的联系与区别

“教育统计与测量”是一门综合性课程,它不仅整合了教育统计学与教育测量学两个学科,而且融会了心理测量学、教育评价学等学科的内容。教育统计与测量也是一门基础性课程,学好教育统计与测量,可以为进一步学习与掌握教育科学研究方法奠定良好的基础。

四、课程的重点和难点

(一) 课程重点

本课程的重点主要有:数据描述统计、正态分布、抽样分布、参数估计、假设检验、相关分析、卡方分析、经典测量理论、测验编制及测验质量分析。

(二) 课程难点

本课程的难点主要有:正态分布、假设检验、卡方分析、方差分析及测验质量分析。

Ⅱ. 考核目标

本大纲在考核目标中,按照识记、领会和应用三个层次规定考生应达到的要求。三个能力层次是递进关系,各能力层次的含义如下。

识记(Ⅰ):要求考生能识别、回忆或再认本课程中所规定的有关知识点,如名词、概念、定义、公式、方法、步骤、原理、特点等,根据考核的具体要求做出正确表达和判别。

领会(Ⅱ):要求考生能领会本课程中规定的有关知识点和原理,熟悉各内容要点和它们之间的区别和联系,能根据考核的具体要求,做出正确的解释、说明和论证。

应用(Ⅲ):要求考生能应用本课程规定的有关知识点,解决具体的应用性问题,如计算、绘图、假设检验、测验编制、试题质量分析等。

Ⅲ. 课程内容与考核要求

第一章 绪 论

一、学习目的与要求

理解什么是教育统计和教育测量，了解教育统计与测量学的基本内容和范围，明确学习本学科的意义。

二、课程内容

第一节 认识教育统计

（一）什么是教育统计

统计的词源及发展。统计学。教育统计的概念。教育统计学是教育学、心理学与统计学相结合的一门交叉学科，是应用统计学的一个分支。

（二）教育统计的分类

教育统计可以分为描述统计与推断统计。

（三）教育统计学的发展历史

19 世纪中叶，统计方法开始被多个学科较为广泛地采用。19 世纪末，一些心理学家、数学家开始把数理统计方法引用到心理与教育的研究中。20 世纪初，统计学开始传到美国，桑代克等人致力于以心理学与统计学为工具来研究教育问题，促进教育统计学科的发展。20 世纪 40 年代以后，欧美各国在教育研究中比较普遍地应用数据统计。20 世纪七八十年代以后，教育统计技术越来越多样化，也越来越实用。

第二节 走近教育测量

（一）测量

测量的定义。测量的内涵。

（二）测量的基本要素

测量的单位。测量的参照点。绝对参照点与相对参照点。

（三）教育测量的定义与特点

教育测量的定义。相对于物理测量，教育测量具有目的性、间接性和不确定性特点。

（四）教育测量学的发展历史

中国是教育测量的故乡。《礼记 · 学记》的有关记载。教育测验学在近代的发展。桑代克对教育测量学发展的贡献。当前教育测量学领域的新发展。

第三节　教育统计与测量学的内容

教育统计与测量学从内容上分教育统计和教育测量两大块,具体内容包括数据整理与统计图表、集中量数、差异量数、概率分布、抽样分布、参数估计、假设检验、方差分析、相关与回归分析、卡方分析、教育测量、测验的编制、测验的质量分析、测验分数的解释与应用。

第四节　学习教育统计与测量学的意义

学习教育统计与测量学的意义主要体现在以下几方面,当然又不局限于这几方面:科学测评学生学习进展,为教育教学改进提供依据;定量分析影响学生学习的因素,寻找有效的改进策略;加强定量分析,推动教育研究走向科学化。

三、考核知识点与考核要求

(一)教育统计

1. 识记:教育统计的含义,教育统计是教育学、心理学与统计学相结合的一门交叉学科。

2. 领会:教育统计是统计学在教育领域中的应用,是一门交叉学科。

(二)教育统计的分类

1. 识记:教育统计分描述统计和推断统计两类。

2. 领会:(1)描述统计的性质与用途;(2)推断统计的性质与用途。

(三)测量

1. 识记:(1)测量的定义;(2)测量的两个基本要素是单位和参照点。

2. 领会:(1)理想的单位;(2)绝对参照点和相对参照点的区别。

(四)教育测量

1. 识记:教育测量的定义。

2. 领会:教育测量的特点。

(五)学习教育统计与测量学的意义

领会:学习教育统计与测量学的意义。

四、本章重点

本章重点:理解什么是教育统计和教育测量;了解本学科的内容以及学习意义。

第二章　数据整理与统计图表

一、学习目的与要求

了解数据的种类和特点,理解次数分布表的编制过程,掌握对数据分布的一些初步整理办法,提高对常见统计图表的阅读能力和编制技能。

二、课程内容

第一节　数据整理

（一）数据的种类

从数据的来源划分，可将数据分成计数数据、测量评估数据和人工编码数据。从数据的测量水平划分，可将数据分成称名数据、顺序数据、等距数据和等比数据。从数据分布的形式划分，可将数据分成离散数据和连续数据。

（二）数据的特点

离散性：数据通常以分散的有一定间隔的数字形式出现。变异性：有些数据总是在一定范围内以变化的形式出现。规律性：在一定范围内变化的一组数据，其背后隐藏着一些规律性。

（三）数据的分类与整理

分类标志应取决于研究目的。分类标志应保持“单向”性。

第二节　次数分布表

（一）简单次数分布表

（二）相对次数分布表

（三）累积次数分布表

（四）累积相对次数分布表和累积百分数分布表

第三节　次数分布图

（一）次数直方图

（二）次数多边图

（三）相对次数直方图与多边图

（四）累积次数分布图

（五）累积相对次数曲线图和累积百分数曲线图

第四节　常用统计分析图

（一）散点图

（二）线形图

（三）条形图

（四）圆形图

三、考核知识点与考核要求

（一）数据

1. 识记：（1）数据的三种分类方法；（2）计数数据、测量评估数据、人工编码数据、称名数据、顺序数据、等距数据、等比数据、离散数据和连续数据的概念；（3）数据的三个特点：离散性、变异性、规律性。

2. 领会：（1）称名数据、顺序数据、等距数据、等比数据的运算特点及区别；（2）数据的分类与整理原则。

（二）次数分布表

1. 识记：次数分布的概念。

2. 领会：（1）次数分布表的编制方法；（2）简单次数、相对次数、累积次数、累积相对次数和累积百分数的意义及计算方法。

3. 应用：阅读统计表并能回答相关问题。

（三）次数分布图

1. 识记:次数直方图和次数多边图的概念。

2. 领会:次数多边图和累积次数曲线图之间的联系与区别。

3. 应用:能绘制次数直方图、次数多边图、相对次数直方图和多边图、累积次数分布图、累积相对次数曲线图和累积百分数曲线图。

（四）常用统计分析图

1. 识记:散点图、线形图、条形图和圆形图的概念。

2. 领会:散点图、线形图、条形图和圆形图的应用特点及适用的数据类型。

3. 应用:能绘制散点图、线形图、条形图和圆形图。

四、本章重点

本章重点:称名数据、顺序数据、等距数据、等比数据的特点及区别;从常见的次数分布图/表中获取信息;散点图、线形图、条形图和圆形图的应用特点及适用的数据类型。

第三章 集中量数

一、学习目的与要求

了解以众数、中位数和平均数为代表的集中量数及其应用特点,掌握常用的集中量数的计算方法,理解不同集中量数间的区别和联系,提高对数据资料的统计分析能力。

二、课程内容

第一节 众数

（一）计算众数的方法

众数的概念和符号表示。基于观测数据和次数分布表中的数据确定众数。

（二）众数的优缺点及应用

第二节 中位数

（一）计算中位数的方法

中位数的概念和符号表示。基于观测数据和次数分布表中的数据确定中位数。

（二）中位数的优缺点及应用

第三节 平均数

（一）计算算术平均数的方法

算术平均数的概念和符号表示。算术平均数的计算公式。基于一组观测数据和次数分布表中的数据确定算术平均数。算术平均数的四条运算性质。

（二）计算加权平均数的方法

加权平均数的概念和符号表示。加权平均数的计算公式。基于一组观测数据确定加权平均数。

（三）平均数的优缺点及应用

第四节 众数、中位数和平均数的关系

（一）众数、中位数和平均数的区别

众数、中位数和平均数在符号表示、计算方法、优点、缺点、适用范围上的区别。根据数据的实际情况选用恰当的集中量数进行描述。

（二）众数、中位数和平均数的联系

众数、中位数和平均数在图形分布和数量关系间的联系。

三、考核知识点与考核要求

（一）众数

1. 识记：众数的概念、符号表示及计算方法。
2. 领会：众数的优缺点及应用情况。
3. 应用：基于观测数据和次数分布表中的数据确定其众数。

（二）中位数

1. 识记：中位数的概念、符号表示及计算方法。
2. 领会：中位数的优缺点及应用情况。
3. 应用：基于观测数据确定其中位数。

（三）算术平均数和加权平均数

1. 识记：(1) 算术平均数的概念、符号表示及计算公式；(2) 加权平均数的概念、符号表示及计算公式。
2. 领会：(1) 算术平均数的若干性质及特点；(2) 算术平均数和加权平均数的优缺点及应用情况。
3. 应用：(1) 基于一组观测数据和次数分布表中的数据确定其算术平均数；(2) 基于一组观测数据确定其加权平均数。

（四）众数、中位数和平均数的区别和联系

1. 识记：众数、中位数和平均数在符号表示、计算方法上的区别。
2. 领会：(1) 众数、中位数和平均数在优点、缺点、适用范围上的区别；(2) 众数、中位数和平均数在图形分布上的联系。
3. 应用：(1) 众数、中位数和平均数间的数量关系；(2) 根据数据的实际情况选用恰当的集中量数进行描述。

四、本章重点

本章重点：众数、中位数、平均数的符号表示和计算方法；基于一组观测数据计算众数、中位数和平均数；众数、中位数和平均数各自的优点、缺点及适用范围。

第四章　差异量数

一、学习目的与要求

了解以全距、百分位数、标准差等为代表的差异量数及其应用特点，掌握常用的差异量数的计算方法，领会不同差异量数间的区别，提高对数据资料的统计分析能力。

二、课程内容

第一节 全距、百分位数与百分位差

(一) 全距

全距的概念、符号表示及计算方法。根据一组观测数据确定全距。全距的优缺点及应用情况。

(二) 百分位数与百分位差

百分位数和百分位差的概念、符号表示及计算方法。根据次数分布表中的数据确定其百分位数和百分位差。百分位数和百分位差的优缺点及应用情况。

(三) 四分位数和四分位差

四分位数和四分位差的概念、符号表示及计算公式。根据次数分布表中的数据确定其四分位数和四分位差。四分位数和四分位差的优缺点及应用情况。

第二节 平均差、方差与标准差

(一) 平均差

平均差的概念、符号表示及计算方法。根据一组观测数据求取平均差。平均差的优缺点及应用情况。

(二) 方差与标准差

方差的概念、符号表示及计算方法。根据一组观测数据求取方差。方差与标准差的关系。标准差的概念、符号表示及计算方法。根据一组观测数据和次数分布表中的数据求取标准差。标准差的合成。标准差的若干性质、优缺点及适用条件。

第三节 标准差的应用

(一) 差异系数

差异系数的概念、符号表示及计算方法。

(二) 标准分数

标准分数的概念、符号表示及计算方法。

第四节 差异量数的比较

全距、百分位数与百分位差、平均差和标准差在符号表示、计算方法、优点、缺点、适用范围上的区别。根据数据的实际情况选用恰当的差异量数进行描述。

三、考核知识点与考核要求

(一) 全距

1. 识记:全距的概念、符号表示及计算方法。

2. 领会:全距的优缺点及应用情况。

3. 应用:基于观测数据求取全距。

(二) 百分位数与百分位差

1. 识记:百分位数与百分位差的概念、符号表示及计算方法。

2. 领会:百分位数与百分位差的优缺点。

3. 应用:百分位数与百分位差的应用。

(三) 四分位数与四分位差

1. 识记:四分位数与四分位差的概念、符号表示及计算方法。

2. 领会:四分位数与四分位差的优缺点及应用情况。

(四) 平均差

1. 识记:平均差的概念、符号表示及计算方法。

2. 领会:平均差的优缺点及应用情况。

3. 应用:基于观测数据求取平均差。

(五) 方差和标准差

1. 识记:方差和标准差的概念、符号表示及计算方法。

2. 领会:(1) 方差与标准差的关系;(2) 标准差的若干性质、优缺点及应用情况。

3. 应用:(1) 基于观测数据求取方差和标准差;(2) 应用标准差的性质确定一组新数据的标准差。

(六) 差异系数

1. 识记:差异系数的概念、符号表示及计算方法。

2. 领会:使用差异系数的意义。

3. 应用:应用差异系数评价两组数据的相对差异程度。

(七) 标准分数

1. 识记:标准分数的概念、符号表示及计算方法。

2. 领会:标准分数的含义。

(八) 差异量数的区别

1. 识记:差异量数在符号表示、计算方法上的区别。

2. 领会:差异量数在优点、缺点、适用范围上的区别。

3. 应用:根据数据的实际情况选用恰当的差异量数进行描述。

四、本章重点

本章重点:全距、方差和标准差的符号表示和计算方法;全距、百分位数与百分位差、方差和标准差在优点、缺点和适用范围上的区别;基于一组观测数据计算方差和标准差;应用差异系数评价两组数据的相对差异程度。

第五章 概率分布

一、学习目的与要求

了解并理解概率论所包含的基本知识和内容框架,掌握概率论的基本法则和常见的概率分布。具备相关知识的问题解决能力,在领会相关知识的基础上能够对理论及实践问题做出分析和证明。

二、课程内容

第一节 认识概率

（一）随机现象与随机事件

随机事件的特点。随机事件是概率研究的主要对象。基本事件与复合事件的关系。

（二）事件的关系

认识事件之间的包含关系、相等关系、事件的和、事件的积、互斥事件与对立事件六种关系的基本特点。

（三）事件的概率

古典概率的基本特点及概率计算。统计概率的基本特点及概率计算。主观概率的特点及应用。

第二节 概率的数学性质

（一）概率的基本性质

事件 A 发生的概率。必然事件与不可能事件。互斥事件的数学表达法则。

（二）概率的加法运算

概率通过加法解决关于“或”的逻辑问题。相交事件的加法运算法则。互斥事件的加法运算法则。

（三）概率的乘法运算

独立事件乘法运算的基本法则。条件概率的基本定义。条件概率的运算法则。

第三节 随机变量与概率分布

（一）随机变量

随机变量的基本定义。离散型随机变量的基本特点。连续型随机变量的基本特点。

（二）正态分布

正态分布的定义。正态分布的六项基本特征。如何解读正态分布表。正态分布在教育评价中应用的实例。

（三）二项分布

二项试验的基本特点。二项分布的定义及概率计算。二项分布的正态近似。

三、考核知识点与考核要求

（一）随机事件

1. 识记：(1) 随机事件；(2) 随机试验；(3) 样本空间；(4) 基本事件；(5) 复合事件。

2. 领会：基本事件、复合事件与样本空间之间的关系。

（二）事件之间的关系

1. 识记：(1) 包含关系；(2) 相等关系；(3) 事件的和；(4) 事件的积；(5) 互斥事件；(6) 对立事件。

2. 领会：互斥事件与对立事件之间的区别与联系。

（三）概率的分类

1. 识记：统计概率。

2. 领会：(1) 古典概率；(2) 主观概率。

（四）概率的加法、乘法运算

1. 识记：(1) 概率的基本性质；(2) 概率的加法法则；(3) 独立事件的乘法。

2. 领会：条件概率。

（五）正态分布的适用条件、特征以及实际应用

1. 识记：(1) 连续型随机变量的特征；(2) 正态曲线的特征；(3) 正态分布在教育中的应用。

2. 领会：如何解读正态分布表。

（六）二项试验的基本特点以及二项分布的实际应用

1. 识记：(1) 离散型随机变量的特征；(2) 二项独立试验的特征。

2. 领会：二项分布的正态近似。

四、本章重点

本章重点：事件之间的不同关系及其韦恩图的表示；概率的基本性质；概率加法、乘法在不同事件中的运用；正态分布曲线的基本特征及其在教育中的应用。

第六章 抽样分布

一、学习目的与要求

理解总体和样本、参数和统计量的概念，了解常用的抽样方法，理解抽样分布的基本概念和知识，了解 t 分布的形态和特征，掌握 t 值表的使用方法，知道不同条件下的样本平均数抽样分布形态。

二、课程内容

第一节 总体与样本

（一）总体和样本

总体和样本的概念。研究中选择以总体或样本为研究对象。

（二）参数与统计量

参数和统计量的概念。参数和统计量的区别与联系。总体和样本的关系。

第二节 抽样技术

（一）非概率抽样和概率抽样

非概率抽样和概率抽样的区别。

（二）概率抽样中的误差来源

抽样误差的来源。概率抽样的随机化原则。控制抽样误差的两个方法。

（三）概率抽样的具体方法

简单随机抽样的方法及优缺点。系统抽样的方法及优缺点。分层随机抽样的方法及优缺点。整群抽样的方法及优缺点。

第三节 抽样分布

（一）基本概念

总体分布、样本分布和抽样分布的概念。抽样分布的产生过程。中心极限定理的内容及作用。总体标准差已知和未知时，标准误的概念及计算公式。

（二）样本平均数的抽样分布

t 统计量的应用范围。t 分布的形态和特征。t 值表的使用方法。不同条件下的样本平均数有不同的抽样分布，总体分布是否为正态、总体标准差是否已知、样本量的大小将决定样本平均数分布是否服从正态分布或 t 分布。

三、考核知识点与考核要求

（一）总体和样本

1. 识记：总体和样本的概念。

2. 领会：（1）抽取样本的意义；（2）总体和样本的关系。

（二）参数和统计量

1. 识记：参数和统计量的概念。

2. 领会：（1）参数和统计量的关系；（2）样本统计量在推断总体参数中的作用。

（三）抽样误差的来源

1. 识记：（1）抽样误差的概念；（2）抽样的基本原则——随机化。

2. 领会：控制抽样误差的两种方式。

（四）常用的抽样方法及其优缺点

1. 识记：简单随机抽样、系统抽样、分层随机抽样、整群抽样的操作方法。

2. 领会：各种抽样方法的优势和不足。

3. 应用：根据具体情况选择合适的抽样方法。

（五）总体分布、样本分布和抽样分布

1. 识记：总体分布、样本分布和抽样分布的概念。

2. 领会：抽样分布的形成。

（六）中心极限定理

1. 识记：中心极限定理的内容。

2. 领会：任何分布形态的总体的抽样分布都是有章可循的。

3. 应用：根据中心极限定理构造样本统计量的抽样分布，并据此计算和样本相关的概率问题。

（七）标准误

1. 识记：标准误的概念。

2. 领会：标准误的大小与样本大小、总体标准差（或样本标准差）的关系。

3. 应用：在总体标准差已知或未知的情况下计算标准误。

（八）t 分布

1. 识记：t 统计量的含义。

2. 领会：（1）t 分布和正态分布的区别与联系；（2）t 分布的特征。

3. 应用：查 t 值表，解决分布的概率问题。

（九）不同条件下的样本平均数抽样分布

1. 识记：不同条件下的样本平均数分别符合什么样的抽样分布。

2. 领会：样本容量对样本平均数抽样分布的影响。

3. 应用：利用不同的样本平均数抽样分布解决与样本有关的概率问题。

四、本章重点

本章重点:参数和统计量的定义;抽样分布的定义;常用的抽样方法及其优缺点;标准误的概念;样本平均数的抽样分布。

第七章 参数估计

一、学习目的与要求

认识推断统计,理解什么是点估计和区间估计,熟悉总体平均数区间估计的原理,掌握总体平均数区间估计的计算方法。

二、课程内容

第一节 认识参数估计

参数估计就是依据样本信息对总体信息做出推论的过程。

第二节 点估计

(一) 什么是点估计

点估计就是直接用样本统计量的值作为对应总体参数的估计值。

(二) 最优点估计的标准

一个优秀的点估计值需要具备无偏性、一致性、有效性和充分性四个条件。

(三) 从点估计到区间估计

用点估计获得总体参数的估计值无法避免误差的存在。区间估计能够给出总体参数所在的区间,而且能提供正确估计的概率。

第三节 区间估计

(一) 什么是区间估计

区间估计的定义。显著性水平与置信区间的定义。

(二) 区间估计的原理

区间估计是以样本统计量的抽样分布为理论依据,用样本抽样分布的标准差(即标准误,通常用 *SE* 表示)计算总体参数值所在的区间长度,并解释总体参数值落入该置信区间可能的概率。

(三) 区间估计与标准误

不同条件下的标准误计算方法不同。

第四节 总体平均数的区间估计

(一) 总体平均数区间估计的步骤

总体平均数区间估计一般要经过五个步骤:估计总体平均数、计算标准误、确定置信水平、计算置信区间、解释总体平均数的置信区间。数据条件不同,总体平均数的估计方法不同。

(二) σ 已知的条件下,总体平均数的区间估计

σ 已知的条件下,总体平均数的区间估计方法因总体是否是正态分布、样本容量的大小而有所不同。

（三）σ 未知的条件下，总体平均数的区间估计

σ 未知的条件下，总体平均数的区间估计方法因总体是否是正态分布、样本容量的大小而有所不同。

三、考核知识点与考核要求

（一）认识推断统计

1. 识记：(1) 推断统计的定义；(2) 推断统计分参数估计和假设检验两种。

2. 领会：推断统计的意义。

（二）点估计

1. 识记：(1) 点估计的含义；(2) 最优点估计的标准。

2. 领会：点估计的优缺点及意义。

（三）区间估计

1. 识记：区间估计的定义。

2. 领会：(1) 区间估计的优缺点及意义；(2) 区间估计的原理；(3) 显著性水平与置信区间。

（四）总体平均数的区间估计

1. 识记：总体平均数区间估计的一般步骤。

2. 应用：(1) 根据不同实际情况对总体平均数进行区间估计；(2) 能解释与分析总体平均数区间估计的结果。

四、本章重点

本章重点：最优点估计的标准；区间估计的定义和原理；总体平均数区间估计的方法。

第八章 假设检验

一、学习目的与要求

了解假设检验的基本逻辑，理解什么是假设检验，掌握不同类型的假设检验方法。

二、课程内容

第一节 假设检验的基本原理

（一）假设检验的基本逻辑

假设的概念及意义。虚无假设与备择假设的含义。显著性水平与小概率的联系。假设是基于现有信息对事物的某一特性做出假定，这个假定成立的可能性需要用显著性水平来判断。

（二）假设检验的两类错误

假设检验中有两类错误：Ⅰ类错误和Ⅱ类错误。

（三）假设检验的基本过程

假设检验的一般步骤是：提出假设、选择检验统计量并计算其值、选择显著性水平并确定临界值、统计决断。

第二节　总体平均数的显著性检验

（一）总体呈正态分布，且总体标准差已知

当总体呈正态分布，且总体标准差已知，样本平均数和总体平均数的差异性检验使用 Z 检验。

（二）总体呈正态分布，但总体标准差未知

当总体呈正态分布，但总体标准差未知，且为小样本时，样本平均数和总体平均数的差异性检验只能使用 t 检验；当总体是大样本时，t 检验、Z 检验均可。

（三）总体呈非正态分布时

当总体呈非正态分布时，一般使用非参数检验。当为大样本时，可以使用 Z 检验。

第三节　平均数差异的显著性检验

（一）独立样本平均数差异的显著性检验

独立样本的含义。独立样本 t 检验的使用范围及方法。

（二）相关样本平均数差异的显著性检验

相关样本的含义。相关样本 t 检验的使用范围及方法。

（三）方差齐性检验

方差齐性的含义。方差齐性的检验方法。

三、考核知识点与考核要求

（一）假设检验的基本原理

1. 领会：(1) 两类假设；(2) 小概率事件；(3) 假设检验的一般逻辑；(4) 假设检验的两类错误。

2. 应用：假设检验的一般步骤。

（二）总体平均数的显著性检验

1. 识记：总体平均数检验的公式。

2. 应用：(1) 根据总体分布的形态、总体标准差是否已知及样本大小情况，进行显著性检验；(2) 解释总体平均数显著性检验的结果。

（三）两个样本平均数差异的显著性检验

1. 识记：两个样本平均数差异检验的公式计算。

2. 领会：相关样本和独立样本的区别。

3. 应用：(1) 独立样本 t 检验和相关样本 t 检验的检验方法；(2) 解释两个样本平均数差异检验的结果；(3) 方差齐性检验。

四、本章重点

本章重点：假设检验的相关概念和一般步骤；独立样本 t 检验的适用范围和检验方法；相关样本 t 检验的适用范围和检验方法。

第九章 方差分析

一、学习目的与要求

了解方差分析的基本内容,领会方差分析的基本思想和原理,理解并掌握方差分析的事后比较及方差分析效应值大小的测量,掌握完全随机设计和重复测量设计方差分析的方法及应用。

二、课程内容

第一节 认识方差分析

(一) 概念与基本术语

方差分析是检验两个及以上总体平均数之间是否存在显著差异的一种假设检验的方法。方差分析的基本术语包括因素与水平,主效应与交互效应。

(二) 方差分析的基本原理

方差分析的基本原理是依据变异可加性的原理,将总变异分为组间变异和组内变异。通过比较组间变异和组内变异,做出接受或拒绝虚无假设的判断。

(三) F 分布

F 分布是统计分析中一种常用的样本分布,两样本方差除以总体方差的比率称为 F 比率。F 分布是正偏态的分布,F 值总为正值,F 分布曲线的变化随分子分母自由度的不同而不同。F 分布表的查阅。

(四) 方差分析的基本假定

方差分析要满足总体服从正态分布、变异可加性、方差齐性。

(五) 与方差分析有关的实验设计

主要包括完全随机设计、重复测量设计和混合设计等不同实验设计的方差分析。

第二节 完全随机设计的方差分析

(一) 单因素完全随机设计的数据结构

单因素完全随机设计只包含一个因素,每个因素有两个及以上的水平,每个个体仅接受一种实验处理。

(二) 单因素完全随机设计方差分析的基本步骤

建立假设、计算平方和(SS)、求自由度(df)、求均方(MS)、计算 F 值、查 F 值表做出决策、陈列方差分析表。

第三节 重复测量设计的方差分析

(一) 单因素重复测量设计的数据结构

单因素重复测量设计只包含一个因素,每个因素有两个及以上的水平,每个个体接受所有的实验处理。

(二) 重复测量设计方差分析的基本原理

与完全随机设计略有不同的是,重复测量的方差分析需要消除组间和组内变异的个体差异。

（三）重复测量方差分析的基本假设

要求满足正态性、变异可加性、方差齐性、协方差齐性。

（四）单因素重复测量方差分析的基本步骤

建立假设、计算平方和（SS）、求自由度（df）、求均方（MS）、计算 F 值、查 F 值表做出决策、陈列方差分析表。

第四节　事后比较

事后比较的必要性。在方差分析中，当拒绝虚无假设时，表明至少有一个总体的均值存在显著差异，需要进行事后比较进一步检验到底哪几组均值之间存在差异。常用的事后比较方法是 S-N-K 法。

第五节　测量方差分析效应大小

测量效应大小的必要性。用组间平方占总平方和的比例大小来表示效应大小，即数据总的变异在多大程度上是由处理效应引起的。方差分析中常用的效应值为η^2。

三、考核知识点与考核要求

（一）方差分析及其基本术语

1. 识记：（1）方差分析的基本概念；（2）因素与水平；（3）主效应与交互作用。

2. 领会：（1）两组以上的均值比较为什么不能用 t 检验；（2）方差分析的适用条件。

（二）方差分析的基本原理

领会：（1）方差的可加性（可分解性原理），可将总变异分解为组间变异和组内变异；（2）理解均方、F 检验；（3）完全随机设计和重复测量设计方差分析原理的异同。

（三）F 分布

1. 识记：F 分布的应用范围。

2. 领会：（1）什么是 F 分布；（2）F 分布的特点。

3. 应用：能够熟练掌握查 F 分布表。

（四）方差分析的基本假定

1. 识记：方差分析的基本假定。

2. 领会：总体服从正态分布、变异可加性、方差齐性、协方差齐性（重复测量设计）。

（五）方差分析的基本步骤

1. 识记：方差分析的七个步骤。

2. 领会：单因素完全随机设计的方差分析和单因素重复测量设计的方差分析的步骤。

3. 应用：（1）能够提出假设，准确计算平方和、自由度、均方、F 值；（2）进行完全随机设计和重复测量设计的方差分析。

（六）事后比较

1. 识记：事后比较的 S-N-K 方法。

2. 领会：（1）为什么要进行事后比较；（2）事后比较的含义。

（七）测量方差分析的效应大小

1. 识记：方差分析中常用的效应值是 η^2。

2. 领会：（1）为什么要测量效应大小；（2）效应值的含义。

四、本章重点

本章重点:方差分析的基本概念;方差分析的基本原理;单因素完全随机设计方差分析方法。

第十章 相关与回归分析

一、学习目的与要求

领会什么是相关关系,明确相关和回归分析所要解决的问题是什么,并针对具体问题选择最合适的分析方法;掌握相关分析和一元线性回归分析的步骤和原理。

二、课程内容

第一节 相关分析

(一) 什么是相关关系

相关关系的定义。统计中相关的意义。相关的分类。

(二) 散点图

利用散点图判断相关的形式、方向和程度。

(三) 相关系数

相关系数正负以及大小的含义。积差相关的概念、适用范围、相关系数计算以及显著性检验。斯皮尔曼相关的概念、适用范围、相关系数计算以及显著性检验。点二列相关的概念、适用范围、相关系数计算以及显著性检验。肯德尔和谐系数的概念、适用范围、相关系数计算以及显著性检验。

第二节 回归分析

(一) 回归分析概述

回归分析的定义。线性回归分析和相关分析的关系。线性回归方程的基本假设。

(二) 一元线性回归分析

建立一元线性回归方程。回归线、残差与最小二乘法。一元线性回归方程的显著性检验。根据建立的回归方程进行预测。计算自变量对因变量的解释力。

三、考核知识点与考核要求

(一) 相关关系

1. 识记:相关关系的两种分类方式。

2. 领会:(1) 相关关系的概念;(2) 相关关系揭示的内在本质。

(二) 散点图

1. 领会:散点图在相关分析的优势和不足。

2. 应用:根据散点图判断相关形式和方向。

(三) 相关系数

1. 领会:(1) 相关系数的性质和作用;(2) 样本相关系数对总体相关情况进行推断。

2. 应用:(1) 通过相关系数的数值描述变量间的相关关系;(2) 针对具体的情境,采用最合适的计算相关系数的方法。

(四) 积差相关分析

1. 识记:积差相关分析的运用条件和适用对象。

2. 领会:(1) 积差相关系数的计算公式;(2) 积差相关系数对变量相关关系的描述。

3. 应用:计算积差相关系数,解释相关分析的结果。

(五) 斯皮尔曼相关分析

1. 识记:斯皮尔曼相关分析的运用条件和适用对象。

2. 领会:(1) 斯皮尔曼相关系数的计算方式;(2) 斯皮尔曼相关系数对变量相关关系的描述。

3. 应用:计算斯皮尔曼相关系数,解释相关分析的结果。

(六) 肯德尔和谐系数分析

识记:肯德尔和谐系数分析的运用条件和适用对象。

(七) 点二列相关分析

1. 识记:点二列相关分析的运用条件和适用对象。

2. 领会:(1) 点二列相关系数的计算方式;(2) 点二列相关系数对变量相关关系的描述。

(八) 回归分析

1. 识记:线性回归分析的基本假设。

2. 领会:(1) 回归分析的概念和作用;(2) 相关分析与回归分析的关系;(3) 一元线性回归方程中各项的含义;(4) 最小二乘法的原理;(5) 一元线性回归方程的显著性检验;(6) 决定系数的计算原理和含义。

3. 应用:建立一元线性回归方程对因变量进行预测。

四、本章重点

本章重点:相关的概念与分类;散点图的概念与作用;各种相关系数计算的适用条件;相关系数的解释与实际意义。

第十一章 卡方分析

一、学习目的与要求

了解χ^2检验的基本概念与原理,掌握χ^2检验的具体分类,如拟合优度检验和独立性检验,并能通过对数据的计算进行合理的假设检验及推论。

二、课程内容

第一节 χ^2概述及其分布

(一) χ^2概述

χ^2检验是一种检验计数或次数资料的实际观察频数分布与理论频数分布之间差异是否

显著的方法。χ^2的计算公式。χ^2的特性为可加性、非负性、大小取决于实际频数与理论频数之差。

（二）χ^2的抽样分布

χ^2分布的由来。χ^2分布的曲线为正偏态曲线，且形态会随自由度变化而变化。

（三）χ^2检验

检验χ^2值是否显著，即实际频数与理论频数是否具有显著性差异。χ^2分布数值表的查值方法。χ^2检验的适用范围和前提假设。

第二节　拟合优度χ^2检验

（一）依据比例决定理论频数的χ^2检验

对只有一种划分组别的方式的数据，可进行拟合优度χ^2检验。当给出既定比例或根据理论推论出期望概率时，可以通过χ^2检验判断实际频数与理论频数是否存在显著差异，推论抽样所得的样本在分布上是否与理论假设分布相一致。

（二）自由度为1的χ^2检验

在χ^2检验中，数据自由度表现为1的情况较为常见。对于理论频数不同的数据需要使用不同方法处理。理论频数小于5时，可采用增加样本、改变分组依据或使用亚茨校正公式。

（三）正态性检验

对于某组抽样得到的连续数据，可以检验其总体分布的形状是否符合正态分布。

第三节　独立性χ^2检验

（一）2×2列联表的χ^2检验

2×2列联表是列联表中最简单的一种形式。对独立样本和相关样本有不同的简化检验方法。当理论频数小于5时，使用简化的亚茨校正公式。

（二）$r\times c$列联表的χ^2检验

对存在两种划分组别方式的数据，可进行独立性检验。通过实际频数与理论频数之间的差异，判断行变量中不同组别的分布与总体分布是否有显著的差别，继而推断行变量与列变量是相互独立的还是相互关联的。

三、考核知识点与考核要求

（一）χ^2概述

1. 识记：χ^2的基本概念。
2. 领会：（1）χ^2的性质；（2）χ^2分布的性质；（3）χ^2检验的含义。
3. 应用：能够运用χ^2公式计算χ^2数值。

（二）拟合优度χ^2检验

1. 识记：拟合优度χ^2检验的定义。
2. 领会：连续校正公式的使用条件。
3. 应用：（1）能够计算拟合优度χ^2检验中理论频数；（2）能够对数据进行正态性检验。

（三）独立性χ^2检验

1. 识记：独立性χ^2检验的定义。

2. 领会:列联相关系数的概念。

3.应用:(1) 能够基于 $r×c$ 列联表进行 χ^2 检验;(2) 能够基于 2×2 列联表进行 χ^2 检验。

四、本章重点

本章重点:χ^2 的概念;拟合优度 χ^2 检验;2×2 列联表的独立性 χ^2 检验方法;$r×c$ 列联表的独立性 χ^2 检验方法。

第十二章　教育测量

一、学习目的与要求

认识量表的种类及其特点,能区分和确定特定量表的类型;领会教育测量与教育统计、教育评价等相关概念之间的关系;掌握测验的定义与条件,了解实践中常见的测验分类;认识经典测量理论,理解误差的概念及来源。

二、课程内容

第一节　测量与量表

(一) 体验测量

通过短时记忆容量测量实际体验测量,回顾有关测量的基础性知识。

(二) 测量的量表

理想的量表既要具有确定而等距的单位,又要具有绝对的参照点。根据单位和参照点的差异,测量的量表可以分为四种类别。每种量表的性质及其适用的统计方法。

第二节　教育测量

(一) 体验教育测量

通过几道数学题的改编,体验教育测量对实践的意义。测量的效度越来越好,其对实践所产生的导向、诊断、激励与发展的价值也就越来越大。

(二) 相关概念辨析

教育测量是教育统计的基础,教育统计使教育测量更加深入。教育评价是教育测量的延伸,它在教育测量的基础上,依据教育目标或一定的价值标准对此进行价值判断,使人们对教育事物的认识更加深入。

第三节　测验

(一) 测验的定义与条件

测验是用于定量描述人教育成就或心理特质的一个或一系列任务。编制一个测验应该具备下列四个基本条件:有代表性的行为样本、测验标准化、适当的难度或应答率、良好的信度和效度。

(二) 测验的种类

依据不同的标准,测验可以分成不同的类别。智力测验、能力倾向测验、成就测验与人格测验。个别测验与团体测验。纸笔测验与操作测验。常模参照测验与标准参照测验。最佳表现测验与典型表现测验。难度测验与速度测验。

第四节　测量的误差

（一）测量误差

误差的定义。随机误差和系统误差。

（二）测量误差的来源

误差主要来源于测量工具、被试以及施测过程，三方面中很多因素都有可能导致误差的产生。

（三）经典测量理论的分析

经典测量理论假定每一次测量的观察分数都是真分数与随机误差的和。根据经典测量理论的数学模型，我们又可以引申出多个假设公理。

三、考核知识点与考核要求

（一）量表的定义与类型

1. 识记：量表根据单位和参照点的不同可以分为称名量表、顺序量表、等距量表和比率量表四种类型。

2. 领会：（1）能举例说明称名量表、顺序量表、等距量表和比率量表等各种量表的特点；（2）能确定一个特定的量表属于哪种类型量表。

3. 应用：辨别称名量表、顺序量表、等距量表和比率量表的不同特点。

（二）教育测量与相关概念的关系

1. 识记：教育评价的定义。

2. 领会：（1）教育测量与教育统计的关系；（2）教育测量与教育评价的不同点；（3）教育测量与评价的关系。

（三）测验的定义与条件

识记：（1）测验的定义；（2）测验的四个基本条件。

（四）测验的种类

1. 识记：（1）依据内容，测验可以分成智力测验、能力倾向测验、成就测验、人格测验等；（2）依据实施方式，测验可以分为个别测验与团体测验；（3）依据题目形式，测验可以分为纸笔测验和操作测验；（4）依据结果解释参照标准，测验可以分为常模参照测验和标准参照测验；（5）成就测验与预测测验；（6）难度测验与速度测验。

2. 领会：依据不同的标准，测验可以分成不同的类别。

（五）误差及其来源

1. 识记：（1）误差的定义；（2）误差分随机误差和系统误差两种；（3）误差的来源。

2. 领会：（1）比较随机误差和系统误差的异同点；（2）举例说明什么是随机误差或系统误差。

（六）经典测量理论

1. 识记：经典测量理论的数学模型。

2. 领会：由经典测量理论数学模型可以引申出若干个假设公理。

四、本章重点

本章重点：量表的四种类型；测验的种类；随机误差与系统误差的区别；经典测量理论的

数学模型。

第十三章　测验的编制

一、学习目的与要求

了解测验编制的基本程序和要求；了解成就测验编制的基本步骤，掌握测验细目表的编制方法，能选择合适的任务类型，并设计出具体的题目；认识李克特量表，掌握李克特量表编制的基本技能。

二、课程内容

第一节　编制教育测验的基本程序

（一）明确测量对象和目标

明确测量的对象。明确测量的目标。对象或目标不同，测验设计也会不同。

（二）确定测验目的与用途

测验目的和用途不同，测验题目在类型、形式、数量、难度、区分度等诸方面都可能有所差异。

（三）编辑测验题目

提出编题计划。广泛收集相关资料。选择合适的题目形式。实际编写题目。题目编写中需要注意的问题。

（四）试测和题目分析

试测的对象要与实际施测的对象保持一致。试测中要收集各种有用信息，用以分析、反思和改进题目编制。基于试测中所收集的信息，可以对题目编制进行分析与改进。

（五）合成测验

选择出数量足够、难度适当、信效度有保证的题目后，测验编制者要对题目进行排列组合，最终形成测验文本。成就测验的题目一般由易到难排列。

（六）测验标准化

测验内容的标准化。施测过程的标准化。测验评分与解释标准化。

（七）鉴定测验

鉴定测验质量涉及的主要指标有效度、信度和公平等，其中效度是反映测验质量最为核心、最重要的指标。

（八）编写测验说明书

测验说明书的内容构成。

第二节　成就测验的编制

（一）明确测验目的

成就测验的目的可以分诊断、达标验收、评比与选拔、教学改进等几种情况。

（二）编制测验双向细目表

编制测验先要根据课程标准和教学目标编制测验细目表。课程标准提出的学习目标。教学目标表述要操作化。认知目标分类。编制测验细目表的主要步骤。细目表的解读。

（三）选择题目类型

不同类型的题目有不同的优势与局限性。客观题与主观题的区分。客观题的优缺点。

（四）设计题目

设计题目的一般性建议。

（五）汇编测验

指导语写作。题目编排顺序。试卷设计版面和排序。

第三节 李克特量表的编制

（一）什么是李克特量表

李克特量表的由来。李克特量表的特点。李克特量表的优点。

（二）如何编制李克特量表

编制李克特量表的主要步骤及要求。

（三）一个实例：学习情感测评

三、考核知识点与考核要求

（一）编制教育测验的基本程序

1. 识记：教育测验编制要经过的几个主要步骤。

2. 领会：（1）明确测量对象和目标是测验编制的首要步骤；（2）测验目的和用途会在很大程度上影响测验的编制；（3）测验的标准化。

（二）成就测验的编制程序

1. 识记：（1）成就测验编制的主要步骤；（2）成就测验题目类型的分类。

2. 领会：（1）成就测验目的不同对测验编制的影响；（2）双向细目表的编制步骤；（3）细目表的意义；（4）客观题的优缺点。

（三）成就测验题目设计的要求

1. 领会：设计题目的一般性建议。

2. 应用：根据设计成就测验题目的一般性建议，对具体题目设计进行评论和提出改进建议。

（四）李克特量表的编制

1. 识记：李克特量表的由来、特点及优缺点。

2. 领会：编制李克特量表的步骤与要求。

3. 应用：（1）编制简单的李克特量表；（2）找出特定李克特量表中的问题并提出改进建议。

四、本章重点

本章重点：测验目的和用途对测验编制的影响；测验细目表的编制；编写成就测验题目的一般性建议。

第十四章 测验的质量分析

一、学习目的与要求

认识测验质量分析的重要性，了解测验质量分析的常见指标，能基于有关资料分析测验的难度、区分度、信度、效度和公平性。

二、课程内容

第一节 难度与区分度

（一）难度

难度的定义。难度的计算方法。难度在成就测验中的应用。

（二）区分度

区分度的定义。内部效标。客观题区分度的计算方法。主观题区分度的计算方法。

（三）难度与区分度的关系

难度与区分度紧密联系。不同难度的题目可能达到的最大鉴别指数。中等难度题目的区分度最好。

第二节 信度

（一）什么是信度

信度的定义。从经典测量理论看，信度反映了测量过程中所存在的随机误差的大小。

（二）重测信度的估计

重测信度的定义。重测信度分析的条件。重测信度的估计。

（三）复本信度的估计

复本信度的定义。复本信度的估计方法。高利害考试中的复本信度。

（四）评分者信度的估计

评分者信度的定义。双人评分时可计算两个评分者分数之间的相关系数。多人评分时需采用肯德尔和谐系数进行估计。

（五）同质性信度的估计

同质性信度的理解。分半信度。库理公式。克隆巴赫系数。

第三节 效度

（一）什么是效度

效度概念的发展历史。内容效度的提出。效标关联效度的提出。构念效度的提出。当前人们试图将不同的效度类型统合起来，逐渐形成一个统一而内涵丰富的概念。效度被界定为根据特定用途支持测验分数解释的那些事实和理论的有效程度。

（二）效度的估计

从经典测量理论看，效度是随机误差和系统误差的综合反映。

（三）信度与效度的关系

测验效度受其信度的制约。信度高是效度高的必要而非充分条件。信度高是好测量的前提，效度高才是好测量的核心特征。

（四）内容效度及其估计

内容效度的定义。估计一个测验的内容效度，就是去确定该测验在多大程度上代表了所要测量的领域。分析内容效度主要采用逻辑分析法。有学者也提出可以采用平行测验法或再测法基于数据估计内容效度。

（五）构念效度及其估计

构念效度的定义。构念效度的特点。分析答题过程是估计构念效度的一种有效方法。

（六）效标关联效度及其估计

效标关联效度的定义。外部效标的选择。同时效度与预测效度。效标关联效度的估计。

第四节　公平

（一）不公平的来源

公平的理解。性别不公平。城乡不公平。家庭结构上的不公平。

（二）公平审查

重视公平审查。公平审查的一般程序和方法。

三、考核知识点与考核要求

（一）难度

1. 识记：（1）难度的定义；（2）难度计算公式。

2. 领会：难度值大小的意义。

3. 应用：计算主观题或客观题的难度。

（二）区分度

1. 识记：（1）区分度的定义；（2）鉴别指数的计算公式。

2. 领会：难度与区分度的关系。

3. 应用：计算题目的鉴别指数。

（三）信度

1. 识记：（1）信度的定义；（2）重测信度的定义；（3）复本信度的定义；（4）评分者信度的定义；（5）肯德尔和谐系数；（6）同质性信度的定义。

2. 领会：（1）信度与效度的关系；（2）信度高是效度高的必要而非充分条件；（3）区分重测信度与复本信度。

3. 应用：（1）重测信度的估计；（2）复本信度的估计。

（四）效度

1. 识记：（1）效度的定义；（2）内容效度的定义；（3）构念效度的定义；（4）效标关联效度的定义。

2. 领会：（1）内容效度估计的专家评判法；（2）构念效度的特点；（3）区分同时效度与预测效度。

3. 应用：（1）对被试答题过程进行理论和实证分析，以分析测验题目的构念效度；（2）采用相关法计算测验的效标关联效度。

（五）公平

1. 领会：（1）公平对测验的意义；（2）不公平的来源；（3）公平审查的方法。

2. 应用:识别测验中的不公平问题。

四、本章重点

本章重点:难度与区分度的关系;信度与效度的关系;各种信度的定义与估计;内容效度的定义及其估计;构念效度的定义及其估计。

第十五章　测验分数的解释与应用

一、学习目的与要求

了解分数的种类与含义;了解分数解释的三种情况,懂得相对解释中常模的意义,知道常模建议的技术要求;会计算百分等级、标准分及 T 分数,能正确解释这些分数的意义,能科学对待不同测验间分数的比较问题。

二、课程内容

第一节　分数与常模

(一)原始分数的种类

根据不同的标准,可以将原始分数分成不同的类别。教育测量实践中人们接触最多的是测量评估数据,其分数通常用百分制分数和等级评定分数表达。百分制分数的利与弊。百分制分数与等级分数之间的转换。

(二)分数的解释

分数解释分绝对解释、相对解释和个体内差异解释三种情况。三种分数解释方法的定义。

(三)绝对解释中分数分界点的确定

尼德尔斯基程序。汉布尔顿方法。安戈夫法。

(四)相对解释中的常模

常模的定义。常模的建立。常模团体确定的注意事项。

第二节　百分等级常模与应用

百分等级分数的意义。百分等级分数的计算。百分等级分数的优势与不足。

第三节　标准分数常模与应用

(一)什么是标准分数

标准分数的定义。标准分数的计算公式。标准分数的理解。

(二)标准分数的意义

标准分将顺序数据转换成等距数据。在分数合成时标准分使每种分数权重相等。标准分允许研究者对数据进行深入挖掘和分析。

(三)标准分数的性质

标准分与原始分的分布形态相同。标准分可以使不同测验分数之间进行比较。

(四)正态化的标准分数

两个测验原始分数分布形态不同,两个测验的标准分无法比较。若要进行比较,必须采用非线性变换,将非正态分布的分数强制性转换成正态分布。

(五)标准分数的变式

T 分数。标准分数的其他变式。不同形式测验分数之间的比较。

(六)常模资料的呈现方法

百分等级和标准分数是常模分数常见的表达形式。常模资料要明确原始分数与导出分数之间的转换关系。转化表是最简单、最基本且最常用的常模资料呈现方法。

三、考核知识点与考核要求

(一)原始分数的种类

1. 识记:(1) 根据不同标准原始分数可分成不同的类别;(2) 根据量表水平,分数分成称名数据、顺序数据、等距数据和比率数据;(3) 测量评估数据有两种表达形式:百分制分数和等级评定分数。

2. 领会:百分制分数的利与弊。

(二)分数的解释

1. 识记:分数解释可以分成三种情况:绝对解释、相对解释和个体内差异解释。

2. 领会:(1) 绝对解释的定义;(2) 绝对解释中确定分数分界点的安戈夫法;(3) 相对解释的定义;(4) 常模的定义;(5) 建立常模的要求;(6) 确定常模团体的注意事项。

(三)百分等级常模

1. 领会:(1) 百分等级分数的意义;(2) 百分等级分数的优势与不足。

2. 应用:针对未整理分数资料的百分等级分数计算方法。

(四)标准分数常模

1. 识记:(1) 标准分数的计算公式;(2) T 分数的计算公式。

2. 领会:(1) 标准分数的意义;(2) 标准分数的性质。

3. 应用:不同测验分数之间的比较。

四、本章重点

本章重点:分数解释的三种情况;常模团体确定的注意事项;百分等级分数的意义及计算方法;标准分数的意义及计算方法。

Ⅳ. 关于大纲的说明与考核实施要求

一、课程自学考试大纲的目的和作用

《教育统计与测量自学考试大纲》根据专业考试计划和专业培养目标的要求,结合本课程及自学考试的特点而制定。其目的是对个人自学、社会助学和课程考试命题进行指导和规定。

《教育统计与测量自学考试大纲》明确了学习目的与要求、课程内容以及重点和难点,也规定了自学考试的考核知识点与考核要求。因此,它是编写自学考试教材和辅导书的依据,是社会助学组织进行自学辅导的依据,是自学者学习教材、把握课程内容范围和程度的依据,也是自学考试命题的依据。

二、课程自学考试大纲与教材的关系

自学考试大纲是教材编写的重要依据。教材编写要依据大纲中关于“学习目的与要求”以及“课程内容”的规定,是对大纲所规定课程内容的发展。为帮助考生开阔视野,学习更多有用的知识与技能,教材可在大纲规定课程内容之外提供“拓展阅读”,考生可以自行选择阅读,但这些内容不在考试命题范围之内。

三、关于自学教材

《教育统计与测量》,全国高等教育自学考试指导委员会组编,赵德成主编,高等教育出版社,2018 年版。

四、关于自学要求和自学方法的指导

自学者要先认真阅读本课程的自学考试大纲,了解本课程的学习目标以及各章节的重难点,特别是明确考核知识点及考核要求,然后在此基础上阅读与理解教材,掌握有关知识与技能,完成课后练习与思考题。在自学过程中,自学者要特别注意以下几点。

(一) 不畏难,从容易的章节入手,循序渐进

教育统计与测量是一门交叉学科,它涉及教育学、心理学、测量学与统计学等多个学科。有些考生在初次接触统计与测量时,发现需要掌握的概念和公式比较多,可能会产生畏难情绪。实际上,本课程对数学知识的要求并不高,多数公式不需要死记硬背,只需要考生能根据数据条件选择适当的分析方法和公式即可。考生可以从相对容易理解的章节入手,由浅入深,循序渐进地学习。

（二）全面学习，综合提升

本课程作为交叉学科，涉及内容比较多。为便于学习，我们在第一章绪论之后，编排了描述统计、推断统计及教育测量等方面的内容。各部分之间相互联系。考生可以按教材顺序逐章学习，也可以重新排列组合确定学习顺序，比如先学描述统计，中间穿插教育测量，最后学习推断统计。无论怎样安排学习顺序，考生必须全面学习，把握教育统计学与教育测量学之间的内在关联，特别是要努力把握量化分析与概率推理的思想逻辑，提升综合应用能力。

（三）坚持理论联系实践，认真做好练习与思考题

教育统计与测量是一门应用性学科，无论是普通教师测量学生的学业成就水平及身心发展特点，还是教育研究者描述教育现象和发现教育规律，都需要掌握教育统计与测量的基本技能。所以，考生不仅要掌握本学科的基本概念与原理，而且要通过练习与应用，切实提升应用和分析能力，能用所学解释现象或解决问题。在每一章，我们都提供了一些练习与思考题，考生要认真完成，还要主动联系实践，将所学转化成统计与测量的技能。

（四）学习 Excel 和 SPSS 等常用软件，将复杂的统计用软件完成

随着计算机技术的迅猛发展，统计软件已经越来越简便易用，在教育界也逐渐普及。在现代信息技术条件下，还使用手工或计算器按照公式一步一步地进行比较复杂的运算，显然已经落伍了。尽管有关统计软件使用的内容都放在拓展阅读部分，不在本课程考试的范围之内，但考生要有意识地主动学习统计软件，特别是应用比较广泛的 Excel 和 SPSS 软件，将复杂的运算和绘图都交给软件。

五、对社会助学的要求

（一）严格依照大纲实施助学辅导

社会助学者应严格依照大纲规定的课程内容与考核要求，认真钻研指定教材，从本课程的性质、特点、要求出发，结合考生原有基础和特点，提供切实有效的辅导，引导他们学习与掌握各章内容，避免自学中常见的错误和偏向。本课程应保证一定量的学习时间，一般不少于 60 课时。

（二）正确处理基础知识与实际应用的关系

教育统计与测量课程有很多知识、概念、原理与公式等，需要考生记住，这是进一步掌握测量与统计技能，在实践中解决实际问题的基础。所以，社会助学者必须注重基础知识的教学，努力引导考生识记与领会相关内容，然后在此基础上联系实践，注重应用，提升考生应用与分析的能力。社会助学者要重视作业布置、指导与评改。

（三）面向课程全部内容，同时抓住重点

社会助学者应指导考生全面系统地学习教程，稳扎稳打，循序渐进，力争掌握全部考核点，达到所有考核要求，在此基础上以实践中常用的知识与技能为重点，给以重点辅导。切忌只抓重点，忽视知识之间的联系，甚至把考生引向猜题押题。

六、对考核内容的说明

考核内容严格依照大纲中关于“考核知识点与考核要求”的规定。明确考核知识点与考核要求，不仅使自考生在学习过程中明确学习重点，学得轻松，而且可以使命题者明确命题范围,更好地安排题目考核的能力层次和试题难度。

考试命题要注重基础性、综合性和应用性。考生必须掌握基础性的知识与技能,但也要能解决一些比较复杂的应用性问题。需要注意的是,如果命题涉及比较复杂的公式,建议在试卷中提供。

七、关于考试命题的若干规定

(一)采用纸笔测验形式

本课程考试采用纸笔测验形式,考试时间 150 分钟。因考试一般都涉及一些数学运算,所以允许考生使用计算器。试卷中应提供比较复杂的公式,但提供的公式要多于实际使用的公式,以考查考生对公式再认和根据数据条件选用公式的能力。

(二)严格依据大纲命题

本课程的命题必须严格依照大纲所规定的考核点与考核要求,不能任意扩大或缩小考试范围,提高或降低考核要求。考试命题要覆盖各章内容,且重点突出,确保内容的覆盖范围和代表性。

(三)综合考查各种能力

命题不能局限于需要机械记忆的知识,要注重领会、应用等不同层次能力的综合考查。建议不同能力层次要求的题量比例大致为:识记占 30%,领会占 30%,应用占 40%。

(四)合理安排试题难度

每份试卷不同难度试题的分数比例,一般为:易占 20%,较易占 30%,较难占 30%,难占 20%。需要注意的是,试题难度与命题能力层次要求不是同一个概念,在同一能力层次中也会有不同难度的试题。

(五)采用多样化的题型

不同类型的题目可以适用于不同能力层次的目标考核。可以采用的题型有如下几种:单项选择题、辨析题、简答题、计算题、论述题和应用题。本课程的试卷可以不使用所有题型,但要尽量多样化。各种题型的具体形式可参见本大纲附录。

附录　题型举例

一、单项选择题：在每小题列出的备选项中只有一项是最符合题目要求的，请将其选出。

1. 用温度计测量体温，这种测量量表属于（　　）。

A. 称名量表　　B. 顺序量表　　C. 等距量表　　D. 比率量表

2. 用同一个测评工具对同一组对象施测两次所得结果的一致性程度，是测验的（　　）。

A. 内容效度　　B. 复本信度　　C. 重测信度　　D. 评分者一致性信度

二、辨析题：判断正误并简要说明理由。

3. 温度测量中参照点属于绝对参照点。

4. 智力测量中的零点是相对零点。

5. 教育测量学之父是桑代克。

三、简答题

6. 为什么要进行区间估计？

7. 编写成就测验题目需要注意哪些问题？

四、计算题

8. 以下是随机测量处于健康状态下的成年人心率数据，请计算出这组数据的众数、中位数和算术平均数。

68　70　72　59　66　71　67　66　67　65　67　67　75　69

9. 某次测验符合正态分布，总体平均值 $\mu=200$，总体标准差 $\sigma=10$。如果从中随机抽取一个 $n=100$ 的样本，该样本的平均数大于 201 的概率是多少？

五、论述题

10. 什么叫相对解释？请结合教育实际分析对分数做相对解释的利与弊。

11. 什么是效度？为什么效度被认为是测验质量分析中最为重要的一个指标？

六、应用题

12. 某校要对 8 年级学生的数学学习兴趣进行测评，你能帮他们编制一份简易的李克特量表吗？要求有指导语和 5 道以上的题目。

后　记

2017 年 1 月由全国高等教育自学考试指导委员会办公室召开了全国高等教育自学考试课程大纲、教材编前会,会上确定了“教育统计与测量”课程自学考试大纲编写的指导思想、基本原则和要求。

本大纲由北京师范大学赵德成教授主编,王烨晖副教授与温红博副教授参与编写。大纲完成后,北京语言大学教育测量研究所谢小庆研究员、北京师范大学中国基础教育质量监测协同创新中心韦小满教授、鲁东大学教育科学学院孙善麟副教授和苏州大学教育学院李健宁副教授参加审稿工作,全国考委教育类专业委员会审定。

全国高等教育自学考试指导委员会
教育类专业委员会
2018 年 9 月

全国高等教育自学考试指定教材

教育学专业（独立本科段）

教育统计与测量

全国高等教育自学考试指导委员会　组编

主　编　赵德成

编者的话

“教育统计与测量”课程是全国高等教育自学考试教育学专业(独立本科段)、教育管理专业(独立本科段)必考的一门专业基础课。它不仅是相关专业本科生学习其他专业课程的基础,而且是本科生毕业后从事教育教学或教育科学研究的重要条件。作为一线教育工作者,只有掌握教育统计与测量的基本知识与技能,才能更为客观地测评学生的学业成就与非学业表现,评估教育教学的成效,分析工作中的不足,研究与解决实践中的具体问题,从而不断提升专业能力与改进教育教学。而作为一名教育研究者,只有掌握定量描述事物特征以及处理数据的基本能力,才能逐步发展数据意识,用证据说话,通过实证研究描述、解释、预测教育的发展规律,为教育理论创新、实践改进与政策完善提供有力的支持。

《教育统计与测量》教材依据全国高等教育自学考试指导委员会教育类专业委员会制定的《教育统计与测量自学考试大纲》编写。全书共有十五章。第一章从整体上介绍本课程的基本情况,让学习者了解本课程的性质与内容。第二至十一章介绍教育统计的基本知识和常用方法,分描述统计与推断统计两类,其中描述统计对数据进行整理、归类、概括和表述,以定量描述样本或总体的特征,包括计算集中量数、分析差异量数、进行相关分析等具体方法;推断统计通过局部数据所提供的信息推断总体的情况,包括参数估计、假设检验、方差分析、卡方分析等具体方法。第十二至十五章介绍教育测量的基本原理与技术,主要内容包括如何编制测验、如何对测验质量进行分析、如何解释与应用测验分数等。

不难发现,“教育统计与测量”课程具有综合性。它不仅整合了教育统计学与教育测量学两个学科,而且融会了教育学、心理学、测量学、教育评价学等学科的内容,是多个学科交叉结合的产物。学习这门课程具有一定的挑战性,特别是需要具备一定的数学基础。有些人在初次接触统计与测量时,发现需要掌握的概念和公式比较多,可能会产生畏难情绪。但实际上,本课程对数学知识的要求并不是很高,多数公式不需要死记硬背,只要能根据数据条件选择适当的分析方法和公式即可,复杂一点的运算也可以使用统计软件轻松完成。

为了帮助大家化解挑战,轻松学好本课程,我们在教材编写过程中除了重视基础性、科学性与前瞻性之外,还力争做到以下几点:(1)可读性。可读性是教材编写的基本要求,是教材发挥影响力的前提。有了可读性,教材能激发学习者的阅读兴趣,吸引学习者读下去,才能让学习者理解相关原理和掌握相关技能。我们在教材编写时“心中”始终装着学习者,以对话的口吻写作,而且力求语言朴实、简练和流畅,有吸引力。(2)操作性。教育统计与测量是一门应用学科,技术性比较强,所以我们在教材编写中会将复杂的技术分解成若干操作性步骤,结合实践与例题予以讲解。只要学习者读懂例题,并认真完成书中的练习与思考题,基本上就能掌握这些技能。必要时,我们还于每章末尾介绍如何使用数据处理软件以简化统计工作。(3)适应性。本教材适用于教育类专业本科阶段的学习,旨在让学习者掌握教育统计与测量的基本知识和技能。所以,我们在教材编写中化繁为简,由浅入深,深入浅出地讲解各种统计与测量技术的应用。为了照顾部分学有余力的学习者,在每章结尾我们设置了拓展阅读栏目,推荐一些相对难度大一点,或者超出本课程内容范围但又联系十分紧密的学习材料。

本教材由北京师范大学教育学部赵德成教授担任主编,北京师范大学中国基础教育质量监测协同创新中心王烨晖副教授与温红博副教授参与教材编写工作。在教材编写过程中,我们一直本着严谨的态度不断讨论、修改和订正,希望确保每一个公式、每一个例题、每一段文字都表达清晰和准确无误,但毕竟时间和能力水平有限,教材中可能仍有纰漏之处,恳请各位专家与读者批评指正。如果您对本教材有什么意见与建议,或者想就某些相关问题与我们进行深入探讨,欢迎与我们联系。我的电子邮箱是:zhaodecheng@ bnu.edu.cn。

赵德成

2018 年 9 月于北京师范大学英东楼

第一章　绪论

凡客观存在的事物都有数量，凡有数量的事物都可以测量。[1]16-24

——桑代克（Thorndike）

概览

1. 教育统计与测量是一门综合性课程，它不仅整合了教育统计学与教育测量学两个学科，而且融会了心理测量学、教育评价学、教育督导学，乃至教育科学研究方法等多个学科的内容。

2. 教育统计学是教育学、心理学与统计学相结合的一门交叉学科，是应用统计学的一个分支。它把统计学的方法应用于教育实际工作和教育科学研究，通过数据的分析和处理，以便更准确地掌握教育情况。

3. 教育统计可依据功能分描述统计与推断统计两类。描述统计把调查得来的数据加以整理、归类、概括和表述，以定量描述样本或总体的特征；推断统计则通过局部数据所提供的信息推断总体的情况。

4. 测量就是依据一定法则对事物特征进行定量描述的过程。任何测量都必须具备两个基本要素，分别是测量的单位和参照点。

5. 教育测量指通过测验对学生的学业成就和心理特质进行定量描述的过程。与生产生活中常见的物理测量相比，教育测量既有一般测量的共同特点，又具有其独特的特点：目的性、间接性与不确定性。

6. 中国是教育测量的故乡，但现代意义上的教育测量产生于工业革命后的欧美国家。1904 年，桑代克发表《精神与社会测量学导论》，成为教育测量学史上划时代的巨著。

7. 学习教育统计与测量具有重要的意义，可以归结为以下三点：科学测评学生的学习进展，为改进教育教学提供依据；定量分析影响学生学习的因素，寻找有效的改进策略；加强定量分析，推动教育研究走向科学化。

教育统计与测量是一门综合性课程，它不仅整合了教育统计学与教育测量学两个学科，而且融会了心理测量学、教育评价学、教育督导学，乃至教育科学研究方法等多个学科的内容。所以说，教育统计与测量在教育科学体系中具有十分重要的地位，具有综合性、技术性和应用性，是教师、教育行政人员和教育科学研究者都应努力掌握的重要学科。

第一节 认识教育统计

我们经常要与数据打交道。从记录、计算和分析家里的费用支出，到分析影响房地产市场价格的因素并预测未来的房价，再到基于大数据分析消费者的购买行为，到处都有统计。教育统计对教育领域中各种事物进行量的分析，可以为教育决策提供实证依据。

一、什么是教育统计

统计学作为一门学科，产生于欧洲。[2]统计这个词最早出现于中世纪拉丁语的 Status，意思指各种现象的状态和状况。由这一语根组成意大利语的 Stato，表示“国家”的概念，也含有国家结构和国情知识的意思。根据这一语根，最早作为专门概念使用的“统计”，是在 18 世纪德国政治学教授亨瓦尔（G. Achenwall）于 1749 年所著《近代欧洲各国国家学纲要》一书的绪言中，亨瓦尔认为“Statistika”（统计）是关于国家重大事项的学问，要对国家重大事项统而计之，对所考察事物的量做总体的把握与分析，以形成一个全局性的认识。此后，各国相继沿用“统计”这个词，并把这个词译成各国的文字，法国译为 Statistique，意大利译为 Statistica，英国译为 Statistics，日本最初译为“政表”“政算”“国势”“形势”等，直到 1880 年才确定为“统计”。我国在 20 世纪初，即清朝末期将“统计”这个词从日本引入。1907 年彭祖植编写的《统计学》在日本出版，同时在国内发行，这是我国最早的一本“统计学”书籍。

时至今日，统计学已经发展成为一门相当成熟的学科，它通过搜索、整理、分析、描述数据等多种手段，推断认识对象的本质，甚至预测对象的未来。统计学不仅用到大量的数学知识，而且还涉及其他学科的知识，其应用范围也十分广泛，几乎覆盖了社会科学和自然科学的各个领域。

而教育统计，顾名思义，就是对教育领域中各种事物进行量的统计和分析。具体地说，就是在教育实践中，有意识地通过调查、实验、测量等手段获取有关事物特征的定量数据，并根据统计学原理和步骤对数据加以整理、计算、分析及推断，最后得出结论的活动过程。举个例子，段成荣、梁宏曾利用 2000 年第五次全国人口普查资料和 2002 年全国九城市流动儿童状况调查资料，统计分析了我国流动儿童的总量规模及其接受义务教育的基本状况。[3]在这一研究中，研究者将流动人口定义为“居住本乡镇街道半年以上，户口在外乡镇街道”或者“在本乡镇街道居住不满半年，离开户口登记地半年以上，同时户口在本县（市）其他乡镇街道或本省其他县市或省外”的人口。相应地，流动儿童则被定义为流动人口中 14 周岁及以下的儿童人口。根据资料推算，2000 年 11 月我国流动人口总量为 102 297 890 人，占全国总人口的 7.63%；其中 0~14 岁流动儿童为 14 096 842 人，占全部流动人口的 13.78%；处于义务教育阶段的 6~14 岁学龄儿童有 878 万。在流动学龄儿童中，一直未上学者占 6.85%，失学者占 2.45%，两者合计显示流动儿童失学率高达 9.3%。基于这些分析结果，研究者建议社会各界高度关注流动儿童群体，特别是流动学龄儿童的义务教育问题。

教育统计学是教育学、心理学与统计学相结合的一门交叉学科，是应用统计学的一个分支。它把统计学的方法应用于教育实际工作和教育科学研究，通过数据的分析和处理，以便更准确地掌握教育情况。

二、教育统计的分类

教育统计学的内容可依不同的分类标志区分为不同的类别。一种最常见的分类是,人们依据统计的功能将教育统计学的内容分为描述统计和推断统计两类。

描述统计主要研究的问题是,如何把调查得来的数据加以整理、归类、概括和表述,以定量描述样本或总体的特征。具体来说,描述统计的主要内容有:(1) 数据分组。对数据进行分组和统计,使用各种图表描述一组数据的分布情况。(2) 计算一组数据的特征值,简化数据,描述数据的集中量数与差异量数。比如,计算一组数据的算术平均数、几何平均数、中数、众数,以描述数据的集中情况;又如,计算一组数据的标准差、方差、全距、差异系数,从而描述数据的离散情况。(3) 相关分析。对一事物两种或两种以上属性间的相互关系进行描述,探讨变量之间的关系。

推断统计主要研究如何通过局部数据所提供的信息推断总体的情况。这是教育统计学中较为重要,也是应用较多的内容。在教育调查和实验中,研究者很难对要研究的总体进行整体观测,只能选取一个样本开展研究,最后需要基于样本估计总体的情况。推断统计涉及的内容比较多,主要内容有参数估计、假设检验、方差分析、卡方分析等。不同的研究和实验需要采用不同的推断统计方法,才能得出可靠的结论。

三、教育统计学的发展历史

19 世纪中叶,统计方法开始被多个学科较为广泛地采用,并获得了较好的效果,如生物学、遗传学、农业科学中的一些发现,就是在统计方法的协助下得出的。同时,这些学科的研究又对统计方法的发展做出了贡献,数理统计就是为解决科学研究中提出的各种问题而发展起来的。数理统计的发展又促进了各个学科领域中研究的进步,心理与教育统计就在这种形势下产生和发展起来。

19 世纪末,一些心理学家、数学家开始把数理统计方法引用到心理与教育的研究中。

最初将统计学应用到心理与教育领域的是英国人类学家、生物学家高尔顿(S. F. Galton)。高尔顿专攻遗传学的研究工作,并擅长数学和其他学科。1884 年,高尔顿在伦敦国际博览会上成立了一个“人类测量实验室”,参观者可得到自己身高、体重、阔度等身体素质和视听敏度、肌肉力量、反应力以及其他多种身体特征的量化信息。博览会闭幕后,高尔顿把实验室迁到伦敦南克圣顿博物院,继续工作长达 6 年之久。通过这种方法,高尔顿积累了有关身心特征个体差异的大量数据,并对这些数据进行了深入的处理分析。在统计分析中,他创造了中数、四分位数、百分位数、百分位差等统计指标,提出了相关分析法、回归分析法及其相关系数的计算方法。高尔顿被看成是科学心理学的创始人之一,由此也成为一名著名的心理学家。

高尔顿的学生皮尔逊(K. Pearson)与其导师一样,在统计学理论上做出了突出的贡献。比如,建立了以正态分布为基础的大样本理论;又如,将相关和回归的理论扩展到很多领域。更重要的是,皮尔逊还努力将他在统计学上的成就应用到心理学与教育学中。

20 世纪初,统计学开始传到美国,桑代克(E. L. Thorndike)致力于以心理学与统计学为工具来研究教育问题,促进教育科学化。他于 1904 年撰写了《精神与社会测量学导论》(An Introduction to the Theory of Mental and Social Measurement),这是世界上第一本有关教育统计的专著。随后,美国的一些大学先后开设了心理与教育统计学的课程,并出版了多本专著或教材。如瑟斯顿(L. L. Thurstone)的《统计学纲要》(The Fundamental of Statistics,1924),加勒特(H. E. Garrett)的《心理与教育统计法》(Statistics in Psychology and Education,1926)。

我国当时在大学的教育系和中等师范学校把教育与心理统计作为必修课程,许多讲授这门课程的学者纷纷撰写专著或教材,如有薛鸿志的《教育统计学》(1925)、朱君毅的《教育统计学》(1930)、艾伟的《高级统计学》(1933)、王书林的《教育测量与统计》(1935)等,但当时的教材内容大多属于描述性统计。

20世纪40年代以后,欧美各国在教育研究中比较普遍地应用数据统计。教育统计学也进入了以推断统计为主要内容的新阶段。这时的心理与教育统计学教材增加了小样本理论、参数估计、统计检验等内容。当时的主要代表著作有林金斯(E. F. Lindquist)的《教育研究中的统计分析》(1940)。随后,统计学家又引入了非参数检验法,使教育统计学的内容更为充实和丰富,更加实用。

20世纪七八十年代以后,教育统计技术越来越多样化,也越来越实用。特别是,由于电子计算机技术的迅猛发展,以往因为计算繁杂而使应用受到限制的统计方法变得简单易行,教育统计得到更加广泛的应用。一些统计软件包(如SPSS、SAS、Minitab)成为人们进行教育统计和分析的常用工具。

第二节　走近教育测量

教育统计所分析的资料,大多是经过调查、实验、观察和测量所得来的数据。教育测量是与教育统计紧密联系的一个学科。要深入理解教育测量,需从生产生活中广泛存在的测量活动说起。

一、测量

测量是人类生产生活实践中普遍存在的活动。比如,农民要测量当年农作物的产量,以比较不同品种农作物在产量上的差异;医生要测量病人的血压、心率、肺活量等生理指标,以诊断病人的病情。在研究活动中,通过测量定量描述事物特征是一种基本的活动,是深入研究的基础。

简单地说,测量就是依据一定法则对事物特征进行定量描述的过程。[4]2 也有人将测量定义为按照明确的规则对人、事或物的属性进行赋值的过程。[5]13

要开展测量,首先需要明确测量的对象。测量的对象不能笼统地说成某个事物,要具体化为所测事物的某个特定属性。以一张桌子为例,我们不可以说测量桌子,只能说测量这张桌子的质量、桌面长度、桌面面积或桌腿高度等。每种事物都有多种多样的成分和特征,只有明确了欲测量的具体成分和特征,才能策划与实施测量。比如,学习兴趣作为人们力求认识、研究某种事物的意识倾向,可以根据兴趣的来源区分为直接兴趣和间接兴趣,又可以根据兴趣指向分为语文学习兴趣、数学学习兴趣、英语学习兴趣等多种学科的学习兴趣,即便是限定在语文学科之内,语文学习兴趣从构成上又可以区分为写作学习兴趣、阅读学习兴趣、口语交际学习兴趣等多个方面。那么,到底我们要测量的是学习兴趣的哪个成分,需要明确。在明确了测量兴趣的哪个成分之后,比如,有教师确定要测量小学三年级学生的英语学习直接兴趣,那么接下来教师还需要进一步确定要测量兴趣的什么特征,是小学三年级学生英语学习直接兴趣的强度,还是小学三年级学生英语学习直接兴趣的持久性。

其次,要实施测量,特别是想有一个准确有效的测量,还必须明确测量所依循的法则。在测量生产生活中常见的物理特征(如身高和体重)时,测量法则已被人们广泛认同并标准化,但在复杂一些的物理测量中,如果想要获得一致的观察结果,那就必须制定明确而详细的法则。以视力测量为例,视力亦称视敏度,对视力的经典解释是人眼鉴别两点是否分开的能力,而临床上视力更多地被理解为视力表视力。测量视力表视力,需要准备一张标准对数视力表,将其悬挂于距被测者 5 米的地方,如室内距离不够 5 米,则应在 2.5 米处放置平面镜来反射视力表。视力表 5.0 视标的高度要与多数被测者的视线平行。被测者先用遮掩板将左眼轻轻遮上,查右眼,后查左眼。被测者从 5.0 行视标认起,单眼辨认"E"字缺口方向,要求对每个视标的识别时间不超过 5 秒。如果辨认无误则逐行下查,如果看不清再逐行上查,直到不能辨认为止。4.0~4.5 各行视标中每行不能认错 1 个;4.6~5.0 各行视标中每行不能认错 2 个;5.1~5.3 各行视标中每行不能认错 3 个。认错个数超过规定个数就可停止测试,以本行的上一行作为该被测者的视力。需要指出的是,在测量实践中,有的测量所依据的法则比较科学与完善,所得到的结果也就比较准确可靠,但有的测量所依据的法则比较简单,带有一定的随意性,自然所得到的结果就不够准确。

最后,测量者需要做的是依据法则对被测事物的属性赋以数值,用数来表示事物的特征。张某用尺子测量自家餐桌的高度,测定餐桌高度为 75 厘米;李某用温度计测量孩子的腋下体温,测定孩子体温为 37.5℃,有点低烧;王某是一名小学语文教师,在学期末编了一份语文考试题,满分 100 分,他的学生睿涵得了 89 分,雪飞得了 95 分。这些都是测量。只要是用数描述事物的特征,都是测量。一个特别的例子是,在调查问卷中,调查询问问卷填答者的性别,用 1 表示男性,用 0 表示女性,1 和 0 是用来描述问卷填答者性别的,这也是测量。在第十二章,我们会发现测量量表可以有不同的水平,用数字对事物进行分类的量表属于类别量表,当然,除了类别量表之外还有多种其他水平的量表。

二、测量的基本要素

任何测量都必须具备两个基本要素,分别是测量的单位和参照点。

(一) 测量的单位

不同测量所用的单位可以是相同的,也可以是不同的。测量桌子的高度、椅子的长度、布料的幅度都可以用同样的单位"米",但测量质量的单位则不同,可以是毫克、克、千克、吨等。理想的测量单位需具备两个条件:一是要有确定的意义,也就是说对于同一个单位,所有人的理解应该是相同的,不能有不同的解释。例如,每个人对 1 千克的理解是一致的。二是要有相等的量,也就是说第一个单位与第二个单位之间的距离等同于第五个单位与第六个单位之间的距离。例如,10 米与 20 米之间相差的 10 米,与 50 米与 60 米之间相差的 10 米,在量上是相等的。

有理想的测量单位,测量的结果才可以比较和做进一步的分析。但不是每种测量都具有这种理想的单位。从历史的角度来看,即便是物体长度的测量,在最初也没有理想的单位。在我国,春秋战国时期各诸侯国都以尺作为度量长度的单位,但 1 尺在不同诸侯国所实际代表的长度却不一样。秦始皇统一六国后才颁布诏书统一度量衡,1 尺的长度约合现代的 23.1 厘米。但自秦朝以后各朝各代长度的计量单位仍然存在一定的时代差异,比如隋朝时 1 尺约合 29.5 厘米,唐宋时期 1 尺约合 31.4 厘米,元朝时的 1 尺约合 35 厘米,明清时期 1 尺则约合 32 厘米。《邹忌讽齐王纳谏》一文中说"邹忌修八尺有余",按战国时齐国 1 尺约 23 厘米计算,邹忌的身高在 1.84 米以上,是个高个子,所以后人常称高个子男人为"八尺男儿"。要知道,这里的八尺是按每尺约 23 厘米计算的,如果按现在的每尺 33.33 厘米计算,那就比著名篮球运动员姚明还高呢。在英国,长度计量单位是 foot。学过英语的人都知道 foot 是脚的意思。在古代英国,人们用脚度量长度,所以表示脚的单词和表示长度单位英尺的单词都是 foot。用脚来度量长度十分方便,但每个人脚的长度实际上差异很大,1 foot 的长度并不一致,这给贸易往来带来很大的麻烦。13 世纪初期,英国皇室先后召开 10 余次大臣会议商讨此事,但仍然难以确定一个统一的标准。后来,曾在大宪章上签字的英国国王约翰愤怒地在地上踩了一脚,然后指着凹陷下去的脚印宣布:"让这个脚印永远成为丈量的标准吧!"现在,大英博物馆中还珍藏着用膨胀系数很小的合金制成的长方形框,空心部分即为英王御足的标准长度。因为英王穿着鞋,所以,1 英尺大约是 30 厘米,标准长度为 30.48 厘米。当然,随着时代的发展,目前多数国家都已普遍采用公制单位测量物体的长度。

我们希望测量具有理想的单位,但并不是每种测量都能达到这种要求。以最为常见的学业成就测量来说,教师编制满分为 100 分的一份试卷,学生答题完毕后会得到从 0 到 100 不等的分数,在这个测量中,单位是分,但其实它不是理想的单位。原因很简单,50 分与 60 分之间相差的 10 分,同 70 分与 80 分之间相差的 10 分显然不是相等的。到第十二章,我们就会知道,这种没有理想单位的测量量表属于顺序量表。

(二)测量的参照点

在实践中,测量除了要有单位,还要有一个量的起点,这个起点就是测量的参照点。要使两个或多个测量结果能相互比较,必须使测量采用相同的单位,且建立在同一个参照点上。想想看,长度测量中参照点不同,结果的意义就不同,两者也就无从比较。

参照点可以分为两种情况。一种是绝对参照点,也就是以绝对的零点作为测量的起点。我们所熟知的长度测量和重量测量就是以绝对零点为参照点的测量。在这种测量中,如果结果为 0,就表示"无",即没有长度或没有重量。另一种是相对参照点,即以人为确定的某个点为测量的起点。在这种测量中,零点是相对的,如果测量结果为 0,并不表示事物不具有这个特征,或者在这个特征上什么都没有。相对参照点的典型例子是温度测量。温度是用来表示物体冷热程度的物理量,微观上讲是物体分子热运动的剧烈程度。温度无法直接测量,只能通过物体随温度变化的某些特性来间接测量,而用来测量物体温度的工具叫作温标。无论是摄氏温标,还是华氏温标,都是以水的冰点为测量的起点,其零点都是相对零点,都是相对参照点,也就是说当温度为 0 时,我们不能说物体没有温度。相对参照点的另一个例子是对海拔高度的测量,这种测量以海平面为测量的起点,零点也是相对的,如果某块陆地的海拔高度是 0,我们不能说这块陆地没有高度。

理想的测量需要有绝对参照点,因为它的意义最为明确,得到的数据可以进行各种数学计算,可以深入分析。但在很多情况下,人们找不到绝对参照点,只能采用相对参照点。学业成就、能力、人格、兴趣等方面的测量都没有绝对参照点,都是相对参照点。采用相对参照点的测量数据,由于没有绝对零点,即便有理想的单位,也只能进行加减运算,而不能进行乘除运算。以温度测量为例，假定昨天北京的平均气温为10℃，而上海同日的平均气温是20℃，我们不能说上海气温是北京气温的两倍；同理，在智力测验中，假定甲的智商是120分，乙的智商是60分，我们不能说乙的智商只有甲的1/2。

三、教育测量的定义与特点

教育测量可以分狭义和广义两种理解。狭义的教育测量指通过测验对学生的学业成就和心理特质进行定量描述的过程。而广义上的教育测量泛指对教育领域内各种事物或现象的特征进行定量描述的过程，它可以是学生学业成就的测量，也可以是学生心理特质的测量，还可以是学校办学质量的测量。

与生产生活中常见的物理测量相比，教育测量既有一般测量的共同特点，又有其独特的特点。

（一）目的性

任何一个测量都有其目的，教育测量的目的性相对而言更加突出和明显。以学生学业成就测量为例，其目的可以是考查学生达成既定学习目标的程度，从而评判学生学习和教师教学的效果；可以是诊断学生学习中的优势与不足，从而有针对性地寻找改进学习的方法；还可以衡量学生所达成的最高学业成就水平，从而从中选拔优秀的学生。不同的测量目的会在一定程度上影响测量的设计，我们需要根据目的设计相应的测量方案，以获取有用的信息。

（二）间接性

教育测量具有间接性的特点。教育测量的对象主要是人的学业成就和心理特质。其中学业成就指个体经过学习或训练之后所取得的成绩，一般表现为个体心理品质在知识、技能、能力等方面的增加；心理特质指的是相对稳定的、对个人行为具有持久调节作用的心理特征，如智力、兴趣、态度、人格等。它们一般无法直接测量，只能通过检测个体的外显行为或外在表现来推测其水平，是一种间接的测量。

（三）不确定性

教育测量具有一定的不确定性，具体表现为随机性与模糊性。所谓随机性是指个体的学业成就和心理特质会受其本人情绪、态度、个性以及测量工具和环境因素的影响，每次测量得到的分数可能不一致；所谓模糊性是指教育测量所采用的量表多数是顺序量表（参见第十二章），没有绝对的零点，单位也不是等距的，两个人的测量结果一样并不能表明两个人在这一特质上的表现一模一样，同理，一个学生在选择题上多得了一分，而另外一个学生在论述题上多得了一分，这两个一分的意义也是不同的。因为这种不确定性，人们对教育测量的信度和效度要求很高。只有结果稳定、可靠的测量才能较为准确地描述所要检测的特质，基于准确测量所做的结论或决策才是合理可行的。因此，教育测量通常由专业人士实施，以确保测量的准确性与可靠性。

四、教育测量学的发展历史

与很多科学发明都起源于我国古代一样，我国教育测量技术的发展源远流长，是教育测量的故乡。早在西周时期（公元前1046—前771年），为教育贵族子弟而设立的学校就已建立了系统的评价制度。《礼记·学记》有载，“比年入学，中年考校。一年视离经辨志，三年视敬业乐群,五年视博习亲师,七年视论学取友,谓之小成。九年知类通达,强立而不反,谓之大成。”这一制度,不仅规定了学校实施评价的时间,每两年进行一次,而且规定了评价的内容与标准,第一年考查分析经文、章句的能力及学习志向,第三年考查学习态度及与学友的互助,第五年考查学业的广博程度及尊师情况,第七年考查分析学业问题的能力及择善而交的能力,第九年则要考查推理论事、触类旁通的能力和是否具有坚强的意志力。及至隋唐,我国开始科举取士,在考生来源、考试科目、考试办法、录用程序等诸方面已形成一整套较完备的制度。

但遗憾的是,由于多种原因,我国古代深厚的教育测量思想并未发展成现代意义上的教育测量。现代教育测量学产生于工业革命后的一些欧美国家。19 世纪末 20 世纪初,泰勒(F.W.Taylor,1856—1915)的发展性工作开启了科学管理运动。科学管理运动以系统化、标准化、效率为主要诉求,这种强调效率的特点也深刻地影响着教育。这一时期的心理学研究也取得了积极的进展。1879 年,冯特在莱比锡大学设立了心理学实验室。1882 年,高尔顿在伦敦设立了人类学的测验实验室,收集人类身体特性与心理特征的资料。1905 年,比内和西蒙编制了智力测验量表。这些都为教育测量学的兴起奠定了基础。

教育测量的真正兴起是 20 世纪以后的事。1904 年,桑代克发表《精神与社会测量学导论》,成为教育测量学史上划时代的巨著。桑代克还编制了世界上第一个标准化的教育成就测验,评定学生在书写、作文、拼读、算术、计算和推理等方面的成就。经过桑代克的努力,教育测量运动在美国蓬勃开展,20 年左右的时间里有 3 000 多种测验问世。正是因为他的这些突出贡献,后人将其尊称为教育测量学之父。

20 世纪 30 年代后期,美国出现了跨州、跨区域乃至全国性的测验机构,其中最为著名的是“大学入学考试委员会”(College Entrance Examination Board,简称 CEEB)。1947 年,美国成立“教育测验服务中心”(Educational Testing Service,简称 ETS),其任务是编制各种测验,供大学、学校和政府机构选用,现在它已经发展成为全球最受瞩目的测验机构,中国人熟知的托福考试试题就是由该机构研发的。1959 年,美国又建立了“美国大学测验系统”(American College Testing Program),该机构提供选拔获取奖学金的高材生的测量方法。

目前,随着统计方法的推陈出新以及教育评价思想的推动,教育测量技术日趋复杂且更加成熟。世界各国在教育实践中日益重视教育测量,特别是学业成就测量。很多国家也纷纷针对关键年级学生在核心学科中的教育成就进行大规模监测,以及时诊断本国教育中存在的问题,推动教育质量不断提升。[6]多个跨国学业成就测验项目,比如国际学生评价项目(Program for International Student Assessment,简称 PISA),又如国际数学与科学学习趋势调查(Trends in International Mathematics and Science Study,简称 TIMSS),也受到广泛关注,为参与的国家和经济体的教育政策制定与学校教育质量提升提供实证依据。

第三节 教育统计与测量学的内容

教育统计与测量既是一门应用学科,是统计与测量技术在教育领域中的应用,又是一门工具性学科,为教育学与心理学的研究提供科学的分析方法。国内有关教材有很多,名字都各不相同,有的叫“教育统计与测量”,有的叫“教育统计与测量评价”,有的则叫“教育统计与测评导论”,其内容自然也存在一定的差异。总结并参考各种相关教材的内容,结合教育学及相关专业学生发展的需求，我们将本课程的内容确定为以下几章。

- 第一章 绪论
- 第二章 数据整理与统计图表
- 第三章 集中量数
- 第四章 差异量数
- 第五章 概率分布
- 第六章 抽样分布
- 第七章 参数估计
- 第八章 假设检验
- 第九章 方差分析
- 第十章 相关与回归分析
- 第十一章 卡方分析
- 第十二章 教育测量
- 第十三章 测验的编制
- 第十四章 测验的质量分析
- 第十五章 测验分数的解释与应用

在内容选择上我们坚持如下原则：(1)基础性。教育统计与测量，尤其是教育统计，需要处理数据，需要具备一定的数学基础，很多人感觉很头疼，有点畏难。所以，我们在教材编写中化繁为简，由浅入深，选择本领域最为基础性的知识与技能教给大家。(2)操作性。教育统计与测量是一门应用学科，技术性比较强，所以我们在教材编写中会将复杂的技术分解成若干操作性步骤，结合实例予以讲解，只要大家读懂例题，并认真完成书中的练习题，基本上就能掌握这些技能。此外，我们还在必要时于每章末尾介绍如何使用数据处理软件简化统计工作。(3)实践性。教育统计与测量是实践中非常有用的一门学科，我们不仅选择了实践中最需要的相关知识和技能，而且结合最新也是最鲜活的实例予以阐释，希望大家能学有所成，且学以致用。

第四节 学习教育统计与测量学的意义

前文已经多次提及，教育统计与测量学是一门应用性学科，也是工具性学科，每一个有志于从事教育教学、教育管理或教育研究的人都要掌握相关知识与技能。归结起来，学习教育统计与测量的意义主要体现在以下几方面，当然又绝不局限于这几方面。

一、科学测评学生学习进展，为教育教学改进提供依据

教师要教好学，就要不断通过教育测量考查学生的学习表现，分析学生学习中的优势与不足。只有这样，教师才能有针对性地改进教育教学工作，才能落实因材施教的基本原则。教育管理者要提高教育质量，也要在关键时间点上通过教育测量监控学生的学习进展，客观评价教师的工作绩效，并通过工资、晋升、评优等多种方式激励教师更好地工作。总之，教育教学的改进及学校教育质量的提升离不开教育测量，也离不开后续的教育统计与分析。

相对而言，我国在教师教育中比较重视教学法的培训，指导教师如何转变教学方式及如何高效率地实施教学，但对于教育测量及教育评价的培训略显不足。教师入职后的专业发

展活动也是如此,教师们在教研活动中比较多地研究如何教,很少研究如何测评。教育者如果没有掌握必要的教育测量技能,不会编制测验和评价学生的学习,就无法客观分析学情,教学就会缺乏针对性和实效性。

以初中生物教学中的探究能力测量为例,某地在中考中出了这样一道题:

菊花一般在秋天开花。影响菊花开花的生态因素是什么?科学兴趣小组对"菊花是否开花与日照长短的关系"进行了探究。

(1) 做出假设:____________________。

(2) 进行实验:取10盆大小、长势都差不多且未开花的菊花,放在其他环境条件都适宜且相同的地方,其中5盆放在日照时间短的地方,另外5盆放在日照时间长的地方,经过一段时间后,观察开花情况。该实验的主要变量是______。

(3) 如果他们的假设成立,观察到的现象应该是____________________。

不难看出,这道题旨在测量学生经过初中生物学习后的探究能力的表现。但实际上,这道题所能检测到的探究能力十分有限。拿第(1)小题来说,命题者想要测量学生提出假设的能力,但其实本研究的假设在题干中已经不言自明,所以也就无法考查到学生的这一能力。再看第(2)小题,命题者想要测量学生实施探究的能力,但他并没有要求学生自行设计实验证明前面提出的假设,也没有要求学生对命题者提供的实验设计进行评价,只是要求学生在实验设计中明确自变量和因变量,所以实质上看不到学生的探究能力。总之,这个题目不能检测到所要检测的探究能力表现,用专业术语来说就是效度不良,自然也就无法帮助教育者准确评价教学效果,分析学生探究能力发展中的问题。

《义务教育生物课程标准(2011年版)》指出,"生物科学不仅是众多事实和理论的汇总,也是一个不断探究的过程。科学探究既是科学家工作的基本方式,也是科学课程中重要的学习内容和有效的教学方式。"[7]3所以,生物课倡导探究式学习,也注重学生探究能力的评价,"教师应结合探究活动的全过程评价学生的探究能力"。[7]35备受关注的PISA项目也重视探究能力的评价,将探究能力界定为三种核心能力,分别是:(1)科学地解释现象的能力:对一系列自然和技术现象进行解释和评估;(2)评估和设计科学探究:设计科学调查,以科学的手段解决问题;(3)科学地处理数据和证据:以不同的方式分析和评估数据、观点,得出合理的科学结论。[8]52

如果上面这道生物题能考查学生的核心探究能力,教育者就可以通过学生在这道题中的表现分析教学效果,发现学生学习中的优势与不足,并在此基础上改进教学。因此,可以将这道题做一些修改,改进后的题目如下:[9]59

就哪些生态因素会影响菊花的开放时间,有人提出假设"日照时间是影响菊花开花早晚的一个因素",于是他设计如下实验:取10盆大小、长势都差不多且未开花的菊花,放在其他环境条件都适宜且相同的地方,其中5盆放在日照时间短的地方,另5盆放在日照时间长的地方,经过一段时间后,观察开花情况。

(1) 在这个实验中,实验变量是______。

(2) 两组菊花"放在其他环境条件都适宜且相同的地方",这里所说的其他环境条件主要指什么?请列举两个以上。

(3) 这个实验设计好不好?能否有效验证假设是否成立?理由是什么?

在改进后的题目中,评价者不仅询问学生是否知道实验应予控制的其他环境条件究竟指什么(如气温、水肥),而且考查学生评价实验设计的能力,看学生是否意识到这个实验还需要控制“其他环境条件”之外的一些无关变量,比如菊花的品种,菊花植株的大小等,反映了学生评价实验设计的批判性分析能力。它有效地引发出教师所要测量的目标行为,比原题更好地测量了学生的探究能力,能为教师、教研员和管理者提供准确而有用的信息。

由这道题的分析可见,教师既要研究教学,又要研究测量与统计。教师只有掌握教育测量的基本技术,会测评学生的学习与发展,才能成为一名真正优秀的教师。管理者也是,只有管理者懂测评技术,会基于测评信息分析与反思工作,才能确保工作质量和效率。

二、定量分析影响学生学习的因素,寻找有效的改进策略

每位教师都希望自己的教学是高效的,也都深受学生的欢迎。但究竟哪些因素在影响学生的学习,教师该如何改进自己的教学策略,学校应如何改进管理与支持政策,不能仅凭主观经验来想主意,而应该基于各种客观数据,深入分析数据得出合理的决策。

要判定哪些因素影响学生的学习以及在多大程度上、以何种方式影响教学,可以通过组间比较或相关分析,也可以通过相对复杂一些的统计技术,比如多水平分析或验证性因素分析。沃尔伯格(H. Walberg)与他的同事于 1984 年曾经对近 3 000 项有关学习影响因素的研究进行元分析,探讨每一种因素对学生学习影响的效果量[10],结果参见表 1-1。

表 1-1　各种因素对学生学习成绩的影响

因素	效果量	百分等级	因素	效果量	百分等级
强化	1.17	88	个别辅导	0.32	63
加快进度	1.00	84	个别化数学教育	0.32	63
阅读训练	0.97	83	新学科课程	0.31	62
提示与反馈	0.97	83	教师期望	0.28	61
科学基础知识学习	0.81	79	家庭作业量	0.28	61
家庭作业的批改	0.79	79	社会经济地位	0.25	60
合作式学习	0.76	78	计算机辅助教学	0.24	59
阅读实验	0.60	73	同龄人群体	0.24	59
班级氛围	0.60	73	由易到难的课程	0.24	59
当面辅导	0.57	72	重视学业的组织者	0.23	59
家庭干预	0.50	69	新数学知识课程	0.18	59
个性化指导方法	0.45	67	生物学初探课程	0.16	56
导师制	0.40	66	同质群	0.10	54
教学时间	0.38	65	班级大小	0.09	54
家庭环境	0.37	64	编程教学	-0.03	49
对科学兴趣的重视	0.35	64	电视	-0.05	49
高难度的问题	0.34	63	人云亦云教学	-0.12	45
诊断式规范性方法	0.33	63			

表1-1列举了两个统计指标，百分等级在第十五章将有涉及，在此仅先介绍第一个，即效果量。效果量是反映统计功效的一个指标，通常用d表示，其计算方法是用实验组平均数和对照组平均数的差除以对照组标准差。[11]通俗点说，一个因素的效果量绝对值小于0.40，通常被认为影响力较小；而如果效果量绝对值大于0.40，说明这个因素就需要予以重视。效果量绝对值越大，说明这个因素越重要，影响力越大。当效果量绝对值在0.4与0.8之间属于中等程度，当效果量绝对值大于0.8时就属于大效果量了。

由表1-1可见：(1)效果量绝对值大于0.8的因素有5个，分别是强化、加快进度、阅读训练、提示与反馈、科学基础知识学习，教师和学校要提高学生的学习成绩，需要高度重视这几个因素，在这几方面做出相应的改进。(2)一些人们认为很重要的因素实际上并没有那么重要。比如“计算机辅助教学”，它的效果量只有0.24。又如班级大小，其效果量仅为0.09。(3)个别因素对学生学习的效果量为负值，如电视，教师在实践中应减少使用或谨慎使用。

当然，这项研究是在20世纪80年代完成的。目前学校教育已经发生了很大的改变，要想知道最新研究结果，看看哪些因素的影响力更大，可以查阅哈蒂(J. Hattie)撰写、教育科学出版社于2015年出版的《可见的学习》一书。[12]347-350在这里，我们引介这些研究的目的就是告诉大家，基于数据统计可以发现教育中的很多“秘密”，有助于教育者、管理者以及决策者改进教育教学工作。

三、加强定量分析，推动教育研究走向科学化

研究教育，既可以做定性研究，也可以做定量研究。定性分析与定量分析是人们认识事物时所使用的两种不同的分析方式，二者各有其优势与局限性，它们可以相互补充、相辅相成，统一于一个认识活动之中。定性分析通常采用观察和访谈的方式方法来收集一手资料，之后对这些资料进行归纳与演绎、分析与综合、抽象与概括，由表及里，去伪存真，认识事物的本质，揭示事物发展的内在规律。而定量分析则是依据统计数据，对事物属性的数量特征、数量关系与数量变化进行分析。[13]定性分析是定量分析的基础，没有定性的定量是一种盲目的定量；定量分析是定性分析的具体化，它使定性更加科学、准确，由此得出令人信服的结论。

但在目前我国的教育研究中，很多研究者过多依赖定性分析，对定量分析重视不够。有研究者对2001—2011年这10年期间1 073篇教育类学术研究文献进行元分析，发现思辨研究是我国教育研究领域的主要方法，占所有研究论文的87.7%；量化研究论文数量相对较少。[14]我国教育研究的方法比较单一，缺乏定量分析和实证性，这在很大程度上影响了研究的科学性，并进而影响实践的改进。

无论是研究者，还是没有专门从事研究但其实也需要像研究者一样思考的教育工作者，都需要加强实证研究意识，掌握基本的定量分析方法，学习用数据说话，有理有据地分析和解决问题。有研究者撰文呼吁，“中国教育需要实证研究”，理由是：(1)实证研究是学科从思辨到科学的转折点；(2)实证研究是学术深化的里程碑；(3)实证研究是理论创新的支柱；(4)实证研究是平息争论取得共识的唯一手段；(5)实证研究是建立现代智库的可靠支持。[15]而要加强研究的实证性，大家必须学好教育统计与测量学，掌握测量与统计的常用技术。

拓展阅读

常用统计软件

数据收集与结果获得之间必不可少的一环就是数据统计分析。过去，很多统计需要通过繁琐的计算来完成，相当耗费时间。而当前，很多数据运算和图表制作工作都可以用计算机软件完成。了解和掌握常用统计软件有助于本课程的学习。以下介绍两种常用统计软件。

（一）Microsoft Excel 软件

Microsoft Excel 是微软公司办公软件 Microsoft Office 的组件之一，是由微软公司为 Windows 和 Apple Macintosh 操作系统的电脑编写和运行的一款试算表软件。Excel 是微软办公套装软件的一个重要的组成部分，它可以进行各种数据的处理、统计分析和辅助决策操作，广泛应用于管理、统计、财经、金融等众多领域。

Excel 的运算功能十分强大，主要有两种实现途径：第一种是通过公式和已有函数对数据进行分析。Excel 提供了大量的工作表函数，并对其进行了分类，例如：财务函数、逻辑函数、文本函数、日期和时间函数、查找和引用函数、数学和三角函数等，使用者可以通过设置运算符和函数构造自己需要的公式以满足统计需要。在 Excel 中，通过公式计算的结果会随着原始数据的变化而相应改变，实现数据结果的自动更新。另一种途径是通过 Excel 的重要组件"分析工具库"进行高级统计分析，比如 t 检验、方差分析、F 检验。

更多详细的信息可以浏览 Excel 中文版网站：http://www.excelhome.net。

（二）SPSS Statistics 软件

SPSS 全名为 Statistical Product and Service Solutions，由 IBM 公司设计，是世界上应用最广泛的专业统计和数据模型软件之一，在科学研究、调查统计、市场研究、医学统计、政府和企业的数据分析应用中久享盛名。

SPSS 的全部产品包括 SPSS Modeler，SPSS Statistics，SPSS Analytic Server 和 SPSS Collaboration and Deployment Services。在教育统计中使用最多的 SPSS Statistics。这款软件有三个版本可供选择，分别是：IBM SPSS Statistics Standard、IBM SPSS Statistics Professional 和 IBM SPSS Statistics Premium。对于初学者来说，购买之前可先进行软件试用，IBM 公司提供了试用版，网址如下：http://www-03.ibm.com/software/products/zh/spss-statistics。

SPSS 最突出的特点就是操作界面友好，它使用 Windows 窗口方式实现各种管理和分析数据功能，初学者很容易学习和使用。数学功底一般、稍具统计基础的初学者可用 SPSS Statistics 做简单的数据分析，包括描述性统计、均值比较、简单回归、相关分析、因素分析等。数据分析专家和研究人员则可以通过"统计程序"句法语言进行复杂运算分析。

更多详细的信息可以浏览 IBM SPSS 中文版官方网站：https://www.ibm.com/analytics/cn/zh/technology/spss。

练习与思考题

1. 单项选择题

（1）把调查得来的数据加以整理、归类、概括和表述，以定量描述样本或总体的特征，这种统计叫(　　)。

A. 描述统计　　B. 推断统计　　C. 集中量数统计　　D. 相关分析

(2) 任何测量都必须具备两个基本要素,一个是单位,另一个是(　　)。

A. 数字　　B. 事物属性　　C. 参照点　　D. 绝对参照点

(3) 以下几种测量中,第(　　)种测量的参照点属于绝对参照点。

A. 温度　　B. 长度　　C. 海拔高度　　D. 智商

2. 什么是教育统计?教育统计是哪些学科交叉结合的产物?

3. 什么是测量?请结合实例解释这一概念。

4. 什么是教育测量?它跟物理测量相比具有哪些特点?

5. 学习教育统计与测量有什么意义?请结合自己的体会说一说。

第二章　数据整理与统计图表

在终极的分析中，一切知识都是历史；在抽象的意义下，一切科学都是数学；在理性的基础上，所有的判断都是统计。[1]6

——C. R.劳

概览

1. 在不同的体系下数据具有不同的分类方法。从来源划分，可将数据分成计数数据、测量评估数据和人工编码数据；从测量水平划分，可将数据分成称名数据、顺序数据、等距数据和等比数据；从分布形式划分，可将数据分成离散数据和连续数据。

2. 数据具有以下三个特点：离散性——数据通常以分散的有一定间隔的数字形式出现；变异性——有些数据总是在一定范围内以变化的形式出现，几乎没有绝对相同的数据重复出现；规律性——在一定范围内变化的一组数据，其背后具有一定的规律性。

3. 对数据进行分类整理的原则如下：首先，分类标志应取决于研究目的；其次，分类标志应保持"单向"性。

4. 次数分布是对数据分布最简单、最直接的描述，是指一批数据中各个不同的数值所出现次数多少的情况，或是指一批数据中各个不同数值所出现的次数情况。

5. 次数分布表分为简单次数分布表、相对次数分布表、累积次数分布表、累积相对次数分布表和累积百分数分布表。利用次数分布表，可以更好地呈现数据内部的规律，从而获得更有价值的信息。

6. 次数分布图在次数分布表的基础上绘制，它可以更清晰地呈现出数据的分布情况、波动趋势等。次数分布图具有多种类型，分为次数直方图、次数多边图、相对次数直方图与多边图、累积次数分布图、累积相对次数曲线图和累积百分数曲线图。

7. 常用的统计分析图包括散点图、线形图、条形图和圆形图等。不同的统计分析图具有不同的应用特点，适用于不同的数据类型。使用者应当根据所需要呈现的数据特点和目的，绘制恰当的统计分析图。

生活中，我们会接触到各种各样的数据，例如股票市场的涨幅跌幅、班级期末考试排名、家庭收入与支出等。然而，我们直接获得的原始数据和资料总是杂乱无章的，需要经过分析整理才能提取出其中的变换规律。因此，统计的第一步便是对原始数据进行初步整理，用统计图表的形式更加清晰地呈现出来。

第一节 数据整理

统计工作一般包含三个步骤:统计调查、统计整理和统计分析。统计整理常常被我们忽视,然而对收集来的资料和数据进行科学的整理,是进一步计算统计指标以及量化分析的前提。数据整理得是否称心如意,对接下来的工作开展具有很大的影响。

一、数据的种类

统计整理面临的是原始数据,数据虽然具有数的形式,却并不一定都是数学意义上的“数”。很多数据并不具有大小之别,也不能运用加、减、乘、除去处理。因此,从不同的角度对数据进行分类,并对不同类型的数据施以最恰当的统计方法,才能更好地概括和呈现数据。

(一) 计数数据、测量评估数据和人工编码数据

根据数据的来源,可将数据分成计数数据、测量评估数据和人工编码数据三种类型。

计数数据是以计算个数或次数获得的,多表现为整数。如 2015 年全国普通高等学校数为 2 560 所[2]679,成年人一分钟的脉搏跳动次数为 60~100 次,某班人数为 32 人等数据。简单来说,计数数据即是通过“数数”得来的数据。

测量评估数据是借助测量工具或评估方法对事物的某种属性进行评估所获得的数据。如根据评分标准某同学的高考成绩为 636 分,根据秒表计时某同学在田径运动会上进行 100 米短跑的时间为 12 秒,根据国家颁布的教师教学水平检测标准某教师的教学水平被评估为 90 分等。这些测量评估数据,不再是通过简单“数数”得来的数据,而是需要借助测量工具或评估方法对事物的某种属性进行评估。

人工编码数据是人们按一定规则给不同类别的事物赋予相应的数字后所形成的数据。如,在运用李克特五点量表对某一问题进行调查时,常用数字“1”“2”“3”“4”“5”来对应“非常不同意”“比较不同意”“不一定”“比较同意”“非常同意”五种情况;每个人所持有的身份证号是根据所在地区相应的数字、出生年月等构成。事实上,人工编码数据在一定程度上并无明确规定,但为了使用与操作上的便利,人们总是寻找更简洁、更有价值的编码数据系统。

(二) 称名数据、顺序数据、等距数据和等比数据

根据测量水平,可将数据分成称名数据、顺序数据、等距数据和等比数据四种类型。

称名数据只说明某一事物与其他事物在名称、类别或属性上的差异,并不说明事物与事物之间差异的大小、顺序的先后及质的优劣。如,在统计人口信息时,男性可用数字“1”来表示,女性可用数字“0”来表示;对人的气质表现,可用数字“1”表示多血质,数字“2”表示胆汁质,数字“3”表示黏液质,数字“4”表示抑郁质。可见,称名数据仅表示观察对象的类属,仅仅具有数的区分性,不具备数的任何其他性质。一般而言,不能对这类数据进行加、减、乘、除四则运算,但可对每一类别计算个数或次数。

顺序数据是指可以就事物某一属性的多少或大小按次序将事物加以排列的变量,具有等级性和次序性的特点。如,前述提到的李克特五点量表中数字 1—5 可表示“非常不同意”到“非常同意”的不同程度;根据班级期末考试的成绩也可排出班级的第一名、第二名、第三名等;在“父亲受教育程度”这一变量中,可用数字“1”表示没上过学,数字“2”表示小

学毕业，数字“3”表示初中毕业，数字“4”表示高中毕业，数字“5”表示大专或本科毕业，数字“6”表示研究生及以上毕业。不难看出，顺序变量的观测结果有些是直接用序数等级来表示事物属性的多少与大小，另有一些观测结果则是用有序的类别来区分事物属性的差异。但需要注意的是，顺序数据间虽有等级之分，但差距不一定相等，也不具有绝对的数量大小和零点。因此，不能进行加、减、乘、除四则运算，但可以分门别类累积频次，或者进行顺序递推运算。例如，在班级期末考试排名中，已知第一名的分数高于第二名，第二名的分数高于第三名，因此可知第一名的分数高于第三名。

等距数据不仅表示不同类别及其之间的顺序关系，还具有等距的测量单位。生活中的“摄氏温度”即为典型的等距数据。例如，周三为15℃，周四为16℃，周五为17℃，则可以发现，这三天内温度在递增，且相邻两天的温差是相等的。然而，等距数据的零点是相对的。例如，0℃表示的是标准大气压下“纯净水”开始结冰时的温度，并不表示没有冷热，在华氏温度计的测量下，此时的温度数值就不再是0。因此，对于等距数据而言，可以进行加、减运算，但由于零点是相对的，不能进行乘、除运算。例如，不能认为36℃的温度是12℃的温度的三倍热。在教育实践中，常常近似地将百分制下的考试成绩当成是等距数据，因此可以将学生所有考试科目的成绩加和得到总分。然而，不得不说的是，即使是同一科目的考试，例如数学科目，选择题的一分和解答题的一分之间都不一定是等距的，更何况不同科目间的成绩分值了。

等比数据除了具有称名、顺序和等距的性质外，还具有绝对零点，也就是说等比数据中的数字“0”表示实际意义上的没有。身高体重的测量数据即为等比数据。等比数据可以进行加、减、乘、除四则运算，还可以表示倍数关系。例如，某名学生20岁时体重为60公斤，8岁时体重为30公斤。我们可以说，该学生8岁时的体重是他20岁时体重的一半，也可以说，该学生20岁时的体重是8岁时的两倍。

（三）离散数据和连续数据

根据数据分布的形式，可将数据分成离散数据和连续数据两种类型。

离散数据即为在量尺上取值有限且彼此不连续的数据。离散数据的取值只能是数轴上特定的点，之间的值没有意义。也就是说，离散数据只能以整数形式出现，小数或分数是没有实际意义的。例如，2015年我国专科毕业生数为3 222 926人[3]680，不可能为3 222 925.5人或是3 222 926.5人；投掷一枚骰子，其结果只能为1、2、3、4、5、6六种情况之一。

连续数据即为在一定范围内可以连续变化、任意取值的数据。连续数据代表的是数轴上的一段距离，且任意两个取值之间还包含有无穷多种可能的取值。例如，身高、体重的数据往往都是连续数据。同时，需要注意的是，一个连续数据是指，大于等于该数据的实下限而小于该数据的实上限的连续变化的数值。例如，某连续数据为35，34.5为35的实下限，35.5为35的实上限，因此，35这个连续数据所代表的含义是指大于等于34.5而小于35.5的所有数值。

二、数据的特点

数据作为一种语言，同文字一样，也具有其自身的特点。我们只有准确认识和把握了数据的特点，才能更好地对数据进行整理分析，得到更多的信息。

（一）数据的离散性

数据的离散性是指数据通常以分散的有一定间隔的数字形式出现。虽然数据可分为离散数据和连续数据，然而由于测量工具及取值精度等因素的限制，使得观测所得的数据往往具有一定的离散性。例如，对于生活中常常遇到的体重而言，我们将其划定到连续数据类别中去，然而，由于体重秤的精度限制以及日常测量习惯，我们一般会说体重为 52 公斤，或是 68.5 公斤，很少会说某人体重为 57.375 公斤。

（二）数据的变异性

数据的变异性是指有些数据总是在一定范围内以变化的形式出现，几乎没有绝对相同的数据重复出现。例如，在同一地点连续测量一周七天中午 12 点整的室外气温；对全班 30 名同学进行阅读能力的测试所获得的分数；统计某校所有在职教师的教龄；收集各省市留守儿童和随迁子女的数量等。我们会发现，这些数据总是在一定范围内不断变化。

（三）数据的规律性

数据的规律性是指在一定范围内变化的一组数据，其背后隐藏着一些规律性。例如，我们对近 10 年的全国高考总人数进行分析，会发现这些数据从表面上看起来是杂乱无章的，具有离散性和变异性。但是经过我们对这些数据进行统计、分析和整理，会发现其背后隐藏着一些规律性。比如说，近 10 年的全国高考总人数一直在增多，但每年的增幅却在减小。或者，我们对某校的全体同学进行智力测验，得到的原始数据肯定是较为杂乱的，然而经过对数据的梳理和归纳之后发现，大多数同学都处在中等水平，只有少数同学较低或者较高。这些都是一组数据背后所隐藏的规律，需要我们对数据进行整理和挖掘才能获取。

三、数据的分类与整理

统计能化繁为简，能从表面看起来杂乱无章的数据中提取出有用的信息。然而在运用统计图表将信息可视化之前，必须要先对收集来的原始数据进行初步的整理和分类，这样才能更好地绘制出准确的统计图表来。对数据进行分类整理的原则如下：

（一）分类标志应取决于研究目的

对于统计对象来说，可从不同的角度分为不同的类别，而选取的角度和依据应当取决于本次研究的目的。例如，对于学校而言，可以按照级别分为小学、初中、高中、大学等，也可以按照类别分为公立学校、私立学校，还可以按照地区划分到各省市等。因此，在对数据进行分类前，应当明确本次研究的目的，这样才能对数据进行合理的分类，从而开展下一步的研究分析工作。例如，本次研究的目的是为了明确各省市的学校总量，那么，应将学校按照所在地区划分，并分别统计数量。若是按照公立学校和私立学校划分，则无法达到研究目的了。

（二）每一个分类标志应保持“单向”性

分类标志的单向性是指，分类标志应当是针对研究对象的某一特征而言，不能同时针对研究对象的几个特征来进行分类。同样是上述划分学校的案例，如若已经按照学校级别将全国学校划分为了小学、初中、高中等几类，那么此时，就不能将“公立学校”“私立学校”等按照办学性质划分的类别与“小学”“初中”等按照级别划分的类别放在同一个维度上比较，只能放在两个不同的维度上，这就体现了每一个分类标志的“单向”性。这样做是为了将所有的研究对象都能划分到某一类别中，也就是说，保证所有的研究对象都被包含到所指定的分类标准中去；同时，也使得某一个研究对象只属于某一个类别中，不同的类别间彼此互不重叠、互不包容。

数据的整理在统计和测量中是较为基础的一步，需要在了解数据种类和特点的情况下对原始数据进行分类和整理，这样才能为后续的绘制统计图表以及更深层次的分析探究工作奠定良好的基础，从而获得更深层次的规律和信息。

第二节　次数分布表

原始数据往往不够清楚明白和一目了然，并不能直观地呈现出隐藏在数据中的规律和信息。例如，当我们研究某班 64 名学生在“教育统计与测量”这门课上的测验得分时，按照分数高低排列的原始数据如表 2-1 所示。

表 2-1　某班 64 名学生“教育统计与测量”测验得分（从高到低依次排序）

83	82	81	81	77	76	76	76	73	71	71	70	69	69	67	67	66	66	66	65	65	64
64	63	62	62	61	61	61	61	60	60	60	59	59	59	58	57	57	57	57	57	56	55
54	54	53	53	53	52	51	51	50	50	50	48	48	47	47	47	47	43	40	37		

次数分布是对数据分布最简单、最直接的描述，是指一批数据中各个不同的数值所出现次数多少的情况，或是指一批数据中各个不同数值所出现的次数情况。通过表 2-1，我们可以了解到最高分、最低分、哪个分数出现次数最多等信息。然而，这种对数据的初步整理并不能简明扼要地呈现出这批数据中的次数分布情况，不能使我们一目了然地获取信息。尤其是在数据众多的情况下，这种呈现方式更不理想。因此，本节将依次介绍简单次数分布表、相对次数分布表、累积次数分布表、累积相对次数分布表和累积百分数分布表的制作方式，从而可以帮助大家更好地呈现数据内部的规律，获得更有价值的信息。

一、简单次数分布表

简单次数分布表，简称为次数分布表，反映的是一批数据在各等距区组内的次数分布结构。下面将以表 2-1 中的数据为例，简述编制简单次数分布表的主要步骤。

（一）求全距

全距是指一批数据中最大值与最小值之间的差距，有时也被称为两极差，以符号 R 表示。以表 2-1 中的数据为例，这批数据的全距是：

$$R = X_{\max} - X_{\min} = 83 - 37 = 46(分)$$

（二）定组数

定组数就是确定要把整批数据划分为多少个等距的区组，用符号 K 表示，其大小根据数据的多少而定。组数太多，往往会削弱对数据分组整理的作用；组数太少，又可能会湮没数据内隐含的重要信息。如果数据来自一个正态的总体，则可利用下述经验公式来确定组数（N 为数据总个数）：

$$K = 1.87(N-1)^{2/5} \qquad (公式 2-1)$$

以表 2-1 中的数据为例，$N=64$，按公式 2-1 计算后取整，$K=10$。

值得注意的是，这里事先计划的组数可能与实际分组时因考虑组距取整以及最低一组的起点位置不同而不同，这种差异是正常的，最终结果应以实际划分的组数为准。

（三）定组距

在明确全距 R 和组数 K 之后，就可以来确定分组的组距了，用符号 i 表示。一般是取奇数或 5 的倍数，如 3、5、7、10 等。具体的取值办法，可通过全距 R 与组数 K 的比值取整来确定。以表 2-1 为例，$R/K=46/10=4.6$，故可把组距 i 确定为整数 5。结合组数和组距，即可得到各个组别的范围，如下面表 2-3 中第 1 栏所示。

（四）写出组限

组限是每个组的起止点界限，有表述组限和实际组限之区别。在教育与心理统计学文献中，组限的表述方法主要有两种，如表 2-2 所示。[4]6

表 2-2 组限的表述方法及实际组限

方法一		方法二	
表述组限	实际组限	表述组限	实际组限
20～25	[20,25)	20～24	[19.5,24.5)
15～20	[15,20)	15～19	[14.5,19.5)
10～15	[10,15)	10～14	[9.5,14.5)

第一种方法以连续的形式表述组限，每一组实际组限是“左闭右开”的区间范围。如“10～15”这一组，其实际组限是指[10,15)的区间范围。第二种方法以跳跃的形式表述组限，在相邻组别中形成“缺口”。例如，“10～14”和“15～19”这两组在相邻处不连续，从 14 跳跃到 15 时留下“1”个单位缺口。然而，其实际组限分别是指[9.5,14.5)和[14.5,19.5)的区间范围。在本书中主要采用第二种方法表达组限，以表 2-1 的数据为例，其实际组限如表 2-3 中第 2 栏所示。

（五）求组中值

组中值是各组的组中点在量尺上的数值，其计算公式为：

$$组中值=(组实上限+组实下限)/2 \qquad (公式\ 2-2)$$

例如，在表 2-2 中，第二种组限表述方法下的“15～19”这一组，其实上线为 19.5，实下限为 14.5，故该组的组中值为(19.5+14.5)/2=17。不同的组距以及不同的组限，必然会产生不同的组中值。如果希望每组的组中值恰好为整数以便于后续运算，那么，组距选择最好为奇数。以表 2-1 的数据为例，其组中值如表 2-3 中第 3 栏所示。

（六）归类划记

所谓归类划记，就是指运用类似唱票的方式，依次把每个数据准确地划归所属的组别，并以某种方式将所得的结果记录在表 2-3 的第 4 栏内，以便于计数检查。

（七）登记次数

根据表 2-3 中第 4 栏里的划记结果，点计各组的次数 f，记入表 2-3 的第 5 栏。

当我们把表 2-3 的第 1 栏、第 3 栏和第 5 栏拼在一起时，就构成本例所指的“64 名学生‘教育统计与测量’课程测验成绩简单次数分布表”。在此，我们把后续的相对次数分布表、累积次数分布表等内容均合并在表 2-3 上，以便更好地讲解后续内容。

表 2-3　64 名学生"教育统计与测量"测验分数分布统计结果

组别	实际组限	组中值	划记	次数	相对次数	累积次数	累积相对次数	累积百分数
(1)	(2)	(3)	(4)	(5)	(6)	(7)	(8)	(9)
80~84	[79.5,84.5)	82	4 个数据	4	0.06	64	1.00	100
75~79	[74.5,79.5)	77	4 个数据	4	0.06	60	0.94	94
70~74	[69.5,74.5)	72	4 个数据	4	0.06	56	0.88	88
65~69	[64.5,69.5)	67	9 个数据	9	0.14	52	0.82	82
60~64	[59.5,64.5)	62	12 个数据	12	0.19	43	0.68	68
55~59	[54.5,59.5)	57	11 个数据	11	0.17	31	0.49	49
50~54	[49.5,54.5)	52	11 个数据	11	0.17	20	0.32	32
45~49	[44.5,49.5)	47	6 个数据	6	0.10	9	0.15	15
40~44	[39.5,44.5)	42	2 个数据	2	0.03	3	0.05	5
35~39	[34.5,39.5)	37	1 个数据	1	0.02	1	0.02	2
合计				64	1.00			

二、相对次数分布表

相对次数就是各组的次数 f 与总次数 N 之间的比值,用符号 Rf 来表示。相对次数的计算公式为:

$$Rf=f/N \qquad (公式 2-3)$$

表 2-3 中第 6 栏里的数值即为各组的相对次数。当我们把表 2-3 中的第 1 栏、第 3 栏和第 6 栏拼在一起时,就构成一个相对次数分布表。在相对次数分布表中,若某组数据的相对次数较小,则说明落入该组内的数据个数占全部数据个数的比例也较少;反之,则较多。

相对次数分布表与简单次数分布表各有不同的用途,它们既可单独使用,又可联合使用。

当我们主要对各组的绝对次数感兴趣时,则可编制简单次数分布表。例如,在研究年龄与自杀率之间的关系时发现,在我国,自杀人群的年龄分布有两个高峰,即 20~35 岁的年轻人和 60 岁以上的老年人。特别是随着年龄的递增,农村男性老年人的自杀率可高达每 10 万人 140~160 起。[5] 因此,我们应当特别关注 20~35 岁的年轻人以及 60 岁以上的老年人这两个群体,需要针对具体的原因提供相应的帮助和特定的疏导。可见,简单次数分布表的作用并不"简单",在特定的情况下,可发挥重大作用。

当我们侧重关心各组次数的相对比例时,可编制相对次数分布表。例如,我们在统计某大学中各个专业的人数多少时,会发现不同的专业人数相差可能很大。因此,当绘制出就读某大学各个专业人数的相对次数分布表时,可通过各专业就读人数的相对次数来了解各个专业就读人数在大学中的比例,从而更为清晰地发现在该大学中哪几个专业是"大专业",哪几个专业是"小专业"。

三、累积次数分布表

当我们希望通过一个统计表就能比较方便地了解到处于某个数值以下或以上的数据个数时,则可编制累积次数分布表。在表 2-3 中,当我们把第 1 栏、第 3 栏、第 7 栏拼在一起,就构成一个累积次数分布表。例如,从表 2-3 中,我们可以看出测验成绩在 79.5 分以下的人数有 60 人,在 59.5 分以下的人数有 31 人,等等。若在该次测验中,成绩在 79.5 分以上为优秀,59.5 分以上为及格,那么通过累积次数可知,该班在本次测验中不及格的人数为 31 人,未达到优秀的人数为 60 人。

累积次数分布表还分成“以下”累积次数分布表与“以上”累积次数分布表两种。在此阐述的是“以下”类型的累积次数分布表,反映的是位于某个分数“以下”的累积次数共有多少。相应地,“以上”类型的累积次数分布表反映的是位于某个分数“以上”的累积次数共有多少。在本例中,若是采用“以上”累积次数分布表,则可知位于 79.5 分以上的人数有 4 人,即该班在此次测验中达到优秀的人数为 4 人;位于 59.5 分以上的人数有 33 人,即该班达到及格水平的人数为 33 人。可见,在编制过程中,应当考虑到实际需要来选择累积次数分布表的类型。

四、累积相对次数分布表和累积百分数分布表

上述累积次数分布是对简单次数进行累积的结果,若是对相对次数进行累积则得到累积相对次数分布表。将表 2-3 中的第 1 栏、第 3 栏和第 8 栏拼在一起,就构成一个累积相对次数分布表。由于累积相对次数仍然是小数,因此把这些小数乘上 100,便得到“百分数”,从而将累积相对次数分布表等价地转换为累积百分数分布表,即为将表 2-3 中的第 1 栏、第 3 栏和第 9 栏拼在一起所成的分布表。可见,累积相对次数分布表和累积百分数分布表并没有本质上的区别,只是数字表达形式上的区别而已。在本例中,通过累积相对次数分布表和累积百分数分布表可知,该班在此次测验中,未达到优秀水平的学生占到了班级总人数的 94%,未达到及格水平的学生占到了班级总人数的 49%,可以说,将近一半的学生在此次测验中不及格。

同累积次数分布表一样,累积相对次数分布表和累积百分数分布表均具有“以下”和“以上”两种类型。在编制时,应根据具体情况决定选用其中的一种。

在运用次数分布表呈现数据时,我们应当根据实际需求和具体情况选用简单次数分布表、相对次数分布表等几种分布表中的一种。在制表过程中,需要注意表述组限和实际组限的几种表述方法,以及累积次数的方向不同导致其含义也有相应的差别。

第三节　次数分布图

次数分布表可以使我们清楚地知道数据的分布特征,然而,如果要更清晰、更“一目了然”地识别出数据的分布情况、波动趋势等,则需要在次数分布表的基础上绘制出次数分布图。同次数分布表一样,次数分布图也具有多种类型。在本节中将依次介绍次数直方图、次数多边图、相对次数直方图与多边图、累积次数分布图、累积相对次数曲线图和累积百分数曲线图。

一、次数直方图

次数直方图,即在坐标轴上由一些高度不一、宽度相等的直方条排列形成的图案。次数直方图具有以下特点:一是各直方条紧密排列,彼此之间不留间隔,以保证每个数值都被包含在内;二是每个直方条的面积与次数 f 成正比,也体现出每组的组距相同。

图 2-1 是根据表 2-3 绘制的次数直方图。其具体绘制方法如下:(1) 绘制直角坐标系。(2) 纵轴为次数 f 的量尺,按照恰当的间隔从 0 开始等距分点,在本例中,标出 0,2,4,6,…,12,14 即可;横轴为测验分数的量尺,按照恰当的间隔标出事先确定好的组中值,在本例中,即为 37,42,47,…,77,82(横轴的分点不一定从 0 开始,多数时候是以最低一组的下限开始)。(3) 每一个直方条的宽度由组距确定,高度由相应组别的次数确定,这也是每个直方条的面积与次数 f 成正比的原因。需要注意的是,直方条以组中值为对称点,依次紧密排列在横轴上,之间不留空隙。(4) 在横、纵轴的相应位置写上对应的名称,并在横轴下方写上图题,即完成了次数分布直方图的绘制。(5) 在已经完成次数直方图的基础上,若为了更清楚地知道每组的次数大小,还可将各组的次数标在各个直方条的顶端,以便阅读,在本例中省略了这一步。

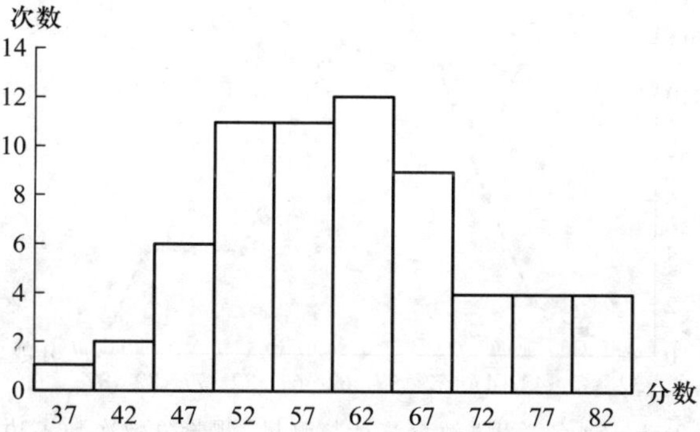

图 2-1 64 名学生"教育统计与测量"测验分数次数直方图

每一个图形都应当具有正确且完整的图形标记,否则这个图形无意义。对于一个直方图而言,重要的图形标记包含以下几类:(1) 图题:说明图形呈现的数据和内容的意义,一般在横轴下方。(2) 横轴的刻度和名称:对于定量数据而言,应该沿着横轴将数据按照恰当间隔分组标在横轴上;对于定性数据而言,将各类数据等距写在横轴上即可。此外,还应当写上横轴代表的分类名称。(3) 纵轴的刻度和名称:将数据按照恰当间隔标在纵轴上,并写上纵轴所代表的分类名称。(4) 图例:若同一图中呈现多元数据,应该用图例(不同颜色或形状)加以区分和说明。

次数直方图相比于次数分布表而言,可以更加直观地呈现出数据的分布特征和结构形态,让人"一目了然"。根据次数直方图所呈现出来的结构形态,我们可将直方图分为正常型、双峰型、锯齿型、平顶型、孤岛型和偏向型。例如,在工厂制作零件时,由于加工者担心出现不合格产品,因此,往往会将轴做得偏大。当我们绘制关于轴大小的次数分布图时,则会出现如图 2-2 所示的偏向型次数直方图。

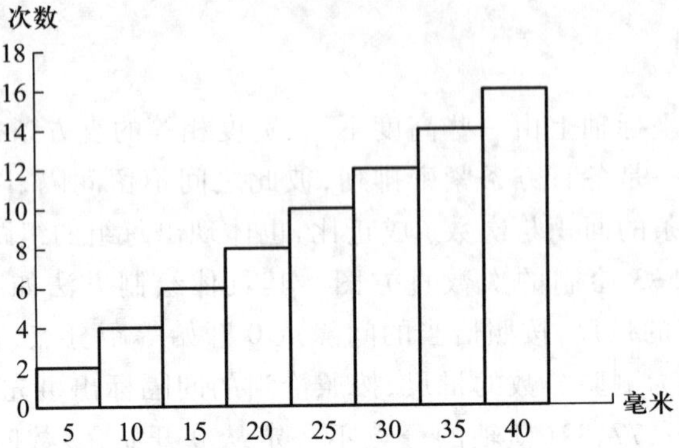

图 2-2 偏向型次数直方图

二、次数多边图

次数多边图是利用闭合的折线构成多边形以反映次数变化情况的一种图示方法。图 2-3 是在图 2-1 的基础上根据同一个例子而绘制成的次数分布多边图。

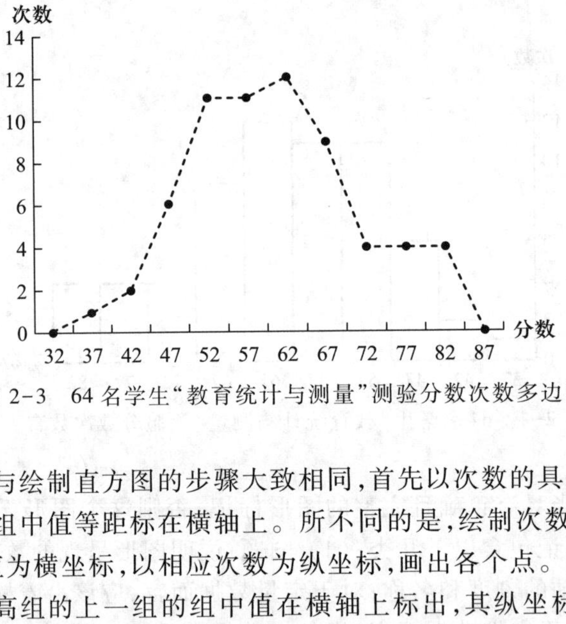

图 2-3 64 名学生"教育统计与测量"测验分数次数多边图

绘制次数多边图与绘制直方图的步骤大致相同，首先以次数的具体数值确定纵轴取值，再将测验分数的各组组中值等距标在横轴上。所不同的是，绘制次数多边图不再画出直方条，而是以各组组中值为横坐标，以相应次数为纵坐标，画出各个点。需要注意的是，还应将最低组的下一组和最高组的上一组的组中值在横轴上标出，其纵坐标为 0，也就是说，次数为 0。在本例中，即为(32,0)和(87,0)两点。至此，图中已有 10+2=12 个点，用线段将相邻点依次连接起来，与横轴构成一个闭合的多边形。再在横轴下方写上图题，至此，完成了次数分布多边图的绘制。同直方图一样，为了更为明晰地知道每组的次数大小，还可将各组的次数标在各点上方，以便阅读，在本例中省略了这一步。

三、相对次数直方图与多边图

上述的次数直方图和次数多边图是根据简单次数分布表绘制的图，相应地，也可以根据相对次数分布表绘制相对次数直方图和多边图，绘制方法与上述的次数直方图和多边图大致相同。不同之处在于，次数直方图和多边图的纵轴是关于次数的计量，而相对次数直方图和多边图的纵轴是关于相对次数的计量。图 2-4 和图 2-5 是根据同一例子(即表 2-3)绘制的相对次数直方图和多边图。

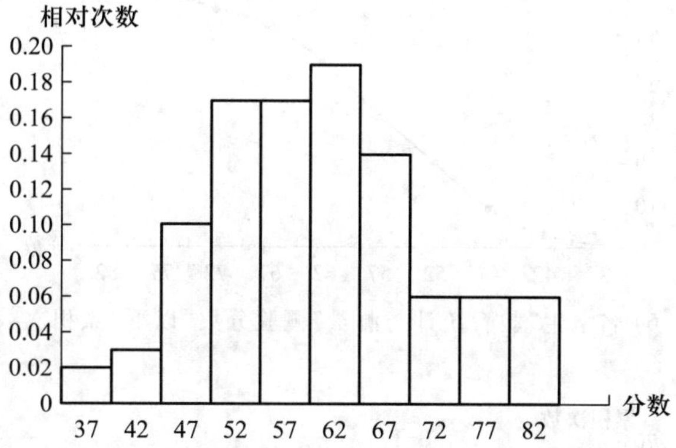

图 2-4 64 名学生“教育统计与测量”测验分数相对次数直方图

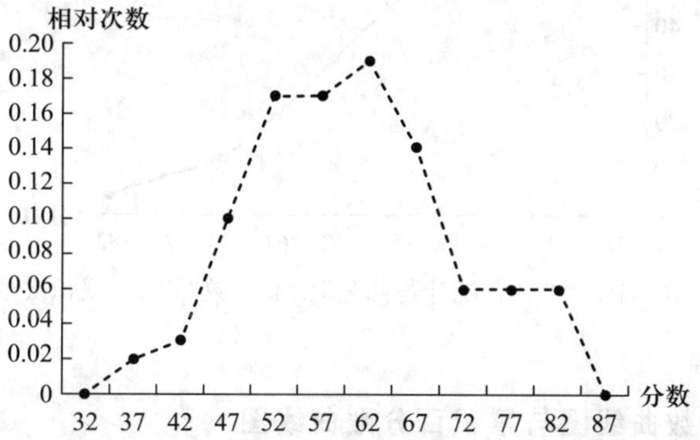

图 2-5 64 名学生“教育统计与测量”测验分数相对次数多边图

由于相对次数具有相对性,因此,可将同一类别的不同数据进行相对次数的比较。也就是说,可在同一图中绘制两个或三个不同的相对次数多边图,从而进行比较。当然,必须要保证坐标轴的横、纵坐标分组一致,同时应当采用不同颜色或者图注对不同数据进行区分。这一点将在本章的第四节中给出案例。

四、累积次数分布图

累积次数分布图可分为直方图和曲线图两种,在日常生活中,更多使用曲线图来表示累积次数。图 2-6 即为根据表 2-3 中的累积次数分布而绘制成的累积次数曲线图。累积次数曲线图与次数多边图的绘制方法类似,但不同的是纵轴是累积次数的量尺;此外,还应当用平滑的曲线将各点依次连接。由于累积次数是由次数累积而成,因此累积次数曲线图不会与横轴构成闭合多边图,因此称其为曲线图而不是多边图。

在累积次数分布表中提到,有“以下”和“以上”两种类型。表 2-3 和图 2-6 所提供的都是“以下”累积次数分布。图 2-7 为同一案例的“以上”累积次数分布曲线图,大家可以思考“以上”和“以下”累积次数分布的区别。

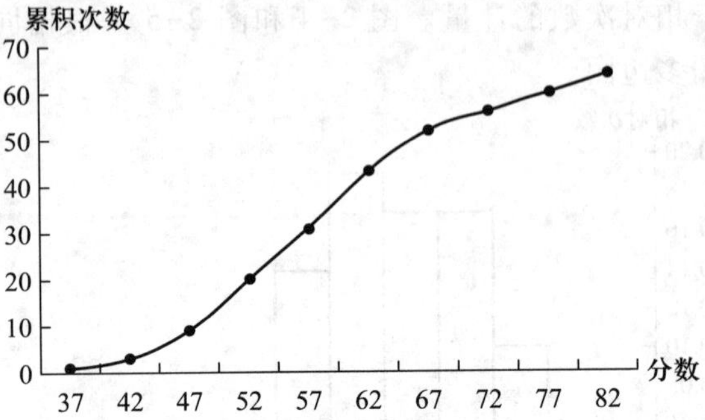

图 2-6　64 名学生“教育统计与测量”测验分数“以下”累积次数曲线图

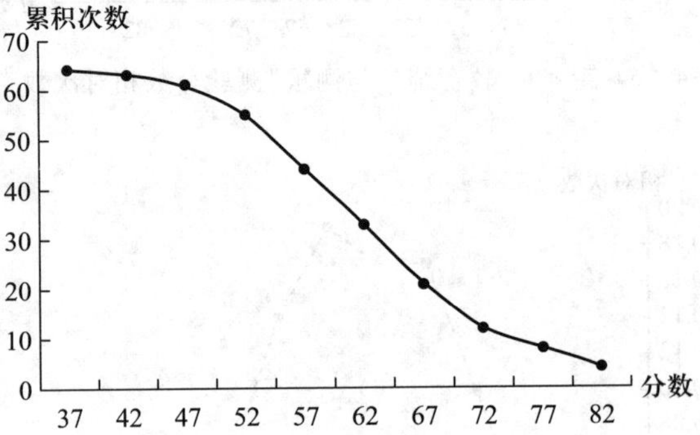

图 2-7　64 名学生“教育统计与测量”测验分数“以上”累积次数曲线图

五、累积相对次数曲线图与累积百分数曲线图

根据累积相对次数分布表和累积百分数分布表即可绘制累积相对次数曲线图和累积百分数曲线图，其绘制方法同累积次数曲线图类似，只是纵轴为累积相对次数或百分数的量尺。图 2-8 即为根据表 2-3 中的累积相对次数和累积百分数而绘制的“以下”累积相对次数、百分数曲线图。

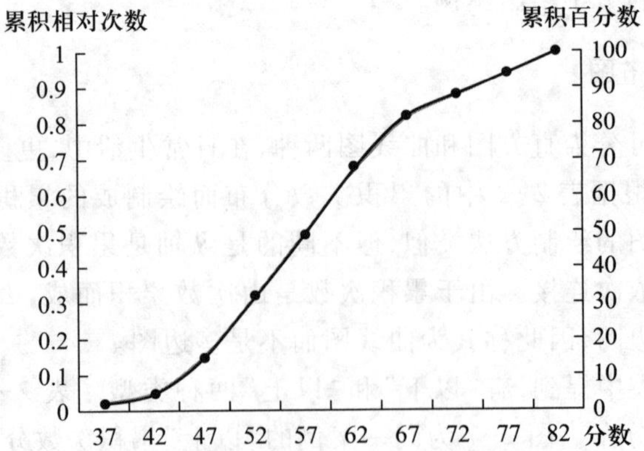

图 2-8　64 名学生“教育统计与测量”测验分数“以下”累积相对次数、百分数曲线图

次数分布图同次数分布表相比，可以更清楚地展现数据的分布情况和波动趋势，帮助我们从具体的数据中跳出来，以整体和变化的眼光来看待数据分布，从而能更准确地抓住问题的关键所在，给人"一目了然"之感。因此，我们在统计过程中，应当学会绘制和使用不同类型的次数分布图。

第四节　常用统计分析图

前文中已对次数分布表和次数分布图进行了详细的介绍，可以发现，次数分布表和次数分布图更多的是针对一元连续变量的观测数据。而在现实生活中，常常还会出现离散数据或多元变量的观测数据等，这时则需要根据实际情况采用更为恰当的统计分析图。基于此，本节将介绍几种常用的统计分析图，包括散点图、线形图、条形图和圆形图。

一、散点图

散点图又称点图、散布图，是用平面直角坐标系上点的散布来表示两种事物之间的相关性及联系模式。散点图常用来描述二元变量的观测数据，重点并不在单个的点上，而是意图通过坐标系中点的散布所构成的整体来表示因变量与自变量之间具有的某种联系。

绘制散点图时，在平面直角坐标系中，横轴代表自变量，纵轴代表因变量。将每一个数据按照其相对应的横、纵坐标转换为坐标系中的一个点，使得所有数据都以点的形式表现在坐标系中，再标上图题，即完成了散点图的绘制。

举例如下：为探究焦虑程度与数学考试成绩之间的关系，在某班 35 名同学进行期末考试前一周，依照设计好的问卷测量每位同学的焦虑程度，满分 100 分。分数越高，则焦虑程度越高；分数越低，则焦虑程度越低。在期末考试后，按照统一标准对学生的试卷进行判分，满分 100 分。分数越高，则学生的考试成绩越高；分数越低，则考试成绩越低。在本次研究中，将焦虑程度作为自变量，每名同学相应的考试分数作为因变量，将这 35 对数据转换为坐标系中的 35 个点，绘制出如图 2-9 所示的散点图。

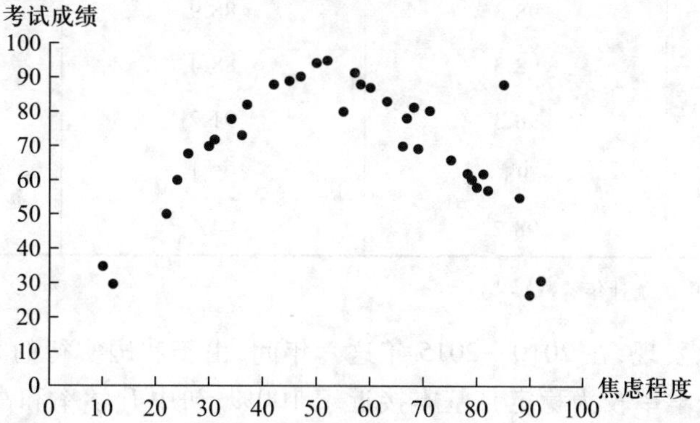

图 2-9　某班 35 名学生焦虑程度与数学考试成绩散点图

通过阅读图 2-9，可大致分析出焦虑程度和数学考试成绩间的关系：当焦虑程度处于中等程度时，考试成绩相对来说较高；而当焦虑程度过高或过低时，考试成绩较低。也就是说，焦虑程度与考试成绩之间大致呈现出倒 U 型关系。可见，散点图对于探究两种事物、两种现象之间的关系起着重要作用，通过对散点图中点的散布形态的整体把握，可大致了解自变量与因变量间的相关程度和联系模式。

散点图在教育与心理研究中具有广泛用途。例如，白露等人于 2005 年发表的《中国情绪图片系统的编制——在 46 名中国大学生中的试用》一文中就对 852 幅图片的愉悦度、唤醒度和优势度评分绘制了散点图，从而得到当愉悦度评分处于较低水平时，唤醒度评分较高，而优势度评分较低等结论。[6]

二、线形图

线形图是以起伏的折线来表示某种事物的发展变化及演变趋势的统计图。线形图更多地应用于连续性数据，也就是说，线形图适用于描述某种事物在时间序列上的演变趋势，也可用来描述某一事物随另一事物发展变化的趋势模型。

常见的线形图有两种：折线图和曲线图。前文中所介绍的次数多边图，即由一组分布次数形成的封闭折线图。当我们只将各个数值以点的形式标在图中，而不标出最低组的下一组和最高组的上一组时，折线与横轴便不会构成封闭的多边图，此时即为普通意义上的折线图。曲线图在上文的累积次数曲线图和累积相对曲线图中已有涉及。

在前文所示的线形图中，均只有一条线段，也就是说图形只呈现了一组数据。然而，在同一个图形中，允许画若干条（太多会影响数据呈现）不同的线形图，以便比较分析。当然，需要注意的是，由于存在多条线段代表不同组别的数据，因此，应当使用颜色或各类形式对其加以区分，同时应当在适当位置给予说明。举例如下：为了探究 2010—2015 年间小学升学率、初中升学率和高中升学率的变化，根据表 2-4 中的数据绘制了如图 2-10 所示的线形图。

表 2-4　2010—2015 年间小学升学率、初中升学率和高中升学率

年份	小学升学率/%	初中升学率/%	高中升学率/%
2010	98.7	87.5	83.3
2011	98.3	88.9	86.5
2012	98.3	88.4	87
2013	98.3	91.2	87.6
2014	98	95.1	90.2
2015	98.2	94.1	92.5

（资料来源：2016 年《中国统计年鉴》[7]691）

从图 2-10 可以发现，在 2010—2015 年这六年间，由于我国实行的九年制义务教育已较为成熟，因此小学升学率较为稳定且基本接近于 100%；初中升学率和高中升学率都在稳步上升；同时，小学升学率高于初中升学率，初中升学率高于高中升学率。通过对上述线形图的分析，可进一步预测后几年我国小学、初中、高中升学率的变化，从而制定相应的政策。

图 2-10 所示即为升学率在时间序列上的演变趋势。除此之外，线形图还可用来描述一事物随另一事物发展变化的趋势模型。举例如下：为了探究 2010—2014 年间国家财政性教育经费和总教育经费间的关系，根据表 2-5 中的数据绘制如图 2-11 所示的线形图。

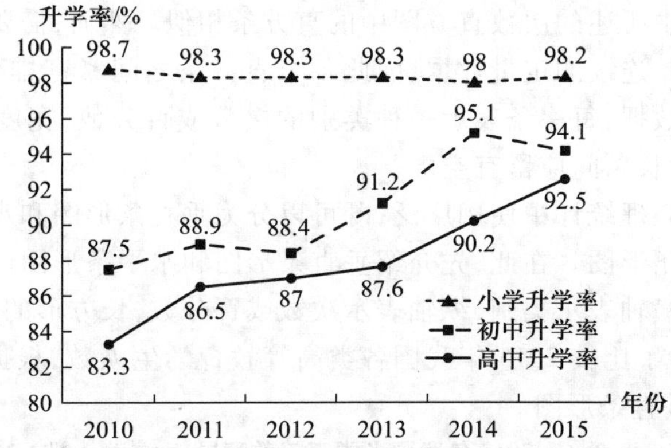

图 2-10　2010—2015 年间小学升学率、初中升学率和高中升学率

表 2-5　2010—2014 年间国家财政性教育经费和总教育经费

年份	国家财政性教育经费/亿元	总教育经费/亿元
2010	1.47	1.96
2011	1.86	2.39
2012	2.31	2.87
2013	2.45	3.04
2014	2.64	3.28

（资料来源：2016 年《中国统计年鉴》[8]702）

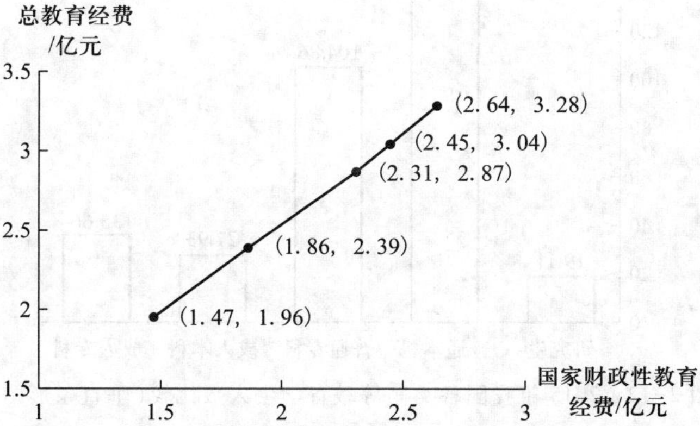

图 2-11　2010—2014 年间国家财政性教育经费和总教育经费

从图 2-11 可以发现，在 2010—2014 年这五年间，国家财政性教育经费和总教育经费都在逐年递增，且国家财政性教育经费在总教育经费中所占比例基本不变。通过对图 2-11 的分析，可预测出后几年我国国家财政性教育经费和总教育经费的变化趋势，为后几年的经费变化制定出相应目标。

三、条形图

条形图是以相同宽度的条形的长短或高矮来表示各个统计事项之间的数量关系。构成条形图的长条同前文中所述的次数直方图中的直方条相似。然而,需要注意的是,在次数直方图中直方条表示的是连续的定量数据,因此各个直方条之间紧密排列,不留空隙;而条形图一般用来表示定性数据,每一条表示一种类别的次数或百分数,宽度相同,长度代表相应数值,因此条形图中的长条间应留有空隙。

条形图在教育与心理统计中使用广泛,既可以分为垂直条形图和水平条形图,也可以分为简单条形图和复合条形图。在此,先介绍垂直条形图和水平条形图两类。

垂直条形图即用横轴表示类别,纵轴表示次数或百分数,长方形的高度表示相对应的类的数值。举例如下:为了比较 2015 年我国各类高等教育学生人数,根据表 2-6 中的数据绘制如图 2-12 所示的垂直条形图。

表 2-6 2015 年我国各类高等教育男、女学生人数

高等教育类别	总人数/10 万	男生人数/10 万	女生人数/10 万
研究生	19.11	9.61	9.5
普通本科	157.67	73.97	83.7
普通专科	104.86	50.94	53.92
成人本科	27.93	11.63	16.3
成人专科	35.66	15.76	19.9

(资料来源:2015 年《中国教育统计年鉴》[9]5)

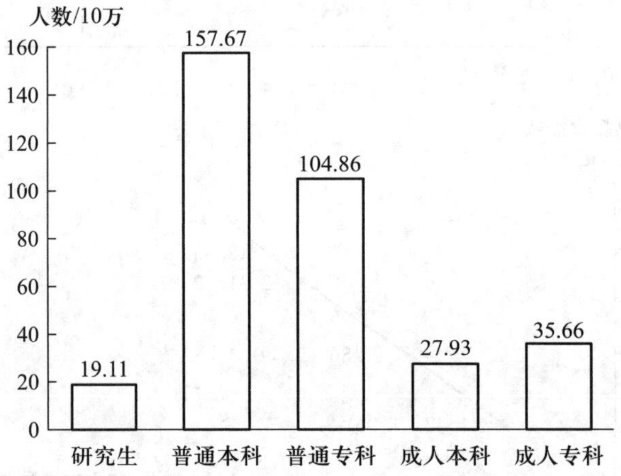

图 2-12 2015 年我国各类高等教育学生人数比较(垂直条形图)

水平条形图与垂直条形图本质相同,只是将横纵轴互换,纵轴表示类别,横轴表示次数或百分数,长方形的长度表示相对应的类的数值。将图 2-12 所示的垂直条形图转换为水平条形图如图 2-13 所示。

在统计中,垂直条形图更为常用。然而,当分类名称太长时,则可绘制水平条形图,这样图形的左侧有大量空白可供分类名称的呈现。

除了垂直条形图和水平条形图外,条形图还可分为简单条形图和复合条形图。图 2-12 和图 2-13 属于简单条形图,即利用同类的长条来比较若干统计事项之间适量关系的图形。也就是说,在简单条形图中,观测数据只按照一种特征进行分类。相应地,复合条形图则是

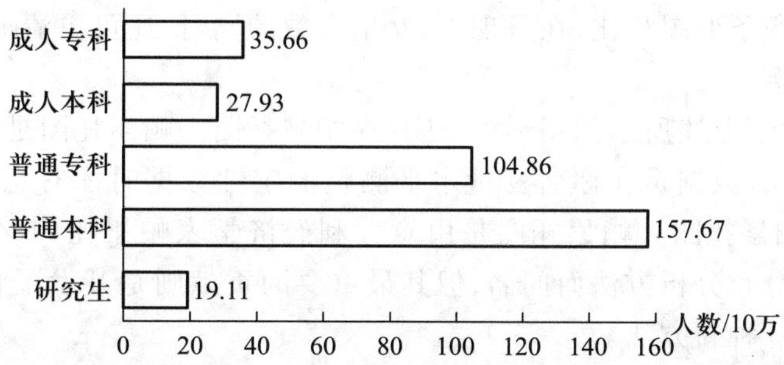

图 2-13 2015 年我国各类高等教育学生人数比较(水平条形图)

将观测数据按照多种特征分类,用不同颜色或形式的长条呈现在一张条形图上。复合条形图又分为堆积条形图和分段条形图。同样根据表 2-6,除将我国高等教育学生人数按照高等教育类别分类外,还按照性别对其分类,即可得到如图 2-14 所示的堆积条形图和如图 2-15 所示的分段条形图(在此均使用垂直条形图的形式呈现,不提供水平条形图的示例)。

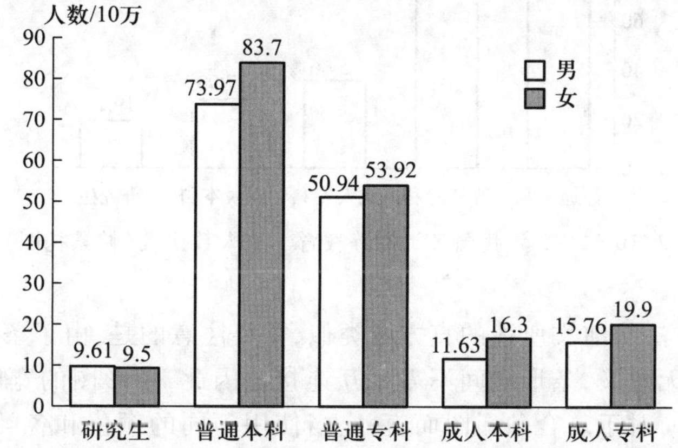

图 2-14 2015 年我国各类高等教育男、女学生人数比较(堆积条形图)

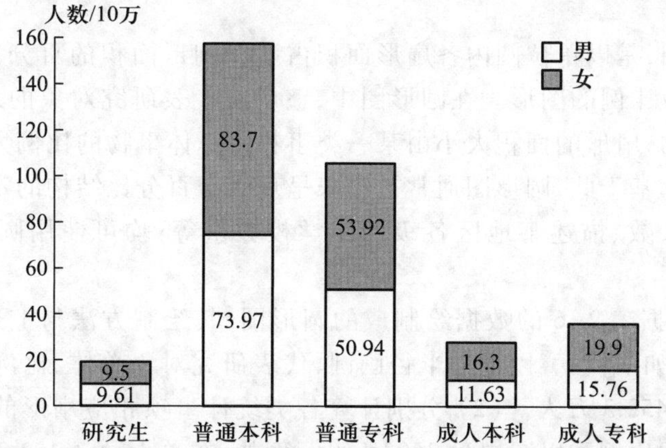

图 2-15 2015 年我国各类高等教育男、女学生人数比较(分段条形图)

通过图 2-14 和图 2-15 可知,堆积条形图可以看出高等教育每一类中男、女生的人数,而分段条形图与堆积条形图相比，在呈现男、女生人数的同时，还可更清晰地看出男、女生占每一类总人数的比例。

在条形图中，除了上述所示的图形外，还存在帕累托图。帕累托图是按照次数多少的顺序排列的条形图，只有数据是在称名变量水平测量的定性数据时才有意义。图 2-16 即为图 2-12 转换来的帕累托图。帕累托图是由意大利经济学家帕累托（1848—1923）发明的，他以提出一种收入分布分析方法而闻名，但其最重要的贡献则是开发了将数学和统计学应用于经济分析中的一种新方法。

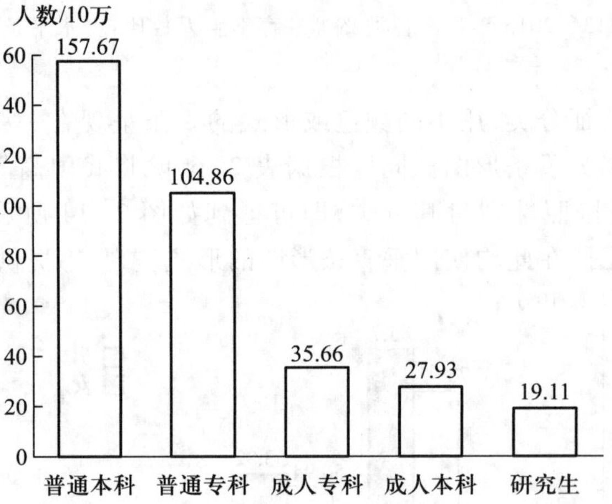

图 2-16　2015 年我国各类高等教育学生人数比较（帕累托图）

条形图的绘制方法与前文所述的直方图类似，需要注意的是，由于条形图多呈现定性数据，因此条形的宽度无意义，条形之间不需相互连接。因此，条形图的宽度和不同类别的条形间距应相等。此外，对于复合条形图而言，应当使用不同的颜色和各类形式加以区别，并应当在适当位置标明图例。

四、圆形图

圆形图又称饼图，是以单位圆内各扇形面积占整个圆形面积的百分比来表示统计事项在其总体中所占相应比例的图形。在圆形图中，整个圆代表研究对象的总体，即 100%。一个扇形代表一类事物，扇形的面积大小由某一类事物占总体事物的比例大小而定，用不同颜色或形式加以区分。基于此，圆形图通常被用来呈现具有百分比结构的定性数据。例如，描述某高校不同专业人数、描述某地区各级各类学校数量等，均可使用圆形图来呈现，达到“一目了然”之感。

图 2-17 即为根据表 2-6 的数据绘制成的圆形图，其绘制方法与上述图形的绘制有所区别，具体绘制步骤如下：(1) 以适当半径画圆，代表研究对象总体，比例为 100%。在本例中，即代表总人数 3 452.3 万人。(2) 分别计算各类统计事项相应扇形的圆心角，即用各类统计事项在总体中的比例乘以圆周角 360°所得。例如，在总人数 3 452.3 万人中，普通本科人数为 1 576.7 万人，占总人数的 45.67%，其圆心角为 $360°\times45.67\%\approx164.4°$。同理，普通专科、成人本科、成人专科、研究生相对应的圆心角分别为 109.3°、29.1°、37.2°、20°。(3) 根据上述计算结果，运用量角器在圆内画出各部分的扇形，并标上各自的百分比及各类名称。

(4) 用不同颜色或形式对不同扇形加以区分,并标明相应图例。(5) 还可将研究对象的总体数量注明在图中相应位置或图题中,若想要知道各类事物的数量,即可利用总体数量和各类百分比进行计算,以弥补圆形图中只出现相对数而无绝对数的缺陷。

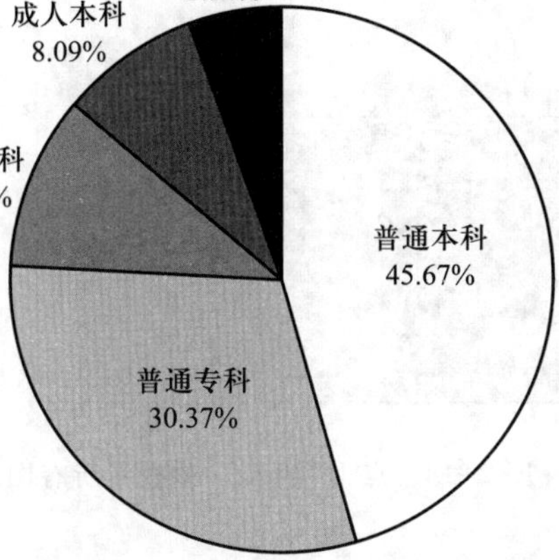

图 2-17　2015 年我国各类高等教育学生人数比较(总人数为 3 452.3 万人)

本节依次介绍了散点图、线形图、条形图和圆形图,除此之外,还有堆栈图、地理数据图、三维图、组合图等可用于呈现数据。例如,描述某学校近 10 年的学生数量时,可采用线形图或条形图来呈现,甚至也可以将线形图和条形图相结合形成组合图,从两个角度更完整和清晰地呈现数据;描述全国各省市的高考平均成绩时,可采用地理数据图直观形象地呈现。在掌握了本书介绍的统计图外,大家可自行探索更多类型的统计图原理及绘制过程,以便更好地呈现数据。

拓展阅读

应用 Excel 制作统计图

除了手工画图外,越来越多的人使用 Excel 2016 等软件绘制统计图。利用软件制作统计图相比手工画图而言,操作起来更加便利,可节省大量绘图时间,而且绘制出的统计图也更加精准美观。由于 Excel 2016 软件制作各类统计图的步骤类似,这里仅以前文中图 2-10 为例,介绍利用 Excel 2016 软件制作线形图的步骤。其具体制作步骤如下。

(一) 插入图表

将制图所需数据录入到 Excel 2016 程序中,如图 2-18 所示,将数据区域选中,点击“插入”,再点击图表一栏中右下角“查看所有图表”的符号,则出现如图 2-19 所示“插入图表”对话框。

(二) 选择图表类型

在“插入图表”对话框中,出现两个选项卡。左侧的“推荐的图表”选项卡中为 Excel 2016 软件根据所选择的数据推荐的较为恰当的统计图,点击右侧的“所有图表”选项卡,左侧即出现柱形图(即为垂直条形图和直方图)、折线图(即为线形图)、饼图(即为圆形图)、条形图(即为水平条形图)、散点图等统计图供选择。

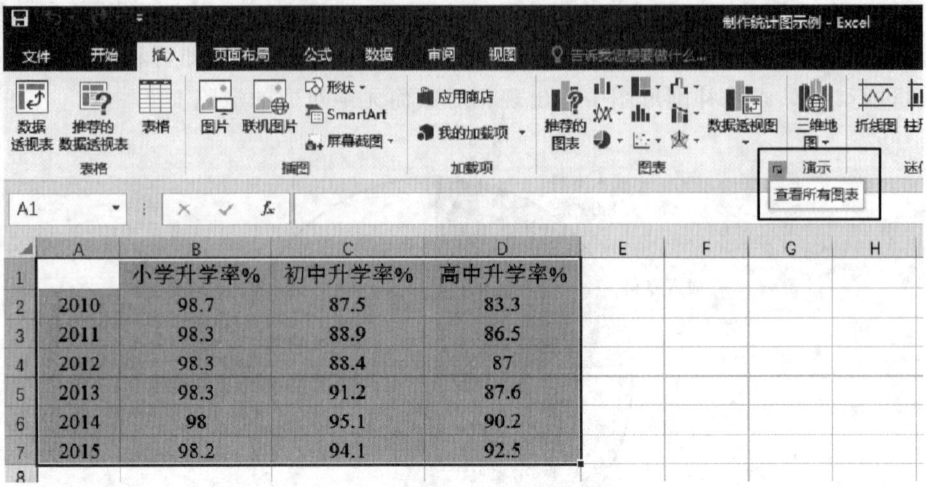

图 2-18 点击“插入”→“查看所有图表”

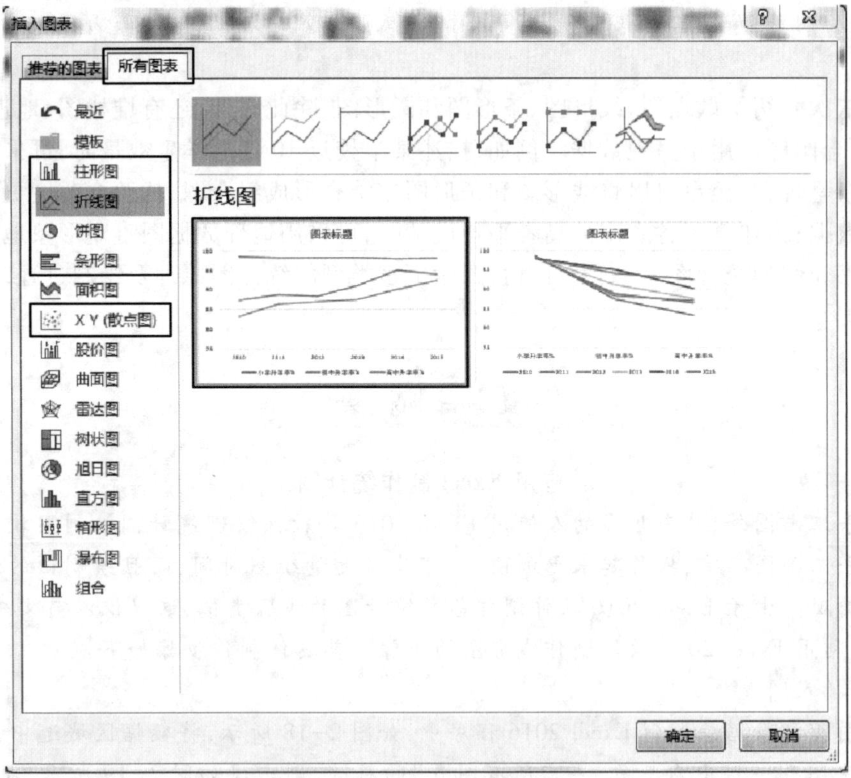

图 2-19 出现“插入图表”对话框

由于我们想要知道的是小学、初中、高中的升学率根据年份的变化关系以及对三级学校间的升学率进行比较，因此我们认为，对于这组数据而言，折线图是较为恰当的图形选择。点击“折线图”，右侧即出现折线图的各种呈现方式，选择最适合的一种即可。若其他组数据更适合的图形形式为柱形图或饼图等，那同理，点击左侧的“柱形图”或“饼图”，再选择一种合适的呈现方式即可。

（三）自动生成图表和修改图表格式

在图 2-19 中点击“确定”，则出现 Excel 2016 软件自动生成的折线图。由于该图是软件自动生成，因此很多地方还需要调整，例如图表标题、横纵轴名称、图例位置等。此时，我们可点击如图 2-20 所示的“快速布局”或“图表样式”，选择一种较为接近图形最终呈现形式的即可，此步骤可帮助我们节省制图时间。此外，对于图中缺少的元素，可如图 2-21 所示，点击“添加图表元素”，则出现“坐标轴”“轴标题”等选项。根据图中缺少的图表元素选择添加即可。

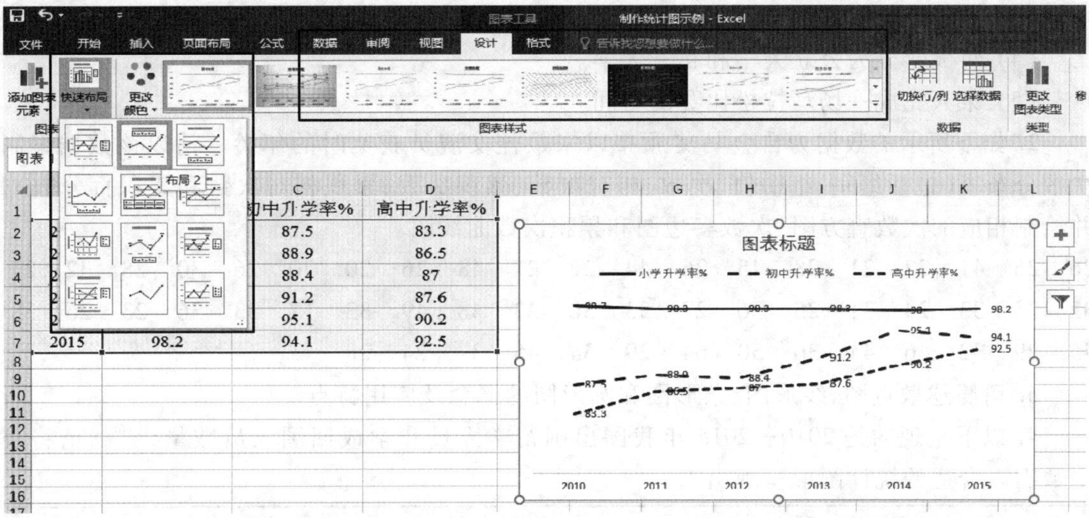

图 2-20　点击“快速布局”或“图表样式”

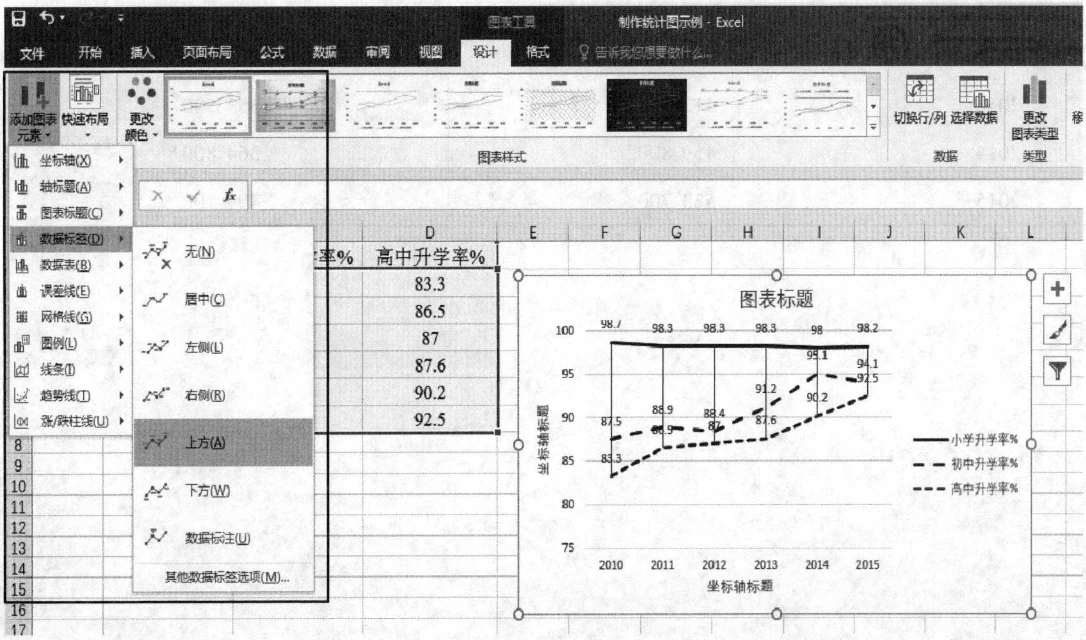

图 2-21　点击“添加图表元素”

散点图、条形图、圆形图等制作过程都与上述步骤类似，只需要在第(二)步中选择相应的图形类型即可，大家可利用本书中的案例自行尝试。

练习与思考题

1. 请说出下列数据是称名数据、顺序数据、等距数据和等比数据中的哪一类。

(1) 北京国安足球队所有足球运动员的身高。

(2) 学生平时表现分为优、良、中、差。

(3) 某个历史事件的日历年份，例如 1998 年。

(4) 将大学分为公立大学和私立大学。

(5) 某人完成一场马拉松比赛的时间。

2. 如下所示的数据为自金马奖颁布以来最佳女演员获奖时的年龄。请以该数据编制次数分布表(包括组别、组中值、次数、相对次数、累积次数、累积相对次数和累积百分数)，并绘制相应的次数直方图、次数多边图和累积次数曲线图。

26 26 41 22 21 28 45 26 44 22 27 48 26 20 20 26 30 28 32 27
32 33 33 24 31 25 36 27 33 30 33 48 49 33 17 33 36 23 26 38
45 29 32 46 44 36 50 64 29 34 45 37 24 28

3. 请简述散点图、线形图、条形图和圆形图的概念及应用特点。

4. 以下呈现的是 2010—2015 年我国出国留学人员和学成回国人员数量[10]684，请将表中数据以合适的统计图形呈现出来。

年份	出国留学人员	学成回国人员
2010	284 700	134 800
2011	339 700	186 200
2012	399 600	272 900
2013	413 900	353 500
2014	459 800	364 800
2015	523 700	409 100

第三章 集中量数

在统计中，平均或有代表性的数值的概念被称为集中趋势。测量集中趋势的目的是确定一个代表分布中心的值来描述一组数据的分布。理想上，这个中心值是在分布中能够最好代表所有个体的值。[1]65

——格拉维特(F. J. Gravetter)，沃朗(L. B. Wallnau)

概览

1. 众数是一组数据中出现最多的一个或几个数值，用符号 M_0 表示。众数概念简单明了，不受到极端数据的影响，但不稳定。众数可应用于快速粗略地寻求代表值、数据不同质、出现极端数据等情况。

2. 中位数又称中数，是指在按大小顺序排列的一组数据中，处于中央位置的数，用符号 M_d 表示。中位数概念简单明了，不受到极端数据和两端模糊数据的影响，但缺乏灵敏性。中位数可应用于快速粗略地寻求代表值、出现极端数据或两端有模糊数据等情况。

3. 平均数分为算术平均数和加权平均数。算术平均数是指一组数据的总和除以数据的总个数的商，用符号 $\overline{X}$ 表示。加权平均数表示当总体中各部分数据的权数不相等时，根据各部分数据的权数计算出的平均数，常用符号 $\overline{X}_W$ 表示。平均数确定严密，反应灵敏，简明易懂，计算简便，能做进一步的代数运算，但易受极端和模糊不清数据的影响。平均数可应用于数据同质、准确，需要精确可靠的集中量数，进一步参与其他运算等情况。

4. 众数、中位数和平均数在符号表示、计算方法、优点、缺点、适用范围上具有区别，应当根据数据的实际情况选用恰当的集中量数进行描述。

5. 当数据的次数分布呈现出正态、正偏态、负偏态等不同分布形态时，众数、中位数和平均数在图形分布上具有一定的数量关系。

数据整理可以帮助我们直观、形象地了解原始数据的分布结构等基本情况。但是，当我们需要用更凝练的数量来描绘一批数据时，则需要从数量方面对资料做进一步的处理，利用特定的算式或对数据结构做必要的统计处理，确定出一些能够反映和描绘这批数据的全貌及特征的量数，常被称为次数分布的特征量数。特征量数包含集中量数、差异量数等。在本章中，我们将介绍集中量数，下章将介绍差异量数。

数据经过整理之后，分布在各组的次数不同，往往大部分数据都集中在某一组、某一区间或某一点。通常，数据这种向某点集中的趋势，我们称为集中趋势，在统计学中称其为集中量数。集中量数因目的和具体数据特点的不同,可分为几类。在本章中将介绍最为常用的几种集中量数:众数、中位数、算术平均数和加权平均数。

第一节 众 数

众数又称范数、密集数等,是一组数据中出现最多的一个或几个数值,用符号 M_0 表示。众数是一种集中量数,可用来代表一组数据的集中趋势。

一、计算众数的方法

当数据量较小时,通常采用观察的方法来确定众数,即找出一组数据中出现次数最多的数值。例如,一组数据为:58,74,92,58,58,80。观察发现,在该组 6 个数据中,58 出现的次数最多,共 3 次。故该组次数分布的众数 $M_0=58$。

上述这组数据中只存在一个众数。但有时,在一组数据中,不同数值出现的次数相同,这组数据的众数则不止一个。例如,一组数据为:2,9,10,10,8,5,3,8,4,7。观察发现,在该组的 10 个数据中,8 和 10 都出现 2 次,其他数据只出现 1 次。因此,我们认为这组数据的众数有两个,为 8 和 10。相应地,如果在一组数据中,所有不同数值的数据出现的次数相同,则认为这组数据没有众数。

当数据量较多时,很难通过直接观察找到众数。一般来说,是将其编制成次数分布表,并将次数分布表中次数最多的一组的组中值定为众数。不过这种方法计算出的众数只是估计值,和通过观察法得出的众数不一定相同。举例如下。

例 3.1 从表 3-1 中确定 64 名学生“教育统计与测量”测验分数的众数。

表 3-1 64 名学生“教育统计与测量”测验分数分布统计结果

组别	组中值	次数	累积次数
80~84	82	4	64
75~79	77	4	60
70~74	72	4	56
65~69	67	9	52
60~64	62	12	43
55~59	57	11	31
50~54	52	11	20
45~49	47	6	9
40~44	42	2	3
35~39	37	1	1
合计		64	

解 由表 3-1 看出,包含次数最多的组为“60~64”这组,该组的组中值为 62。因此,$M_0=62$。

表 3-1 即为本书第二章第二节次数分布表所用案例,原始数据见表 2-1。根据观察法,可知 57 出现的次数为 5 次,比其他数值出现次数多。因此,在本例中,众数应当为 57。可见,根据次数分布表估计出的众数与真实的众数不一定相同。

二、众数的优缺点与应用

众数的概念简单明了,易于理解;计算时不需要每个数据都考虑,因此较少受到极端数据的影响。

但众数不稳定,易受分组影响,也易受样本变动影响;众数不是通过严格计算而来,通过计算所得也只是估计值;同时,众数不能做进一步的代数运算,是一种粗略的集中量数。

当需要快速而粗略地寻求一组数据的代表值时,我们经常使用众数。例如,某次考试后,老师总结说:"我们班得 82 分的学生最多。"此时,82 分代表该班本次考试的大概情况。当一组数据出现不同质的情况或出现极端数据时,可用众数表示典型情况。

第二节　中　位　数

中位数又称中数,是指在按大小顺序排列的一组数据中,处于中央位置的数,用符号 M_d 或 M_{dn} 表示。中位数将全部数据分成数目相等的两半,一半数据的值小于它,另一半数据的值大于它。

一、计算中位数的方法

当一组数据的个数为奇数时,将数据按大小排列,序列中最中间的那个数值即为中位数。如果用 N 表示数据个数,则序列号为 $\frac{N+1}{2}$ 的数据即为中位数。举例如下。

例 3.2　求下面一组数据的中位数:34,57,29,65,82,56,38。

解　将上述数据按大小排列:29,34,38,56,57,65,82。

$$N=7,\quad \frac{N+1}{2}=4$$

则排在第 4 位的数字为中位数,即 $M_d=56$。

当一组数据的个数为偶数时,将数据按大小排列,在序列正中间两个数的和的一半就是中位数。如果用 N 表示数据个数,则序列号为 $\frac{N}{2}$ 和 $\frac{N}{2}+1$ 这两个数据的和的均值即为中位数。举例如下。

例 3.3　求下面一组数据的中位数:58,92,80,49,39,77。

解　将上述数据按大小排列:39,49,58,77,80,92。

$$N=6,\quad \frac{N}{2}=\frac{6}{2}=3,\quad \frac{N}{2}+1=\frac{6}{2}+1=4$$

排在第 3 位的数是 58,排在第 4 位的数是 77,则

$$M_d=(58+77)\div 2=67.5$$

上述案例中的数据较为简单,当数据的数目较多,且已编制成次数分布表时,则可按如

下公式进行计算：

$$M_d = L + \left(\frac{N}{2} - F\right)\frac{i}{f} \qquad \text{（公式 3-1）}$$

其中，L 为中位数 M_d 所在组分组区间的精确下限，N 为数据总数目，F 为中位数所在组以下各组的累积次数，i 为组距，f 为中位数所在组内包含的次数。举例如下。

例 3.4 以表 3-1 确定 64 名学生"教育统计与测量"测验分数的中位数。

解 $N=\sum f=64$，因此，中位数是序列号为 $\frac{N}{2}=32$ 和 $\frac{N}{2}+1=33$ 的两个数之和的一半。由此可知，中位数位于"60～64"一组中，则 $L=59.5$，$F=31$，$i=5$，$f=12$。根据公式 3-1，可得

$$M_d = L + \left(\frac{N}{2} - F\right)\frac{i}{f} = 59.5 + \left(\frac{64}{2} - 31\right)\frac{5}{12} \approx 59.9\text{（分）}$$

则 64 名学生"教育统计与测量"测验分数的中位数为 59.9 分。

二、中位数的优缺点与应用

中位数同众数类似，概念简单明白，容易理解；对排成顺序的数据来说，计算中位数也较为容易；由于中位数的计算主要基于中间位置的部分数据，并不受到极端数据的影响，即使两端的数据较为模糊，也可以计算出中位数。

但中位数也有不足之处：同众数一样，中位数是一种粗略的集中量数，不能做进一步的代数运算；中位数不受极端数据影响的同时，也缺乏灵敏性；当原始数据靠近中位数附近有重复数据出现时，或观测数据已被分组归类时，则难以通过简单的计算确定中位数。

根据上述特点，中位数在下列情形中常被使用：当需要快速估计一组数据的典型水平时可使用中位数；当一组数据中出现极端数据或数据两端有模糊数据出现时，用中位数来描述该组数据的集中趋势显得更为客观合理。

第三节 平 均 数

平均数根据不同的计算方法有不同的分类，在此将介绍算术平均数和加权平均数两种。在统计与测量中，平均数的应用十分广泛，是最基础的特征量数。

一、计算算术平均数的方法

算术平均数，简称为均值或平均数，是指一组数据的总和除以数据的总个数的商，常用符号 $\overline{X}$ 表示（读作"X 拔"或"X 杠"）。其一般计算公式为：

$$\overline{X} = \frac{X_1 + X_2 + \cdots + X_n}{n} = \frac{\sum_{i=1}^{n} X_i}{n} \qquad \text{（公式 3-2）}$$

其中，$X_1, X_2, \cdots, X_n$ 为一组观测数据的数值，n 为这组数据的总个数，$\sum$ 为连加求和符号（读作 Sigma），$\sum$ 下方和上方的字母表示连加数据的起点和终点，即连加数据的界限。举例如下。

例 3.5 求下面一组数据的算术平均数：58，92，80，49，39，78。

解 根据公式 3-2，这组数据的算术平均数为

$$\overline{X}=\frac{X_1+X_2+\cdots+X_n}{n}=\frac{58+92+80+49+39+78}{6}=\frac{396}{6}=66$$

因此,该组数据的算术平均数为66。

例3.6　根据表2-1中64名学生“教育统计与测量”的测验得分,计算他们的平均分数。

解　根据表2-1中的具体分数,结合公式3-2,计算可得学生的测验平均分数为

$$\overline{X}=\frac{X_1+X_2+\cdots+X_n}{n}=\frac{83+82+81+\cdots+40+37}{64}=\frac{3\ 862}{64}\approx 60.3(\text{分})$$

则64名学生“教育统计与测量”测验的平均分数为60.3分。

上述案例中,我们可利用公式3-2对原始数据进行计算得出算术平均数。但当数据的数目较多,且已经归类分组编制成次数分布表时,则可根据组中值按如下公式进行计算:

$$\overline{X}=\frac{\sum fX_c}{n} \qquad (\text{公式 } 3\text{-}3)$$

其中,X_c为各组的组中值,f为相应各组的次数。举例如下。

例3.7　根据表3-1计算64名学生“教育统计与测量”测验的平均分数。

解　根据表3-1中的次数和组中值,结合公式3-3,计算可得学生的测验平均分数为

$$\overline{X}=\frac{\sum fX_c}{n}=\frac{4\times 82+4\times 77+\cdots+2\times 42+1\times 37}{64}=\frac{3\ 873}{64}\approx 60.5(\text{分})$$

则根据表3-1计算得64名学生“教育统计与测量”测验的平均分数为60.5分。

由上述两例可以看出,两种方法计算出的结果很接近。因此,当原始数据较多,且已经编制次数分布表后,用组中值计算算术平均数较为简单。

根据上述两个公式可计算出算术平均数。算术平均数具有四条运算性质[2]37:

第一,原始数据与其算术平均数的离差和为0。即

$$\begin{aligned}\sum_{i=1}^{n}(X_i-\overline{X})&=(X_1-\overline{X})+(X_2-\overline{X})+\cdots+(X_n-\overline{X})\\&=(X_1+X_2+\cdots+X_n)-n\overline{X}\\&=\sum_{i=1}^{n}X_i-n\frac{\sum_{i=1}^{n}X_i}{n}=\sum_{i=1}^{n}X_i-\sum_{i=1}^{n}X_i=0\end{aligned}$$

因此,$\sum_{i=1}^{n}(X_i-\overline{X})=0$。

第二,每一个原始数据都加上一个相同的常数C后,新数据的平均数为原有数据的平均数加上这个常数C。即

$$Y_i=X_i+C\quad(C\text{为常数})$$

$$\begin{aligned}\overline{Y}&=\frac{\sum_{i=1}^{n}Y_i}{n}=\frac{\sum_{i=1}^{n}(X_i+C)}{n}=\frac{(X_1+C)+(X_2+C)+\cdots+(X_n+C)}{n}\\&=\frac{(X_1+X_2+\cdots+X_n)+nC}{n}=\frac{X_1+X_2+\cdots+X_n}{n}+C=\overline{X}+C\end{aligned}$$

因此，当 $Y_i=X_i+C$ （C 为常数）时，$\overline{Y}=\overline{X}+C$。

第三，每一个原始数据都乘以一个相同的非零常数 C 后，新数据的平均数为原有数据的平均数乘以这个常数 C。即

$$Y_i=CX_i \quad (C\text{ 为非零常数})$$

$$\overline{Y}=\frac{\sum_{i=1}^{n}Y_i}{n}=\frac{\sum_{i=1}^{n}(CX_i)}{n}=\frac{CX_1+CX_2+\cdots+CX_n}{n}=\frac{C(X_1+X_2+\cdots+X_n)}{n}=C\,\overline{X}$$

因此，当 $Y_i=CX_i$ （C 为非零常数）时，$\overline{Y}=C\,\overline{X}$。

第四，每一个原始数据作线性变换，即乘以相同的非零常数 C，再加上相同的常数 d，则新数据的平均数为原有数据的平均数作相同线性变换后的结果。即

$$Y_i=CX_i+d \quad (C\text{ 为非零常数}, d\text{ 为任意常数})$$

$$\overline{Y}=\frac{\sum_{i=1}^{n}Y_i}{n}=\frac{\sum_{i=1}^{n}(CX_i+d)}{n}=\frac{(CX_1+d)+(CX_2+d)+\cdots+(CX_n+d)}{n}$$

$$=\frac{(CX_1+CX_2+\cdots+CX_n)+nd}{n}=\frac{C(X_1+X_2+\cdots+X_n)}{n}+d=C\,\overline{X}+d$$

因此，当 $Y_i=CX_i+d$ （C 为非零常数，d 为任意常数）时，$\overline{Y}=C\,\overline{X}+d$。

为说明上述运算性质，举例如下。

例 3.8 某班 40 名同学某次测验的分数记为 $X_1,X_2,\cdots,X_{40}$，其平均分数为 78 分。现在需要对该次测验的成绩进行重新计算，令 $Y_i=3X_i+2$ （$i=1,2,\cdots,40$）。试求 $\overline{Y}$。

解 由于 $\overline{X}=78$，且 $Y_i=3X_i+2$，根据算术平均数的第四个运算性质，可得

$$\overline{Y}=C\,\overline{X}+d=3\overline{X}+2=3\times78+2=236(\text{分})$$

因此，该班新成绩的平均分为 236 分。

二、计算加权平均数的方法

加权平均数，是指当总体中各部分数据的权数不相等时，根据各部分数据的权数计算出的平均数，常用符号 $\overline{X}_W$ 表示。可将加权平均数理解为各部分数据的权数不同的算术平均数。其一般计算公式为

$$\overline{X}_W=\frac{W_1X_1+W_2X_2+\cdots+W_nX_n}{W_1+W_2+\cdots+W_n}=\frac{\sum_{i=1}^{n}W_iX_i}{\sum_{i=1}^{n}W_i} \qquad (\text{公式 } 3\text{-}4)$$

其中，$W_1,W_2,\cdots,W_n$ 分别为原始数据 $X_1,X_2,\cdots,X_n$ 的权重，$\sum_{i=1}^{n}W_i$ 即为所有权重之和。举例如下。

例 3.9 学生的综合成绩由四部分构成，期中测验成绩占 30%，期末测验成绩占 40%，教师评价占 20%，同学互评占 10%。某同学的期中测验成绩为 78 分，期末测验成绩为 88 分，教师评价为 80 分，同学互评为 90 分。求该名同学的综合成绩。

解　在本例中，由于构成综合成绩的四部分权重不同，也就是说这四部分的相对重要性不同。因此，不能简单地加和四部分成绩求算术平均数，而应当按照每部分的权重，结合公式 3-4 计算加权平均数。可得

$$\overline{X}_W=\frac{W_1X_1+W_2X_2+\cdots+W_nX_n}{W_1+W_2+\cdots+W_n}=\frac{0.3\times78+0.4\times88+0.2\times80+0.1\times90}{0.3+0.4+0.2+0.1}=\frac{83.6}{1}=83.6(\text{分})$$

因此，该名同学的综合成绩为 83.6 分。

在上述案例中，权重代表的是某部分数据的重要程度。此外，权重还可代表某部分数据在总体中所占的比率。当以各组数据的个数为权重，以各组平均数为基本数据时，公式 3-4 可呈现出如下所示的表达形式：

$$\overline{X}_W=\frac{n_1\overline{X}_1+n_2\overline{X}_2+\cdots+n_k\overline{X}_k}{n_1+n_2+\cdots+n_k} \qquad (\text{公式 3-5})$$

其中，$n_1,n_2,\cdots,n_k$ 为各组数据的个数，共有 k 组数据。$\overline{X}_1,\overline{X}_2,\cdots,\overline{X}_k$ 为各组数据相对应的平均数。举例如下。

例 3.10　某年级 4 个班级数学期末测验成绩如表 3-2 所示，试求这 4 个班级数学期末测验的平均分。

表 3-2　某年级 4 个班数学期末测验成绩

班级	人数 n	平均分 $\overline{X}$
A	32	80.6
B	36	82.9
C	30	88.8
D	37	85.1

解　由于 4 个班级人数不相等，因此不能简单地将各班平均分相加除以 4 得到 4 个班级的测验平均分。应当结合公式 3-5 计算加权平均数，可得

$$\overline{X}_W=\frac{n_1\overline{X}_1+n_2\overline{X}_2+\cdots+n_k\overline{X}_k}{n_1+n_2+\cdots+n_k}$$

$$=\frac{32\times80.6+36\times82.9+30\times88.8+37\times85.1}{32+36+30+37}=\frac{11\ 376.3}{135}\approx84.3(\text{分})$$

因此，这 4 个班级数学期末测验的平均分为 84.3 分。

三、平均数的优缺点与应用

平均数作为应用最普遍的集中量数，具有如下优点：

第一，确定严密。无论是算术平均数还是加权平均数，都具有明确的定义和严密的计算公式。对于同一组原始数据而言，任何人使用任何计算工具，计算出的平均数都是相同的。

第二，反应灵敏。通过上述 3-1、3-2、3-3 和 3-4 四个公式可以看出，计算平均数需要涉及每一个原始数据。因此，当原始数据中任意一个数值发生变化后，都能通过平均数反映出来。

第三,简明易懂、计算简便。平均数的概念简单直观,容易理解。同时,计算公式也较为简单,并不复杂。

第四,能做进一步的代数运算。平均数作为集中量数而言,仍只是较为基础的统计应用。但其可以用于进一步的代数运算,这一点在之后的章节中将有所涉及。

当然不可避免的是,平均数仍存在一定的局限性:

第一,易受极端数据的影响。反应灵敏既是平均数的优点,但同时也使得平均数易受到极端数据的影响,直接降低了平均数对研究对象整体水平的代表性。这也是为什么在较为正规的比赛中,都会将评委打分中的最高分和最低分去掉,再计算最终得分。

第二,易受模糊不清数据的影响。同样,由于计算平均数时会涉及每一个原始数据,因此当一组数据中出现任意一个数据模糊不清时,就无法计算算术平均数。此时,只能选用众数或中位数来描述数据的集中情况。

根据上述特点,平均数在下列情形中常被使用:

第一,数据是同质的。平均数只适用于同质数据,对于不同质的数据,计算平均数不仅不能用来代表这些数据的集中趋势,有时反而会掩盖事物的真实面目。例如,我们对每个学生各科考试成绩求平均数来代表每个学生的学习水平是不准确的,即使是在各科考试试卷满分相同的情况下。因为,不同学科的试卷所包含的知识内容、难易程度是不相同的。也就是说,不同学科的考试成绩是不同质的数据。因此,在日常生活中,我们不是用各科考试成绩的平均数来衡量每个学生的学习水平,而是用各科考试成绩的总和来衡量的。可见,当我们用平均数来衡量不同质的数据时,得到的结果只能是不准确和不科学的。

第二,每一个数据都是准确、可靠的。当一组数据中任意一个数据模糊不清或有极端值出现时,会使得平均数受到较大影响,甚至是无法计算。因此,当需要使用平均数来衡量一组数据的集中趋势时,应当保证该组数据中不存在数据模糊不清和极端值等情况的出现。

第三,需要得到相对精确可靠的集中量数或进一步参与其他运算。相较于众数和中位数而言,平均数计算严密、相对精确可靠,同时还可进一步参与其他运算。因此,平均数的使用更为广泛和普遍。

由上述可知,相较于众数和中位数而言,平均数的使用范围较为广泛,计算过程更加精确严密。因此,人们常常使用平均数来代表一批数据或用平均数来反映事物的整体水平。例如,用一个班在某次考试中的平均成绩作为该班整体成绩的代表值;观察全国初中和高中升学率在整体水平上的差别,一般是看初中和高中升学率各自平均值之间的差距;了解全国中学生身体素质发育情况时,可对每年中学生身体素质测试的平均得分进行比较,从而分析中学生身体素质的整体水平随时间发生变化的情况。

第四节 众数、中位数和平均数的关系

本章的前三节已经详细介绍了众数、中位数和平均数这三种集中量数的计算方法、优缺点等,相信大家已经有所掌握。在此,将对这三种集中量数进行比较,以便大家加深印象,在实际应用过程中扬长避短,选择最恰当的集中量数来对数据的集中趋势进行描述。此外,我们还将从图形分布的角度简单介绍众数、中位数和平均数的联系,以及利用公式描述三者之间的数量关系,使得大家能从整体把握这三种集中量数。

一、众数、中位数和平均数的区别

众数、中位数和平均数作为有代表性的集中量数，三者的计算方法、优缺点及适用范围都具有较大区别。大家在应用过程中，应当基于数据的实际情况和统计目的，选择最恰当的集中量数来呈现数据的集中趋势。这就要求大家对这三种集中量数的计算方法、优缺点及适用范围等特点都了然于胸。因此，为了帮助大家加深对这三种集中量数的理解记忆，现制表 3-3 和举例 3.11 如下。

表 3-3　众数、中位数和平均数的区别

集中量数	符号	计算方法	优点	缺点	适用范围
众数	M_0	出现次数最多的数值	概念简单明了，不受到极端数据的影响	不稳定，不能做进一步的代数运算	快速粗略地寻求代表值，数据不同质，出现极端数据
中位数	M_d 或 M_{dn}	N 为奇数，序列号为 $\frac{N+1}{2}$ 的数据 N 为偶数，序列号为 $\frac{N}{2}$ 和 $\frac{N+1}{2}$ 的数据的均值	概念简单明了，不受到极端数据和两端模糊数据的影响	缺乏灵敏性，不能做进一步的代数运算	快速粗略地寻求代表值，出现极端数据或两端有模糊数据
平均数	$\overline{X}$	$\overline{X}=\frac{\sum_{i=1}^{n}X_i}{n}$ $\overline{X}=\frac{\sum fX_c}{n}$ $\overline{X}_W=\frac{\sum_{i=1}^{n}W_iX_i}{\sum_{i=1}^{n}W_i}$（加权） $\overline{X}_W=\frac{\sum_{i=1}^{k}n_iX_i}{\sum_{i=1}^{k}n_i}$（加权）	确定严密，反应灵敏，简明易懂，计算简便，能做进一步的代数运算	易受极端数据和模糊不清数据的影响	数据同质、准确，需要精确可靠的集中量数，进一步参与其他运算

例 3.11　A、B 两位学生在本学期 4 次数学测验中的成绩如下所示，试用恰当的集中量数来代表他们的数学水平。

A：62 分，64 分，95 分，58 分

B：93 分，61 分，94 分，90 分

解　本例要求用恰当的集中量数来描述数据，我们可在众数、中位数和平均数中进行选择。

首先来看众数。本例数据较为简单，很容易就可以看出 A、B 两位学生 4 次测验成绩的

数值出现的次数都是1次。也就是说,A和B的测验成绩不存在众数。因此,不能用众数来代表其数学水平。

其次来看中位数。我们先将A、B的测验成绩按顺序排列,即A:58分,62分,64分,95分;B:61分,90分,93分,94分。由于测验成绩为4次,为偶数,因此,A和B的测验成绩的中位数是序列号为$\frac{N}{2}=\frac{4}{2}=2$和$\frac{N}{2}+1=\frac{4}{2}+1=3$的数据之和的均值。即,A的中位数$M_d=\frac{62+64}{2}=63$分,B的中位数$M_d=\frac{90+93}{2}=91.5$分。可见,B的数学水平远比A的数学水平高。

最后再来看平均数。由于本例不涉及权数,因此,不用考虑加权的问题,只采用算术平均数即可。运用算术平均数公式3-2可得,$\overline{X}_{\mathrm{A}}=\frac{X_1+X_2+\cdots+X_n}{n}=\frac{62+64+95+58}{4}=\frac{279}{4}\approx69.8$分,$\overline{X}_{\mathrm{B}}=\frac{X_1+X_2+\cdots+X_n}{n}=\frac{93+61+94+90}{4}=\frac{338}{4}=84.5$分。同样,也可得出B的数学水平远比A的数学水平高的结论。然而,当我们分析A和B具体的测验成绩时会发现,对于A来说,其测验成绩有3次都在60分左右,却有一次成绩高达95分。因此,从某种程度上来说,A的95分为极端值。当我们将这个极端值也纳入到A的平均数的计算中时,则不可避免地拉高了A的平均值,达到69.8分,不能准确地反映出A的测验成绩多集中在60分左右的真实情况。同样地,对于B来说,其测验成绩有3次都在90分以上,却有一次成绩为61分。这61分也是一个极端值,一定程度上拉低了B的平均值,只有84.5分,不能准确地反映出B的测验成绩多在90分以上的真实情况。因此,本例并不适合使用平均数来代表数据的集中趋势。

综上,我们可以发现,由于本例存在极端值和不存在众数的情况,因此用中位数来描述A和B的数学水平是较为适宜的。$M_{d\mathrm{A}}=63$分,$M_{d\mathrm{B}}=91.5$分。因此,B的数学水平远比A的数学水平高。

二、众数、中位数和平均数的联系

众数、中位数和平均数作为三种集中量数,它们之间既有区别亦有联系。当我们将众数、中位数和平均数呈现在图形上时,可以发现其在图形分布中的联系,共有三种情况。

第一,数据的次数分布呈正态分布,也就是说,次数分布曲线是左右对称的。正态分布在统计学中十分典型,是一种理想化的分布形态。在本书的第四章将对其进行介绍。当数据呈正态分布时,众数、中位数、算术平均数三者相等,即$M_0=M_d=\overline{X}$。如图3-1(a)所示,三种集中量数的值在数轴上重合为一点。

第二,数据的次数分布呈正偏态分布,即在这个分布中大多数数据分布在图形右侧,也称为右偏态分布。为了更好地理解这个分布,我们可想象右侧拖着长长的尾巴即为正偏态分布。如图3-1(b)所示,在正偏态时,众数位于峰值处,平均数和中位数在峰值右侧,即存在$\overline{X}>M_d>M_0$的关系。

第三,数据的次数分布呈负偏态分布,即在这个分布中大多数数据分布在图形左侧,也称为左偏态分布。为了更好地理解这个分布,我们可想象左侧拖着长长的尾巴即为负偏态分布。如图 3-1(c)所示,在负偏态时,众数位于峰值处,平均数和中位数在峰值左侧,即存在 $\overline{X}<M_d<M_0$ 的关系。

在正偏态分布和负偏态分布这两类偏态分布中,众数、中位数和平均数之间有较稳定的距离关系:$\overline{X}$ 与 M_d 的距离较近,M_0 与 M_d 的距离较远,且 $(\overline{X}-M_d):(\overline{X}-M_0)=1:3$。[3]34

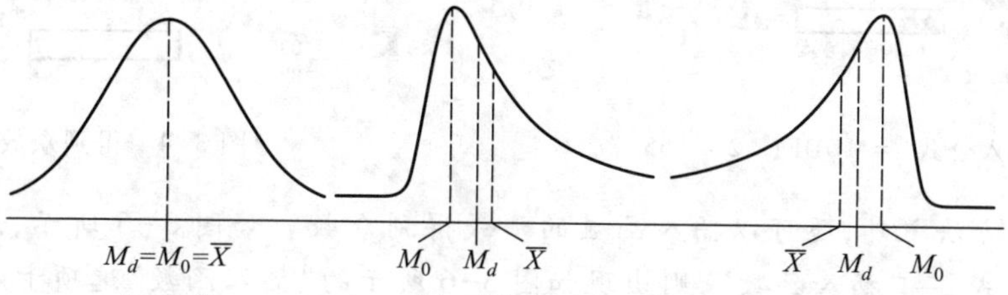

图 3-1　算术平均数、众数、中位数在分布中的相对位置

上面从图形分布的角度简单介绍了众数、中位数和平均数的联系,此外,这三者之间还存在一定的数量关系。英国统计学家皮尔逊认为,当数据分布接近正态时,众数、中位数和平均数有如下所示的数量关系:

$$M_0=3M_d-2\overline{X} \quad \text{(公式 3-6)}$$

例 3.12　已知某班数学期末测验分数的次数分布接近正态分布,且中位数为 78.9 分,平均数为 80.2 分,求该班数学期末测验成绩的众数。

解　由于该组数据接近正态分布,因此利用公式 3-6 可得:

$$M_0=3M_d-2\overline{X}=3\times78.9-2\times80.2=76.3(\text{分})$$

因此,该班数学期末测验成绩的众数为 76.3 分。

拓展阅读

应用 Excel 统计分析集中量数

本章详细介绍了以众数、中位数和平均数为代表的三种集中量数的计算方法、优缺点和适用范围等,相信大家已经对集中量数有所了解。在实际应用过程中,面对数据较少和较为简单的情况,我们可应用计算公式得出相应的集中量数。然而,一旦出现数据较多且较为复杂的情况时,再利用人工来计算集中量数既繁琐也不准确。因此,我们可应用 Excel 2016 软件来统计分析集中量数,既节约时间,也能保证准确率,一举两得。

在此,我们将以表 2-1“64 名学生‘教育统计与测量’测验得分”为例,一一介绍如何使用 Excel 2016 统计分析众数、中位数和平均数。

如图 3-2 所示,首先将表 2-1 中的数据录入到 Excel 2016 程序中。

	A	B	C	D	E
1	分数		众数	中位数	平均数
2	83				
3	82				
4	81				
5	81				
6	77				
7	76				
8	76				
9	76				
10	73				
11	71				
12	71				
13	70				
14	69				
15	69				

图 3-2　数据录入

(一) 统计分析众数

如图 3-3 所示，在相应单元格中输入公式“=MODE(A2：A65)”，其中“A2：A65”的输入方法除了手动输入外，还可先点击 A2 单元格，按住 Shift 键，再点击 A65 单元格来完成输入。输入完成后，再按 Enter 键。此时，单元格中出现数字为该组数据的众数，如图 3-4 所示。

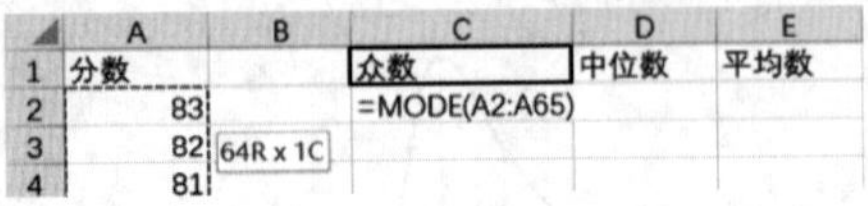

图 3-3　输入公式“=MODE(A2：A65)”

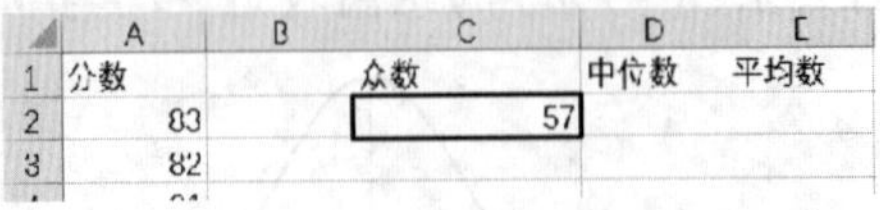

图 3-4　得到众数

除了该种方法之外，还可以插入函数的形式得到众数。如图 3-5 所示，点击相应单元格，再点击“公式”→“插入函数”，则出现如图 3-6 所示的“插入函数”选项卡。在“统计”类别中，选择“MODE.SNGL”函数，再点击确定，则出现如图 3-7 所示的“函数参数”选项卡，此时，使用同样的方法在“Number1”框中输入“A2：A65”，再点击确定，则在相应单元格内出现该组数据的众数。

图 3-5　点击“公式”→“插入函数”

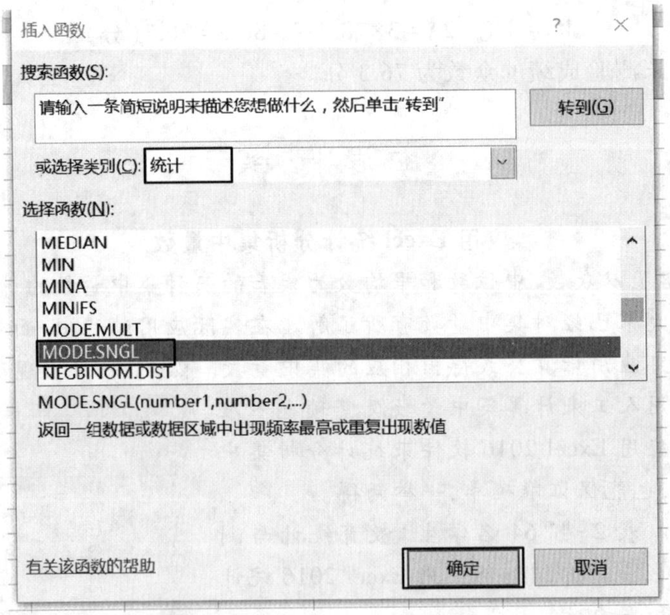

图 3-6　“插入函数”选项卡→选择“MODE.SNGL”函数

此外，除了得出众数之外，我们还可统计出众数出现的次数。如图 3-8 所示，在相应单元格内，输入公式“=COUNTIF(A2：A65,57)”或“=COUNTIF(A2：A65,C2)”，再按 Enter

键。此时,单元格中出现的数字即为众数出现的次数。

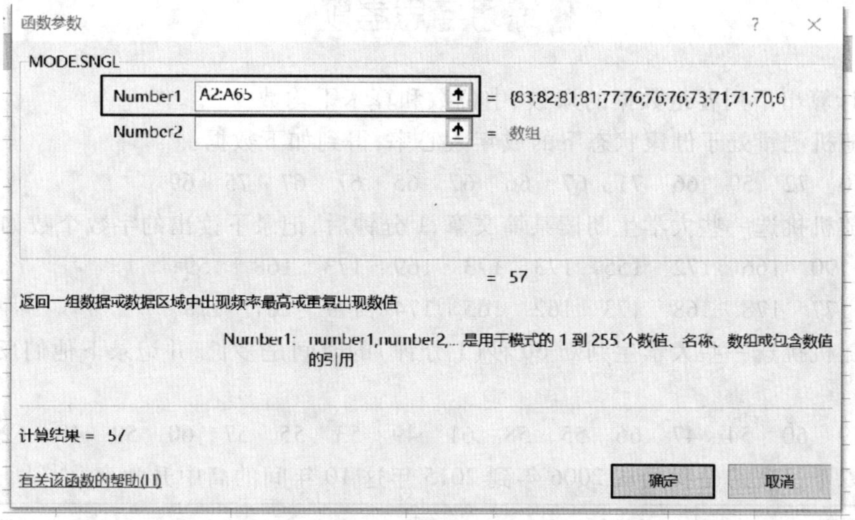

图 3-7　"函数参数"选项卡→输入"A2：A65"

图 3-8　输入公式"=COUNTIF(A2：A65,57)"

(二) 统计分析中位数

如图 3-9 所示,在相应单元格中,输入公式"=MEDIAN(A2：A65)",再按 Enter 键。此时,单元格中出现的数字即为该组数据的中位数 60。中位数同众数一样,也可采用"插入函数"的办法,选择"MEDIAN"函数即可。

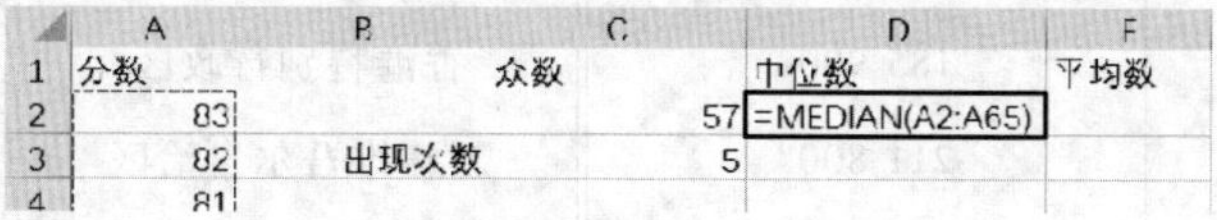

图 3-9　输入公式"=MEDIAN(A2：A65)"

(三) 统计分析平均数

如图 3-10 所示,在相应单元格中,输入公式"=AVERAGE(A2：A65)",再按 Enter 键。此时,单元格中出现的数字即为该组数据的算术平均数 60.3。如果希望保留 1 位小数,则选中该单元格,点击右键,选择"设置单元格格式",将小数位数改为 1 位即可。平均数同众数、中位数一样,也可采用"插入函数"的办法,选择"AVERAGE"函数即可。

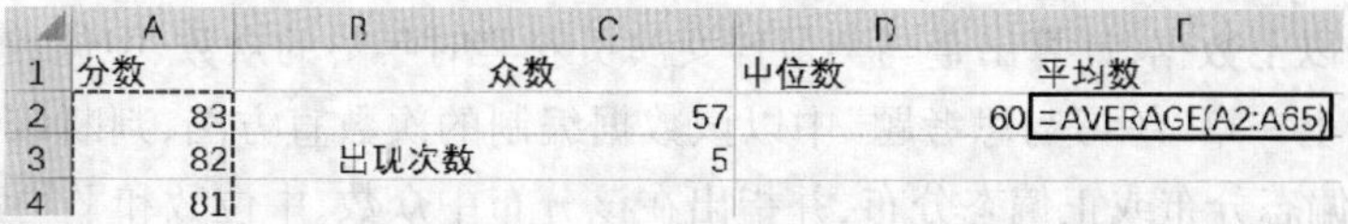

图 3-10　输入公式"=AVERAGE(A2：A65)"

练习与思考题

1. 请计算出下列各组数据的众数、中位数和算术平均数。

(1) 随机测量处于健康状态下的成年人心率,得到如下数据:

68 70 72 59 66 71 67 66 67 65 67 67 75 69

(2) 随机挑选一些大学生朗读某篇文章,1 分钟后,记录下读出的字数个数如下:

184 190 166 172 155 173 173 169 173 168 159

173 177 178 168 173 162 165 174 177 181 178

(3) 随机挑选一些大学生判断 60 秒(1 分钟)的时间是多长,并记录下他们反应的实际时间如下:

63 59 60 54 47 66 55 58 61 49 53 55 57 60 59 48 62

(4) 以下呈现的是我国从 2006 年到 2015 年这 10 年间的高中升学率。[4]691

年份	高中升学率(%)	年份	高中升学率(%)
2006	75.1	2011	86.5
2007	70.3	2012	87.0
2008	72.7	2013	87.6
2009	77.6	2014	90.2
2010	83.3	2015	92.5

2. 下表为以首字母拼音排序的几个省市的总面积,请计算这些省市面积的中位数和算术平均数。

省市	面积(平方千米)	省市	面积(平方千米)
北京市	16 800	天津市	11 300
湖北省	185 900	香港特别行政区	1 101
湖南省	211 800	新疆维吾尔自治区	1 660 000
吉林省	187 400		

3. 如下所示的数据为自金马奖颁布以来最佳女演员获奖时的年龄,在本书上一章的“练习与思考题”中也有所涉及。

26 26 41 22 21 28 45 26 44 22 27 48 26 20 20 26 30 28 32 27
32 33 33 24 31 25 36 27 33 30 33 48 49 33 17 33 36 23 26 38
45 29 32 46 44 36 50 64 29 34 45 37 24 28

(1) 请根据以上数据,计算出金马奖最佳女演员获奖时年龄的众数、中位数和算术平均数。

(2) 请根据上一章“练习与思考题”中以该数据编制的次数直方图,判断该组数据的分布是正态分布还是负偏态分布或正偏态分布,并指出在该分布中众数、中位数和平均数的位置关系。

4. 请简述众数、中位数和平均数的优缺点和适用范围。

第四章　差异量数

差异量数是一个数值指标，它提供关于数据如何离散或分散以及变异程度的信息。也就是说，差异量数告诉你人们在一个变量上有多么相似或不同。[1]430

——约翰逊(R. B. Johnson)，克里斯滕森(L. B. Christensen)

概览

1. 全距是指一组数据中的最大值与最小值之差，是说明数据离散程度的最简单的统计量，用符号 R 表示。

2. 百分位数是次数分布中相对于某个特定百分点的原始分数，它表明在次数分布中特定个案百分比低于该分数，用符号 P_p 表示。而百分位差即是用两个百分位数之间的差距来描述数据离散程度的差异量数。四分位数和四分位差是一种特殊的百分位数和百分位差。

3. 平均差是指一组数据中的每一个数据与该组数据的算术平均数之差的绝对值的算术平均数，用符号 AD 表示。

4. 方差是指一组数据的离差平方的算术平均数，用符号 S^2 表示。标准差是方差的平方根，用符号 S 表示。标准差具有若干性质，其合成有特定公式。只有当两组同质数据的平均数相等或接近时比较其标准差才有意义。

5. 差异系数是指数据的标准差与算术平均数的比值，是相对差异量数，用符号 CV 表示。差异系数适用于不同质的数据的比较。

6. 标准分数即为原始数据与平均数之差除以标准差得到的商，用符号 Z 表示。

7. 全距、百分位数与百分位差、平均差和标准差在符号表示、计算方法、优点、缺点、适用范围上具有区别，应当根据数据的实际情况选用恰当的差异量数进行描述。

当描述一组数据时，仅描述集中量数是不够全面的，还需要有定量指标来概括和描述其离散程度。用来描述一组数据离中趋势或离散程度的量数即被称为差异量数，也称作离散量数。本章将介绍几种最为常见的差异量数：全距、平均差、方差和标准差等。

第一节　全距、百分位数与百分位差

本节将介绍全距、百分位数、百分位差、四分位数和四分位差几种差异量数。这几种差异量数是说明数据离散程度的简单的统计量，仅选取全部数据中的个别数据进行计算，相对而言较为粗略。

一、全距

全距(Range)又称两极差，是说明数据离散程度的最简单的统计量。它是指一组数据中的最大值与最小值之差，用符号 R 表示。公式为：

$$R=X_{max}-X_{min} \quad \text{（公式 4-1）}$$

其中，X_{max} 表示这组数据中的最大值，X_{min} 表示这组数据中的最小值。举例如下。

例 4.1 对本书第二章第二节次数分布表所用案例，即 64 名学生“教育统计与测量”测验得分的原始数据(如表 2-1 所示)，求全距。

解 表中数据为从高到低依次排列，可见 $X_{max}=83$，$X_{min}=37$。根据公式 4-1，可得

$$R=X_{max}-X_{min}=83-37=46\text{（分）}$$

即本组数据的全距为 46 分。

全距计算简便，是最简单、最易理解的差异量数。但全距较为粗糙，也不灵敏，且由于全距仅利用了极端值进行计算，当极端值异常或具有偶然性时，全距也显得不可靠和不稳定。全距一般而言只是一种辅助量数，只有在数据不多且粗略了解时，才使用全距简单地说明数据的离散程度。

二、百分位数与百分位差

百分位数又称百分位分数，是一种相对地位量数。将一个次数分布排序后，分为 100 个单位，百分位数就是次数分布中相对于某个特定百分点的原始分数，它表明在次数分布中特定个案百分比低于该分数。[2]47 百分位数用 P_p 表示，即为第 p 百分位数。比如，P_{10} 为第 10 百分位数，当 $P_{10}=50$ 时，则表示该次数分布表中有 10%的个案低于 50 分。

对于较为简单的数据可以直接计算百分位数，但对于较为复杂的数据，则一般要使用次数分布表，其计算公式如下：

$$P_p=L+\left(\frac{pN}{100}-F\right)\frac{i}{f} \quad \text{（公式 4-2）}$$

其中，P_p 为第 p 百分位数，L 为 P_p 所在组的精确下限，F 为数值小于 L 的数据的累积次数，f 为 P_p 所在组包含的次数，i 为组距，N 为总次数。结合公式 3-1 可以发现，当 $p=50$ 时，公式 4-2 则同公式 3-1 相等。也就是说，中位数即为第 50 百分位数，用 P_{50} 表示。举例如下。

例 4.2 例 4.1 中 64 名学生“教育统计与测量”测验得分的次数分布表如表 4-1 所示，请计算 64 名学生测验得分的 P_7，P_{60}，P_{93}。

表 4-1 64 名学生“教育统计与测量”测验分数次数分布表

组别	组中值	次数	累积次数	累积相对次数
80～84	82	4	64	1.00
75～79	77	4	60	0.94
70～74	72	4	56	0.88
65～69	67	9	52	0.82

续表

组别	组中值	次数	累积次数	累积相对次数
60 ~64	62	12	43	0.68
55~59	57	11	31	0.49
50~54	52	11	20	0.32
45~49	47	6	9	0.15
40~44	42	2	3	0.05
35~39	37	1	1	0.02
合计		64		

解　确定 P_7 所在的组：64×7%＝4.48。由表“次数”一栏可知，P_7 位于“45～49”组中。因此，可得 $L=44.5$，$F=3$，$f=6$，$N=64$，$i=5$。结合公式 4-2，可得

$$P_7=L+\left(\frac{pN}{100}-F\right)\frac{i}{f}=44.5+\left(\frac{7\times64}{100}-3\right)\frac{5}{6}\approx45.7(\text{分})$$

用同样的方法求 P_{60}，P_{93}。

P_{60} 位于“60～64”组中，$L=59.5$，$F=31$，$f=12$。

$$P_{60}=L+\left(\frac{pN}{100}-F\right)\frac{i}{f}=59.5+\left(\frac{60\times64}{100}-31\right)\frac{5}{12}\approx62.6(\text{分})$$

P_{93} 位于“75～79”组中，$L=74.5$，$F=56$，$f=4$。

$$P_{93}=L+\left(\frac{pN}{100}-F\right)\frac{i}{f}=74.5+\left(\frac{93\times64}{100}-56\right)\frac{5}{4}=78.9(\text{分})$$

由此可知，该 64 名学生测验得分的 $P_7\approx45.7$(分)，$P_{60}\approx62.6$(分)，$P_{93}=78.9$(分)。

百分位差是用两个百分位数之间的差距来描述数据离散程度的差异量数，又被称为百分位距。为了剔除极端数据的影响，一般采用居中部分数据的百分位差来描述数据的离散程度。因此，常用的百分位差一般是 $P_{90}-P_{10}$ 或 $P_{93}-P_7$。在根据次数分布表确定了百分位数之后，就可进一步计算百分位差。举例如下。

例 4.3　试根据例 4.2，计算 64 名学生“教育统计与测量”测验分数的百分位差 $P_{93}-P_7$。

$$P_{93}-P_7=78.9-45.7=33.2(\text{分})$$

因此，64 名学生“教育统计与测量”测验分数的百分位差 $P_{93}-P_7=33.2$(分)。

当数据的极端值模糊不清或异常时，用百分位差描述数据的离散程度比全距更好。但同样地，由于是使用两端的百分位数进行计算，因此不能很好地反映出中间数据的差异情况，也不能进行代数运算，它只是一种粗略的差异量数。

三、四分位数与四分位差

四分位数是一种特殊的百分位数。将一组数据按从小到大的顺序排列好后，分成 100 份，则位于中点的数值为中位数，也就是 P_{50}。我们将中位数以下的数据再等分为两半，分界点即为 25%的位置，也就是 P_{25}；而将中位数以上的数据再等分为两半，分界点即为 75%的位置，也就是 P_{75}。这样，P_{25}，P_{50}，P_{75} 这三个点将整组数据分为四等份，因此被称为四分位

数。P_{25}被称为第一四分位数，用 Q_1 表示；P_{50}被称为第二四分位数，用 Q_2 表示；P_{75}被称为第三四分位数，用 Q_3 表示。

四分位差也可看作百分位差的一种，用符号 Q 表示。四分位差是指一组数据中间 50% 的次数全距的一半，也就是说，其值为 P_{25}到 P_{75}距离的$\frac{1}{2}$。其计算公式如下：

$$Q=\frac{Q_3-Q_1}{2}=\frac{P_{75}-P_{25}}{2} \qquad \text{（公式 4-3）}$$

其中，Q_1 即为第 25 百分位数，Q_3 即为第 75 百分位数。举例如下。

例 4.4 根据表 4-1，求 64 名学生测验得分的四分位差。

解 Q_1，即 P_{25}所在组：$64\times25\%=16$。由表“次数”一栏可知，P_{25}位于“50～54”组中。因此，可得 $L=49.5, F=9, f=11, N=64, i=5$。结合公式 4-2，可得

$$P_{25}=L+\left(\frac{pN}{100}-F\right)\frac{i}{f}=49.5+\left(\frac{25\times64}{100}-9\right)\frac{5}{11}\approx52.7\text{（分）}$$

同理，P_{75}位于“65～69”组中，$L=64.5, F=43, f=9$，可得

$$P_{75}=L+\left(\frac{pN}{100}-F\right)\frac{i}{f}=64.5+\left(\frac{75\times64}{100}-43\right)\frac{5}{9}\approx67.3\text{（分）}$$

根据公式 4-3，可得

$$Q=\frac{Q_3-Q_1}{2}=\frac{P_{75}-P_{25}}{2}\approx\frac{67.3-52.7}{2}=\frac{14.6}{2}=7.3\text{（分）}$$

因此，64 名学生测验得分的四分位差为 7.3 分。

四分位差与百分位差一样，容易理解。但四分位差只是一种粗略的差异量数，并不能反映全部数据的差异情况，也不能进行代数运算，故应用不多。

第二节 平均差、方差与标准差

上一节中介绍的全距、百分位数和百分位差等差异量数较为粗略，仅选取全部数据中的个别数据进行计算。而差异量数只有考虑到全部数据中每个数据数值的大小，才能充分反映数据的离散程度。因此，本节将介绍几种更为精确和重要的差异量数——平均差、方差和标准差。

一、平均差

差异量数是反映一组数据的离中趋势和离散程度，最直接的想法是考虑每个数据与一组数据中心位置的偏离情况。因此，我们将一组数据中每一个数据与该组数据的算术平均数之差的绝对值的算术平均数称为平均差，常用符号 AD 或 MD 表示。这是由于每一个数据与平均数之差“$X_i-\overline{X}$”有正有负，其代数和为 0，因此反映一组数据的离散程度用离差的绝对值。其计算公式如下：

$$AD=\frac{\sum_{i=1}^{n}|X_i-\overline{X}|}{n}=\frac{\sum_{i=1}^{n}|x_i|}{n} \qquad \text{（公式 4-4）}$$

其中，X_i 为原始数据，$\overline{X}$ 为平均数，n 为数据个数，$X_i-\overline{X}=x_i$ 为离差。举例如下。

例 4.5　根据表 2-1,试推算出 64 名学生测验得分的平均差。

解　由例 3-6 可得,$\overline{X}=60.3$(分)。结合公式 4-4,可知

$$AD=\frac{\sum_{i=1}^{n}|X_i-\overline{X}|}{n}=\frac{|83-60.3|+|82-60.3|+\cdots+|37-60.3|}{64}=\frac{531.2}{64}=8.3$$

因此,64 名学生测验得分的平均差为 8.3。

平均差容易理解,较为直观,且科学性较强。因此,在教育和心理研究领域应用广泛。但由于计算平均差需要使用绝对值,这既不便于快速处理数据,也不便于进一步的统计分析。因此,在平均差的基础上,人们进一步提出了方差和标准差来描述数据的离散程度。

二、方差与标准差

平均差容易理解、计算简便。但由于其涉及绝对值的计算,不便于做进一步的统计分析。如果我们对离差 x_i 求平方,就可不涉及绝对值的计算。因此,有必要引进方差和标准差来描述数据的离中趋势。同平均差相比,方差和标准差更为准确严密,应用也更为广泛。

(一) 方差

方差又被称为变异数,用符号 S^2 表示。方差是指一组数据的离差平方的算术平均数,即是各个原始数据与平均数之差的平方和除以总次数所得的商。其计算公式如下:

$$S^2=\frac{\sum_{i=1}^{n}(X_i-\overline{X})^2}{n}\qquad\text{(公式 4-5)}$$

其中,X_i 为原始数据,$\overline{X}$ 为平均数,n 为数据个数,$X_i-\overline{X}=x_i$ 为离差。举例如下。

例 4.6　根据表 2-1 中数据,试推算出 64 名学生测验得分的方差。

解　由例 3-6 得 $\overline{X}=60.3$(分)。结合公式 4-5,可知

$$S^2=\frac{\sum_{i=1}^{n}(X_i-\overline{X})^2}{n}=\frac{(83-60.3)^2+(82-60.3)^2+\cdots+(37-60.3)^2}{64}=\frac{6\ 946.2}{64}\approx108.5$$

因此,64 名学生测验得分的方差为 108.5。

为了弥补平均差需要处理绝对值的缺点,在方差的计算中,我们采用了平方的形式。但也因此,最后得到的方差值的单位也是原始数据单位的平方。如例 4-6,方差的单位为分数的平方,不便于理解,也改变了数据的含义。因此,为了使得差异量数的单位与原始数据保持统一,我们将方差再开方,即得到具有实际意义的标准差。

(二) 标准差

标准差是方差的平方根,即是一组数据中每个数据与其算术平均数之差的平方的算术平均数的平方根,用符号 S 表示。

1. 计算方法

当数据以原始数据的形式呈现时,求标准差所用公式如下:

$$S=\sqrt{\frac{\sum_{i=1}^{n}(X_i-\overline{X})^2}{n}}\qquad\text{(公式 4-6)}$$

其中,X_i 为原始数据,$\overline{X}$ 为平均数,n 为数据个数,$X_i-\overline{X}=x_i$ 为离差。举例如下。

例 4.7 根据表 2-1,试推算出 64 名学生测验得分的标准差。

解 由例 4-6 得 $S^2=108.5$,因此,

$$S=\sqrt{S^2}=\sqrt{108.5}\approx 10.4(\text{分})$$

因此,64 名学生测验得分的标准差为 10.4 分。

公式 4-6 容易理解,便于记忆,但计算离差平方较为繁琐,同时四舍五入时计算误差和出错的可能性都在增加。因此,对公式 4-6 进行转换,使之可利用原始数据直接计算标准差,更为简便准确。转换后的公式如下:

$$S=\sqrt{\frac{\sum_{i=1}^{n}X_i^2}{n}-\left(\frac{\sum_{i=1}^{n}X_i}{n}\right)^2} \qquad (\text{公式 } 4\text{-}7)$$

其中,$\sum_{i=1}^{n}X_i^2$ 为原始数据的平方和,$\left(\frac{\sum_{i=1}^{n}X_i}{n}\right)^2$ 实际为平均数的平方,n 为总次数。其推导过程如下:

因为

$$S=\sqrt{\frac{\sum_{i=1}^{n}(X_i-\overline{X})^2}{n}}$$

所以

$$S^2=\frac{\sum_{i=1}^{n}(X_i-\overline{X})^2}{n}=\frac{\sum_{i=1}^{n}(X_i^2-2X_i\overline{X}+\overline{X}^2)}{n}=\frac{\sum_{i=1}^{n}X_i^2-2\overline{X}\sum_{i=1}^{n}X_i+n\overline{X}^2}{n}$$

$$=\frac{\sum_{i=1}^{n}X_i^2-2\frac{\sum_{i=1}^{n}X_i}{n}\sum_{i=1}^{n}X_i+n\left(\frac{\sum_{i=1}^{n}X_i}{n}\right)^2}{n}=\frac{\sum_{i=1}^{n}X_i^2-\frac{\left(\sum_{i=1}^{n}X_i\right)^2}{n}}{n}$$

$$=\frac{\sum_{i=1}^{n}X_i^2}{n}-\left(\frac{\sum_{i=1}^{n}X_i}{n}\right)^2$$

因此

$$S=\sqrt{\frac{\sum_{i=1}^{n}X_i^2}{n}-\left(\frac{\sum_{i=1}^{n}X_i}{n}\right)^2}$$

当数据是以原始数据的形式呈现时,我们可以使用上述公式 4-6 和 4-7 进行计算。而对于已编制了次数分布表的数据来说,则可以使用如下公式计算标准差的近似值:

$$S=\sqrt{\frac{\sum f(X_c-\overline{X})^2}{n}} \qquad (\text{公式 } 4\text{-}8)$$

其中，f 为各组的次数，X_c 为各组的组中值，$\overline{X}$ 为总体的平均数，n 为总次数。举例如下。

例 4.8　请根据表 4-1 计算出 64 名学生测验得分的标准差。

解　由于表 4-1 为次数分布表，因此结合公式 4-8，可得

$$S=\sqrt{\frac{\sum f(X_c-\overline{X})^2}{n}}=\sqrt{\frac{4\times(80-60.3)^2+4\times(77-60.3)^2+\cdots+1\times(37-60.3)^2}{64}}$$

$$=\sqrt{\frac{7\ 136.96}{64}}\approx 10.6(\text{分})$$

即根据表 4-1 计算得 64 名学生测验得分的标准差为 10.6 分。

由上述两例可以看出，两种方法计算出的结果很接近。因此，当原始数据较多，且已经编制次数分布表后，可用公式 4-8 对标准差进行计算。

2. 合成

方差和标准差都具有可加性，也就是说，在已知多组数据的方差或标准差的情况下，可以计算其总方差或总标准差。当然如同上一章中介绍加权平均数一样，对各组方差或标准差的合成不能简单地求其算术平均数，而应当使用正确的公式进行合成。同时，还应当注意的是，不是所有的方差和标准差都可以合成，只有应用同一种测量方法，对不同样本的同一特质进行测量时得到的标准差才能合成。合成总方差或总标准差的方法在教育和心理研究中应用广泛，在整理和统计各类数据时常被使用。其计算公式如下：

$$S_W=\sqrt{\frac{\sum_{i=1}^{k}(n_iS_i^2)+\sum_{i=1}^{k}n_i(\overline{X}_i-\overline{X}_W)^2}{n_1+n_2+\cdots+n_k}}\qquad(\text{公式 4-9})$$

其中，n_i 为第 i 组的数据个数，S_i 为第 i 组的标准差，$\overline{X}_i$ 为第 i 组的平均数，$\overline{X}_W$ 为总的加权平均数。举例如下。

例 4.9　某年级 4 个班级数学期末测验成绩如表 4-2 所示，试求这 4 个班级数学期末测验的总标准差。

表 4-2　某年级 4 个班数学期末测验成绩

班级	人数 n	平均分 $\overline{X}$	标准差 S
A	32	80.6	5
B	36	82.9	8
C	30	88.8	7.7
D	37	85.1	10.6

解　4 个班级数学期末测验总的加权平均分为

$$\overline{X}_W=\frac{n_1\overline{X}_1+n_2\overline{X}_2+\cdots+n_k\overline{X}_k}{n_1+n_2+\cdots+n_k}$$

$$=\frac{32\times80.6+36\times82.9+30\times88.8+37\times85.1}{32+36+30+37}=\frac{11\ 376.3}{135}\approx 84.3(\text{分})$$

根据公式 4-9，可得

$$S_W=\sqrt{\frac{\sum_{i=1}^{k}(n_iS_i^2)+\sum_{i=1}^{k}n_i(\overline{X}_i-\overline{X}_W)^2}{n_1+n_2+\cdots+n_k}}$$

$$=\sqrt{\frac{32\times5^2+36\times8^2+\cdots+37\times10.6^2+32\times(80.6-84.3)^2+36\times(82.9-84.3)^2+\cdots+37\times(85.1-84.3)^2}{32+36+30+37}}$$

$$=\sqrt{\frac{10\ 179.84}{135}}\approx\sqrt{75.41}\approx8.7(\text{分})$$

因此,该4个班级数学期末测验的总标准差为8.7分。

3. 性质

标准差作为一个可做进一步代数运算的差异量数,还具有如下性质。

(1) 将全组数据中的每一个原始数据都加上一个相同的常数 C 后,新数据的标准差不变,与原数据的标准差相同。即

$$Y_i=X_i+C\quad(C\text{ 为常数})$$

$$S_Y=\sqrt{\frac{\sum_{i=1}^{n}(Y_i-\overline{Y})^2}{n}}=\sqrt{\frac{\sum_{i=1}^{n}[(X_i+C)-(\overline{X}+C)]^2}{n}}=\sqrt{\frac{\sum_{i=1}^{n}(X_i-\overline{X})^2}{n}}=S_X$$

因此,当 $Y_i=X_i+C$ (C 为常数)时,$S_Y=S_X$。

(2) 每一个原始数据都乘以一个相同的非零常数 C 后,新数据的标准差为原有数据的标准差乘以这个常数 C 的绝对值。即

$$Y_i=CX_i\quad(C\text{ 为非零常数})$$

$$S_Y=\sqrt{\frac{\sum_{i=1}^{n}(Y_i-\overline{Y})^2}{n}}=\sqrt{\frac{\sum_{i=1}^{n}(CX_i-C\overline{X})^2}{n}}=\sqrt{\frac{C^2\sum_{i=1}^{n}(X_i-\overline{X})^2}{n}}$$

$$=|C|\sqrt{\frac{\sum_{i=1}^{n}(X_i-\overline{X})^2}{n}}=|C|S_X$$

因此,当 $Y_i=CX_i$ (C 为非零常数)时,$S_Y=|C|S_X$。

(3) 对每一个原始数据作线性变换,即乘以相同的非零常数 C,再加上相同的常数 d,新数据的标准差为原有数据的标准差乘以这个常数 C 的绝对值。即

$$Y_i=CX_i+d\quad(C\text{ 为非零常数},d\text{ 为任意常数})$$

$$S_Y=\sqrt{\frac{\sum_{i=1}^{n}(Y_i-\overline{Y})^2}{n}}=\sqrt{\frac{\sum_{i=1}^{n}[(CX_i+d)-(C\overline{X}+d)]^2}{n}}=\sqrt{\frac{\sum_{i=1}^{n}(CX_i-C\overline{X})^2}{n}}$$

$$=\sqrt{\frac{C^2\sum_{i=1}^{n}(X_i-\overline{X})^2}{n}}=|C|\sqrt{\frac{\sum_{i=1}^{n}(X_i-\overline{X})^2}{n}}=|C|S_X$$

因此,当 $Y_i=CX_i+d$ (C 为非零常数,d 为任意常数)时,$S_Y=|C|S_X$。

为说明上述运算性质,举例如下。

例 4.10　某班 40 名同学某次测验的分数记为 $X_1, X_2, \cdots, X_n$，其标准差为 6 分。现在需要对该次测验的成绩进行重新计算，令 $Y_i = 3X_i + 2\ (i = 1, 2, \cdots, 40)$。试求 S_Y。

解　由于 $S_X = 6$，且 $Y_i = 3X_i + 2$，根据标准差的第(3)个运算性质，可得：

$$S_Y = |C| S_X = 3 \times 6 = 18(\text{分})$$

因此，该班新成绩的标准差为 18 分。

4. 优缺点

标准差作为最重要的差异量数，具有以下优点：

(1) 计算严密。标准差的计算公式十分严密，一组数据只有一个确定的标准差。对于同一组原始数据而言，任何人使用任何计算工具，计算出的标准差都是相同的。

(2) 反应灵敏。通过公式可看出，计算标准差会涉及每一个原始数据。因此，当原始数据中任意一个数值发生变化后，都能通过标准差反映出来。

(3) 适合于代数运算。在统计分析中，标准差可做进一步的代数运算。

同平均数一样，标准差也具有某些局限性：

(1) 易受极端数据的影响。反应灵敏既是标准差的优点，同时也使得标准差易受到极端数据的影响，直接降低了标准差对研究对象整体水平的代表性。

(2) 易受模糊不清数据的影响。同样，由于计算标准差时会涉及每一个原始数据，因此当一组数据中出现任意一个数据模糊不清时，就无法计算标准差。

5. 适用条件

当运用标准差来比较数据离散程度的大小时，必须保证数据是同质的。例如，当我们测量得到某班学生身高的标准差为 5.1 厘米，体重的标准差为 4 公斤，则不能将这两个标准差进行比较，得出身高的分散程度比体重的分散程度大的结论。这是由于身高和体重的数据单位不相同，是不同质的数据。同样地，当男生身高的单位为厘米，女生身高的单位为尺时，也不能通过其标准差来比较离散程度分布的情况。

其次，即使数据是同质的，当两组数据的平均数差异太大时，通过比较标准差来比较其离散程度也是没有意义的。例如，对于同年级的两个班级而言，A 班的平均成绩为 43 分，B 班的平均成绩为 92 分。此时，由于两个班的平均数差异太大，用标准差来比较两个班的平均成绩则无实际意义。在实际生活中，更多要关注的是如何提高 A 班的平均成绩。

可见，对于标准差而言，在两组同质数据的平均数相等或接近时应用才有意义。

第三节　标准差的应用

标准差作为最重要的差异量数，应用十分广泛，特别是近年来的标准化考试更是离不开标准差。标准差具有较为稳定可靠的特点，它在比较具有相同单位、相等平均数的数据分布时起重要作用。但是，正如上文所提到的，当两组数据平均数差异太大或数据不同质时，标准差仍然有其局限性。因此，为了避免标准差适用条件的局限性问题，在此将引入两种新的差异量数——差异系数和标准分数。

一、差异系数

差异量数包括绝对差异量数和相对差异量数。前文中介绍的全距、平均差和标准差等都属于绝对差异量数，其单位和原始数据的单位相同；而相对差异量数为不含测量单位的纯数量。因此，相对差异量数可以比较不同单位的数据分布的离散程度。在此介绍的差异量数，则属于相对差异量数，也因此弥补了标准差适用条件的局限性。

差异系数是指数据的标准差与算术平均数的比值，又被称作变异系数和相对标准差，用符号 CV 表示。其计算公式如下：

$$CV=\frac{S}{\overline{X}}\times 100 \qquad \text{（公式 4-10）}$$

其中，S 为标准差，$\overline{X}$ 为算术平均数。由于标准差和算术平均数的单位同原始数据单位一致，因此两者相除后，差异系数无单位。也正是因此，差异系数可适用于不同质的数据的研究和比较。举例如下。

例 4.11　某班学生的身高与体重情况如表 4-3 所示，试比较该班学生身高和体重差异程度的大小。

表 4-3　某班学生的身高与体重情况

变量	平均数 $\overline{X}$	标准差 S	单位
身高	142.1	5.7	厘米
体重	30.3	2.9	千克

解　在本例中，身高的单位是厘米，而体重的单位是千克。这两类变量是不同质的，其标准差无法直接进行比较。因此，应用差异系数来比较其差异程度大小。根据公式 4-10，可得

$$CV_{身高}=\frac{S}{\overline{X}}\times 100=\frac{5.7}{142.1}\times 100\approx 4.01$$

$$CV_{体重}=\frac{S}{\overline{X}}\times 100=\frac{2.9}{30.3}\times 100\approx 9.57$$

因此，$CV_{身高}<CV_{体重}$。也就是说，该班学生体重方面的差异程度大于其在身高方面的差异程度。

二、标准分数

我们在实际教学中，常常将学生几门课程测验分数的成绩加和来代表学生的总成绩，并据此在班级或年级中对全体学生进行排名。然而，应当考虑到的是，因为不同科目的考试难度、测验题型是不同的，因此其各科的成绩数值是不同质的，不能直接将其相加进行比较。为了进行上述情况的比较和加和，在此引入标准分数这个差异量数。

标准分数需要从两个方面来描述原始数据在总体中的相对位置：一是原始数据与总体平均分之间的差距，二是其所在总体数据的离散程度。因此，一个测验分数的标准分数是指，以其所属分数组的标准差为单位，对其所属分数组的平均数的距离。[3]103 可以将标准分数理解为一个距离值，是以该分数所在总体的平均数作为参照点，以标准差为单位来表达的。也就是说，标准分数反映的是该原始分数离该组平均数有“几个标准差”那么远。

标准分数即为原始数据与平均数之差除以标准差得到的商，用符号 Z 表示，也叫作 Z

分数。其计算公式为：

$$Z=\frac{X_i-\overline{X}}{S} \qquad \text{（公式 4-11）}$$

其中，X_i 为任意原始数据，$\overline{X}$ 为总体的平均数，S 为总体的标准差。从公式可以看出，标准分数的取值可以为正数、零和负数：当 $X_i>\overline{X}$ 时，$Z>0$，即原始数据大于平均数时，标准分数为正数；当 $X_i=\overline{X}$ 时，$Z=0$，即原始数据等于平均数时，标准分数为零；当 $X_i<\overline{X}$ 时，$Z<0$，即原始数据小于平均数时，标准分数为负数。

标准分揭示了某个原始分数在所属数据组中的相对位置，是教育与心理测量中常用的一种表示常模的方法。相关内容在第十五章会有更详细的介绍。

第四节　差异量数的比较

本章介绍了众多差异量数，例如全距、平均差、标准差等。不同差异量数的计算方法、优缺点及适用范围都具有较大区别。大家在应用过程中，应当基于数据的实际情况和统计目的，选择最恰当的差异量数来呈现数据的离散趋势。这就要求大家对不同差异量数的计算方法、优缺点及适用范围等特点都了然于胸。因此，为了帮助大家加深对不同差异量数的理解记忆，现制表如下（见表 4-4）。

表 4-4　差异量数的比较

差异量数	符号	计算方法	优点	缺点	适用范围
全距	R	$R=X_{\max}-X_{\min}$	计算简便、易于理解	受极端数据影响，不稳定、不全面	进行粗略比较，考察两极端差异程度
百分位数与百分位差	P_p	$P_p=L+\left(\frac{pN}{100}-F\right)\frac{i}{f}$	不受极端值影响	不能做进一步的代数运算，不全面	进行粗略比较，考察两端差异程度
平均差	AD	$AD=\frac{\sum_{i=1}^{n}\lvert X_i-\overline{X}\rvert}{n}$	容易理解、直观、科学性较强	使用绝对值不便于快速处理数据	一般与平均数联系使用
标准差	S	$S=\sqrt{\frac{\sum_{i=1}^{n}(X_i-\overline{X})^2}{n}}$	确定严密、反应灵敏、适合于代数运算	易受极端和模糊不清数据的影响	两组同质数据的平均数相等或接近时

拓展阅读

应用 Excel 统计分析差异量数

利用 Excel 2016 统计分析差异量数步骤简单，容易操作。在此，将以表 2-1“64 名学生‘教育统计与测量’测验得分”为例，一一介绍如何使用 Excel 2016 统计分析全距、百分位数、四分位数、方差和标准差。

如图 4-1 所示，首先，将表 2-1 中的数据录入到 Excel 2016 程序中。

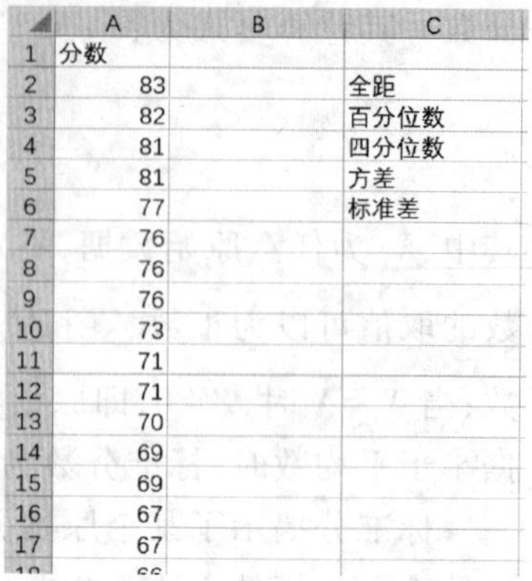

图 4-1 数据录入

（一）统计分析全距

由于全距是极大值减去极小值，因此如图 4-2 所示，在相应单元格中输入公式“= MAX(A2 : A65) - MIN(A2 : A65)”，再按 Enter 键。此时，单元格中出现数字为该组数据的全距，如图 4-3 所示。

（二）统计分析百分位数

如图 4-4 所示，在相应单元格中，输入公式“= PERCENTILE.EXC(A2 : A65,k)”。其中，k 的取值范围为 0～1，当 k 取 0.1 时，即为第 10 百分位数。根据所求的百分位数，输入相应的 k 值后，再按 Enter 键。例如，本例中令 k 取 0.42，则单元格中出现的数字即为该组数据的第 42 个百分位数。

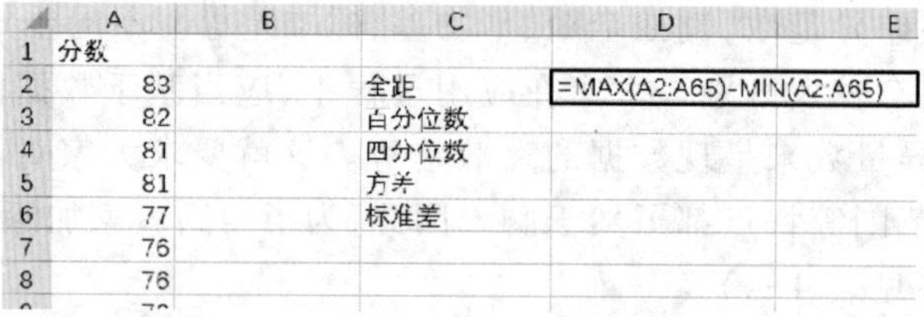

图 4-2 输入公式“= MAX(A2 : A65) - MIN(A2 : A65)”

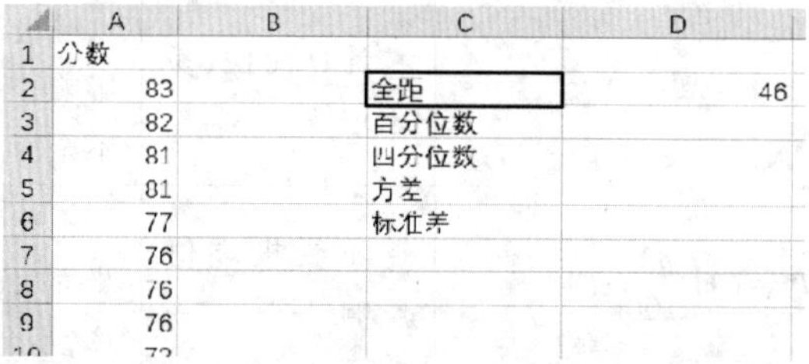

图 4-3 得到全距

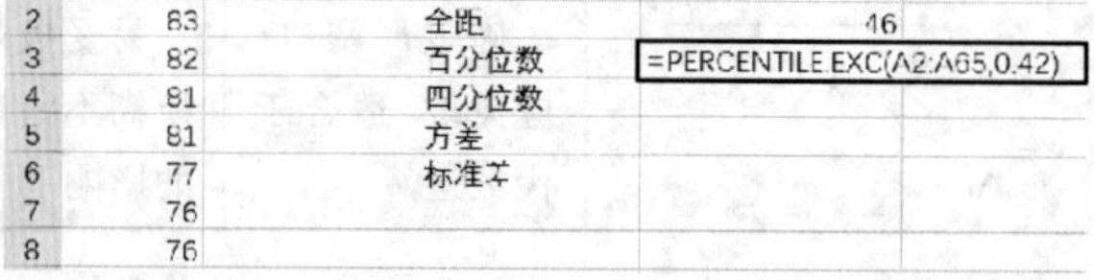

图 4-4 输入公式“= PERCENTILE.EXC(A2 : A65,k)”

（三）统计分析四分位数

如图 4-5 所示，在相应单元格中，输入公式“= QUARTILE.EXC(A2 : A65,k)”。其中，k 的取值范围为 1、2、3、4，当 k 取 1 时，即为第 1 四分位数。根据所求的四分位数，输入相应的 k 值后，再按 Enter 键。例如，本例中令 k 取 3，则单元格中出现的数字即为该组数据的第 3

四分位数。

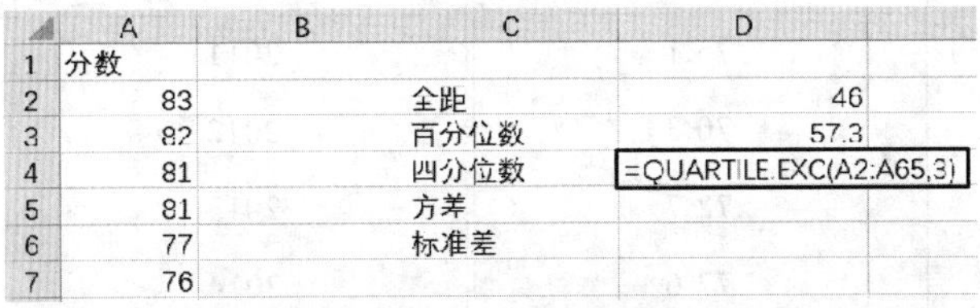

	A	B	C	D
1	分数			
2	83		全距	46
3	82		百分位数	57.3
4	81		四分位数	=QUARTILE.EXC(A2:A65,3)
5	81		方差	
6	77		标准差	
7	76			

图 4-5　输入公式“=QUARTILE.EXC(A2：A65,k)”

(四) 统计分析方差与标准差

如图 4-6 所示,在相应单元格中输入公式“=VAR.P(A2：A65)”,再按 Enter 键,即可得到该组数据的方差。而标准差则如图 4-7 所示,在相应单元格中输入公式“=STDEV.P(A2：A65)”,再按 Enter 键。

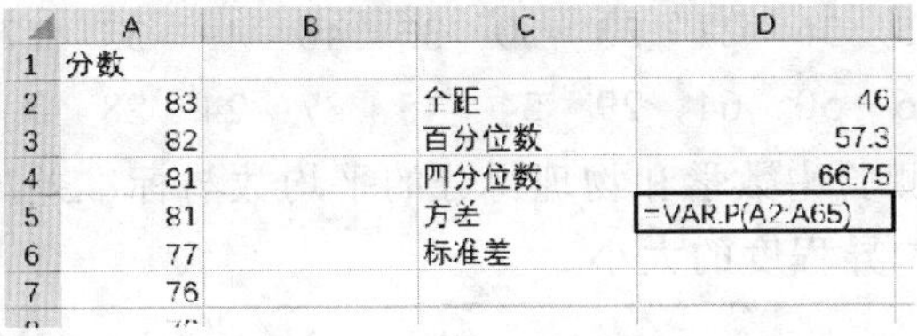

	A	B	C	D
1	分数			
2	83		全距	46
3	82		百分位数	57.3
4	81		四分位数	66.75
5	81		方差	=VAR.P(A2:A65)
6	77		标准差	
7	76			

图 4-6　输入公式“=VAR.P(A2：A65)”

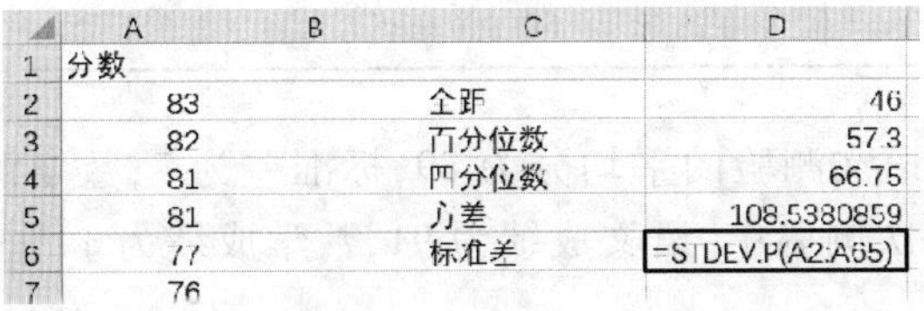

	A	B	C	D
1	分数			
2	83		全距	46
3	82		百分位数	57.3
4	81		四分位数	66.75
5	81		方差	108.5380859
6	77		标准差	=STDEV.P(A2:A65)
7	76			

图 4-7　输入公式“=STDEV.P(A2：A65)”

练习与思考题

1. 请计算出下列各组数据的全距、第 1 四分位数、方差和标准差。

(1) 随机测量处于健康状态下的成年人心率,得到数据如下:

68　70　72　59　66　71　67　66　67　65　67　67　75　69

(2) 随机挑选一些大学生朗读某篇文章,一分钟后,记录下读出的字数个数如下:

184　190　166　172　155　173　173　169　173　168　159

173　177　178　168　173　162　165　174　177　181　178

(3) 随机挑选一些大学生判断 60 秒(一分钟)的时间是多长,并记录下他们反应的实际时间分别为:

63　59　60　54　47　66　55　58　61　49　53　55　57　60　59　48　62

(4) 以下呈现的是我国从 2006 到 2015 年这 10 年间的高中升学率。[4]691

年份	高中升学率/%	年份	高中升学率/%
2006	75.1	2011	86.5
2007	70.3	2012	87.0
2008	72.7	2013	87.6
2009	77.6	2014	90.2
2010	83.3	2015	92.5

2. 如下所示的数据为自金马奖颁布以来最佳女演员获奖时的年龄，在本书前两章的“练习与思考题”中也有所涉及。请计算出金马奖最佳女演员获奖时年龄的全距、方差和标准差。

26 26 41 22 21 28 45 26 44 22 27 48 26 20 20 26 30 28 32 27
32 33 33 24 31 25 36 27 33 30 33 48 49 33 17 33 36 23 26 38
45 29 32 46 44 36 50 64 29 34 45 37 24 28

3. 某班学生在一次测验中数学和物理得分的平均数与标准差如下所示，请比较该班学生在数学和物理成绩上差异程度的大小。

变量	平均数 $\overline{X}$	标准差 S
数学	111.3	7.2
物理	60.1	6.6

4. 某同学所在班级语文测验的平均分为 89，标准差为 7；数学测验的平均分为 102，标准差为 15。该同学在本次测验中，语文成绩为 91，数学成绩为 115。和全班成绩相比，该同学的哪门课成绩更好？

5. 请简述全距、百分位数与百分位差、平均差、标准差的优缺点和适用范围。

第五章　概率分布

概率是生活的指南。[1]2

——巴特勒(Butler J.)

概览

1. 随机事件是在随机试验中可能出现也可能不会出现的事件。概率研究的主要目的就是为了探究随机事件的规律性。按照对概率计算方法的不同,可将概率分为古典概率、统计概率和主观概率。

2. 对于事件 A 发生的概率 $P(A)$,有 $0\leqslant P(A)\leqslant 1$,概率越大,事件发生的可能性越大。概率可以做代数运算,可根据概率的加法运算和乘法运算获得复杂事件的概率。

3. 概率分布主要描述了随机变量在某一区间取值的概率规律。根据变量是否连续,随机变量通常划分为离散型随机变量和连续型随机变量。离散型随机变量的概率分布一般用二项分布进行描述,连续型随机变量的概率分布通常用正态分布进行描述。

4. 正态分布是连续型随机变量最为常见也是应用最为广泛的概率分布形态。正态分布为一族分布,分布曲线是以 $X=\mu$ 为对称轴的对称分布,曲线始终位于 X 轴的上方。正态分布曲线的坡度由 σ 决定。σ 越小,曲线越陡峭,σ 越大,曲线越平缓。曲线的中心位置由 μ 决定,μ 越大,位置越靠右。正态分布广泛应用于教育评价,依据正态分布可以确定考试成绩的分数线,确定能力分组的人数,确定测验题目的难易程度。

5. 二项分布主要应用于离散型随机变量的分布,是描述一系列二项独立试验不同结果序列的概率。

第一节　认识概率

概率表示一件事情发生可能性的大小,是专门研究不确定事件与最终结果之间关系的学问。在日常生活中,我们常说的可能性、机会等词语都与概率有一定的关系。从预测今天下雨的可能性,到计算买彩票中大奖的概率,再到估计某位同学顺利考入大学的几率,我们总是自觉或不自觉地运用着各种概率知识。概率作为统计推论的基础,为我们最终的决策提供基本依据,对于指导生活中的行为活动具有重要意义。

一、随机现象与随机事件

当我们观察自然和社会现象时,可将周围发生的一切分为两类:一类是必然现象,又被称为确定性现象、非随机现象,指那些必然会发生或者必然不会发生的现象。在相同条件下,这些现象的结果是一定的、不变的。例如人必须吸入充足的氧气才能维持基本的生命体征;在不加外在干扰因素下,由于万有引力的存在,抛向天空的篮球必然会落到地上。另一类现象是随机现象,又被称为不确定性现象、偶然现象,指那些事前并不能预言结果的,每一次的结果都带有偶然性和不确定性的现象。例如购买的彩票是否会中奖;明天是否会下雨。

为了更好地理解随机与非随机现象,我们现在进行两个简单的试验:

试验1:在一个不透明的袋子中装有4张彩色卡片,全部为绿色。从中任意抽取1张卡片,并猜测卡片的颜色。

试验2:在一个不透明的袋子中装有4张彩色卡片,2张为白色,另外2张为红色。从中任意抽取1张卡片,并猜测卡片的颜色。

两次试验都要求从中任意抽取1张卡片,并猜测抽到卡片的颜色。假如抽取多次时,试验条件为有放回的抽取。对于试验1,不论抽取多少次,抽出来的卡片一定是绿色的。因为袋子中的卡片只有绿色一种颜色,不可能出现其他颜色,这是一个确定性结果。而对于试验2,从中抽取任意1张卡片,有可能是白色,也有可能是红色。我们在抽取之前并不能确定抽出来何种颜色的卡片,既有可能抽出白色的卡片,又有可能出现红色的卡片。结果具有一定的偶然性,因此这是随机现象。

概率研究的主要目的就是探究随机现象的规律性,以便更好地服务于我们的各种需要。以试验2为例,连续抽取两次,那么抽取到的卡片分别为白色和红色卡片各1张的概率是多少?如果连续抽取3次呢?这种规律性对于我们的生活具有重要意义。例如通过计算不同天气状况的概率,我们可以制订合适的出行计划;通过经济发展的运行规律,国家可以制定相应的经济政策。

随机试验是获取随机现象相关规律信息的重要工具,这里需要介绍一下试验的概念。对于一项试验 E,可以在相同的条件下进行多次重复,虽然试验的最终结果不能提前确定,但我们可以提前知道随机事件将会产生的所有可能结果。对于满足这种条件的试验 E 我们称之为随机试验,简称试验。例如上面抽取卡片的例子,试验2就是一项随机试验。我们每次抽取的试验条件不会发生任何改变,每次抽取时袋子中卡片的数量、卡片的颜色都不会发生任何改变。此外,我们可以提前知道抽取时可能发生的所有结果,但是无法提前知道每一次抽取的具体结果,该试验满足了随机试验所要求的条件。借助于试验结果,我们可以推广到更大的类似条件中,服务于我们的生活需要。

在随机试验的基础上,现在引入随机事件、必然事件和不可能事件三个基本概念。随机试验的任意一次或者几次结果的集合称为随机事件,简称事件。随机事件是在随机试验中可能出现也可能不会出现的事件,通常用 A,B,C 等大写字母表示。随机事件是概率研究的主要对象。与随机事件相对应的是确定性事件,可分为必然事件和不可能事件。必然事件是指随机试验必然会发生的结果,常用符号 Ω 表示。不可能事件是指随机试验中不可能产生的结果,常用符号 Φ 表示。在试验1中,任意抽取一张卡片,卡片的颜色为绿色就是一个必然事件,抽取到其他颜色的事件一定不会发生,因为袋子中只有绿色卡片。

根据事件中包含元素的多少以及构成情况,还可以将事件分为基本事件和复合事件。对于一些不能再分的事件,我们称之为基本事件。基本事件也可以理解成不可分割的最小事件。以掷骰子为例,共包含6个基本事件,每次可观察到的点数分别为1,2,…,6。每种情况分别对应一个基本事件，共包含 6 种情况，所以基本事件的个数为 6 个。几个基本事件的组合是复合事件，基本事件是复合事件的组成单元，每个复合事件都至少包含两个或两个以上的基本事件。如出现点数小于 5 记为事件 B，则事件 B 为复合事件，因为事件 B 是由 1 点，2 点，3 点，4 点四个基本事件组合而成。

在随机试验中，所有可能结果的集合被称为样本空间，常用 S 表示。在一定程度上也可以将样本空间看作最复杂的复合事件。每一个随机试验都会有一个相应的样本空间。以掷骰子为例，由于会出现 1 点，2 点，…，6 点 6 种可能性，因此样本空间可记为 $S=\{1,2,3,4,5,6\}$。每一个随机事件都是从样本空间中产生的，因此样本空间的子集就是随机事件。

二、事件的关系

上面对事件的介绍中，其实已经隐含了事件之间的部分关系，如复合事件是由基本事件组合而成，因此复合事件与构成这一复合事件的简单事件存在包含与被包含的关系。除此之外，事件之间还有一些其他的复杂关系，对我们理解后面涉及的概率相关知识具有重要意义。在此我们借助集合的基本思想，利用掷骰子的实例做进一步梳理，并解释几种常见事件之间的关系。

（一）包含关系

若事件 A 的发生必然会导致事件 B 的发生，则我们称事件 B 包含了事件 A，或者事件 A 包含于事件 B，记为“$A\subset B$ 或 $B\supset A$”。例如，事件 A 为“掷出的点数为 1”，事件 B 为“掷出的点数为奇数”，则事件 B 包含事件 A。图 5-1 用韦恩图（Venn diagram）表示包含关系的示意图。

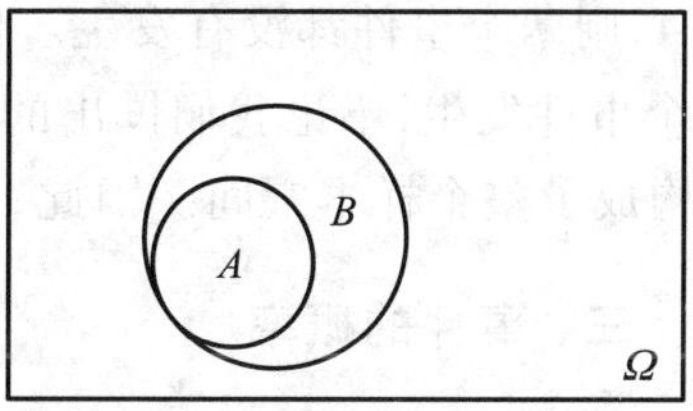

图 5-1　事件 B 包含事件 A

（二）相等关系

若事件 A 包含事件 B，同时事件 B 又包含事件 A，则称事件 A 与事件 B 相等，记为“$A=B$”。换言之，事件 A 与事件 B 是同一个事件。例如，事件 A 为“掷出的点数为奇数”，事件 B 为“掷出的点数为 1，3，5”，那么事件 A 与事件 B 互为相等事件。两个相等事件出现的可能性相同。

（三）事件的和

若事件是由事件 A 与事件 B 至少有一个发生而组成的，则称该事件为事件 A 与 B 的和或并，记为“$A+B$ 或 $A\cup B$”。例如，事件 A 为“掷出的点数为 2”，事件 B 为“掷出的点数为奇数”，则 $A\cup B=\{1,2,3,5\}$。图 5-2 中，事件 A、事件 B 两部分代表事件的和。

（四）事件的积

若事件是由事件 A 与事件 B 同时发生而组成的事件，那么我们称之为事件 A 与 B 的积或交，记为“$A\cap B$”。例如，事件 A 为“掷出的点数为 2”，事件 B 为“掷出的点数为偶数”，则 $A\cap B=\{2\}$。图 5-3 中，事件 A 与事件 B 相交的部分表示事件的积。

（五）互斥事件

若事件 A 与事件 B 不可能同时发生，即事件 A 与事件 B 的交集为空集，则事件 A 与事件 B 为互斥事件，记为“$A\cap B=\Phi$”。例如，事件 A 为“掷出的点数为 2”，事件 B 为“掷出的点数为奇数”，则 $A\cap B=\Phi$。图 5-4 显示了事件之间互斥的关系。

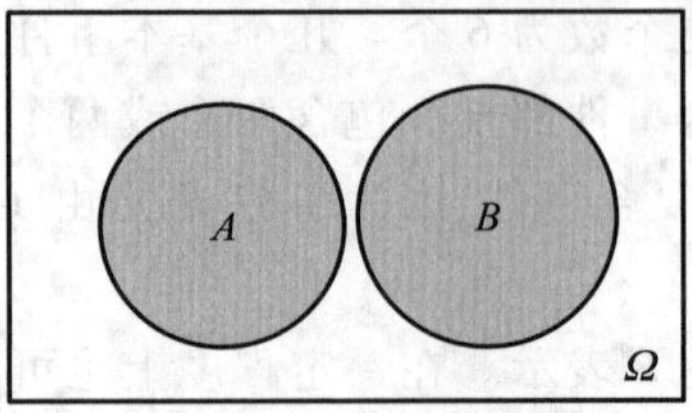

图 5-2 事件 A 与事件 B 的和

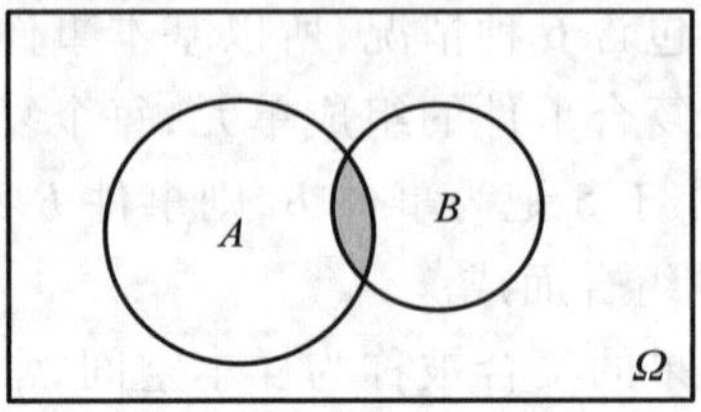

图 5-3 事件 A 与事件 B 的积

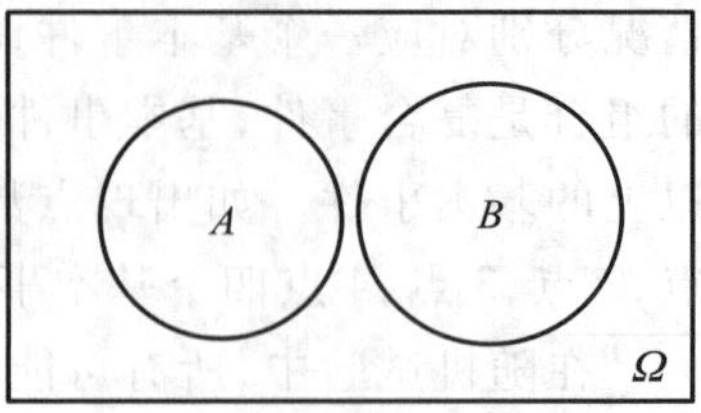

图 5-4 事件 A 与事件 B 互斥

（六）对立事件

不可能同时发生，但其中一个事件必然会发生的两个事件为对立事件，其含义是事件 A 与事件 B 在一次试验中有且仅有一个发生，记为“$\overline{A}=B$”。例如事件 A 为“掷出的点数为偶数”，事件 B 为“掷出的点数为奇数”，则事件 A 与事件 B 为对立事件。图 5-5 显示了两个事件之间的对立关系。这里需要注意，对立事件并不等于互斥事件。在互斥事件中，两个事件可能都不会发生。例如“（五）互斥事件”中的例子，若我们掷出的骰子为 4，则两个事件都没有发生。但在对立事件中，必定会有一个事件发生，不论我们掷出的点数为几，必定属于事件 A 或者事件 B，因为事件 A 与事件 B 构成了整个样本空间。因此，互斥事件未必对立，但对立事件一定互斥。

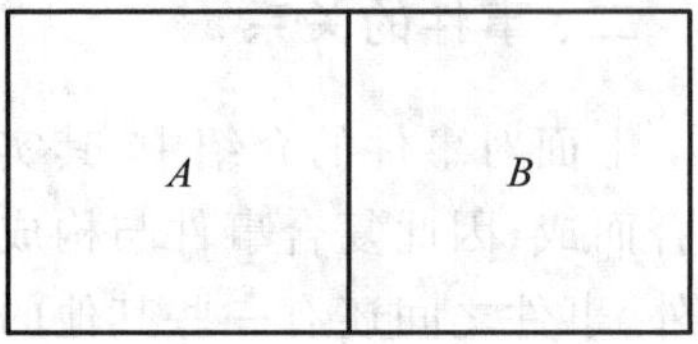

图 5-5 事件 A 与事件 B 为对立事件

三、事件的概率

通常，我们用概率来描述事件发生的可能性，记事件 A 出现的可能性大小为 $P(A)$，$P(A)$就是事件 A 的概率。概率是个数值，用来度量事件发生可能性的大小，数值越大表示事件发生的可能性越高，越小就越不可能发生。习惯上，我们定义概率的最大值为 1，若一个事件发生的概率为 1，表示它必定发生。反之，当一个事件发生的概率为 0，表示它必然不会发生。

概率依其计算方法不同，可分为古典概率、统计概率和主观概率。

（一）古典概率

古典概率是指随机事件中各种可能发生的结果及其出现的次数都可以由演绎或外推法得知，而无需经过任何统计试验。[2]158 古典概率具有等可能性、可知性、有限性的特点。例如在一个盒子中放有红桃 A、黑桃 A、花心 A 以及方块 A 四张扑克牌（同一套扑克牌中选出，因此扑克牌大小、质地等条件相同）。因为盒子中四种扑克牌各有一张，并且每一张扑克牌的大小、质地没有本质区别，因此当我们任意抽取一张扑克牌时，抽取任何一张的概率都是等可能的，并且从中抽取出来的牌一定是四种花色之一，从而具有可知性和有限性。因此，不必进行随机试验即可以凭借已知的条件推测出事件可能发生的结果。

在古典概率中，事件 A 发生的概率可以用以下公式计算：

$$P(A)=\frac{\text{事件 } A \text{ 所包含的基本事件的个数}(m)}{\text{基本事件的总数}(n)} \qquad \text{（公式 5-1）}$$

古典型随机试验中事件概率的计算是在概率论发展过程中最早的研究对象，因此，通常称之为概率的古典定义。在上面抽取扑克牌的例子中，我们假设事件 A 为“抽出的扑克牌为红桃 A”,则事件 A 的概率为：

$$P(A)=\frac{\text{抽取红桃 A 的个数}}{\text{基本事件的总数}}=\frac{1}{4}$$

再如,我们从学校中随机选择一个人询问他的生日(假定一年有 365 天),那么这个人的生日在 3 月份的概率是多少呢？为了得到这个概率,我们可以从以下几个方面考虑：首先每个人在每一天出生的概率都是相同的,其次 3 月份一共有 31 天,那么该同学的生日在 3 月的概率就是 3 月的天数占一年天数的比例：$P(A)=\frac{31}{365}\approx0.085$。

(二) 统计概率

在实际的应用中,古典概率所要求的理想状况很难达到,因而造成概率计算的不准确性。为了判定一件事情发生概率的大小,最可靠的方法就是做大量重复随机试验或者进行大量的实际观察,以测量为基础得出实际概率。统计概率需要用事件出现的频次与随机试验的总次数之间的比率来推测概率的大小。当随机试验重复的次数足够多时,就可以用此种方法估计事件发生的概率。设在相同条件下进行 n 次试验,事件 A 出现了 m 次($m\leqslant n$),记 $f(A)$ 为事件 A 发生的频率,则

$$f(A)=\frac{\text{事件 } A \text{ 发生的频次}(m)}{\text{试验的次数}(n)} \qquad \text{(公式 5-2)}$$

随着试验次数的不断增多,事件 A 出现的频率会稳定于某一常数 p,则称这个常数 p 为事件 A 的概率,记作 $P(A)=p$,这就是概率的统计定义。由概率的统计定义可以看出,随机事件发生的频率虽有波动性,但它的稳定性和其概率一样具有客观存在的属性。[3]8

下面我们通过一个例子来说明统计概率与古典概率之间的差别。众所周知,根据生物学知识,孩子出生时的性别由父母提供的性染色体决定,男性的性染色体为 XY,而女性的性染色体则为 XX。这两种情况出现的概率在理论上是相等的,根据古典概率,P(男性)= P(女性)= $\frac{1}{2}$,因此出生的性别比例应该为 1∶1。但实际情况真的是这样吗？表 5-1 呈现了我国 2008—2014 年出生人口性别比(通常用女婴数量为 100 时所对应的男婴数来表示)。

表 5-1　2008—2014 年出生人口统计

年份	女婴	男婴	女婴比例	男婴比例
2008	100	120.56	0.453 391	0.546 609
2009	100	119.45	0.455 685	0.544 315
2010	100	117.94	0.458 842	0.541 158
2011	100	117.78	0.459 179	0.540 821
2012	100	117.7	0.459 348	0.540 652
2013	100	117.6	0.459 559	0.540 441
2014	100	115.88	0.463 22	0.536 78

从表 5-1 的数据可以看出,假如我们凭借古典概率来估算男女出生性别比例的话会产生一定的偏差。而统计概率以实际测量为主,不是以理论比例为基础。事实上,很少有古典

概率能够具体应用到我们的生活中,因为古典概率的要求在现实中很难达到。

(三)主观概率

统计概率的缺点在于有些事件无法进行大量的重复试验,比如求一名高中生考入大学的概率,我们不可能让该名高中生重复多次试验来计算考上的频率。为了突破统计概率在使用条件上的局限,人们提出了主观概率的概念。主观概率是指人们对一些无法重复的试验,只能根据以往的经验,人为确定这个事件的概率。[4]102 这类概率是经过长期的生活经验而得到的,不像前面提到的两种概率那样客观。尽管主观概率是凭主观经验估计的概率结果,但在日常决策中仍然具有重要的价值,如一名大学本科毕业生在准备报考研究生的时候,面临不同院校的选择。该名学生选择考取 A、B 两所学校在很大程度上取决于被录取的可能性大小。假如该名学生认为选择 A 学校更具把握性,在这个过程中被 A 学校录取的概率设定显然是主观的,但也不是随意的,该名学生获得的相关信息越多、越精确,设定的概率也就越可信。

第二节 概率的数学性质

本节主要以概率的数学性质为切入点,从数学角度理解随机现象的性质以及不同随机现象之间的关系,掌握分析和研究随机现象概率性质的基本数学方法,掌握认知数据背后统计规律的基本观念和方法。

一、概率的基本性质

第一,对于事件 A 发生的概率 $P(A)$,有 $0 \leqslant P(A) \leqslant 1$;

第二,必然事件的概率为 1,不可能事件的概率为 0,即 $P(\Omega)=1, P(\Phi)=0$;

第三,如果事件 A 与事件 B 为互斥事件,则 $P(A \cup B)=P(A)+P(B)$。

以上三个性质为概率运算的基本性质,常被称为概率的公理化定义。

二、概率的加法运算

在概率计算中,加法运算是我们经常遇到的问题,它解决的是关于"或"的逻辑问题。现在我们用一个例子加以说明。假如现在有一个游戏转盘,转盘均匀分成 9 个相同的扇形,分别由绿色、红色、黄色三种颜色组成。在转盘的上方有一个固定的指针,转动转盘后任其自由停止,最终转盘停止后指针会指向某个颜色的扇形(指针指向两个扇形的交线时,视为指向指针的左方)。若现在我们求指向绿色或者黄色的概率是多少,这就是一个典型的"或"的逻辑问题。因为求指向绿色或者黄色的概率,我们需要计算绿色和黄色扇形面积占总面积的多少,需要用到概率的加法运算。如图 5-6 所示,对于任意事件 A 和事件 B,它们和的概率等于两个事件各自概率的和减去两个事件相交部分的概率,即 $P(A \cup B)=P(A)+P(B)-P(A \cap B)$。

如图 5-7 所示,若事件 A 与事件 B 为两个互斥事件时,事件 A 与事件 B 的交为空集,即 $A \cap B=\Phi$,此时 $P(A \cap B)=0$。因此它们和的概率等于两个事件概率的和,即 $P(A \cup B)=P(A)+P(B)$。

我们进一步举例说明上述关系。假设某班级共有 42 名同学,在期末考试中,有 15 名同学数学成绩获得 A,18 名同学语文成绩获得 A,其中有 8 名同学两门科目同时获得 A。与此同时,有 4 名同学数学成绩获得 D,2 名同学语文成绩获得 D,并没有任何一名同学在数学和语文成绩上同时获得 D。记"数学成绩获得 A"为事件 A,"语文成绩获得 A"为事件 B,"数学成绩获得 D"为事件 C,"语文成绩获得 D"为事件 D。那么请分别求:(1) 每名同学数学成绩获得 A 或者语文成绩获得 A 的概率;(2) 每名同学数学成绩获得 D 或者语文成绩获得 D 的概率。

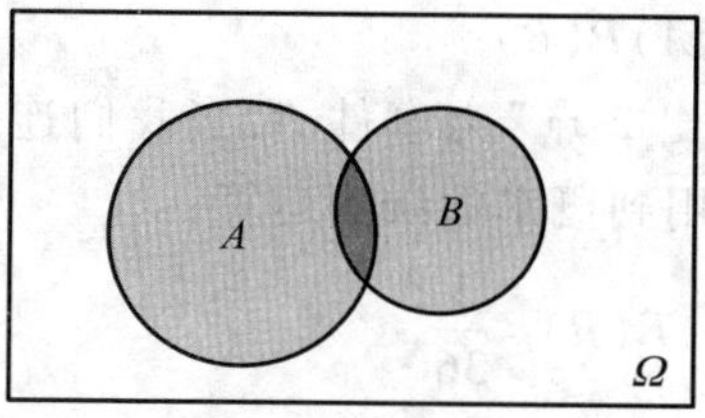

图 5-6 事件 A 与事件 B 相加示意图

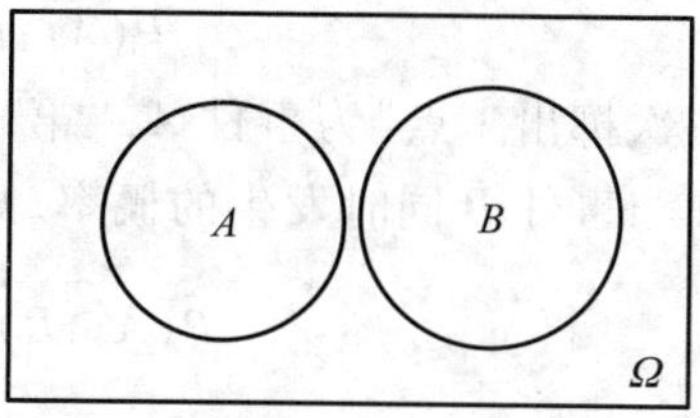

图 5-7 事件 A 与事件 B 互斥

根据题干中提供的信息,我们可以具体估计出每个事件发生的概率:

$$P(A)=\frac{15}{42},$$

$$P(B)=\frac{18}{42},$$

$$P(A\cap B)=\frac{8}{42},$$

$$P(C)=\frac{4}{42},$$

$$P(D)=\frac{2}{42}$$

在此基础上,我们首先求(1)每名同学数学成绩获得 A 或者语文成绩获得 A 的概率。由题干可知事件 A 与事件 B 存在事件的交集,为非互斥事件,利用公式 $P(A\cup B)=P(A)+P(B)-P(A\cap B)$ 可求得 $P(A\cup B)=\frac{15}{42}+\frac{18}{42}-\frac{8}{42}=\frac{25}{42}$。其次求(2)每名同学数学成绩获得 D 或者语文成绩获得 D 的概率。由题干可知并没有任何一名同学在数学和语文成绩上同时获得 D,因此事件 C 与事件 D 为互斥事件,利用公式 $P(C\cup D)=P(C)+P(D)$ 可求得 $P(C\cup D)=\frac{4}{42}+\frac{2}{42}=\frac{1}{7}$。

三、概率的乘法运算

(一) 独立事件的乘法运算

考虑前面用到的掷骰子的例子。当我们掷出一枚骰子(质地均匀的六面体)时,在理想的状况下掷出任意一点的概率为$\frac{1}{6}$。假设我们第一次掷出的为 1 点,那么当我们第二次掷骰子时,会因为第一次掷出的点数为 1,增加或者减少再次掷出 1 点的可能性吗?显然不会,因为这两个事件是没有任何关联的,即第一次发生的结果不会影响第二次发生的结果。当一个事件的发生不会影响另一个事件的发生时,我们将两个事件称为独立事件。生活中存在大量的独立事件,比如买彩票中奖的概率就是一个独立事件,不会因为你上次中奖或者没有中奖而改变你这次中奖的概率。

计算独立事件的乘积时,m 个事件同时发生的概率等于每个事件发生概率的乘积。若两个事件 A 和 B 相互独立,则有

$$P(A\cap B)=P(A)P(B) \qquad \text{(公式 5-3)}$$

记"第一次掷出 1 点"为事件 A,"第二次掷出 2 点"为事件 B,当我们连续掷两次骰子时,求事件 A 与事件 B 同时发生的概率,则需要用到概率的乘法运算:

$$P(A\cap B)=P(A)P(B)=\frac{1}{36}$$

记"第一次买彩票中奖"为事件 A,$P(A)=\frac{1}{1\ 000}$;"第二次买彩票中奖"为事件 B,$P(B)=\frac{1}{2\ 000}$,求事件 A 与事件 B 同时发生的概率,同样需要用到概率的乘法运算:

$$P(A\cap B)=P(A)P(B)=\frac{1}{2\ 000\ 000}$$

由此可见,概率的乘法运算主要解决"且"的问题。求事件 A 发生并且事件 B 同时发生的概率时,我们主要运用概率的乘法运算。

(二)条件概率

与独立事件相对应的是相依事件,是指事件 A 的发生必须以另一个事件 B 为基础,只有在事件 B 发生的前提下事件 A 才会发生。当求相依事件的概率时,我们需要运用条件概率。条件概率是指事件 A 在另外一个事件 B 已经发生的条件下发生的概率,记为 $P(A|B)$,读作"在 B 条件下 A 的概率"。

举例而言,假设某班级共有 40 名同学,在期末考试中,有 30 名同学数学成绩及格(获得 C 及以上等级),其中有 15 名同学数学成绩获得 A。用事件 A 表示"数学成绩获得 A",事件 B 表示"数学成绩及格(获得 C 及以上等级)"。已知某名同学成绩及格,那么求事件 A 发生的概率。

此时,事件 A 与事件 B 就是典型的相依事件,只有在数学成绩及格的前提下才有可能获得 A,也就是事件 A"数学成绩获得 A"这一事件只有在事件 B"同学数学成绩及格(获得 C 及以上等级)"发生的前提下才能发生。因此,求事件 A 发生的概率需要使用条件概率。

根据条件概率的运算法则,如果事件 A 与事件 B 是相依事件,那么得到事件 A 与事件 B 同时发生的概率,是它们中的一个事件发生的概率与在这个事件已经发生的条件下另一个事件发生的条件概率的乘积,运算表达式为

$$P(A|B)=\frac{P(A\cap B)}{P(B)} \qquad \text{(公式 5-4)}$$

在上面的例子中,我们首先需要计算事件 A 和 B 同时发生的概率;其次我们要计算出事件 B 发生的概率,即在全部 40 名学生中,学生的数学成绩及格(获得 C 及以上等级)的概率是多少。

因此，$P(A|B)=\frac{15}{40}/\frac{30}{40}=\frac{1}{2}$。已知某名同学成绩及格的情况下，那么他的成绩获得 A 的概率为$\frac{1}{2}$。

第三节　随机变量与概率分布

概率分布，是概率论的基本概念之一，主要用以表述随机变量取值的概率规律。事件的概率表示了一次试验某一个结果发生的可能性大小。若要全面了解试验，则必须知道试验的全部可能结果及各种可能结果发生的概率，即必须知道随机试验的概率分布。根据随机变量类型的不同，概率分布具有不同的表现形式，本节主要以正态分布和二项分布为切入点，介绍两种分布形态的含义、特点与应用。

一、随机变量

（一）随机变量的定义

在前两节中，我们讨论了什么是随机事件，如何求随机事件的概率以及概率的基本运算。现在我们从数量化的角度继续讨论随机事件。对于有些随机事件，我们完全可以用数字来描述，比如掷一枚骰子，可以用 1，2，3，…，6 来表示可能出现的结果；也可以用 0～100 的数字刻画数学考试的成绩。但对于另外一些定性的试验而言，通常用非数量化的方式进行标识。如掷硬币的例子，通常用“正面”或者“反面”两种符号进行标识；一批产品的质量状况一般用合格或者不合格来表示。为了方便数学上的统计处理，我们通常采用数量化的标识来代表事件发生的结果，然后将数字与事件发生的结果相对应，例如用 0、1 分别标识正面和反面，也可以用 0、1 标识合格和不合格。我们将事件 A 出现在样本空间内的取值用变量 X 表示，当 $X=0$ 时，表示硬币为正面，则 $P(X=0)$ 表示硬币出现正面的概率；相应地，$X=1$ 时，表示硬币为反面，则 $P(X=1)$ 表示硬币出现反面的概率。因此，随机变量是以样本空间为定义域的实数值函数。在同一组试验条件下，事件的结果在样本空间内可能会出现不同的取值，而变量 X 通过取不同的值 $X_1,X_2,X_3,\cdots,X_n$ 来表示样本空间内的所有可能结果，$P(X_1),P(X_2),P(X_3),\cdots,P(X_n)$ 表示每种可能结果出现的概率，我们称 $P(X=X_i)$ 为概率函数，X 为 $P(X)$ 的随机变量。

（二）随机变量的类型

根据随机变量是否具有连续性，我们通常将随机变量划分为离散型随机变量和连续型随机变量。

1. 离散型随机变量

离散型随机变量是指随机变量 X 的取值可以被一一列举，数值取值是孤立的、非连续的点。如在掷骰子的例子中，我们用变量 X 表示不同事件的结果，X 的取值分别为 1，2，3，4，5，6，每一个可能结果都是孤立的、非连续的，则变量 X 是一个离散型随机变量。根据不同事件发生概率的大小，为了明确随机变量取值的概率规律，我们需要利用概率分布来进行概率计算。对于离散型随机变量，假设随机变量 X 的取值分别为 $X_1,X_2,X_3,\cdots,X_n$，相应的概率为 $P(X_1),P(X_2),P(X_3),\cdots,P(X_n)$，则 $P(X=X_i)=p_i(i=1,2,3,\cdots,n)$ 称为离散型随

机变量 X 的概率分布函数。

我们常用分布列来表示离散型随机变量的分布概率。通常而言，若离散型随机变量 X 的取值分别为 $X_1, X_2, X_3, \cdots, X_n$，$X$ 取每一个 $X_i(i=1,2,3,\cdots,n)$ 的概率 $P(X=X_i)=p_i$，则

X	X_1	X_2	X_3	$\cdots$	X_i	$\cdots$	X_n
P	p_1	p_2	p_3	$\cdots$	p_i	$\cdots$	p_n

为离散型随机变量 X 的概率分布列，简称 X 的分布列。只有离散型随机变量才有分布列。也可以用表达式 $P(X=X_i)=P_i(i=1,2,3,\cdots,n)$ 进行表示。

现在我们用概率分布列的方式来说明前面已经提到过的掷骰子的例子。表 5-2 描述了掷一枚骰子时，出现的点数作为随机变量 X 所呈现的概率分布。

表 5-2　掷骰子时随机变量的概率分布

$X=X_i$	1	2	3	4	5	6
$P(X=X_i)=p_i$	$\frac{1}{6}$	$\frac{1}{6}$	$\frac{1}{6}$	$\frac{1}{6}$	$\frac{1}{6}$	$\frac{1}{6}$

离散型随机变量的每种可能性的取值大于或等于 0，即 $P(X=X_i)\geqslant 0$，并且在样本空间内所有取值的概率之和为 1。分布列列出了离散型随机变量 X 所有可能的取值范围，并且每一个变量 X 都有其对应的概率取值。

2. 连续型随机变量

如果随机变量 X 的取值在数轴上某个连续的区间，任何两个取值之间都存在无限多个取值的可能，即变量 X 的取值无法一一列举出来，我们一般称之为连续型随机变量。如身高、体重等都属于连续型变量。连续型随机变量 X 的取值为某一区间内的所有取值，不能像离散型随机变量那样列出所有可能的取值并给出每个取值的概率分布。因此，我们并不关心连续型随机变量取某一个固定值的大小，而是关心变量在某一区间内的概率，通常用概率密度函数来表示连续型随机变量的概率分布。

考虑下面一个例子。假如在一次飞镖比赛中，运动员在固定的位置共射击了 50 次。令 X 是击中点与靶心之间的距离，设 X 的取值范围为 $[0,5]$（单位：cm）。这里 X 就是个连续型变量，因为任何两个取值之间都存在无限多个取值的可能。为了计算 X 落在某个区间的概率，我们可以将 $[0,5]$ 分为长度为 1 cm 的小区间。在每个区间内以落在其中的飞镖数除以总飞镖数，从而得到落在某个小区间内的相对频数，可以得到表 5-3。

表 5-3　飞镖落入不同区间的统计状况

区间	飞镖射中数	频率
$[0,1)$	10	0.2
$[1,2)$	16	0.32
$[2,3)$	14	0.28
$[3,4)$	8	0.16
$[4,5]$	2	0.04

我们还可以用图 5-8 来表示表 5-3 中的信息。

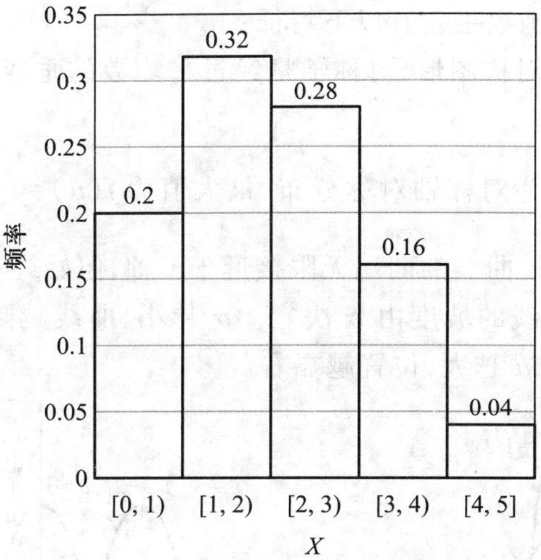

图 5-8　飞镖落入不同区间的频率图

通过图 5-8 可以看出，每一个矩形的底等于 1，高为飞镖落入该区间的相对频数，因此每个小区间的面积就是对应的相对频数，所有矩形的面积之和为 1。我们可以根据上图来估计落在[0,5]之内的任何一个子区间的频率，例如估计 $2 \leqslant X < 4$ 的概率，只需要求[2,3)和[3,4)两个区间的和，从而求得落入该区间的概率为 0.44。

二、正态分布

正态分布是关于连续型随机变量的一种特殊分布，也是最为常见、应用最为广泛的概率分布形态。自然界、人类社会中的许多现象都服从正态分布，如人的智力水平、社会的财富分配等都为正态分布。因此，正态分布对于概率研究具有重要意义。

（一）正态分布的定义

如果随机变量 X 的密度函数为：

$$f(x)=\frac{1}{\sqrt{2\pi}\sigma}e^{\frac{-(x-\mu)^2}{2\sigma^2}} \quad (-\infty < x < +\infty) \qquad \text{（公式 5-5）}$$

则称随机变量 X 服从正态分布。其中，π 表示圆周率，e 表示自然对数的底，μ 表示正态分布的均值，σ 表示正态分布的标准差，σ^2 为正态分布的方差。$f(x)$ 为概率密度，即正态分布的纵轴，π 和 e 为常数，μ、σ^2 为正态分布曲线的两个参数。其中正态分布的均值 μ 决定了其位置，描述了正态分布的集中趋势位置。标准差 σ 决定了分布的幅度。我们称随机变量 X 服从均值为 μ，方差为 σ^2 的正态分布，记为 $X \sim N(\mu,\sigma^2)$。图 5-9 展示了正态分布概率密度曲线的一般形态。

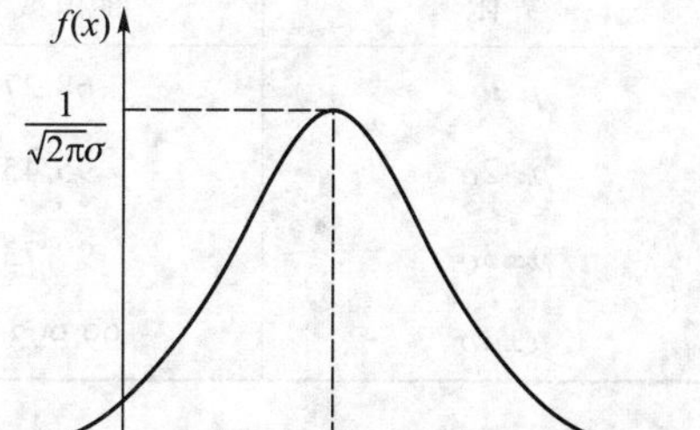

图 5-9　正态分布的概率密度曲线

（二）正态分布的特征

正态分布的概率密度函数主要有以下特征：

1. 正态分布曲线为轴对称图形，对称轴是经过平均数的垂线。在正态分布中，平均数、众数以及中位数三者相等。

2. 正态分布曲线以 μ 为对称轴对称分布，最大值为 $f(\mu)=\dfrac{1}{\sqrt{2\pi}\sigma}$。正态分布的中央点最高，然后逐渐向两侧下降，曲线的两端无限接近于 x 轴，但始终不与 x 轴相交。

3. 如图 5-10 所示，曲线的坡度由 σ 决定。σ 越小，曲线越陡峭；σ 越大，曲线越平缓。曲线的中心位置由 μ 决定，μ 越大，位置越靠右。

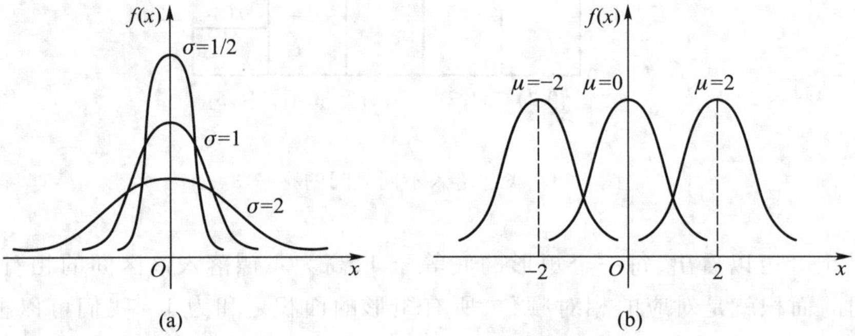

图 5-10 σ 和 μ 取不同值时的概率密度函数分布

4. 正态分布曲线与横轴所围的面积为 1。由于正态分布曲线成以 $X=\mu$ 为对称轴对称分布，因此，过平均数的垂线将正态分布曲线分为相等的两部分，左右两侧的面积各占一半。

5. 正态分布为一族分布。它随均值与标准差的大小不同而有不同的分布形态，所有正态分布都可以通过 Z 分数（具体公式见第三章）转化为均值为 0，方差为 1 的标准正态分布。

6. 在正态分布曲线下，标准差与概率存在一定的数量关系。正、负 1 个标准差之间包含总面积的 68.27%，正、负 1.96 个标准差之间包含总面积的 95%，正、负 2.58 个标准差之间包含总面积的 99%。表 5-4 显示了正态分布曲线下不同单位标准差的面积比例。

表 5-4 正态分布曲线下不同单位标准差的面积比例

界限	面积或概率	界限	面积或概率
$\mu\pm\sigma$	68.27%	$\mu\pm1.96\sigma$	95.00%
$\mu\pm2\sigma$	95.45%	$\mu\pm2.58\sigma$	99.00%
$\mu\pm3\sigma$	99.73%	小于 1.645σ	95.00%
$\mu\pm4\sigma$	99.993 7%	小于 2.333σ	99.00%

（三）正态分布表的解读

通常我们所说的正态分布是指均值为 0，标准差为 1 的标准正态分布，任何正态分布都可以通过标准分数$\left(Z=\dfrac{X-\mu}{\sigma}\right)$转化为标准正态分布，关于标准分数的相关知识详见第三章和第十五章。正态分布表（参见附录 1 正态分布表）显示了标准正态分布与概率之间的关系，该表共包含三列:第一列是 Z 分数的取值,表示分数在横轴上的相对位置;第二列为纵高 Y 值,指 Z 分数对应的点在对应曲线上的高度;第三列为阴影面积 P,表示曲线下均值 0 与 Z 所构成的面积,即 Z 处于此区间内的概率值。通过查正态分布表,可以快速得到我们想要的分布信息,既可以根据 Z 分数求概率,也可以根据概率 P 得到相应的 Z 值,还可以在已知概率或 Z 值的情况下求正态曲线的高。

(四)正态分布在教育评价中的应用

在教育活动中,学生的能力、智力、学习成绩等都基本呈现正态分布,利用正态分布的一些性质,可以有助于推动教育评价的科学化和客观化,进一步提升教育评价效率。

1. 确定考试成绩的分数线

在一些选拔或者竞赛性质的教育测验中,各个等级的人数往往是事先确定好的,如《教育部关于普通高中学业水平考试的实施意见》中规定,在普通高中学业水平考试(高中会考)中,成绩一般分为五个等级,位次由高到低为 A、B、C、D、E。原则上各省(区、市)各等级人数所占比例依次为:A 等级 15%,B 等级 30%,C 等级 30%,D、E 等级共 25%。E 等级为不合格,具体比例由各省(区、市)根据基本教学质量要求和命题情况等确定。[5] 因为考试成绩在总体上服从正态分布,因此我们可以根据事先确定好的人数比例来确定考试成绩的分数线。

例 5.1 在 2017 年研究生入学考试中,有 60 人参加某大学教育测量与评价专业的初试,成绩服从正态分布,平均成绩为 320 分,标准差是 15 分。如果计划 12 人进入复试,那么进入复试的分数线应该是多少?

解 根据题干可知,60 人参加考试,12 人进入复试,所以进入复试的比例为 $P=\frac{12}{60}=0.2$。在考试中,一般从最高分依次向下录取,所以我们所计算的 P 值为正态曲线下最右边面积为 0.2 的部分,此时我们所确定的最低录取分数线与 $Z=0$ 所形成的面积为 0.3,通过查表可知,当 $P=0.3$ 时所对应的 $Z=0.84$,因此,分数线应在高于平均分 0.84 的标准差的位置处。根据公式 $Z=\frac{X-\mu}{\sigma}$,我们可以转化为 $X=Z\sigma+\mu$,将各变量的值代入公式后可求得 $X=332.6$。

2. 确定能力分组的人数

因为个体的能力一般为正态分布,在给定总体人数以及所要分组的数量下,我们可以根据正态分布确定每个能力分组的人数。具体方法为:用 6 个标准差(当 Z 取值为 -3 到 3 时,涵盖了正态曲线下面积的 99.73%,基本涵盖了所有的比例)除以所要分组的数量,得到每个分组的 Z 分数等距;然后根据 Z 分数的等距查表获得所对应的 P,即各组在 Z 分数等距的情况下的人数比率;最后以总人数乘以每个分组的比率,即可获得每个能力分组的人数。

例 5.2 某学校共有 400 名同学参加 2017 年度学业水平考试,现在要将 400 名同学的成绩分为 A、B、C、D、E 五个等级,求每个等级所包含的人数。

解 根据题干,我们先求出 Z 分数等距所对应的标准差距离,$\frac{6\sigma}{5}=1.2\sigma$,因此,每个等级包含 1.2 个单位标准差,确定 Z 分数界限后查表可知每个等级所对应的比率,并算出最终的人数，结果见表5-5。

表5-5 能力分组为5组时各组人数的分布

分组	各组界限	比率(P)	人数
A	1.8σ 以上	0.035 9	14
B	$0.6\sigma \sim 1.8\sigma$	0.238 4	95
C	$-0.6\sigma \sim 0.6\sigma$	0.451 4	182
D	$-1.8\sigma \sim -0.6\sigma$	0.238 4	95
E	-1.8σ 以下	0.035 9	14

3. 确定测验题目的难易程度

我们一般用通过率来表示测验题目的难易程度，通过率越高，题目越简单。但通过率并不是一个等距尺度，当我们要比较不同测验题目之间的难度距离时，因为测验内容的差异，并不能单纯利用通过率进行测验间难度的比较。此时需要将题目的通过率通过正态分布概率转化为相应的难度分数（用标准分数表示），放在同一量尺上，然后比较测验题目之间的难度距离。主要步骤如下：首先计算每个题目的通过率，即答对人数在测验总人数之间的比例，代表正态分布曲线密度函数下所代表的面积；然后用通过率减去0.5，此时忽略正负号，获得正态分布表中的概率值，即P值；然后根据已知的P值获得Z分数的大小，若通过率大于50%，则给Z分数赋负号，若通过率小于50%，则给Z分数赋正号；最后将获得的Z分数加上5即可获得每个测验题目的难度，并可以通过任意题目之间的差值获得相对难度距离。具体计算见表5-6。

表5-6 难度分数的计算

题号	通过率(%)	P值	Z分数	Z+5
1	99	0.49	-2.331	2.669
2	85	0.35	-1.035	3.965
3	70	0.20	-0.525	4.475
4	20	0.30	0.84	5.840
5	5	0.45	1.645	6.645

三、二项分布

二项分布主要应用于离散型随机变量的分布，适用于“二项独立试验”所获得的变量。为更好地理解二项分布，我们首先从二项独立试验开始谈起。

（一）二项独立试验

二项独立试验主要包含以下几个特点：

1. 任何一次试验只能包含两个结果，即A与$\overline{A}$（比如是与否，通过与不通过，成功与失败）。
2. 任意两次试验之间相互独立，即各试验之间的结果不会受到彼此的影响。
3. 在同一条件重复进行n次试验，获得两种结果的概率相等，即$P(A)=P(\overline{A})$，我们习

惯表示为 $p=q$，并且 $p+q=1$。

在之前的例子中，掷硬币就是一个典型的二项试验。如果我们连续掷一枚硬币 5 次，每次只会出现两个试验结果：正面朝上或者反面朝上。每次掷硬币的结果之间相互独立，彼此之间不受影响，并且每次掷硬币时出现正面和反面的概率各为$\frac{1}{2}$，总概率相加为 1。

（二）二项分布

二项分布就是描述一系列二项独立试验不同结果序列的概率，因为二项独立试验的结果是相互独立的（A 与$\overline{A}$），因此二项分布又被称为对立事件的概率分布。现在我们用一个例子来阐述二项分布的基本原理。

假如甲同学在完成对错判断题时，发现有 2 道题目自己不会做，必须完全凭借猜测来完成。那么该同学有可能全部回答正确，也可能全部回答错误，还有可能只回答正确其中的 1 道。求该名同学至少回答正确 1 道题目的概率是多少？下面我们将讨论这个二项分布。

根据题干可知，这是一道只需要回答对错的判断题，由于该同学完全凭借猜测来完成作答，所以在每一道题目上回答正确或者回答错误的概率相同，均为$\frac{1}{2}$。我们记

$$P(\text{回答正确})=\frac{1}{2}$$

$$P(\text{回答错误})=\frac{1}{2}$$

现在共有两道题目，需要考虑正确作答的数量。为了构造一个二项分布，我们以表格的形式列出所有的可能，如表 5-7 所示。

表 5-7 在两道题目上作答的可能性

第一道题	第二道题	总的结果
回答正确	回答正确	2 道都回答正确
回答正确	回答错误	只有 1 道回答正确
回答错误	回答正确	只有 1 道回答正确
回答错误	回答错误	2 道都回答错误

因为回答两道题之间是相互独立的，根据前面提到的乘法运算，每一种可能的结果都等于每道题目回答正确或者回答错误的乘积，则两道题都回答正确的概率为 $P(\text{回答正确})\times P(\text{回答正确})=\frac{1}{4}$，两道题都回答错误的概率为 $P(\text{回答错误})\times P(\text{回答错误})=\frac{1}{4}$，只有 1 道题回答正确的概率为 $P(\text{回答正确})\times P(\text{回答错误})+P(\text{回答错误})\times P(\text{回答正确})=\frac{1}{2}$。

因此，该同学至少回答正确 1 道题目的概率为$\frac{1}{2}+\frac{1}{4}=\frac{3}{4}$。

（三）二项分布的正态近似

在二项分布中，当 $p=q=\frac{1}{2}$时，无论 n 取何值，二项分布都是对称分布。当 $p\neq q$ 时，只

要 n 的数量足够大,并且满足 $np \geqslant 5$ 且 $nq \geqslant 5$,二项分布就会呈现近似正态分布的趋势。当二项分布接近正态分布时,成功次数的平均数 $\mu = np$,成功次数的标准差为 $\sigma = \sqrt{npq}$。我们现在通过一个例子来进行说明。

例 5.3 在一项关于培养学生社会情感能力的教育实验中,要在 A 班级随机抽取 30 名同学回答相关量表,已知该班级男生人数为总数的$\frac{1}{3}$。那么从理论上而言,平均会抽到多少名男生?标准差是多少?

解 从题干可知,由于该班级男生所占比例和女生所占比例不相等,抽到男生的概率为$\frac{1}{3}$,抽到女生的概率为$\frac{2}{3}$,即 $p = P(\text{男生}) = \frac{1}{3}$,$q = P(\text{女生}) = \frac{2}{3}$。当 $n = 30$ 时,这种分布正好符合正态近似二项分布的要求。

$np = \frac{1}{3} \times 30 = 10$,$nq = \frac{2}{3} \times 30 = 20$,两者都大于 10。

因此,平均数为 $\mu = np = \frac{1}{3} \times 30 = 10$,标准差为 $\sigma = \sqrt{npq} \approx 2.58$。

所以,平均会抽到 10 名男生,标准差为 2.58。

拓展阅读

Excel 在正态分布中的应用

在统计学和数据处理中都能看到正态分布的影子。一般而言,自然界中的很多现象都可以用正态分布解释,比如同一种植物的高度、某地区的降水量、学生的成绩分布等。在科学研究及数理统计分析过程中,人们往往要通过某本概率统计教材附录中的正态分布表去查找某一区间点的正态分布值,非常麻烦。随着互联网信息化的不断发展,通过 Excel 软件来建立正态分布图表,计算某分位数点的正态分布概率值,既准确又方便,大大提升了分析效率。本部分着重介绍如何利用 Excel 2016 的 NORM.S.DIST 函数来制作概率密度函数曲线或计算正态分布的概率值。

(一)运用 Excel 绘制标准正态分布概率密度函数曲线

我们以 Excel 2016 为例,绘制随机变量从-3 到 3 的标准正态分布概率密度函数曲线,具体步骤如下:

第一步:在 Excel 中,选定随机变量的范围为[-3,3]。在 Excel 表格 A1 中输入-3,然后单击"开始"→"填充"→"序列",设定"序列产生在列"的"等差数列",步长值为 0.1,终止值为 3。

第二步:选中 B1 单元格,然后单击"公式"→"插入函数",在类别选项中选择"统计",在选择函数中选择"NORM.S.DIST"。NORM.S.DIST 包含 Z 值和 Cumulative 两部分,在 Z 值一栏输入 A1,表示当 $x=-3$ 时的概率密度大小。Cumulative 为逻辑判断符,目的在于指明函数的形式。如果 Cumulative 为 TRUE,函数 NORM. S. DIST 将返回累积分布函数;若 Cumulative 为 0 或 FALSE,函数 NORM. S. DIST 将返回概率密度函数。这里我们输入 FALSE。

第三步：选中 B1 单元格，将鼠标移动至单元格右下角，出现“+”，按住鼠标向下拖动至 B61 单元格，此时每一个 x(即 A 单元格的值)都对应一个概率密度(即 B 单元格的值)。

第四步：选中 A1:A61，B1:B61 两列单元格的数值，单击“插入”→“图表”→“折线图”，即可绘制出标准正态分布概率密度函数曲线。结果如图 5-11 所示。

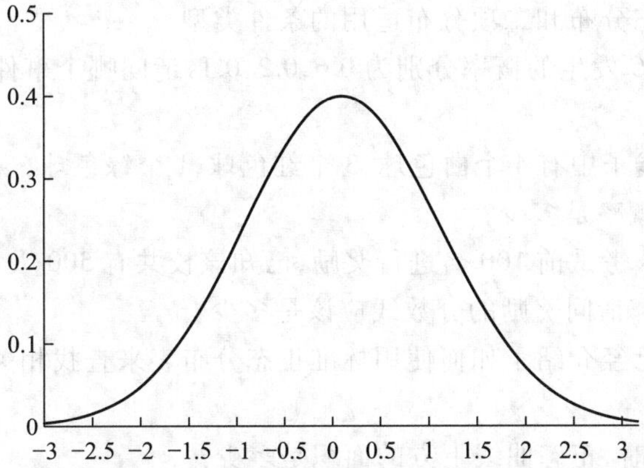

图 5-11　标准正态分布概率密度函数曲线

（二）利用 Excel 计算正态分布概率值

假如现在有一道题目：“已知某班数学考试的成绩服从正态分布，均值为 85 分，标准差为 10，求考试成绩低于 80 分的概率。”在 Excel 2016 中主要执行以下操作。

在 Excel 中随便选中空白单元格，单击“公式”→“插入函数”，在类别选项中选择“统计”，在选择函数中选择“NORM.DIST”，出现如图 5-12 所示的界面。X 为需要计算其分布的数值，这里即为 80；Mean 表示分布的算术平均值，这里为 85；Standard_dev 表示分布的标准差，这里为 10；Cumulative 为逻辑判断符，目的在于指明函数的形式。如果 Cumulative 为 TRUE，函数 NORM.S.DIST 将返回累积分布函数；若 Cumulative 为 0 或 FALSE，函数 NORM.S.DIST 将返回概率密度函数。这里我们输入 TRUE。单击确定后即显示所求的概率值为 0.31，即考试成绩低于 80 分的概率为 0.31。

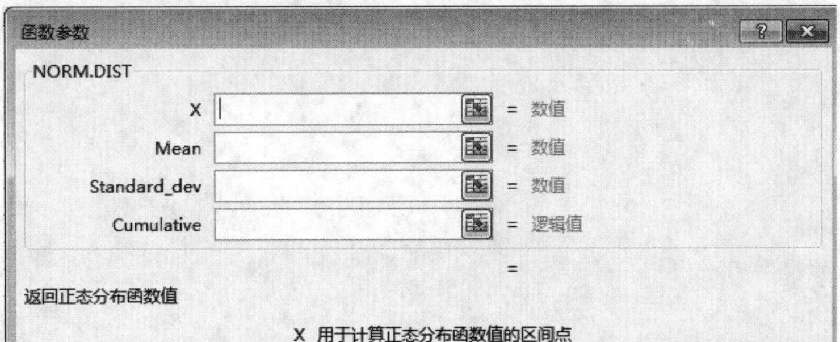

图 5-12　NORM.DIST 操作界面

练习与思考题

1. 什么是随机事件？随机事件之间都存在哪些关系？

2. 请举例说明正态分布和二项分布适用的条件类型。

3. 假如事件 A,B,C 发生的概率分别为0.6,0.2,0.1,请问哪个事件最有可能发生？哪个事件最不可能发生？

4. 在一个不透明袋子中有4个白色球,3个红色球,1个绿色球,现在从袋子中随机抽取1个球,抽到红色球的概率是多少？

5. 某学校拟对期末考试前100名进行奖励,已知该校共有500人,且这次考试的平均分为80分,标准差为12。请问奖励的分数线应该是多少？

6. 我们在本章中已经介绍了如何使用标准正态分布表来查找相关信息,请根据附录1,找出以下信息：

(1) Z 值在 $-1\sim1$ 时,正态曲线下方的面积是多少？

(2) 当 Z 值大于或等于 -1.96 时,正态曲线下方的面积是多少？

(3) 当大于 Z 值的面积比例为5%时,该 Z 值是多少？

第六章　抽样分布

管中窥豹，可见一斑。[1]138

——刘义庆

概览

1. 总体是一个研究中依据研究目的而确定的所有想要研究的个体（或事件）的全体。样本是从一个总体中抽取出来的部分个体（或事件）的集合。

2. 描述总体特性的值被称为参数；描述样本特性的值被称为统计量。

3. 为了保证用样本统计量推断总体参数的可靠性，样本抽取时必须保证样本的代表性。常见的概率抽样方法包括简单随机抽样、系统抽样、分层随机抽样、整群抽样等。

4. 总体分布是指总体内个体观察值的次数分布或概率分布；样本分布是指样本内个体观察值的次数分布或概率分布；抽样分布是指同一总体下，相同样本容量的所有可能样本的某个统计量观察值的理论概率分布。

5. 中心极限定理是指，如果从平均值为 μ，标准差为 σ 的总体中重复地抽取样本容量为 n 的许多个样本，得到许多个样本的平均数 $\overline{X}$，如果 n 足够大，则这些样本平均数的分布趋向于正态分布，样本平均数的平均数将等于 μ，标准差为 $\sigma/\sqrt{n}$。

6. 样本平均数分布的变异性，就是样本平均数分布的标准差 $\sigma_{\overline{X}}$，叫作标准误。平均数的标准误一般用 $\sigma_{\overline{X}}$ 表示，有时也用 SE 表示。公式为：$\sigma_{\overline{X}}=\sigma/\sqrt{n}$。

7. 抽样分布的特征，会受到总体分布是否正态、样本量大小、选取的统计量类别的影响。

8. t 分布是 1908 年统计学者高赛特提出的，它左右对称，峰态较高，分布形状随自由度 $n-1$ 变化。

要了解研究对象的特征，我们可以对总体进行观测，之后去分析我们感兴趣的各种特征和内容。然而在实际的调查中，由于各种各样的限制，我们很难对所有个体进行观测，只能从中挑选一部分个体，之后再根据选出的这一部分个体的观测情况，用统计方法去推断所有个体的情况。这就是接下来几章中要介绍的推断统计。推断统计就是由已知的样本推断未知的总体，由特殊的样本了解普遍总体的一种科学逻辑和方法。要了解推断统计，首先要学习抽样和抽样分布，这是进行推断统计的基础，也是本章将要学习的内容。

第一节　总体和样本

推断统计是基于选择出来的一部分个体的特征去推断所有个体的情况，这个过程中会涉及一些基本概念。掌握这些基本概念，是学习抽样分布的基础。

一、总体与样本

研究问题往往始于人们对某一个群体的兴趣。例如，我们希望了解我国义务教育阶段各个年级学生的识字量，或想要探讨教师的性别刻板印象会不会影响高中生对自己学业能力的看法等。

想要解决第一个问题，合理的方法就是测查中国所有的小学生和初中生的识字量，然后根据测得的数据，去描述我国义务教育阶段各个年级学生的识字量，这样就能得到最准确、最全面的结果。但是要进行如此大规模的调查，需要投入大量的人力、物力，几乎不可能实现。于是在研究中，一般的做法是按照一定的规则，只抽取我国小学生和初中生中的一部分，测量他们的识字量水平，然后依据抽取的这部分学生的识字状况去推断我国所有小学生和初中生的识字量。在这个例子中，我国所有的小学生和初中生就是总体，按一定规则抽取的一部分小学生和初中生就是样本。

总体是一个研究中依据研究目的而确定的所有想要研究的个体（或事件）的集合。

总体是研究者在一个特定研究中希望研究的整个团体，也就是研究者感兴趣的符合特定描述条件的个体集合。总体由符合特定条件的个体组成。个体是构成总体的基本单元，可以是符合特定描述条件的人、事物或者是一个组织或机构。假如我们感兴趣的是我国高中生的批判性思维，则总体是我国所有的高中生，个体是一个人，需要符合的条件是在校的高中生；假如我们感兴趣的是我国小学的师生比，则总体是我国所有的小学，个体是一所学校，需要符合的条件是小学。如果总体中个体的个数具有上限，则这个总体是一个有限总体，否则是无限总体。总体一般来说很大，但是也可以很小，例如刚才两个例子中总体都很大。如果我们感兴趣的是获得了诺贝尔文学奖的作家，那么这个总体是一个有限总体，而且很小。

通常情况下，总体是非常大的，以总体直接作为研究对象比较少见，但也是存在的。例如国家每隔若干年会进行全国人口普查，就是将总体全部进行调查。但不可能每个研究都这样做，所以需要用样本的结果去推断总体的情况。

样本是从一个总体中抽取出来的一部分个体（或事件）的集合。

研究一个问题时所有的研究对象构成一个总体，但是研究中往往并不是考察总体中的所有个体，而是从总体中选取一部分个体，将研究限制在这部分的个体中。这个从总体中选出来的个体的集合就是样本，我们期望这个样本能够很好地代表它所属的总体。组成样本的个体数量决定了样本的大小，称为样本容量。样本的大小不同于总体的大小，总体的大小取决于符合描述条件的个体的多少，而样本的大小取决于研究的规模。例如总体是我国小学六年级学生，这是一个理论上的无限总体，如果是一个小规模的研究，可能样本容量仅有40人；如果是一个中等规模的研究，可能样本容量需要400人；如果是一个较大规模的研究，可能样本容量需要1 000人；如果是一个国家层面的大规模研究，可能样本容量需要

100 000人。随着样本容量的增加，样本变得越来越大，研究规模也越来越大。

总体和样本都是由个体组成的，样本是总体的一个子集。需要注意的是，由于研究问题的范围不同，同一团体或集合在不同的研究中可以是总体，也可能是样本。例如，我们关注所在城市的中小学教师职业倦怠感，所在城市的中小学教师就是研究总体。但是，如果我们关注的是我国中小学教师的职业倦怠感，那么这所城市的中小学教师就只是一个样本。

二、参数与统计量

一个总体或样本会有各种各样的特性，例如第三章、第四章中提到的集中量数和差异量数，就是用来描述总体或样本数据表现出的分布特征。

描述总体特性的值被称为参数。参数是从整个总体中计算得到的关于总体特征的数值，例如总体均值、总体标准差等。参数一般用希腊字母表示，如用 μ 表示总体均值，用 σ^2 表示总体方差等。总体中全部个体的数量常用大写 N 表示。描述样本特性的值被称为统计量。统计量是从一个样本中计算而来的关于样本特征的数值，例如样本均值、样本方差等。样本统计量一般用拉丁字母表示。如用 $\overline{X}$ 或 M 表示样本平均数，用 S 表示样本标准差，用 S^2 表示样本方差等。样本容量（样本中的个体数量）用小写 n 表示。

例如，我们想了解 2017 年某省学生的高考表现，该省 2017 年共有高考考生 300 000 人，所有考生的高考成绩平均值为 450 分，那这个 450 分就是总体参数，即总体平均数。从中抽取 1 000 人的样本，这些考生的高考成绩平均值为 470 分，这个 470 分就是样本统计量，即样本平均数。

总体参数和样本统计量的概念非常相似。它们的区别在于参数是计算总体数据而获得的数值，统计量是计算样本数据得到的数值。一般情况下，每个总体参数都有一个样本统计量与之相对应，计算方法略有不同。总体的参数值是唯一确定的，统计量的值是随着样本的不同而发生改变的。例如描述统计资料集中趋势的特征，一般选择算术平均数。总体的算术平均数是按下面公式计算得到的一个参数：

$$\mu = \frac{\sum_{i=1}^{N} x_i}{N} \qquad \text{（公式 6-1）}$$

其中，μ 表示总体均值，N 代表总体容量（总体中个体的个数），x_i 表示总体中每个个体的观测值，$\sum_{i=1}^{N} x_i$ 是求所有观测值的和。

样本的算术平均数是按下面公式计算得到的一个统计量：

$$\overline{X} = \frac{\sum_{i=1}^{n} x_i}{n} \qquad \text{（公式 6-2）}$$

其中，$\overline{X}$ 表示样本均值，n 代表样本容量（样本中个体的个数），x_i 表示样本中每个个体的观测值。

再例如描述统计资料离中趋势的特征，一般选择标准差。总体的标准差是按下面公式计算得到的一个参数：

$$\sigma = \sqrt{\frac{\sum_{i=1}^{N} (x_i - \mu)^2}{N}} \quad \text{(公式 6-3)}$$

其中，σ 表示总体标准差，N 代表总体容量（总体中个体的个数）。

样本的标准差是按下面公式计算得到的一个统计量：

$$S = \sqrt{\frac{\sum_{i=1}^{n} (x_i - \overline{X})^2}{n-1}} \quad \text{(公式 6-4)}$$

其中，S 表示样本标准差，n 代表样本容量（样本中个体的个数）。在计算样本的标准差时没有除以样本容量 n，而是除以 $n-1$（即自由度），主要的原因是使用这个公式计算出来的样本标准差作为一个统计量，才能无偏地估计总体的标准差，我们将在下一章“参数估计”中详细地介绍相关内容。

一个参数是从整个总体中计算得到的数据指标，参数代表总体的特性，是一个常数。统计量是从一个样本中计算而来的数据指标，用于描述样本数据的情况，代表样本的特性，是一个变量，会随着样本的变化而变化。研究者一般感兴趣的是总体的性质和特点，而并非是样本的性质和特点。然而通常无法直接对总体进行测查，总体的性质和特点不明确。所以，参数往往是通过样本统计量估计得到的。一般情况下，每个总体参数都有一个样本统计量与之相对应，但绝大多数时候人们只能够获得样本统计量的值，研究者会选择通过特定的方法依据样本统计量去推断总体参数。例如用样本的平均数 $\overline{X}$ 估计总体的平均数 μ。如何依据样本统计量去推断总体参数会在下一章里详细介绍。

推断统计为由样本特征推断总体特征提供了完整的方法步骤和理论逻辑，推断统计的基本原理包括概率论和抽样理论，这些理论为统计推断多大程度上接近真实值做出了较为明确的说明。在这里总体与样本之间是一个完整的闭环，一方面从总体中抽取部分个体组成了样本，另一方面通过对样本特征的描述，获得了样本特征的统计量，根据统计量对总体的参数或者某些特性做出推断，换而言之，把样本中获得的结果推论到总体之中。总体和样本的关系如图 6-1 所示。从总体中抽取个体组成样本，依靠概率论确保抽取了一个具有代表性的样本，从样本的统计量推断总体，依靠抽样分布理论确保推断的可靠性。

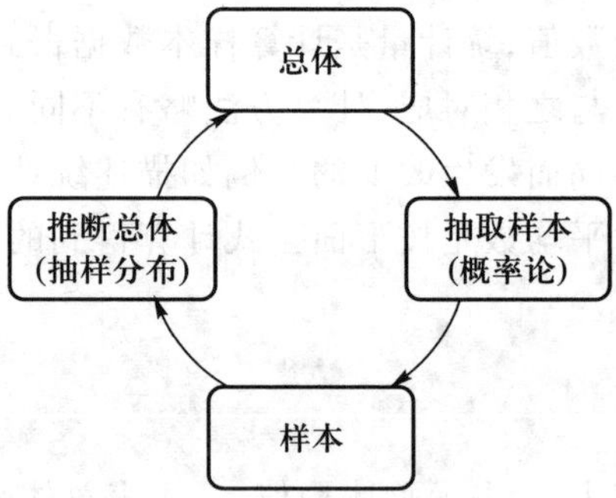

图 6-1　总体与样本的关系

第二节　抽样技术

为了保证用样本统计量去推断总体参数的可靠性，在抽取样本时必须要保证样本的代表性。样本的代表性是一个研究能得到可靠结论的根本前提，如果样本不具有良好的代表性，就不可能得到可靠而有推广性的研究结论。

一、非概率抽样和概率抽样

抽样方法可以分为非概率抽样和概率抽样两类。

非概率抽样是指研究者依据自身的经验或抽样方便程度，有目的、主观地选择一部分个体作为样本。[2]3 典型调查、重点调查以及方便抽样都是常见的非概率抽样。例如，某中学物理教师想要了解我国中学生的物理学习情况，考虑到方便性，他直接选择了自己所教班级的学生作为样本开展了调查，这就是非概率抽样。这种抽样方法非常简便，有很强的可操作性。但是这种抽样方法获得的样本在推断未知总体参数时可靠性较低，从而也无法保证研究结果的可靠程度。也就是说，采用非概率抽样抽取出来的样本，可能对总体的代表性不高，样本的特异性较强，无法用这个样本对总体做出有效准确的推断。

概率抽样则是要求总体中的每个个体都有一定的概率被抽中，遵循随机性原则。这里的随机并不是说随意选择总体中的某些个体作为样本就可以了，而是一个概率问题，需要用一定的方法保证每一个个体都有机会被选中。例如，我们想从某大学的学生中抽取50名学生作为样本，如果在午餐时间站在食堂门前拦住刚刚吃过饭的50名学生，这就不满足随机性原则。因为这种方法不能保证每个个体都有机会被抽中，比如已经吃完饭的同学和不来食堂吃饭的同学，就没有机会被抽中了。符合随机性原则的抽样方法应该是，先将该校所有学生按照一定的顺序编好号，然后生成50个随机数，随机数保证了每个学生的编号具有相同的概率被抽中，这些由随机数组成的编号所代表的学生就可以作为一个随机化的样本。概率抽样的结果可以用来推断未知的总体参数，并且能够计算出其精确度和可靠程度。因此，以下所讨论的抽样方法，都属于概率抽样。

二、概率抽样中的误差来源

任何一个抽样都会存在误差，称为抽样误差。抽样误差的来源主要有两个方面。

抽样方法本身是造成样本误差的一个重要来源。例如一个婚姻辅导专家在自己的微博上进行了一个调查，调查人们是不是真的后悔当初选择了结婚，结果超过80%的调查对象回答真的后悔了。这个结果是不可信的，不可信的重要原因是这个调查的样本是有偏的，无法代表成年人总体对婚姻的态度。导致样本有偏的原因是这是一个自发性回应的样本，只有婚姻中遇到问题的人才会关注一个婚姻辅导专家。不恰当的抽样方法会引起抽样误差，避免这种误差的有效手段就是选择合理的抽样方法。

那么什么样的抽样方法才是合理的呢？随机化是解决这个问题的基本原则。符合随机化原则的概率抽样方法，可以有效地解决抽样方法导致的样本有偏。所谓随机化原则，是指在抽样时总体中每个个体被抽取是按照概率论的理论，被抽取的可能性是相等的，而不是由研究者或者他人主观决定的。使用概率选取样本最简单的方法就是“抓阄”，把所有写有名字的纸团放在一个箱子里（总体），不用看，从箱子中抽取一部分（样本）。简单随机抽样要求总体中每一个样本被抽中的概率都相同。但值得注意的是，“抓阄”方法还不是简单随机抽样，“抓阄”与简单随机抽样是不同的方法。简单随机抽样依靠随机数字来选取样本。在进行简单随机抽样时，首先给总体中的每个个体编一个数字代码，这些数字代码位数尽量小，所有的数字编号具有相同的数位。其次，利用随机数字表抽取数字编号。现在这个工作一般都是在计算机上完成的，下面会详细介绍。如果不使用电脑，可以利用随机数字表来手工完成抽取较小的样本。

除了抽样方法之外，抽样误差的第二个主要来源是由样本的随机性造成的样本信息和总体信息之间的误差。总体的参数只有一个，但是每一次的抽样，由于抽取了不同的样本，样本的统计量与参数之间的差异导致了抽样误差。这种抽样误差是无法避免的。但是好在这种误差不是任意变化的。如果我们从一个总体中采用同样的抽样方法，重复抽取了许许多多个随机样本时，这些样本的变化就会遵循某种可预测的形态（即抽样分布，我们将在下一节中详细讨论）。从这个可预测的形态中可以知道，当样本容量越大，样本所得结果的变化会越小。随机抽样的样本具有变异性，但是可以通过增加样本容量而减少这种变异，这也就起到了减少抽样误差的作用。抽样的目的是为了在保证研究结果的准确性的前提下，节省人力、物力和时间开展研究，因此抽样必须在增加样本容量、降低抽样误差与增加样本容量、增加研究的人力、物力和时间之间取得一个平衡。

抽样误差是无法完全避免的，只能尽量加以控制。一般来讲，控制抽样误差可以从两个方向着手：一是选择适当的抽样方法；二是增加样本容量。前者消除了抽样的偏差，后者降低了抽样的变异性。

三、概率抽样的具体方法

选择适当的抽样方法可以帮助我们控制抽样误差。在实际的抽样调查中，精确度和可行性是两个都需要考虑的因素，不同的抽样方法可以帮助我们在这两者之间获得更好的平衡。常见的概率抽样方法包括简单随机抽样、系统抽样、分层随机抽样、整群抽样等。

（一）简单随机抽样

简单随机抽样是最基本的抽样方法，操作简便，适用性广。一般来说，简单随机抽样有两种方法。一种是抽签法，是将总体中的所有个体都赋予一个编号并做成签，充分混合打乱之后，从中随机抽取一部分，这些被抽中的签所对应的个体就组成了一个样本。值得注意的是，采用抽签法抽出一个签登记了编号后，要将这个签重新放回去再抽取下一个，只有这样才能保证每次抽取时每个签被抽中的概率是相等的。简单随机抽样的另外一种方法是随机数法，具体做法是给总体内的每个个体都赋予一个编号，然后随机抽取数字决定抽取的样本包含哪些个体。采用简单随机抽样时，总体中的每个个体都有可能被抽取到，每个个体被抽到的概率都是相等的，这就为样本的代表性提供了保障。

例如，现在有一项调查想要了解某校 1 600 名学生的家庭背景状况，从中抽取 100 名学生作为样本。首先需要先将这些学生从 1 到 1 600 编号，然后用随机数字的程序抽取 100 个随机数，并将这 100 个随机数对应的学生从总体当中抽取出来，作为调查的样本。

在计算机还没有普及的年代，要进行简单随机抽样，获得随机数，需要查随机数字表。但现在我们利用计算机，可以非常快捷、简便地进行简单随机抽样。

例 6.1 现有 30 名学生组成的一个总体，请用 Excel 抽取一个 $n=5$ 的样本。

解 步骤如下：

第 1 步：在 Excel 中建立包含总体信息的文件，并将每个个体都赋予一个编号，如图 6-2 所示。

第 2 步：使用“RADNBETWEEN”函数生成 5 个在 1～30 之间的随机数；找出这些随机数对应的个体，组成样本，如图 6-3 所示。

图 6-2　赋予编号

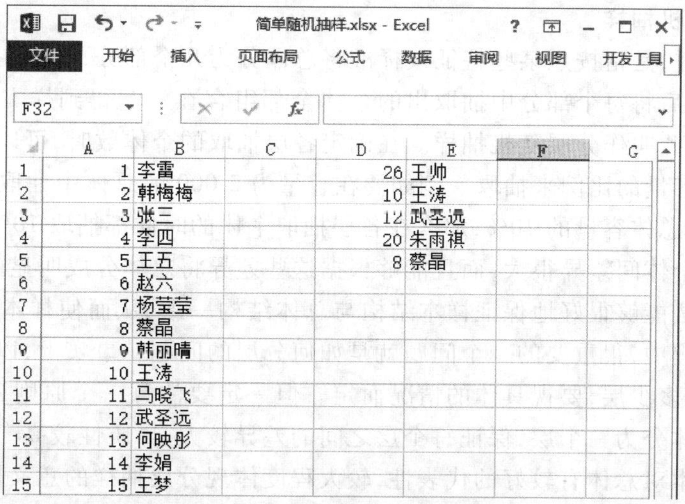

图 6-3　抽取随机数并组成样本

简单随机抽样是其他抽样方法的基础，操作方法简单直观，可以直接从总体中抽取出所需的样本，在多数情况下效率是比较高的。并且，由于每个个体被抽中的概率相等，在之后的统计推断中计算更为方便。但它同时也存在一些局限性。例如，在很大规模的抽样调查中，获取总体中每个个体的名单并不容易，给总体中每个个体进行编号更加不易；并且采用这种方法抽取出的样本分布较散，在实施调查的过程中会遇到比较大的困难，不管是经费、时间还是人员上都会造成较大程度的浪费。因此在较大规模的调查中，往往需要考虑使用其他的抽样方法，或将简单随机抽样与其他方法结合使用。

（二）系统抽样

系统抽样也称为等距抽样。具体的操作方法是，先将总体内的个体按照一定次序排列，然后在规定的范围内随机确定一个抽样的起点（起始号码），之后根据总体容量与样本容量的比值确定抽样间隔 k，然后都按照固定的间隔 k 抽取个体，最后组成样本。

例如，要在 300 个产品中抽取 10 个作为样本，检查它们的合格率。采用系统抽样的方法，就需要先将它们从 1 到 300 编号，间隔 $k=300/10=30$。在 1～30 之间随机选择 2 为起点，每隔 30 抽样一名，就会抽取编号为 2、32、62、92、122……这一系列的个体作为样本。

在实际的抽样调查中，如果已经事先按照一定的标准排好序，使用系统抽样将会非常方便。例如，道路两旁的树，图书馆里的书，流水线的产品，排好学号的学生，等等。只要个体在总体中的分布较为均匀，系统抽样将会非常接近于简单随机抽样。而当总体中的个体本身已经有记录的情况下，或者总体容量非常大的时候，采用系统抽样将会比简单随机抽样更为方便。另外，如果有信息能够使总体中的个体有组织地排列，那么这样抽取的样本是均匀地分散分布在总体中的，能够很好地保证样本的代表性，可以有效提高估计的精度。

需要注意的是，如果总体的分布具有一定的周期性，则使用系统抽样抽取的样本可能会存在较大的误差，不能很好地代表样本。例如，故宫的客流量在周末会远远大于工作日，如果要调查故宫的日均客流量，采用系统抽样的方法，就会因为总体分布有明显的周期性而造成较大的抽样误差。

（三）分层随机抽样

分层随机抽样，是指按照某些特征或标准将总体分为几个部分，然后在每个部分中分别进行随机抽样，最后将每个部分中抽取出的个体全部组合在一起得到样本。每个部分在此都称作一个层，因此叫作分层随机抽样。在确定各层抽取的个体数时，可以简单地按照所需样本容量占总体容量的比例来抽取。例如要在容量为 2 000 的总体中抽取 200 个个体作为样本，样本容量占总体容量的 10%，那么在各层抽取个体的时候都抽取 10%的个体。

当总体中的个体间差异很大，而且能够根据这些差异将总体分成明显的几个亚群体时，采用分层抽样方法能够很好地保证样本结构与总体结构一致，从而使样本具有更好的代表性。具体操作过程中，很重要的一个问题就是如何分层的问题。事实上，以什么特征作为指标来分层，以及分多少层，要视具体的情况而定。但一定要注意一个原则，即：将差异较小、同质性较高的个体分为一个层，保证每个层之间的差异较大、异质性较高。这样才能保证分层抽样抽取的样本对总体有较好的代表性，较大程度体现分层抽样的意义。

例如，我们想要了解某中学学生的课后运动时间，而一个明显的问题是男生一般会比女生更喜爱运动，很可能会花更多的时间用来运动。这时就可以考虑按照男生和女生两个层来进行分层抽样。如果学生的总数是 4 000，其中男生 1 600、女生 2 400，要抽取的样本容量为 200，就可以抽取 80 名男生和 120 名女生作为样本。

分层随机抽样在实际的抽样调查中应用十分广泛，这是因为它具有一些独特的优势。首先，从样本代表性上来讲，简单随机抽样有可能出现较为极端的情况，在总体中分布不够均匀；而分层随机抽样已经事先按照一定的标准进行了分层，再在每层抽取一定的个体，这就保证了这样得到的样本与总体的结构更容易保持一致，在总体中分布更为均匀。其次，从抽样工作实施的方便程度来讲，在较大规模的抽样调查中，分层随机抽样具备更强的可操作性。假如要调查某市所有学生的睡眠时间，按照小学、初中、高中、大学进行分层后再分别开展抽样工作，就可以按照各层的特点制订合适的抽样计划。最后，从调查结果的丰富性来讲，分层抽样不仅能够推断总体的情况，还能用来推断各层的情况，能够获得更加丰富的信息。

（四）整群抽样

在前面的几种抽样方法中，抽取样本的基本单元都是个体。整群抽样则不然，它的抽样基本单元，是由若干个体组成的群。

整群抽样，是指将总体按照一定的规则或标准分成若干个群，然后抽取其中一个或几个群，以这些被选中的群里的所有个体作为样本。采用整群抽样时，往往是总体先前已经分成了若干个群体，有可能是天然的、有可能是社会的。在这样的情况下，采用这样的抽样方法非常方便且经济，因此在实际的社会调查中这种方法是非常常见的。

与分层抽样不同的是，整群抽样要求同一个群体内的个体差异较大、异质性较高，不同群体之间则差异较小、同质性较高。因为这种抽样方法以整群为单位，只有确保这样的前提条件使样本结构与总体结构更相近，才能保证样本的代表性。

整群抽样还有单阶段整群抽样和多阶段整群抽样之分。单阶段整群抽样就是抽取总体中的若干个亚群体之后，对这些群体中的所有个体全部进行调查；多阶段整群抽样则是将总体分成了不同层次的整群，在抽中第一层的群体之后，还会在第二层、第三层等的群体中再进行抽取。多阶段整群抽样多见于很大规模的抽样调查中。例如，在调查某中学学生家长对教师教学的满意度的时候，可以抽取该校其中几个班级的学生作为样本，这就是单阶段整群抽样；而如果是调查某省的中学学生家长对教师教学的满意度，则可以先抽取该省的几个市，再在这几个市中抽取若干所学校，然后再在这些学校中抽取若干个班级，以这些班级的学生作为样本，这就是多阶段整群抽样。当然，在这个例子中的最后一步，也可以从这些被抽中的班级中进行简单随机抽样，抽取若干个学生，再将不同班级抽取出来的学生组合起来作为样本，也是多阶段抽样，只是不叫多阶段整群抽样了。[3]115

整群抽样具有实施方便、花费较小的特点。例如我们想要对某市中学生的课外阅读时间进行调查，此时采用整群抽样，以学校作为群，将会大大节省调查实施的所需投入，也可以将抽样工作大大简化。但整群抽样也是有弊端的，因为在采用整群抽样时，群往往是已经根据某些自然或社会的标准提前进行了划分，群内个体之间的差异很多时候比较小，从而使得这样抽取的样本对总体的代表性不够高，存在较大的抽样误差，且它的统计运算更为复杂。为尽量将这种影响降到最低，在考虑如何划分群的时候，需尽量使群之间的差异小而群内的个体差异大。

上述抽样方法在一次抽样调查中可以结合使用，来达到最好的效果。另外，在其他条件都相同的情况下，样本容量越大，抽样误差越小。如果样本容量太小，那么它对总体的代表性是无法保证的。举个极端的例子，如果要调查我国本科毕业生的起薪，只抽取 2 个本科毕业生是一定不可取的。但是样本容量太大，则会增加研究成本。而且样本容量的增大对抽样误差的影响是逐渐减小的，也就是说，当样本达到一定的容量后，继续增大样本量的必要性不大。因此，在确定样本容量的时候，一般需要考虑研究目的、研究经费、研究特点等各方面的因素，综合起来决定最终的样本容量。

一般来讲，样本容量 $n>30$ 的样本即可被称作大样本。当然，在实际的研究中，要确定样本容量还要考虑更多复杂的因素。例如，研究涉及的变量比较多时，样本量应适当放大；为了保证足够多的有效样本，样本容量也要适当放大；而当经费、时间、人员等资源有限时，样本量则可以考虑适当缩小。实际上，确定样本容量可以从统计方法着手，此处不做赘述，感兴趣的同学可以阅读相关书籍。

第三节 抽样分布

我们知道,样本来自于总体,是用来推断总体信息的。那么,如何通过样本信息去推断总体信息?样本统计量与总体参数之间到底有怎样的关系?这个推断过程的重要依据之一就是样本的抽样分布。

一、基本概念

(一)总体分布、样本分布和抽样分布

总体分布是指总体内个体观察值的次数分布或概率分布。总体分布可以是连续的,也可以是离散的。若想要调查某学校所有学生的体重,就会得到一个连续型的总体分布;但如果调查某学校某次测验等级 A、B、C、D 的人数情况,就会得到一个离散型的总体分布。我们之前说过,在做调查或研究时,一般不会对总体实施调查。因此多数情况下,总体分布是不容易直接获得的,需要通过样本信息去推断总体的情况。

样本分布是指样本内个体观察值的次数分布或概率分布。样本分布可以是连续的,也可以是离散的,这取决于总体的分布。从前面提到的某学校的 2 000 名学生中抽取 20 人去测量他们的体重,得到的分布就是样本分布。样本分布不一定与总体契合,不同的样本会呈现不同的样本分布形态,不同的样本分布之间互不影响。例如,从符合正态分布的 2 000 个体重数据中抽取 20 个作为样本时,这个样本可能与总体一样符合正态分布,也可能是双峰分布,甚至抽取到的都是极端值。可见,样本并不一定总是能正确反映总体的情况。[4]107-108

抽样分布是指在同一总体下,相同样本容量的所有可能样本的某个统计量观察值的理论概率分布。样本的平均数、标准差等都是样本的统计量,所以会有样本平均数的抽样分布、样本标准差的抽样分布等。样本的所有统计量都会有其相应的抽样分布。还是上面的例子,在 2 000 名学生中抽取第一个样本 20 人,得到他们的体重的样本平均数,然后将这 20 人放回总体中,再重新抽取第二个样本 20 人,得到其体重的样本平均数,这样一直重复,直到穷尽所有可能抽取的样本。每个样本都会得到一个样本平均数,这些数字的分布就是样本平均数的抽样分布。[5]114

上面的例子可能有一点抽象,接下来用一个更具体的例子来解释抽样分布。

例 6.2 现在有一个由 4 位同学构成的总体,他们的体重分别是 40 kg、44 kg、48 kg、52 kg。如果我们从中有放回地抽取样本容量为 2 的样本,会形成什么样的抽样分布呢?

这个例子中,总体是均匀分布的,我们可以得到分布表 6-1 和分布图 6-4。

表 6-1 总体分布表

体重/kg	40	44	48	52
频数	1	1	1	1

计算出总体的平均数 μ 和标准差 σ 分别为

$$\mu = \frac{\sum_{i=1}^{N} x_i}{N} = \frac{40 + 44 + 48 + 52}{4} = 46$$

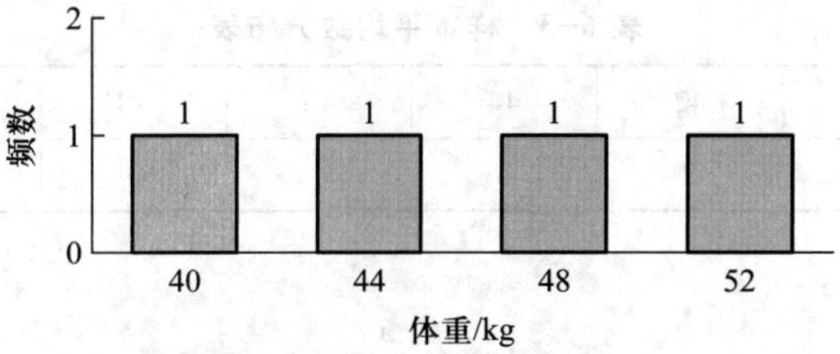

图 6-4　总体分布图

$$\sigma = \sqrt{\frac{\sum_{i=1}^{N}(x_i - \mu)^2}{N}} = \sqrt{20}$$

当采用有放回的抽样方式从中抽取 $n=2$ 的样本时，总共可以得到 16 个不同的样本。不同的样本会得到不同的样本平均数，将所有可能出现的情况都列在表 6-2 中。

表 6-2　所有可能的样本及其平均数

样本编号	数据构成		样本平均数
	第一个	第二个	
1	40	40	40
2	40	44	42
3	40	48	44
4	40	52	46
5	44	40	42
6	44	44	44
7	44	48	46
8	44	52	48
9	48	40	44
10	48	44	46
11	48	48	48
12	48	52	50
13	52	40	46
14	52	44	48
15	52	48	50
16	52	52	52

根据表 6-2，能够得到样本平均数的频数分布表 6-3 和分布图 6-5，这就是样本平均数的抽样分布。

表 6-3 样本平均数分布表

样本平均数	40	42	44	46	48	50	52
频数	1	2	3	4	3	2	1

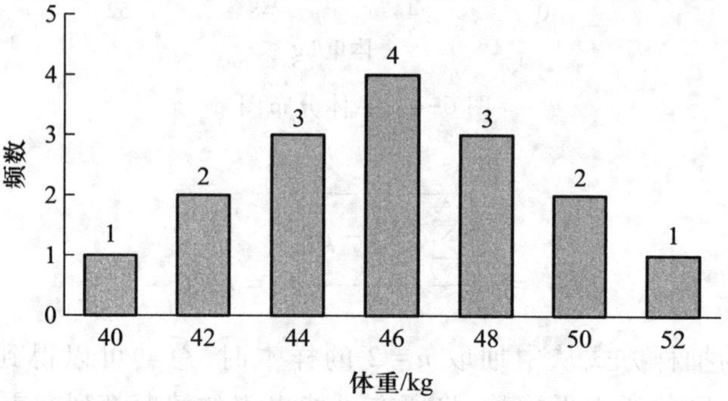

图 6-5 样本平均数分布图

首先,可以计算出所有这些样本平均数的平均数为

$$\mu_{\overline{X}} = \frac{\sum_{i=1}^{N}\overline{X_i}}{N}$$

$$= \frac{40+42+44+46+42+44+46+48+44+46+48+50+46+48+50+52}{16}$$

$$= 46$$

接下来,我们还可以利用公式计算出这些样本平均数分布的标准差为

$$\sigma_{\overline{X}} = \sqrt{\frac{\sum_{i=1}^{N}(\overline{X}_i - \mu_{\overline{X}})^2}{N}} = \sqrt{10}$$

我们还能够从这个分布中得出样本平均数的概率问题。例如,从已有信息可推得样本平均数大于 48 的概率是 $P(\mu_{\overline{X}}>48)=\frac{3}{16}$。

(二)中心极限定理

从例 6.2 可以看到,虽然总体容量非常小且是均匀分布的,但抽取 $n=2$ 的样本之后,依然构造出了一个接近于正态分布的样本平均数的抽样分布。从理论上讲,要获得样本某个统计量的抽样分布是需要将每一种可能的样本都穷尽的。然而总体比较大时,是不可能像例 6.2 那样穷尽每一种样本,来获得样本平均数的抽样分布的。但是统计学家已经解决了这个问题。中心极限定理就能够帮助我们在不抽取所有样本的情况下,构建起样本平均数的抽样分布,这是一种理论上的概率分布。

中心极限定理:如果总体的平均数为 μ,标准差为 σ,那么样本容量为 n 的样本平均数分布的平均数为 μ,标准差为$\frac{\sigma}{\sqrt{n}}$;且当样本容量 n 趋于无穷大时,样本平均数的分布也趋于正态分布。

实际上，当样本容量等于或大于 30 时，抽样分布就已经接近正态分布了。[6]167 另外，这个定理说明，任何分布形态总体的抽样分布都是有章可循的。当拿到一个样本时，就可以据此计算任意和样本相关的概率，这是通过样本特征推断总体的基础。下面将介绍一个具体的例子。

例 6.3　某次测验总体平均值 $\mu=100$，总体标准差 $\sigma=6$。如果从中随机抽取一个 $n=36$ 的样本，该样本的平均数大于 101 的概率是多少？

解　将所有可能的样本都列举出来再去获得样本平均数的分布并不现实，在这种情况下，根据中心极限定理可知，样本平均数的分布符合正态分布，且 $\mu=100$，$\sigma_{\overline{X}}=\frac{\sigma}{\sqrt{n}}=\frac{6}{\sqrt{36}}=1$。

当 $\overline{X}=101$ 时，

$$Z=\frac{\overline{X}-\mu}{\sigma_{\overline{X}}}=\frac{101-100}{1}=1$$

查正态分布表可得

$$P(\overline{X}>101)=P(Z>1)=0.158\ 66$$

因此，该样本的平均数大于 101 的概率约为 15.87%。

需要注意的是，这种通过抽样分布预测样本平均数的技能对于之后要学习的推断性统计是非常重要的，大家需要充分理解。

（三）标准误

总体分布和样本分布有集中性和变异性，样本平均数分布也存在集中性和变异性。样本平均数分布的变异性，也就是样本平均数分布的标准差 $\sigma_{\overline{X}}$，叫作标准误。

在研究中，研究者往往只抽取一个样本，而这一样本是为了代表总体、估计总体的。标准误能够明确表示出一个样本平均数在多大程度上准确估计了该样本所代表总体的平均数。通过标准误能够看出所抽取出来的样本的平均数和总体平均数之间的平均相差程度。

标准误一般用 $\sigma_{\overline{X}}$ 表示，有时也用 SE 表示。公式为

$$\sigma_{\overline{X}}=\frac{\sigma}{\sqrt{n}} \qquad \text{（公式 6-5）}$$

式中 σ 为总体的标准差，n 为样本容量。可以看到，标准误的大小会受到样本大小和总体标准差的影响。样本量越大，样本平均数就更容易接近总体平均数，就会更集中地聚集在总体平均数附近，标准误也就越小。而总体标准差描述了总体的离散程度，总体的离散程度越低，抽取样本时抽到极端值的概率就越低，样本的平均数也就更容易集中在总体平均数周围，标准误也就会越小。

当样本容量超过 30 时，增大样本量对标准误大小的影响就比较小了。因此，在一般的研究中，一般会将样本容量保证在 30 以上，以保证对总体有较好的代表性。[7]168-170

在实际的调查和研究中，通常情况下总体的标准差是未知的，只能够得到样本标准差 S。在这样的情况下，我们就要使用样本标准差来替代总体标准差，得到估计标准误

$$S_{\overline{X}}=\frac{S}{\sqrt{n}} \qquad \text{（公式 6-6）}$$

二、样本平均数的抽样分布

抽样分布的特征，会受到总体分布是否正态、样本量大小、选取的统计量类别的影响。样本平均数的抽样分布在实际调查和研究中是应用最广的统计量抽样分布，因此本书将详细介绍其抽样分布的特点。

样本平均数的抽样分布在不同的条件下会呈现不同的形态，前面的例子中介绍的都是符合正态分布的情况。实际上，在特定条件下，样本平均数的抽样分布还会有符合 t 分布的情况，所以首先将 t 分布向大家做一个简单介绍。

（一）t 分布

在总体标准差已知的前提下，样本统计量的抽样分布基本都是在正态分布下进行讨论的。但在实际情况中，总体标准差其实大多数时候是未知的。在总体标准差未知，只知道样本标准差 S 的前提下，要了解样本统计量的抽样分布特征，就要先学习一种新的分布——t 分布。

t 分布是 1908 年统计学者高赛特（W.S.Gosset）提出的[8]203，它左右对称，峰态较高，分布形状随自由度 $n-1$ 变化。

t 统计量的公式为

$$t=\frac{\overline{X}-\mu}{S/\sqrt{n}} \quad \text{（公式 6-7）}$$

t 统计量和 Z 统计量只有一个区别，就是 Z 统计量使用的是总体标准差的真实值，而 t 统计量是在总体标准差未知的时候，使用样本标准差作为总体标准差的无偏估计值。

与正态分布一样，t 分布也有一些固定的特征，包括：

（1）均值为 0。

（2）以 0 为中心，是左右对称的单峰分布。

（3）t 分布是一簇曲线，它的形态变化与自由度 $df=n-1$ 的大小有关。自由度 df 越小，t 分布曲线越低平；自由度 df 越大，t 分布曲线越接近正态分布曲线（如图 6-6 所示）。

（4）随着自由度增大，t 分布逐渐接近正态分布。

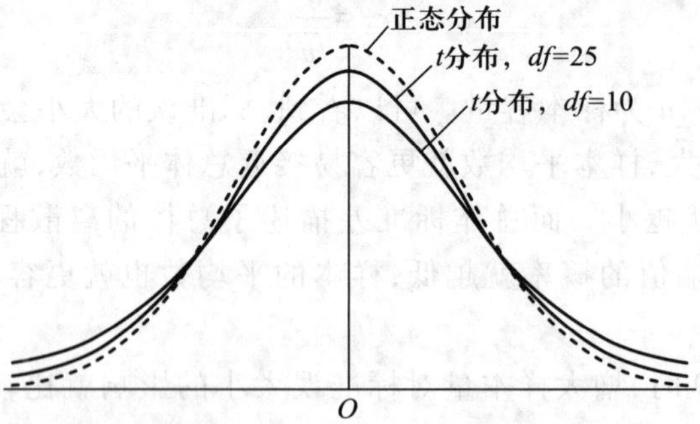

图 6-6 不同自由度下的 t 分布

我们可以使用正态分布表来计算概率问题，t 分布也一样。表 6-4 为大家呈现了 t 值表的一小部分（完整的 t 值表详见附录 2，以下简称 t 值表）。表中最上面的 p 代表的是对应 t

值的单尾的面积(如图 6-7 所示),这里只列出了几个常用的值。表的左侧是自由度,不同的自由度对应不同的 t 分布形状。

表 6-4　t 值表(截取)

df	p					
	0.25	0.10	0.05	0.025	0.01	0.005
1	1.000	3.078	6.314	12.706	31.821	63.657
2	0.816	1.886	2.920	4.303	6.965	9.925
3	0.765	1.638	2.353	3.182	4.541	5.841
4	0.741	1.533	2.132	2.776	3.747	4.604
5	0.727	1.476	2.015	2.571	3.365	4.032
6	0.718	1.440	1.943	2.447	3.143	3.707
7	0.711	1.415	1.896	2.365	2.998	3.499
8	0.706	1.397	1.860	2.306	2.896	3.355
9	0.703	1.383	1.833	2.262	2.821	3.250
10	0.700	1.372	1.812	2.228	2.764	3.169

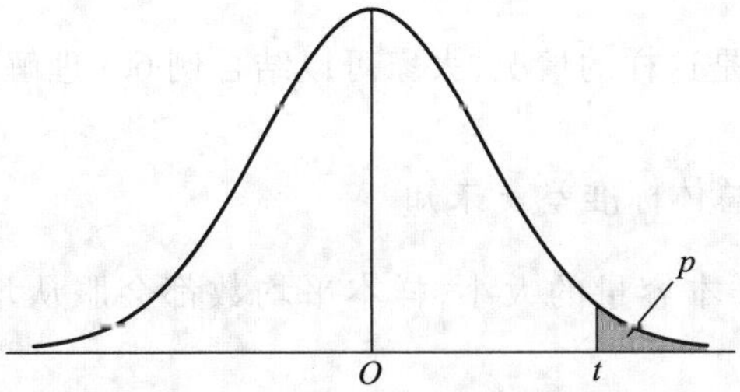

图 6-7　t 分布示意图

例如,查表可知,自由度 $df=10$ 时,当 $p=0.05$ 时,$t=1.812$。也就是说,当自由度为 10 时,有 5%的 t 分布在 $t=1.812$ 以外的尾部,即 $df=10$ 时,$P(t\geqslant 1.812)\leqslant 0.05$。当自由度为 5 时,$t$ 分布在 0~1.476 之间的概率是多少呢?查表可知,$df=5$,$t=1.476$ 时,$p=0.10$。也就是说,当自由度为 5 时,有 10%的 t 分布在 $t=1.476$ 以外的尾部,因此 t 分布在 0~1.476 之间的概率 $P(0\leqslant t\leqslant 1.476)=0.50-0.10=0.40$。

(二)不同条件下的样本平均数抽样分布

1. 总体分布为正态,总体标准差 σ 已知

这种情况不需考虑样本容量的大小,样本平均数都会服从均值为 μ,标准误为 $\frac{\sigma}{\sqrt{n}}$ 的正态分布。

例 6.4　某次测验分数服从正态分布,总体平均值 $\mu=400$,总体标准差 $\sigma=40$。如果从中随机抽取一个 $n=16$ 的样本,该样本的平均分在 380~420 的概率是多少?

解　该例中总体分布为正态,总体标准差已知,因此样本平均数的抽样分布符合正态分

布，且有如下的特征：

$$\mu_{\overline{X}}=400$$

$$\sigma_{\overline{X}}=\frac{\sigma}{\sqrt{n}}=\frac{40}{\sqrt{16}}=10$$

当 $\overline{X}=380$ 时，

$$Z=\frac{\overline{X}-\mu}{\sigma_{\overline{X}}}=\frac{380-400}{10}=-2$$

当 $\overline{X}=420$ 时，

$$Z=\frac{\overline{X}-\mu}{\sigma_{\overline{X}}}=\frac{420-400}{10}=2$$

查正态分布表可得

$$P(380\leqslant\overline{X}\leqslant420)=P(-2\leqslant Z\leqslant2)=2\times0.477\ 25=0.954\ 5$$

因此，该样本的平均数在 380 ~420 的概率约为 95.45%。

2. 总体分布为非正态，总体标准差 σ 已知

这种情况下，当样本为大样本（即 $n\geqslant30$ 时），样本平均数会服从均值为 μ，标准误为$\frac{\sigma}{\sqrt{n}}$的正态分布。

例 6.3 中所呈现的就是这样的情况，大家可以结合例 6.3 理解这一条件下样本平均数的抽样分布。

3. 总体分布为正态，总体标准差 σ 未知

这种情况不需考虑样本容量的大小，样本平均数都会服从均值为 μ，标准误为$\frac{S}{\sqrt{n}}$的 t 分布。

例 6.5 某次测验分数服从正态分布，总体平均值 $\mu=400$。如果从中随机抽取一个 $n=16$ 的样本，样本标准差 $S=40$，那么该样本平均数符合怎样的分布呢？该样本平均数大于 407 的概率是多少？

解 该例中总体分布为正态，总体标准差未知，因此样本平均数的抽样分布符合 t 分布，且有如下的特征：

$$\mu_{\overline{X}}=400$$

$$\sigma_{\overline{X}}=\frac{S}{\sqrt{n}}=\frac{40}{\sqrt{16}}=10$$

自由度 $$df=n-1=15$$

样本平均数大于 407 的概率为 $df=15$ 的 t 分布曲线下 $t=\frac{\overline{X}-\mu}{\sigma_{\overline{X}}}=\frac{407-400}{10}=0.7$ 右侧的面积，即

$$P(\overline{X}>407)=P(t>0.7)\approx0.25$$

因此，该样本平均数大于 407 的概率约为 25%。

4. 总体分布为非正态，总体标准差 σ 未知

这种情况下，当样本为大样本（即 $n \geqslant 30$ 时），样本平均数近似服从均值为 μ，标准误为 $\frac{S}{\sqrt{n}}$的 t 分布。

例 6.6　某次测验分数不服从正态分布，总体平均值 $\mu = 400$。如果从中随机抽取一个 $n = 100$ 的样本，样本标准差 $S = 40$，那么该样本平均数符合怎样的分布呢？

解　该例中总体分布为非正态，总体标准差未知，但样本量大于 30，为大样本，因此样本平均数的抽样分布符合 t 分布，且有如下的特征：

$$\mu_{\bar{X}} = 400$$

$$\sigma_{\bar{X}} = \frac{S}{\sqrt{n}} = \frac{40}{\sqrt{100}} = 4$$

自由度
$$df = n - 1 = 99$$

另外，因为大样本的情况下，t 分布趋近正态分布，因此也可以用正态分布处理。在本例中，该样本近似服从正态分布，且有如下特征：

$$\mu_{\bar{X}} = 400$$

$$\sigma_{\bar{X}} = \frac{S}{\sqrt{n}} = \frac{40}{\sqrt{100}} = 4$$

拓展阅读

样本比例的抽样分布

在研究中，经常会碰到分类变量，例如性别分为男性和女性、质检分为合格和不合格等，这时样本平均数的抽样分布就不能解决这类问题。研究这些问题时，需要考虑统计量比率或比例。

这里讲的比率或比例，指的是总体（或样本）中，具有某种属性的个体数量与总体（或样本）数量的比例。例如，某次考试合格或不合格的考生人数与此次参加考试的所有考生人数的比值，就是合格或不合格考生所占的比例。假定总体的容量为 N，分为 A 和 B 两类，总体中 A 类的个体数量为 N_0，B 类的个体数量为 N_1；样本的容量为 n，样本中 A 类的个体数量为 n_0，B 类的个体数量为 n_1。那么：

A 类的总体比例为 $\pi = \frac{N_0}{N}$，B 类的总体比例为 $1-\pi = \frac{N_1}{N}$；

A 类的样本比例为 $p = \frac{n_0}{n}$，B 类的样本比例为 $1-p = \frac{n_1}{n}$。

当反复选取容量为 n 的所有可能样本时，样本比例 p 的所有可能的取值便会形成一个抽样分布，这就是样本比例的抽样分布，这是推断总体比例 π 的基础。

当样本容量较大，$np \geqslant 5$（或 $n(1-p) \geqslant 5$）时，样本比例的抽样分布近似服从正态分布。此时：

样本比例的抽样分布的均值为 π；

样本比例的抽样分布的标准误(标准差)为$\sqrt{\frac{\pi(1-\pi)}{n}}$。

练习与思考题

1. 什么是总体和样本?

2. 什么是参数和统计量?

3. 总体分布、样本分布、抽样分布分别是什么?

4. 如果从$N=3\ 000$,均值为100,标准差为7的总体中,抽取$n=49$的样本。那么,样本平均数的抽样分布的平均数是多少?标准差呢?分布形态是怎样的?

5. 某次测验符合正态分布,总体平均值$\mu=200$,总体标准差$\sigma=10$。如果从中随机抽取一个$n=100$的样本,该样本的平均数大于201的概率是多少?

6. 什么是标准误?

7. t分布有哪些特征?

8. 假设变量t服从t分布,求下列值。

(1) $P(0\leqslant t\leqslant 2.998)$ $(df=7)$;

(2) $P(t<-1.440)$ $(df=6)$;

(3) $P(t\geqslant 5.841)$ $(df=3)$。

第七章　参数估计

问题不在于告诉他一个真理,而在于教他怎么去发现真理。[1]280

——卢梭

概览

1. 推断统计是通过样本数据所提供的信息推断总体的情况。推断统计包括参数估计和假设检验两大模块。

2. 在研究或实践应用中,总体的信息几乎无法直接获得,根据样本统计量推断总体参数的过程就是参数估计。

3. 估计总体参数的方法有点估计和区间估计两种。点估计就是用样本统计量直接作为总体参数的估计值;区间估计是在点估计的基础上,给出总体参数所在的一个区间范围,该区间通常由样本统计量加减抽样误差得到。

4. 点估计的质量评价包括无偏性、一致性、有效性和充分性四个方面。

5. 置信区间、置信水平、显著性水平和标准误是参数估计中的几个重要概念。显著性水平通常取为0.05和0.01。

6. 总体参数的区间估计步骤包括:计算样本统计量,根据样本统计量的分布类型计算标准误,查统计表确定临界值,用样本统计量加减标准误,得到总体参数的置信区间。

在研究或实际调查中,我们往往无法直接获得总体的信息。比如我们想要知道全国初中生的视力情况,即总体为我国全体初中生,但在实际调查中不可能去调查所有初中生的视力,这样的工作耗时耗力。因此,我们通常采用的方法是从全国不同地区各抽取部分初中生(样本),调查其视力情况,然后通过所抽取初中生的视力情况来推断全国所有初中生的视力情况。至于如何通过所抽取样本的视力情况来推断总体视力情况,即如何通过样本信息推知总体信息,这就是本章所要探讨的内容。

第一节　认识参数估计

推断统计提供了从一个样本的特征对总体特征做出推断的理论逻辑和方法步骤。推断统计的理论主要有四个方面:概率论、抽样理论、参数估计和假设检验。前面的两章介绍了概率分布和抽样分布,本章是推断统计的开始,介绍参数估计。

参数估计为从样本统计量估计总体的未知参数提供了理论和方法。总体参数是刻画总体特征的数量化指标,可以通过测查总体获得,但在实际中大多数情况是无法计算获得的。样本统计量是从总体中抽取一个样本,用来刻画样本特征的数量化指标。实际研究中,往往总体的性质和特征并不明确,但这却是研究者真正感兴趣想要通过研究获得的。为了实现这个目标,研究者通过一定的方法从总体中抽取了具有代表性的样本进行研究,但研究者的兴趣不是样本本身的特征和性质,而是在于了解总体。这时我们就要用样本的统计量来估计总体的参数,如图 7-1 所示。

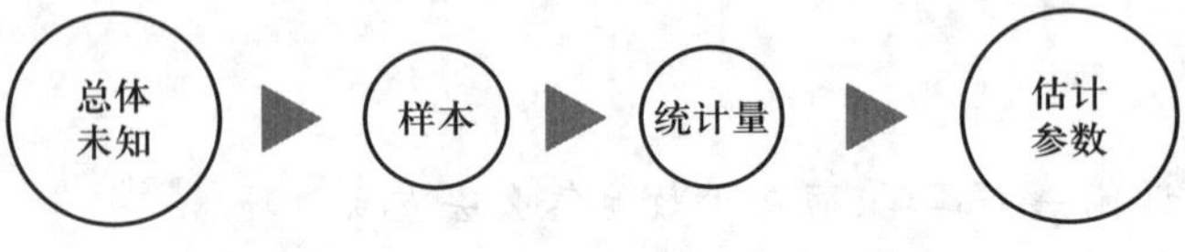

图 7-1 样本统计量估计总体参数

这种通过样本统计量来推断未知总体参数的推论性过程,就是参数估计。用样本统计量估计总体参数是一种以局部情况推断总体情况的方法。由于样本对于总体具有一定的代表性,因此样本的特征在一定程度上可以反映总体的特征。但是需要注意的一点是,我们知道样本只是总体的一部分,它难以准确无误地反映总体的特征。一般来说,样本统计量和总体参数之间总是有差异的,这种差异可以统称为抽样误差。根据上一章关于抽样分布的内容,抽样误差来自两个方面,一方面是抽样方法,不恰当的抽样方法会导致样本存在系统性的偏差,引起抽样误差。这种抽样误差可以通过选择合适的抽样方法解决,抽样时遵照随机化原则就可以保证样本的代表性,控制住抽样方法导致的抽样偏差。产生抽样误差的另一个方面,来自于抽样的随机性。例如,我们在一所 1 000 名学生的学校里,统计了全校学生的平均身高是 158 厘米。从全校学生中随机抽取了一个 100 人的样本,对这 100 人的身高进行统计,得到平均身高是 160 厘米。样本统计量 160 厘米与总体参数 158 厘米之间的差异就是抽样误差。总体参数总是确定的,但是样本统计量可能存在很多种可能性。我们即使采用了完全相同的抽样方法,选取了完全相同的样本容量,由于抽样的随机性,每次抽样所获得的样本中包含了不同的个体,每一次取样所得到的样本统计量很可能是不同的。参数估计为这种估计的合理性和可靠性提供了一种理论框架,从而保证参数估计的有效性和可靠性。

总体参数估计方法包括点估计和区间估计两种。点估计指的是直接用样本统计量的值作为总体参数的估计值。用所抽取初中生的视力平均数作为全国所有初中生视力平均数的估计值,就是点估计。区间估计指的是在点估计的基础上,依据前一章所提的样本统计量的抽样分布,在一定可靠度下,确定总体参数所在的区间范围,即利用所抽取初中生的视力平均数,以及所有样本的视力平均数所服从的抽样分布,在一定可靠度下对全国所有初中生的视力平均数所在的范围进行推断,这样得到的总体参数便不再是一个具体的值,而是一个区间范围,而且能够得出总体参数位于这一区间范围的可靠程度。

第二节 点 估 计

一、什么是点估计

点估计(point estimation)是用某一样本统计量的值来估计相应总体参数的值。[2]196 例如用样本平均数$\overline{X}$作为总体平均数μ的估计值;用样本方差S^2估计总体方差σ^2。当已知某一个样本统计量时,就能得到与该样本统计量所对应的总体参数的估计值。很显然,点估计的优点就在于它能够提供一个具体的总体参数估计值。

二、最优点估计的标准

对于未知的总体参数,人们可以构造多个估计值去做进一步分析。那么如何判断或者评价哪种估计值是总体参数的最优估计呢?统计学家使用了一些估计优良性的标准来选取总体参数的最优估计。这些标准在数学上都已经被证明,下面仅对这些标准进行非数学的介绍。评价一个点估计值的好坏有以下四个标准。[3]197-198

(一)无偏性

当用某个样本统计量的值估计总体参数的值时,总会产生误差,样本统计量有的会大于总体参数,有的会小于总体参数。所以,一个好的估计量应该是一个无偏估计量(unbiased estimate),即多个样本统计量的值与总体参数值偏差的平均数为0。如果用某个样本统计量估计总体参数时的误差平均数大于0或小于0时,这种统计量存在系统误差,就是总体参数的有偏统计量。一个优秀的总体参数的估计值,应该具备无偏性,它既不高估也不低估参数,不存在系统误差,估计值的变异是随机误差。无偏性是判断一个估计量在理论和应用上是否合理的重要准则之一。

比如,样本平均数$\overline{X}$是总体平均数μ的无偏估计量。因为一切可能的样本的平均数$\overline{X}$与总体平均数μ的偏差之和为0。又如,样本方差S^2是总体方差σ^2的无偏估计量。值得注意的是,这里的样本方差S^2的计算是除以$n-1$,即样本方差计算公式的分母是$n-1$,而非除以样本容量n。之所以样本方差S^2的计算是除以$n-1$,是因为统计学家已经证明,当除以样本容量n时计算出来的样本方差作为总体方差的估计量是偏小的,它是一个有偏样本方差(biased sample variance),而用除以$n-1$计算出来的样本方差S^2作为总体方差σ^2的估计量才是无偏的,即是一个无偏的样本方差(unbiased sample variance)。

我们知道,使用样本统计量估计总体参数,特别是进行点估计时,由于抽样误差,这种估计一定会在一定程度上与真实的总体参数有差异,但是我们可以首先保证这种估计值的差异是一种随机的误差,而不是一种系统性的误差。需要注意的是,可能会存在有两个或者更多的估计量都符合无偏性的特点,都不存在系统性误差,这些估计值的变异都是随机误差,但是这种随机误差的大小可能不同。这就需要从估计的有效性来考虑选择哪一个统计量作为参数的估计量。

(二)有效性

无偏估计的有效性由样本统计量的抽样分布的方差来度量。当同一总体参数有两个或者更多的无偏估计量时,可以通过比较它们抽样分布的方差来确定各无偏估计量的有效性。某种估计量的无限多个可能样本统计量的方差小者视为有效性高,方差大者视为有效性低。无偏性和有效性都是一个优秀的点估计量应该具有的性质。如果总体参数存在两个或者多个无偏估计量,则最有效估计,即最小方差被认为是最优的,称为最小方差无偏估计。例如,尽管存在诸如算术平均数、中位数和众数等不同的集中趋势统计量都是总体均值μ的无偏估计量,但只有样本的算术平均数$\overline{X}$是总体μ的最小方差无偏估计,所以,样本均值$\overline{X}$是总体均值μ最有效的估计值。这也可以解释为什么在统计分析中，中位数和众数不那么常用了。类似地，用于估计总体方差的所有离散趋势估计量中样本方差S^2就是总体方差σ^2的最小方差无偏估计。除了无偏性和有效性，样本的均值$\overline{X}$和样本方差S^2还具有一致性和充分性的特点。

（三）一致性

当样本容量n增加，且趋于总体容量N时，样本估计量的值应能够越来越接近它所估计的总体参数值，这种估计量是总体参数的一致性估计量，即当样本容量$n \to N$时，$\overline{X} \to \mu$，$S^2 \to \sigma^2$。若总体是一个无限总体，当样本容量n趋于无穷大时，样本估计量的值越接近总体参数，这种估计量才具有一致性。根据抽样分布理论，对于无偏估计量，样本容量越大，估计量的变异越小，即估计量的有效性越高，估计值就越集中在总体参数附近，即一致性越高。

（四）充分性

估计量的充分性是指该估计量提供了包含在样本中有关参数的全部信息。换而言之，若一个样本容量为n的统计量能够充分地反映这n个数据所代表的总体信息，称该样本统计量具有充分性。例如，样本均值$\overline{X}$反映了样本中所有数据所代表的总体信息，样本的中位数、众数仅反映了样本中部分数据所代表的总体信息，所以样本均值$\overline{X}$的充分性要比样本中位数、众数的充分性高。

对于总体参数的点估计应该给出尽可能多的附加信息，便于评价估计值的准确性和精确性。估计的准确性主要取决于估计中是否包含系统误差。估计过程中存在系统误差有三种可能性：一是对统计对象的测量本身存在系统误差；二是抽样方法没有确保随机化原则，导致出现抽样偏差；三是选取了有偏估计量。在研究中对所统计资料的测量方法和抽样方法都有详细的介绍，用样本均值$\overline{X}$作为总体均值μ的点估计，就可以评价系统误差对估计的影响。除了评估参数估计值的系统误差外，估计值还存在随机误差，就是估计的精确程度。估计的精确度是估计值在参数附近随机变化的大小。同样还是样本均值$\overline{X}$作为总体均值μ的点估计的例子，根据上一章的抽样分布原理，如果已知样本容量、样本均值和样本标准差，那么可以计算均值的标准误，均值标准误的大小就衡量了这种随机误差的大小。在此基础上就可以进一步对总体均值进行区间估计，这是参数估计的最优完备解决方法。

三、从点估计到区间估计

对未知总体参数可以通过单个随机样本进行点估计。点估计是用从样本计算出来的统计量作为一个参数的估计量。但是，这个估计量即使满足了无偏性、有效性、一致性和充分性四条标准，仍然很难表明这种估计的优劣程度，因为点估计只是用样本统计量这个具体的值作为总体参数的估计值，而样本统计量的值会随着抽取样本的变化而变化。所以，仅用其中一个样本的统计量做估计，必然会产生一定的误差。点估计只能通过提供较为详尽的补充信息来对估计的优劣进行初步的评价。通过对测量方法和抽样方法的描述评价点估计的准确度，通过计算估计的标准误评价点估计的精确度。

从上述内容可以看出，点估计仍然在描述统计的范围之内。尽管可以对点估计提供一些附加信息去评价准确度和精确度，但点估计避免不了误差的存在，同时无法给出总体参数被正确估计的概率。这是点估计最大的不足之处。点估计未能真正从样本推论到总体,即点估计未能与未知的参数建立一种较强的逻辑关系,特别是未能给出点估计值对相应总体参数接近到什么程度,或者估计存在多大程度的误差等相关的重要信息。为了从样本统计量推断总体参数,我们可以根据上一章的抽样分布理论进入到推断统计的范畴,即从点估计到区间估计。

我们以一个研究例子来简要说明区间估计。研究者关注我国 18 岁青少年的身高,所有中国 18 岁青少年的身高是一个参数,这个参数描述的是一个包含近两千万人的总体,但是我们不知道这个值。为了了解研究总体的这个特点,研究者抽取了 1 225 名我国 18 岁青少年作为样本,这个样本中平均身高 167.6 厘米,标准差是 21 厘米,平均身高就是一个统计量。对于样本而言,平均身高 167.6 厘米是一个事实,因为样本中的每一个人都检查过了。我们并不知道全国 18 岁青少年的身高,若采用点估计,全国 18 岁青少年的平均身高大概是 167.6 厘米。

但是如果我们采用完全相同的抽样方式,重新抽取一个 1 225 人的样本,这个样本中的个体与前一个完全不同,几乎可以肯定,平均身高不会恰好是 167.6 厘米,可能是 161.3 厘米或者其他的数值。这就是样本统计量的值随着样本变化而发生变化。我们通过抽样方法的随机化原则保证了抽样不会偏向某一方向,即不存在系统误差,可是抽样仍然存在随机误差,会导致样本统计量发生变化。值得庆幸的是,样本统计量的这种变化不是杂乱无序的,而是遵循了某种规律。上一章的抽样分布理论就是在介绍这种抽样统计量分布的规律。

假定我们已经知道了总体的特征:全国 18 岁青少年的身高是一个正态分布,平均身高 $\mu=168$ 厘米,标准差 $\sigma=17.5$ 厘米。根据中心极限定理,我们选取样本容量为 1 225 人的所有可能个样本的平均身高,将服从一个平均值 $\mu=168$ 厘米,标准差 $\sigma_{\bar{X}}=\sigma/\sqrt{n}=17.5/\sqrt{1\ 225}=0.5$ 厘米的正态分布。换而言之,根据我们的抽样方法,选取许许多多个容量为 1 225人的样本,那么每个样本都会得到一个平均身高,平均身高这个样本统计量将围绕在 168 厘米为中心,以 0.5 厘米为单位的范围内波动。统计上的说法则是样本平均数的抽样分布服从一个均值是 168 厘米,标准误是 0.5 厘米(即由所有样本的各个平均数所求得的标准差或者说是平均数抽样分布的标准差)的正态分布。根据正态分布的特性,我们可以进一步推断出,采用同样的抽样方式,选取 1 225 名个体组成的样本,如果抽取许许多多个样本,这些样本中 95%的样本平均值分布在以 168 厘米为中心,上下 1.96 个标准差的范围以内,即 167.02~168.98 厘米之间,也即 $\mu-1.96\ \sigma_{\bar{X}}<\bar{X}<\mu+1.96\ \sigma_{\bar{X}}$之间。

我们再次回到一个随机样本上,一个随机样本的统计量不会刚好就是总体参数的真实值,所以我们必须用一个误差界限(即置信区间)来表达估计值距离真正值有多远。同时也不能百分之百地肯定估计值和真正值的差距必定小于误差界限。根据概率论中的小概率事件,在一次试验中,小于 5%的小概率事件是几乎不可能发生的,我们选择了所有样本中 95%距离真正值在误差界限以内,5%距离真正值的差异超过了误差界限。由于总体参数真正值还是有 5%的可能性会落在误差界限之外,因此我们只能说有 95%的信心(即置信水平),做出真正值在误差界限之内的推断。

在研究中选取的某个随机样本,由于并不知道总体的均值和标准差,我们要充分利用这个样本的信息。例如我们可以用样本均值点估计总体均值,可以用样本标准差点估计总体标准差，再结合总体是否服从正态分布，样本容量大小（是否大于 30），来判断样本统计量的抽样分布形态，这样就可以建立一个与已知总体类似的关于总体的描述。研究者抽取了 1 225名我国 18 岁青少年的样本，根据样本的平均身高是 167.6 厘米，标准差是 21 厘米这个描述，我们可以推断样本平均数的抽样分布是一个正态分布，平均值 $\mu_{\overline{X}}=167.6$ 厘米，标准误 $\sigma_{\overline{X}}=S/\sqrt{n}=21/\sqrt{1\ 225}=0.6$。采用同样的抽样方式，选取 1 225 名个体组成的样本，如果抽取许许多多个样本，这些样本中 95%的样本平均值分布在以 167.6 厘米为中心，上下 1.96 个标准差的范围以内，即 166.42～168.78 厘米之间，即$\mu_{\overline{X}}-1.96\ \sigma_{\overline{X}}<\mu<\mu_{\overline{X}}+1.96\ \sigma_{\overline{X}}$。对此完整的叙述是，本研究发现，我国 18 岁青少年的平均身高是 167.6 厘米，我们有 95%的信心推断我国 18 岁青少年的真正平均身高在 166.42～168.78 厘米范围内。在这个叙述中有三个方面的内容，一个是关于总体的特征，采用了点估计，平均身高是 167.6 厘米；第二个是置信水平——95%，我们有 95%的信心（仍然有 5%的可能性犯错）；第三个是置信区间，总体的真实值在 166.42～168.78 厘米范围内。这就是对总体参数进行区间估计的完整的描述。一般而言，统计的结果都是这种类似的描述。

区间估计就是一个从样本到总体的推断，它会以一种已知的可靠程度，将总体参数置于一个实数区间上，这个实数区间有上限和下限，这个区间称为置信区间，可靠的程度就是置信水平。可以看出这个置信区间取决于：一是样本统计量值；二是样本统计量的抽样分布；三是置信水平。

第三节 区间估计

一、什么是区间估计

（一）区间估计的定义

区间估计（interval estimation）指的是根据样本统计量以一定可靠程度推断总体参数所在的置信区间的过程。与点估计相比，区间估计虽然不能具体给出总体参数的值，但它能指出总体参数可能落入的区间范围，同时给出总体参数被正确估计的概率。正如上述例子中研究者关注我国 18 岁青少年的身高，继而通过一个 1 225 名我国 18 岁青少年的样本得出结论：我国 18 岁青少年的真正平均身高有 95%的可能性落在 166.42～168.78 厘米范围内。这个推断过程就是区间估计的过程。

（二）显著性水平与置信区间

显著性水平（significance level）是指估计总体参数落在某一区间时，可能犯错误的概率，用符号 α 表示。$1-\alpha$ 为置信概率或置信水平（confidence level）。置信区间（confidence interval）是指在某一置信水平下，总体参数所在的区域距离或区域长度。[4]198 置信区间的上、下两个端点值称为置信界限（confidence limits）。其中，显著性水平在假设检验中还指拒绝虚无假设时可能会犯错的概率水平（详见第八章假设检验）。

二、区间估计的原理

区间估计是以样本统计量的抽样分布为理论依据，用样本抽样分布的标准差（即标准误，通常用 *SE* 表示）计算总体参数值所在的区间长度，并解释总体参数值落入该置信区间可能的概率。

现以总体平均数的区间估计为例，说明总体参数估计的基本原理。

假定现在从一个均值为μ，标准差为σ，服从正态分布的总体中随机抽取容量为n的样本，当抽取了许许多多个样本时，抽取出来的每个样本都可以求出一个均值，这些均值便会形成一个以总体平均数μ为均值，$\sigma/\sqrt{n}$为标准差（简称标准误）的正态分布。每个样本平均数的标准分数可以记为$Z_{\overline{X}}=(\overline{X}-\mu)/(\sigma/\sqrt{n})$。根据标准正态分布的特点，$Z$分数处于-1.96至1.96之间的概率为0.95，即样本平均数的$Z_{\overline{X}}$分数有95%在-1.96到1.96之间。换而言之，如果要求样本平均数估计总体平均数的可靠程度为95%，那么就意味着样本平均数的$Z_{\overline{X}}$分数只能在-1.96至1.96之间变动，其间的面积为0.95，也可以说是$Z_{\overline{X}}$处于-1.96至1.96之间的概率为0.95，[5]68可以表示为

$$P(-1.96<Z_{\overline{X}}<1.96)=0.95 \qquad \text{（公式 7-1）}$$

其中$Z_{\overline{X}}$表示样本平均数的Z分数，将$Z_{\overline{X}}=(\overline{X}-\mu)/(\sigma/\sqrt{n})$代入公式，得到

$$P(-1.96<(\overline{X}-\mu)/(\sigma/\sqrt{n})<1.96)=0.95 \qquad \text{（公式 7-2）}$$

经过移项，上式可以表示为

$$P\left(\mu-1.96\frac{\sigma}{\sqrt{n}}<\overline{X}<\mu+1.96\frac{\sigma}{\sqrt{n}}\right)=0.95 \qquad \text{（公式 7-3）}$$

其中，$\frac{\sigma}{\sqrt{n}}$是样本平均数抽样分布的标准误，可以表示为$SE_{\overline{X}}$或$\sigma_{\overline{X}}$。

故而，公式7-3可以写为

$$P(\mu-1.96\,\sigma_{\overline{X}}<\overline{X}<\mu+1.96\,\sigma_{\overline{X}})=0.95 \qquad \text{（公式 7-4）}$$

根据正态分布，这意味着有95%的样本平均数$\overline{X}$会落在$\mu\pm1.96\,\sigma_{\overline{X}}$之间。同理，有68.26%的样本平均数$\overline{X}$会落在$\mu\pm\sigma_{\overline{X}}$之间，有99%的样本平均数会落在$\mu\pm2.58\,\sigma_{\overline{X}}$之间，等等。

由于在实际研究中，往往只会抽取一个样本，从而只能得到一个样本平均数，并在一定可靠程度上推论总体平均数落在样本平均数周围多大范围之内，由此，公式7-4移项可以得到

$$P(\overline{X}-1.96\,\sigma_{\overline{X}}<\mu<\overline{X}+1.96\,\sigma_{\overline{X}})=0.95 \qquad \text{（公式 7-5）}$$

由此，可以推理得到总体平均数μ在$\overline{X}-1.96\,\sigma_{\overline{X}}$和$\overline{X}+1.96\,\sigma_{\overline{X}}$之间出现的概率为95%，也可以理解为总体平均数$\mu$有95%的可能在$\overline{X}\pm1.96\,\sigma_{\overline{X}}$的范围内，或者说，估计$\mu$在$\overline{X}\pm1.96\,\sigma_{\overline{X}}$之间正确的概率为95%，错误的概率仅为5%。我们可以推论说，总体平均数在$\overline{X}\pm1.96\,\sigma_{\overline{X}}$的范围内，这种说法的可靠性为95%，即平均每100次有95次是正确的。而$\overline{X}-1.96\,\sigma_{\overline{X}}$至$\overline{X}+1.96\,\sigma_{\overline{X}}$的这个区间可以称为总体平均数的0.95置信区间，其中$\overline{X}-1.96\,\sigma_{\overline{X}}$为置信下限，$\overline{X}+1.96\,\sigma_{\overline{X}}$为置信上限。

置信水平为$1-\alpha$，α为显著性水平。如果置信水平为0.95，则α为0.05，查正态分布表时要使得Z分布的两端各占α的一半，故查$Z_{\frac{\alpha}{2}}$，即$Z_{0.025}$，得到1.96。[6]140

现在将公式 7-5 推广到任意置信水平 $1-\alpha$，则有

$$P(\overline{X}-Z_{\frac{\alpha}{2}}\sigma_{\overline{X}}<\mu<\overline{X}+Z_{\frac{\alpha}{2}}\sigma_{\overline{X}})=1-\alpha \quad \text{（公式 7-6）}$$

即总体平均数在 $1-\alpha$ 的置信水平下的置信区间为 $(\overline{X}-Z_{\frac{\alpha}{2}}\sigma_{\overline{X}},\overline{X}+Z_{\frac{\alpha}{2}}\sigma_{\overline{X}})$ 或 $(\overline{X}\pm Z_{\frac{\alpha}{2}}\sigma_{\overline{X}})$。

大多数总体参数区间估计的基本原理与总体平均数的区间估计原理基本一致。要对总体参数进行区间估计，即要在一定可靠度上求出总体参数置信区间的上、下限。具体步骤为：第一，计算与总体参数相对应的样本统计量的值，确定样本统计量的理论分布；第二，根据样本统计量的分布计算标准误；第三，确定要在多大可靠度上估计总体参数，然后查统计表，确定与某种可靠度相对应的临界值；第四，用样本统计量加减临界值倍的标准误，最终得到总体参数的置信区间。[7]69

在对总体参数进行区间估计时，我们总希望估计值的范围小一些，估计的正确概率大一些。但是在样本容量一定的情况下，这两个要求是矛盾的。如果想要增加估计正确的概率，势必要加长置信区间。而在统计分析中，通常是在保证一定置信度的前提下，尽可能提高精确度来达到妥协的目的，即可以通过减小标准误的方式来缩短置信区间的长度。置信度通常取的是 0.95 或 0.99，那么显著性水平则为 0.05 或 0.01，这是因为我们通常认为 0.05 或 0.01属于小概率事件，而小概率事件在一次抽样中是不可能出现的，从而保证我们的推论结果在绝大多数情况下都是合理的。

三、区间估计与标准误

标准误是区间估计中涉及的一个非常重要的概念。当我们从一个总体中抽取所有可能个样本容量为 n 的样本，这时每个样本都可以计算出一个样本统计量，而这多个样本统计量的标准差我们称之为该样本统计量的标准误。一般来说，为了和原始观测值的标准差的概念区分开来，凡是统计量抽样分布的标准差我们均称之为标准误。以我国 18 岁青少年的身高为例，从我国 18 岁青少年这个总体中抽取所有可能个样本容量为 1 225 的样本，显然每个样本都可以得到一个平均数，那所有样本的平均数的标准差称之为标准误。

由区间估计的原理可知，总体参数所在置信区间范围的计算，其实就是用与总体参数相对应的某个样本统计量（无偏估计量）加减抽样分布在某可靠度上的临界值与标准误的乘积。从这一点可以看出，标准误和抽样分布对于总体参数的区间估计都是十分重要的，抽样分布提供了区间估计的概率解释，而标准误的大小决定了置信区间的长度。当然标准误是越小越好，这样我们就能得到更窄的关于总体参数的区间估计范围，即在同一置信度下提高了区间估计的精确度。

对区间估计基本原理的阐释中已经呈现了总体平均数区间估计时标准误的计算方法，但这仅仅是对总体平均数进行区间估计时最简单的一种情况，即总体服从正态分布且总体方差已知，这时平均数抽样分布的标准误 $\sigma_{\overline{X}}=\frac{\sigma}{\sqrt{n}}$。而总体方差是否已知，总体分布是否是正态分布以及样本容量的大小均会影响标准误的计算，不同条件下标准误的计算方法在第六章已有介绍，总结如下：

总体正态，σ 已知或总体非正态，σ 已知，大样本（样本容量 $n\geqslant30$），平均数抽样分布服从正态分布，标准误的计算方法都是 $\sigma_{\overline{X}}=\frac{\sigma}{\sqrt{n}}$。

总体正态，σ 未知或总体非正态，σ 未知，大样本（样本容量 $n \geqslant 30$），平均数抽样分布服从 t 分布，标准误的计算方法都是$\sigma_{\bar{X}}=\dfrac{S}{\sqrt{n}}$，这里的 S 指的是样本标准差。

而当总体非正态，小样本时，不论总体方差是否已知，都是无法进行总体平均数的区间估计的。

在理解了区间估计的定义、相关概念以及区间估计的原理之后，我们就可以对总体平均数进行区间估计了。

第四节　总体平均数的区间估计

总体平均数 μ 的最佳点估计值是取自该总体某一样本的平均数$\bar{X}$。但由于样本抽取过程中总会出现一定的随机误差，从而导致样本平均数总是在总体平均数上下波动，即样本平均数作为总体平均数的点估计值总是存在误差的，且点估计也无法说明这种偏差的程度，而区间估计却能在一定可靠度下给出总体平均数的区间范围，这一点是点估计无法做到的。对总体平均数进行区间估计，正如本章第二节中为了阐释区间估计的基本原理，其中已经呈现了总体平均数区间估计的基本方法，但这仅仅是对总体平均数进行区间估计时最简单的一种情况，即总体服从正态分布且总体方差已知。而实际研究中，总体方差是否已知，总体是否服从正态分布，样本是否是大样本，这些因素都会影响到样本平均数的抽样分布形态。不同的前提条件下样本统计量的抽样分布不同，区间估计的方法也会相应有所不同。下面首先统一介绍总体平均数区间估计的基本步骤，再分四种情况，详细说明对总体平均数的区间估计过程。

一、总体平均数区间估计的步骤

根据前面介绍的区间估计的原理，总体平均数的区间估计主要有以下五个步骤。

（一）估计总体平均数

根据样本的实际数据，计算样本的平均数与标准差，使用样本的平均数点估计总体平均数。

（二）计算标准误

根据样本平均数的抽样分布，计算样本平均数抽样分布的标准误$\sigma_{\bar{X}}$。

（三）确定置信水平

统计上一般采用的显著性水平为 0.05 或者 0.01，与此对应的置信水平为 0.95 或者 0.99。这是因为发生概率为 5%或者 1%的事件是小概率事件，而小概率事件我们认为在一次试验中是不可能发生的。据此，可推知，总体平均数不太可能落在抽样分布的尾端。也就是说，我们有 95%或 99%的信心推断总体平均数落在我们所求的置信区间内，而犯错误的概率仅为 5%或 1%。

（四）计算置信区间

根据样本平均数的抽样分布，计算置信区间。确定了区间的置信水平，根据样本平均数的抽样分布，查表确定不同分布下的临界值。

当样本平均数的抽样分布为正态分布时，总体平均数的置信区间是

$$\overline{X}-Z_{\frac{\alpha}{2}}\sigma_{\overline{X}}<\mu<\overline{X}+Z_{\frac{\alpha}{2}}\sigma_{\overline{X}} \quad \text{（公式 7-7）}$$

在求取置信水平 0.95 或 0.99 时总体平均数的置信区间时，我们要先确定显著性水平为 0.05 或 0.01 时$Z_{\frac{\alpha}{2}}$的值。由于正态分布的概率具有一定的规律性，显著性水平 α 为 0.05 时，$Z_{\frac{\alpha}{2}}$的值是±1.96，显著性水平 α 为 0.01 时，$Z_{\frac{\alpha}{2}}$的值是±2.58，因此，总体平均数在 0.95 和 0.99 置信水平下的置信区间分别是$(\overline{X}-1.96\,\sigma_{\overline{X}},\overline{X}+1.96\,\sigma_{\overline{X}})$和$(\overline{X}-2.58\,\sigma_{\overline{X}},\overline{X}+2.58\,\sigma_{\overline{X}})$。

当样本平均数的抽样分布为 t 分布时，总体平均数的置信区间是

$$\overline{X}-t_{\frac{\alpha}{2}}\sigma_{\overline{X}}<\mu<\overline{X}+t_{\frac{\alpha}{2}}\sigma_{\overline{X}} \quad \text{（公式 7-8）}$$

同样地，在求取置信水平 0.95 或 0.99 时总体平均数的置信区间时，我们也要先确定显著性水平 α 为 0.05 或 0.01 时 t 分数的临界值。由于 t 分布的概率分布会因自由度的变化而变化，不是一个固定值，因此需要根据自由度查 t 分布表，从而确定显著性水平 α 为 0.05 或 0.01 时$t_{\frac{\alpha}{2}}$的值。

（五）解释总体平均数的置信区间

根据确定的置信水平 0.95 或者 0.99 计算出来的置信区间，对总体平均数进行估计，估计总体平均数落在所求区间的正确的概率为 $1-\alpha$，犯错误的概率为 α。换而言之，估计出具体总体平均数，并指出有 95%或 99%的信心，总体平均数落在置信上限和置信下限构成的区间里。但是要注意的是，即使采用了这种方法，总体平均数仍然可能不在这个置信区间之内，我们还是有 5%或 1%的可能性会犯错。

由此可以看出，对总体平均数进行区间估计时，首先，我们需要根据已知信息判断样本平均数的抽样分布（Z 分布还是 t 分布）；其次，根据总体方差是否已知来确定标准误的计算方法；最后，要记得总体平均数所在置信区间的计算公式。这样的话，总体平均数的区间估计就变得简单易行了。

二、σ 已知的条件下，总体平均数的区间估计

（一）σ 已知，总体服从正态分布的条件下，总体平均数的区间估计

当总体 σ 已知，总体呈正态分布，不论样本容量 n 的大小，样本平均数的抽样分布均服从正态分布（Z 分布），该抽样分布的标准误$\sigma_{\overline{X}}$是$\frac{\sigma}{\sqrt{n}}$。由公式 7-6 可知，总体平均数在 $1-\alpha$ 的置信水平下的置信区间为

$$(\overline{X}-Z_{\frac{\alpha}{2}}\sigma_{\overline{X}},\overline{X}+Z_{\frac{\alpha}{2}}\sigma_{\overline{X}})\text{或}(\overline{X}\pm Z_{\frac{\alpha}{2}}\sigma_{\overline{X}})$$

例 7.1 某小学四年级进行数学测试，成绩服从正态分布。已知总体标准差 $\sigma=5$ 分，从被测学生中抽取 25 人，其平均成绩为 80 分，试估计全年级学生平均成绩的置信水平分别为 0.95 和 0.99 的置信区间。

解 数学成绩的总体分布为正态分布，σ 已知，那么样本平均数的抽样分布是正态分布。根据公式 7-6，置信水平为 95%时，

$$P(\overline{X}-Z_{\frac{\alpha}{2}}\sigma_{\overline{X}}<\mu<\overline{X}+Z_{\frac{\alpha}{2}}\sigma_{\overline{X}})=0.95$$

其中，当 $\alpha = 0.05$ 时，$Z_{\frac{\alpha}{2}} = Z_{0.025} = 1.96$；$\sigma_{\overline{X}} = \dfrac{\sigma}{\sqrt{n}} = \dfrac{5}{\sqrt{25}} = 1$。将其代入上式，得

$$P(80 - 1.96\times1 < \mu < 80 + 1.96\times1) = 0.95$$
$$P(78.04 < \mu < 81.96) = 0.95$$

故总体平均数 μ 在置信水平为 95%的置信区间为(78.04,81.96)，即我们有 95%的信心推断，全年级的数学平均成绩在 78.04 到 81.96 之间。

同理，当 $\alpha = 0.01$ 时，

$$Z_{\frac{\alpha}{2}} = Z_{0.005} = 2.58, \sigma_{\overline{X}} = \frac{\sigma}{\sqrt{n}} = \frac{5}{\sqrt{25}} = 1$$

故有

$$P(80 - 2.58\times1 < \mu < 80 + 2.58\times1) = 0.99$$
$$P(77.42 < \mu < 82.58) = 0.99$$

即总体平均数 μ 在置信水平为 99%的置信区间为(77.42,82.58)。

例 7.1 中题目明确指出总体服从正态分布，如果没有关于总体是否服从正态分布的说明，就需要对总体分布情况做出判断。已有研究表明了，自然界常见的大多数数据，如体重、身高、智力等总体一般呈正态分布或渐进正态分布。

(二) σ 已知，总体非正态的条件下，总体平均数的区间估计

若总体 σ 已知，总体为非正态分布，当样本容量较大($n \geqslant 30$)时，样本平均数的抽样分布为渐进正态分布。总体平均数的置信区间可按正态分布，用已知 σ 计算标准误。但如果抽取的是小样本，则样本平均数的抽样分布是非正态的，故而无法进行总体平均数的区间估计。

例 7.2　某大学对 25 名大学生用于购买书籍的费用进行了调查。调查结果表明，平均每人每学年的支出费用为 400 元。根据已有的资料可知总体标准差 $\sigma = 60$ 元。能否据此对全部大学生平均每人每学年用于购买书籍的费用进行区间估计？如果调查的大学生人数为 225 人(置信水平为 99%)呢？

解　由题目可知，大学生用于购买书籍的费用的总体分布形态未知，将其视为非正态分布总体。由于 $n = 25$，为小样本，所以无法进行参数的区间估计。

而当 $n = 225$ 时，为大样本，此时样本平均数的抽样分布近似服从正态分布，且已知 $\sigma = 60$，$\overline{X} = 400$，$1 - \alpha = 0.99$，$\alpha = 0.01$。因为

$$P(\overline{X} - Z_{\frac{\alpha}{2}}\sigma_{\overline{X}} < \mu < \overline{X} + Z_{\frac{\alpha}{2}}\sigma_{\overline{X}}) = 0.99$$

将上述已知数据代入公式，可得

$$P(400 - 2.58\times60 / \sqrt{225} < \mu < 400 + 2.58\times60 / \sqrt{225}) = 0.99$$
$$P(389.68 < \mu < 410.32) = 0.99$$

即总体平均数 μ 在 99%的置信水平下的置信区间为(389.68,410.32)。

三、σ 未知的条件下，总体平均数的区间估计

(一) σ 未知，总体服从正态分布的条件下，总体平均数的区间估计

当总体 σ 未知，总体呈正态分布时，样本容量无论大小，样本平均数的抽样分布为 t 分

布，总体平均数的置信区间可按 t 分布，用 σ 的无偏估计量 S 计算。若样本容量较大（$n \geqslant 30$），样本平均数的抽样分布所呈现的 t 分布接近正态分布，在这种条件下对总体平均数进行区间估计时，可用正态分布做近似处理。

若在95%可靠度上估计总体平均数，就是使 t 分布上 $t=0$ 两侧的面积和为0.95。另 $t=(\overline{X}-\mu)/\sigma_{\overline{X}}$ 在左右两侧相应的临界值 $-t_{(df)0.025}$ 至 $t_{(df)0.025}$ 之间变动，故而

$$P(-t_{(df)0.025}<\frac{\overline{X}-\mu}{\sigma_{\overline{X}}}<t_{(df)0.025})=0.95 \qquad \text{（公式 7-9）}$$

经过移项，总体平均数的置信水平为95%的置信区间为

$$P(\overline{X}-t_{(df)0.025}\sigma_{\overline{X}}<\mu<\overline{X}+t_{(df)0.025}\sigma_{\overline{X}})=0.95 \qquad \text{（公式 7-10）}$$

同理，总体平均数的置信水平为99%的置信区间为

$$P(\overline{X}-t_{(df)0.005}\sigma_{\overline{X}}<\mu<\overline{X}+t_{(df)0.005}\sigma_{\overline{X}})=0.99 \qquad \text{（公式 7-11）}$$

即置信水平为95%的置信区间为 $(\overline{X}-t_{(df)0.025}\sigma_{\overline{X}},\overline{X}+t_{(df)0.025}\sigma_{\overline{X}})$，置信水平为99%的置信区间为

$$(\overline{X}-t_{(df)0.005}\sigma_{\overline{X}},\overline{X}+t_{(df)0.005}\sigma_{\overline{X}})。$$

公式7-10和7-11中的 $\sigma_{\overline{X}}=\frac{\sigma}{\sqrt{n}}$，由于总体标准差 σ 未知，使用样本标准差 S 作为无偏估计代替，故 $\sigma_{\overline{X}}=\frac{S}{\sqrt{n}}$。由此也可以看出，总体标准差 σ 是否已知决定了平均数标准误的计算方法。

各种自由度 t 的临界值可查 t 值表。

例 7.3 假设总体服从正态分布，σ 未知，$n_1=9$，$\overline{X}_1=78$，$S_1=6$，$n_2=36$，$\overline{X}_2=80$，$S_2=9$，问其总体参数 μ 的置信水平为0.95的置信区间是多少？

解 总体标准差未知，使用样本标准差作为总体标准差的估计值。求标准误：

$$\sigma_{\overline{X}_1}=\frac{S_1}{\sqrt{n_1}}=\frac{6}{\sqrt{9}}=2,\ \sigma_{\overline{X}_2}=\frac{S_2}{\sqrt{n_2}}=\frac{9}{\sqrt{36}}=1.5$$

当 $n_1=9$ 时，$df_1=8$，查 t 值表得 $t_{0.05/2}=2.306$，故有

$$78-2.306\times2<\mu<78+2.306\times2，\text{即 } 73.388<\mu<82.612。$$

当 $n_2=36$ 时，$df_2=35$，查 t 值表得 $t_{0.05/2}=2.042$（可以看到 t 值表中没有 $df=35$ 的表列值，一般为了使得推论更有把握，用较小的自由度取近似值，本例中取 $df=30$），故有

$$80-2.042\times1.5<\mu<80+2.042\times1.5，\text{即 } 76.937<\mu<83.063。$$

即基于第一个样本做参数估计，总体参数 μ 有95%的可能性落在73.388～82.612。而对于第二个样本而言，总体参数 μ 有95%的可能性落在76.937～83.063。做出这样的结论，估计正确的概率为0.95，犯错误的概率为0.05。

在这道题目中，两个样本的样本容量不同，估计的区间长度也不同。很显然，样本容量较大的置信估计具有更大优越性：置信区间长度小，样本平均数 $\overline{X}$ 更接近于总体平均数 μ，由

于当 $n\geqslant 30$ 时,样本平均数的抽样分布呈现出来的 t 分布接近正态分布,因此,可以用$Z_{\frac{\alpha}{2}}$代替$t_{\frac{\alpha}{2}}$做近似计算,也可以免去查表的麻烦。在例 7.3 中,求取样本量为 36 的这一组置信区间时,若用 Z 分布做近似处理,结果就会变为 $77<\mu<83$,与用 t 分布计算出来的结果相差甚微。

(二) σ 未知,总体非正态的条件下,总体平均数的区间估计

与样本平均数的抽样分布相对应,如果在 σ 未知,总体非正态的条件下,就要严格区分大样本和小样本的情况。如果是小样本,样本平均数的抽样分布无解,故不能对总体平均数进行估计。只有当 $n\geqslant 30$ 时,可以利用 t 分布对总体平均数进行区间估计。

例 7.4　同例 7.3,假设总体 σ 未知,$n=36$,$\overline{X}=80$,$S=9$,问其总体参数 μ 的置信水平为 0.95 的置信区间是多少?

解　若在例 7.3 的基础上去掉总体正态的条件,则此题属于总体 σ 未知,总体分布未知的情况。

此样本为大样本,可以利用 t 分布对总体参数进行估计,估计过程同例 7.3 中对样本二的计算过程。

拓展阅读

比率的区间估计

在研究或实际调查中,我们往往想知道总体中具备某特征的人数或者比例,但一般总体是很难得到的,只能通过样本中具备该特征的人数或比例进行推测。比如,我们想知道全国某批次商品中的不合格产品比例,就可以从所有出厂商品中随机抽取一个样本,通过该样本中的不合格产品比例,以一定可靠程度,来推测该批次所有商品中的不合格产品比例。这时,就要用到比率的区间估计了。

一、比率的抽样分布

比率的分布为二项分布。在心理与教育的研究或实际调查中,设具有某种属性的事件出现的比率(即概率)为 p,而不具备此属性的事件发生概率为 q,则有 $p=1-q$。从这样的二项分布总体中每次抽取样本容量为 n 的样本(也可以理解为 n 次重复试验),每次试验中,某事件发生的比率$\hat{p}=x/n$(x 为某事件出现的次数),$\hat{q}=1-\hat{p}$,当 $np\geqslant 5$ 或 $nq\geqslant 5$ 时,样本比率 p 的分布趋近于正态分布。那么

样本比率的平均数

$$\mu_p=p \qquad \text{(公式 7-12)}$$

标准误

$$SE_p \text{ 或 } \sigma_p=\sqrt{\frac{pq}{n}} \qquad \text{(公式 7-13)}$$

样本比率$\hat{p}=\frac{x}{n}$是总体比率 p 的点估计值,因此当总体 p,q 未知时,可用$\hat{p}$,$\hat{q}$代替,故公式 7-13 可以写作

$$\sigma_p=\sqrt{\frac{\hat{p}\hat{q}}{n}} \qquad \text{(公式 7-14)}$$

二、比率的区间估计

1. 当 $n\hat{p}>5$ 时,总体比率的区间估计

当 $n\hat{p}>5$ 时,总体比率的置信区间为

$$\hat{p}-Z_{\frac{\alpha}{2}}\sqrt{\frac{pq}{n}}<p<\hat{p}+Z_{\frac{\alpha}{2}}\sqrt{\frac{pq}{n}} \quad \text{(公式 7-15)}$$

例 7.5 某年级随机抽取 50 人进行体育爱好调查,结果发现其中有 30 人爱好跑步,试估计整个年级爱好跑步的学生所占百分比的置信水平为 0.95 的置信区间。若全年级有 300 人,爱好跑步的人数有多少?

解 $\hat{p}=\frac{30}{50}=0.6, \hat{q}=1-0.6=0.4, n\hat{p}>5$,可用公式 7-15 计算置信区间。

$$\sigma_p=\sqrt{\frac{\hat{p}\hat{q}}{n}}=\sqrt{\frac{0.6\times0.4}{50}}\approx0.069\ 3, Z_{0.05/2}=1.96$$

所以 p 的置信水平为 0.95 的置信区间为

$$(0.6-1.96\times0.069\ 3, 0.6+1.96\times0.069\ 3)=(0.464, 0.736)$$

所以,整个年级爱好跑步的学生占整个年级学生人数的百分比为 46.4%~73.6%,做此推论犯错的概率为 0.05。300 人中大约有 139~221 人爱好跑步。

2. 当 $n\hat{p}\leqslant5$ 时,总体比率的区间估计

当 $n\hat{p}\leqslant5$ 或者 $\hat{p}$ 非常小的时候,此时二项分布不接近正态分布,即样本比率的抽样分布不趋近于正态。此时总体比率的置信区间估计,直接查二项分布统计表即可(参见附录 3 "二项分布上下置信界限表")。

二项分布置信界限表,一个是 $\alpha=0.05$ 置信度的二项分布统计表(附录 3(a)),另一个是 $\alpha=0.01$ 置信度的二项分布表(附录 3(b))。该表的左列为实计数,即某事件发生的实际次数,最上面一行表示样本数目,即所调查的所有事件发生的总数。查表时,根据样本数目中某事件发生的实际次数,便可得到表中所列的两个数字,这两个数字分别为 0.95 置信度或 0.99 置信度上的置信区间上下限的百分数。

例 7.6 随机抽取初中二年级学生 30 人,调查得知家中特别贫困的有 2 人,问初中二年级学生特困人数的置信水平为 0.95 的置信区间。

解 此题 $\hat{p}=\frac{2}{30}\approx0.07, n\hat{p}\leqslant5$,故不能借助正态分布求置信区间,应直接查附录 3 中样本含量 $n=30$ 这一列与实际次数 $X=2$ 这一行相交处,查得两个数字 1、22,即初中二年级学生中特困生人数的置信水平为 0.95 的置信区间为 1%~22%,做出此推论犯错的概率为 5%。

练习与思考题

1. 什么是点估计与区间估计?它们各自的优缺点有哪些?
2. 一个优秀的点估计量的标准是什么?
3. 区间估计的原理是什么?请结合某一具体参数的区间估计予以说明。
4. 区间估计的一般步骤是什么?

5. 已知某学科测验成绩的分布为正态，标准差 $\sigma = 6$，从该总体中抽取 $n = 25$ 的样本，算得 $\overline{X}=85$，$S=5$，请问在 95% 和 99% 的不同置信水平下，该科测验的真实分数将落在什么范围？

第八章 假设检验

墨菲定律：只要是可能出错的地方，就一定会出错。[1]2

——布洛赫

概览

1. 假设检验是统计推断中最重要的内容。研究中根据样本信息对所提出的假设做出拒绝或保留的决断过程，称之为假设检验，具体来说，根据研究数据建立虚无假设(H_0)和备择假设(H_1)，并使用统计方法对提出的假设做出判断、得出结论。

2. 假设检验中存在两类错误，即Ⅰ类错误和Ⅱ类错误。Ⅰ类错误是指H_0为真，但是却做出了拒绝H_0的结论，是一种"拒真"的错误；Ⅱ类错误是指H_0为假，但是却做出了接受H_0的结论，此时所犯的是一种"存伪"的错误。

3. 假设检验一般包含四个步骤：提出假设，选择检验统计量并计算其值，选择显著性水平并确定临界值，做出统计推断。

4. 假设检验包含总体平均数的显著性检验和两个样本平均数间差异的显著性检验。总体平均数的显著性检验分为总体参数已知和总体参数未知两种情况，两个样本平均数间差异的显著性检验分为独立样本 t 检验和相关样本 t 检验。

假设是根据已有理论和事实对研究对象所做出的一种预想的、希望得到证实的假定性论断。根据样本信息对所提出的假设做出拒绝或保留的决断过程，称之为假设检验。假设检验首先做出关于未知总体的假设，然后利用样本信息来判断原假设是否合理，从而决定是否接受原假设。

第一节 假设检验的基本原理

假设检验以小概率事件为基本思想，允许研究者利用样本信息，在一定的概率范围内对总体参数或分布的某一假设做出拒绝或保留的决断。

一、假设检验的基本逻辑

（一）假设的相关概念

1. 假设

假设，简单来说，就是基于现有信息对事物的某一特性做出假定，在研究中通常需要使用一定的方法对这一假定进行验证。但是，在对假设进行验证的过程中，证明一个普遍的假设（总体）是错误的比证明它是正确的要更为简单。比如说，我们做出的一般假设是“所有的天鹅都是白色的”，这时如果我们选取的样本刚好是白天鹅，那么我们证明假设了么？证明一个说法是正确的，需要穷尽所有可能性，然而寻找到所有天鹅根本不可能。但是此时，如果我们找到了一只黑天鹅，那么就很容易证明这个假设是错误的。证明一个说法是错误的，只需要找出与假设相反的一个例子即可。所以，“证伪”比“证实”要容易。

在进行假设检验时，我们通常使用的方法是“证伪”。一般将我们不希望出现的假设定为零假设，也叫虚无假设、原假设，一般用H_0表示；通常虚无假设表达的是不存在改变、没有处理效应或者没有差异。与零假设相反的假设称为备择假设，也叫研究假设、对立假设，一般用H_1表示；备择假设陈述了存在改变、有处理效应。需要注意的是，这两个假设都是针对总体参数的陈述。以一项关于育儿指导是否会影响 2 岁儿童身高（身长）的研究为例，我们可以做出的虚无假设（H_0）是：受过育儿指导家庭的孩子的平均身高（身长）与国家公布的平均值无明显差异。

2. 小概率事件

在日常生活中，无论你是否意识到，概率体现在生活的方方面面。上学选择打车、走路或者骑行，都有一定的概率；考试中判断对错的是非题，在你没有掌握相关知识时，答对的概率就是 50%……同时，概率也在不知不觉中影响着我们的实际生活。比如说，很多商家的促销活动：消费满一定额度就有机会赢得奖品，有时候这些奖品的价值可能比所要求达到的最低消费额高得多。虽然顾客明白中奖是小概率事件，但还是有意无意地多购物以达到抽奖的最低消费。因为人们存在一定的侥幸心理，万一抽到自己了呢！

在概率论中，我们把发生概率非常小（基本为零或者接近零）的事件称为小概率事件。但是根据墨菲定律，无论事件发生的概率多小，只要大量重复独立进行，就有发生的可能。这也是小概率事件和不可发生事件之间的区别。

实际研究中，我们可以使用样本数据评估虚无假设的可信度。具体来说，我们需要确定样本信息和虚无假设的一致程度，什么样的样本数据能支持虚无假设，能在多大程度（概率）上支持虚无假设；什么样的样本数据会拒绝虚无假设，又能在多大程度（概率）上拒绝虚无假设。在虚无假设为真的情况下，样本平均数的分布结果就分为两个部分：样本平均数接近虚无假设的部分和样本平均数与虚无假设非常不同的部分，如图 8-1 所示。

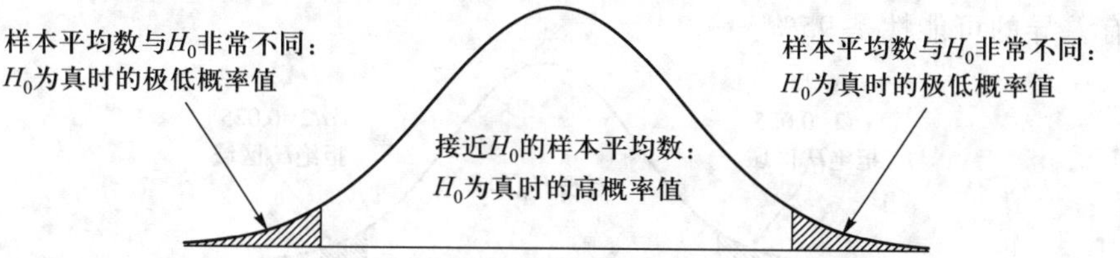

图 8-1　虚无假设为真时，一组样本数据可能所处的区域

这样，我们就能将样本信息与抽样分布的值进行比较，进而判定其与虚无假设的一致程度。如果样本数据得到的值位于图 8-1 的中央高概率部分，那么我们就接受虚无假设；如果样本数据得到的值位于两端极低概率的部分，那么我们就拒绝虚无假设。（注意，为了便于研究者对假设检验的思想和逻辑进行理解，我们在此处不讨论样本平均数高于或低于虚

无假设的情况。同时图 8-1 代表样本容量为 n 的所有样本平均数的正态分布图，具体内容可以参读第六章抽样分布。）

总的来说，在进行假设检验时，首先提出虚无假设。在虚无假设为真的前提下，如果出现一些违反逻辑或违反人们常识和经验的不合理现象，在假设检验里出现了反证的依据，也就是极不可能发生的事件发生了，则表明“虚无假设为真”的假定是不正确的，即拒绝虚无假设。反之，如果没有出现不合理结果，则认为“虚无假设为真”的假定是正确的，即接受虚无假设。

（二）显著性水平

在实际生活中，我们对某一群体（总体）进行研究时，由于人力、物力及其他方面的一些原因，可能不能获取该群体（总体）的全部信息，这时候最好的办法是抽取一定量的、对该群体（总体）具有代表性的对象（样本），然后根据抽取的这一部分研究对象（样本）的数据信息进行分析，最后进行统计推断。

在实际研究中，我们对研究的问题会先建立假设，然后对样本进行分析，数据分析的结果会呈现出支持研究假设的概率，如果这个概率在研究规定的接受假设范围内，则说明原来的假设成立。反之，则说明原来的假设不成立。因此，假设检验的结果不是指研究结果在任何情况下都成立，而是在一定的概率范围之内成立。

假设检验中H_1通常是做出存在差异、有处理效应的假定，与之相对的H_0是做出无差异或相等、无处理效应的假设。那么多大的差异才算是真正的差异？这与统计推断的概率有关，也就是与统计检验的显著性水平有关。

对于小概率事件来说，多大的概率才算是小，或者说多大的值才能够作为小概率的标准呢？这是根据研究者对假设检验的结论所想要达到的可靠性程度决定的。在统计检验中，一般存在两个水平：0.05，0.01，即H_0发生的概率是 0.05 或 0.01，H_1发生的概率是 95%或 99%。此时，只要样本统计量的值在抽样分布上出现的概率小于或等于某一值，比如 0.05，即样本统计量的值落入了拒绝区域（图 8-2 中的阴影部分），我们就认为小概率事件发生了，应拒绝H_0，从而可以做出拒绝H_0，接受H_1的结论。以前面育儿指导是否会影响 2 岁儿童身高（身长）的研究为例，做出的虚无假设（H_0）是：受过育儿指导家庭的孩子的平均身高（身长）与国家调查的孩子的平均身高（身长）无明显差异。如果样本数据在 0.05 水平上拒绝H_0，那么表明受过育儿指导家庭的孩子的平均身高（身长）与国家调查的孩子的平均身高（身长）有差异的可能性是 95%。

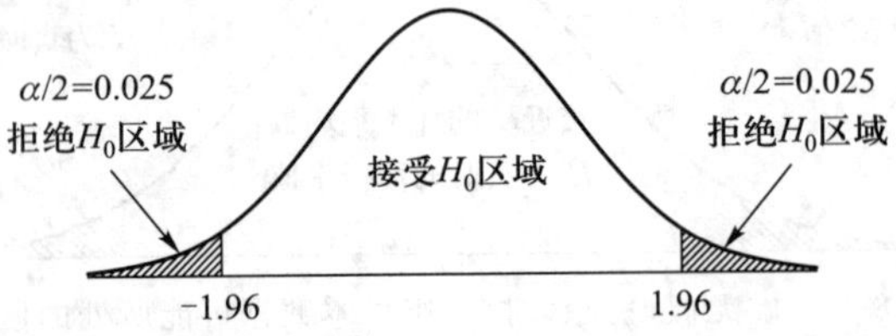

图 8-2 正态抽样分布上 $\alpha=0.05$ 拒绝区域（阴影部分）的位置

在正态分布中，可以使用 $Z=(\overline{X}-\mu)/\sigma$ 来表示数据在正态分布图上的位置，进而得出其落入特定区间的概率。但是在进行假设检验时，一般需要使用样本平均数去估计样本所在的总体参数，需要根据样本平均数的抽样分布来计算。例如样本平均数服从正态分布时，需

要使用公式 $Z=(\overline{X}-\mu)/(\sigma/\sqrt{n})$。公式的分子中,$\overline{X}$ 代表样本平均数,μ 代表虚无假设中的总体参数;分母中,σ 为总体标准差,n 为样本量。

二、假设检验的两类错误

如上所述,小概率事件发生的概率小,并不代表不可能发生。特别是在假设检验中,受到样本容量等因素的影响,可能会做出错误的统计推断。这时可能会犯两种错误:Ⅰ类错误和Ⅱ类错误,如表 8-1 所示。

表 8-1　统计推断可能出现的结果

		真实情况	
		H_0是正确时	H_0是错误时
结论	拒绝H_0	Ⅰ类错误(概率为 α)	结论正确(概率为 β)
	支持H_0	结论正确(概率 $=1-\alpha$)	Ⅱ类错误(概率 $=1-\beta$)

Ⅰ类错误,又称拒真错误,是指本该接受H_0,却做出了拒绝H_0的结论,即拒绝了实际成立的"弃真"错误,其概率通常用 α 表示。对于小概率事件,只要重复次数足够多,就会发生。同样,如果样本容量足够大的时候,假设检验的结果容易出现拒绝H_0的现象,但是实际应该是接受H_0。

Ⅱ类错误,又称取伪错误,是指本该拒绝H_0,却做出了接受H_0的结论,即接受了实际不成立的"存伪"错误,其概率通常用 β 表示。

我们已经知道统计假设检验是建立在小概率事件的基础之上的,需要给定显著性水平(α)才能做出统计推断。所以统计推断的结果代表H_0有多大的可能性是成立的(或者不成立的)。因此在一般的显著性水平中,拒绝H_0并不代表零假设一定不成立,而是表示H_0有多大比例,比如说 95%、99%或者 99.9%的可能性不成立。同理,接受H_0表示有 95%、99%或者 99.9%的可能性成立。

实际上,在进行假设检验之前,一般不知道关于样本所属总体的假设是真是假,因此,在进行假设检验时,最好同时减少这两类错误,但这是个矛盾的问题。如果降低显著性水平,α 取较大的值,那么可以减少不真实假设被保留的概率,但是也增加了真实假设被拒绝的概率;如果提高显著性水平,α 取较小的值,那么可以减少真实假设被拒绝的概率,但是也增加了不真实假设被保留的概率,所以统计假设检验中的这两类错误是不可避免的,因为二者相互联系、相互制约。

在实际研究中,人们通常采用三种方法控制两类错误的概率。一是选择适当的 α 水平,通常 α 取值为 0.05,0.01,甚至 0.001,具体可视研究问题的性质而定。比如说在高利害(高风险)决策中,可以选择较小的 α 值,如 0.01 或 0.001;而在低利害(低风险)的决策中,可以选择较大的 α 值,如 0.05。二是合理使用单侧检验和双侧检验(本章第二节会讲述如何选择和使用)。三是适当增加样本容量,样本容量越大,抽样误差越小,可以尽量降低错误的概率。[2]131[3]100-101

三、假设检验的基本过程

根据假设检验的基本逻辑,可以将假设检验的一般步骤概括如下。

（一）提出假设

建立虚无假设和备择假设，我们可以根据研究目的建立针对研究结果的假设。

（二）选择检验统计量并计算其值

常用的抽样分布有标准正态分布、t 分布、F 分布、χ^2 分布等，与之对应的统计检验是 Z 检验、t 检验、F 检验和 χ^2 检验等。研究者需要根据研究的问题、性质和特点，选择合适的检验统计量，并计算其值。检验统计量的选择将在下文详细阐述。

（三）选择显著性水平并确定临界值

根据研究问题和目的，确定显著性水平以后，通过查找对应的统计表，找出该 α 水平的临界值，确定接受 H_0 和拒绝 H_0 的区域。例如，Z 检验在 $\alpha=0.05$ 水平上双侧检验的临界值为 ±1.96。

（四）统计决断

即对假设做出判断。将计算出的统计量和对应统计表中的临界值进行比较，如果计算出的统计量等于或超过临界值，则拒绝 H_0，接受 H_1。如果计算出的统计量小于临界值，则接受 H_0。例如，Z 检验的双侧检验中，若计算的统计量 $|Z|\geqslant1.96$，则可以得出拒绝 H_0，接受 H_1 的结论，表示二者之间有显著性差异。否则，则接受 H_0，表明二者之间无显著性差异。

第二节　总体平均数的显著性检验

在抽样分布中，我们讲到从正态总体中随机抽取的样本容量为 n 的一切可能的样本平均数以总体平均数为中心呈现正态分布。总体平均数的显著性检验是指对样本平均数与已知总体平均数之间的差异性检验。根据总体分布的形态、总体标准差是否已知以及样本大小的情况，总体平均数的检验可以采用不同的检验方法。

一、总体呈正态分布，且总体标准差已知

例 8.1　某地区所有初三学生数学学业水平考试的平均分为 81 分，学生成绩分布可以看作正态分布，标准差为 6.3。随机抽取该地区某个学校初三学生的数学学业水平考试成绩，该校初三学生总共 18 人，平均成绩为 84 分。请在 $\alpha=0.05$ 的显著性水平上检验该校初三学生的成绩和该地区初三学生的平均成绩是否有显著性差异。

解　检验步骤如下：

(1) 提出假设

虚无假设认为该校初三学生成绩 μ 和该地区初三学生的平均成绩 μ_0 是一样的，没有差异。

$$H_0:\mu=\mu_0$$

备择假设认为该校初三学生成绩 μ 和该地区初三学生的平均成绩 μ_0 不一样，有差异。

$$H_1:\mu\neq\mu_0$$

(2) 确定检验统计量并计算其值

因为总体呈正态分布，且总体标准差已知的情况下，不论样本大小，都采用 Z 检验。我们选用 Z 分数进行计算。

$$Z=\frac{\text{样本均值}-\text{假设的总体均值}}{\text{样本均值的标准误}}=\frac{\overline{X}-\mu_0}{\sigma/\sqrt{n}}$$　（公式 8-1）

$$Z=\frac{84-81}{6.3/\sqrt{18}}\approx 2.02$$

（3）选择显著性水平并确定临界值

为了找出临界区域的具体位置，我们使用正态分布表。当样本平均数的分布是正态时，对于 $\alpha=0.05$，代表极端的 5%与中央区域的 95%分开。因为极端的 5%位于分布的两个尾端，所以每个尾端恰好是 2.5%（或 0.025）。

在正态分布表中，我们可以找出相应比例 Z 的临界值是 1.96。因此，对于任意正态分布，极端的 5%是在分布的尾端超过 $Z=1.96$ 和 $Z=-1.96$ 的部分。

同样，对于 $\alpha=0.01$ 意味着两端极端位置的 1%。这种情况下，每个尾端的比例是0.005，相应的 Z 分数的值是 $Z=\pm2.58$。对于 $\alpha=0.001$，$Z=\pm3.3$。这些是统计检验中常见的几个值。只要统计检验量使用的是 Z 分数，记住这几个值，就可以避免查表了。

（4）统计决断

本题中$Z_{0.05}=1.96<Z=2.02<Z_{0.01}=2.58$，表示样本统计量的值在 $\alpha=0.05$ 水平上落入了拒绝区域，在 $\alpha=0.01$ 水平上未落入拒绝区域。因此，我们可以在 $\alpha=0.05$ 水平上拒绝H_0，接受H_1。结论是本校初三学生和本地区初三学生在数学学业水平考试成绩之间存在显著的差异，这一结论的可靠程度是 95%。

如果实际计算出来的$|Z|\geqslant 2.58=Z_{0.01}$，表明样本统计量在 $\alpha=0.01$ 显著性水平上落入拒绝区域。因此，我们可以在 $\alpha=0.01$ 水平上拒绝H_0，接受H_1，这一结论的可靠性有 99%。

如果实际计算出来的$|Z|<1.96=Z_{0.05}$，表明样本统计量在 $\alpha=0.05$ 水平上没有落入拒绝区域，我们要接受H_0。

同时为了使数据结果一目了然，通常会在 Z 值右上角加星号“ * ”来表示样本统计量的显著性水平。一个星号“ * ”的标志，如 2.02^*，表示样本统计量在 $\alpha=0.05$ 显著性水平上落入了拒绝区域。两个星号“ * * ”，表示样本统计量在 $\alpha=0.01$ 显著性水平上落入了拒绝区域。无星号一般表示样本统计量接受H_0，见表 8-2。

表 8-2　双侧 Z 检验的统计决断规则

$\|Z\|$与临界值的比较	p 值	检验结果	显著性
$\|Z\|<1.96=Z_{0.05}$	$p>0.05$	保留H_0	不显著
$Z_{0.05}=1.96\leqslant\|Z\|<2.58=Z_{0.01}$	$0.01<p\leqslant 0.05$	在 0.05 显著性水平上拒绝H_0，接受H_1	显著（ * ）
$\|Z\|\geqslant 2.58=Z_{0.01}$	$p\leqslant 0.01$	在 0.01 显著性水平上拒绝H_0，接受H_1	非常显著（ * * ）

例 8.2　某中学 200 名初一学生参加数学期中考试，平均成绩是 75 分，标准差为 10 分，其中初一（3）班有 52 人，平均成绩为 80 分，请在 $\alpha=0.01$ 的显著性水平上检验该班数学期中考试成绩是否高于同年级平均成绩？

与例 8.1 有所不同的是，本例强调了假设的方向性检验，即“是否高于”，或者有时会问

"是否低于"等。在进行假设检验时,根据研究者的研究目的通常有两种检验方式:双侧检验和单侧检验。

具体来说,双侧检验就是研究者只想知道检验的两个总体参数之间是否有差异,不用确定差异的方向或者说根本不关心差异的方向,这时候假设检验 α 水平的概率被平均分配在抽样分布的两侧。如图 8-3(a)所示,双侧检验时,无论统计量在左侧还是在右侧达到或者超过临界值,都可以在该水平上拒绝零假设。单侧检验就是研究者在进行检验之前依据理论或者其他经验,已知其中一个总体参数大于另一个总体参数,那么在对实验结果进行进一步检验时,可以采取单侧检验。这时候假设检验 α 水平的概率被位于抽样分布的一侧,如图 8-3(b)(c)。本例中所对应的检验与图 8-3(c)一致。因为单侧检验具有方向性,所以也被称为有方向的假设检验。[4]140

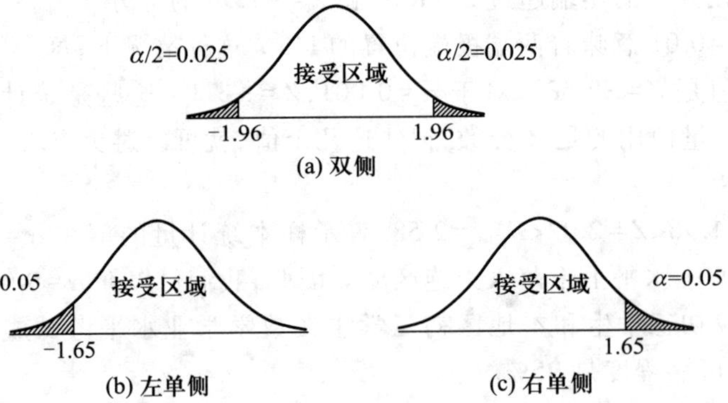

图 8-3　正态抽样分布上 $\alpha=0.05$ 拒绝区域(阴影部分)的三种不同位置

解　检验步骤如下:

(1) 提出假设

这里研究的问题是样本的均值是否高于总体均值,因此选用单侧检验。

$$H_0:\mu\leqslant 75;H_1:\mu>75$$

或者

$$H_0:\mu\leqslant\mu_0;H_1:\mu>\mu_0$$

(2) 确定检验统计量并计算其值

因为总体成绩呈正态分布,且总体标准差已知的情况下,我们选用 Z 分数进行计算。

$$Z=\frac{\overline{X}-\mu_0}{\sigma/\sqrt{n}}=\frac{80-75}{10/\sqrt{52}}\approx 3.61$$

(3) 选择显著性水平并确定临界值

取 $\alpha=0.01$,查正态分布表,在单侧检验的情况下,临界值为 $Z_{0.01}=2.33$。

(4) 统计决断

本题中 $Z=3.61>Z_{0.01}=2.33$,$p<0.01$,表示样本统计量的值在 $\alpha=0.01$ 水平上落入了拒绝区域。因此该班学生的平均成绩显著高于该校全年级学生的平均成绩。

需要注意的是,从图 8-3 中也可以看出,当显著性水平一定时,单侧检验临界值的绝对值要小于双侧检验的临界值,拒绝的概率增加了。因此,在实际运用中,究竟使用哪一种检验方式,需要研究者针对具体问题选择合适的方式。

二、总体呈正态分布，但总体标准差未知

（一）当样本量较小时（一般小于 30）

在总体标准差未知，小样本的情况下，样本平均数与总体平均数离差统计量的抽样分布为 t 分布。这时，我们需要使用 t 分数代替 Z 分数。

$$t=\frac{\overline{X}-\mu_0}{\sigma_{\overline{X}}} \qquad （公式 8-2）$$

t 分数与 Z 分数的不同之处就是标准误的计算，Z 分数中的标准误 $\sigma/\sqrt{n}$，t 分数使用的是估计标准误$\sigma_{\overline{X}}=S/\sqrt{n}$。

例 8.3　某地区所有初三学生数学学业成绩的平均分为 81 分，该地区某校 20 个学生的分数为：88、92、84、94、78、75、80、100、86、92、77、90、100、99、70、92、72、85、84、78。在这个样本的基础之上，请在 $\alpha=0.05$ 的显著性水平上检验该校初三学生数学平均学业成绩与全区是否一样？

解　检验步骤如下：

（1）提出假设

虚无假设和备择假设的形式在 t 分数和 Z 分数中是相同的。

$$H_0:\mu=81$$
$$H_1:\mu\neq 81$$

（2）选择检验统计量并计算其值

对于 t 分数，我们需要确定以下的数值：样本平均数 $\overline{X}$、估计标准误$\sigma_{\overline{X}}$。

首先求得样本平均数

$$\overline{X}=\frac{\sum_{i=1}^{n}x_i}{n}=\frac{1\ 716}{20}=85.8$$

再计算估计标准误

$$\sigma_{\overline{X}}=\sqrt{\frac{S^2}{n}}=\sqrt{\frac{\sum_{i=1}^{n}(x_i-\overline{X})^2}{n(n-1)}}\approx 2.039$$

最后求得

$$t=\frac{\overline{X}-\mu_0}{\sigma_{\overline{X}}}=\frac{85.8-81}{2.039}\approx 2.354$$

（3）选择显著性水平并确定临界值

当一个样本中有 20 个学生时，t 分数的自由度为：$df=n-1=20-1=19$，我们需要在 t 分布中找到自由度为 19，$\alpha=0.05$ 的 t 分数假设检验的临界值。

查 t 值表，在双侧检验的情况下，临界值为$t_{(19)0.05}=2.093$。

（4）统计决断

由 t 值及其临界值可以得出，$t=2.354>t_{(19)0.05}=2.093$，$p<0.05$，因此该校初三学生数学平均学业成绩与全区初三学生数学学业成绩有显著差异。

此外，t 检验统计决断的规则和 Z 检验的规则一样，如表 8-3 所示。

表 8-3 双侧 t 检验的统计决断规则

$\|t\|$与临界值的比较	p 值	检验结果	显著性
$\|t\|<t_{(df)0.05}$	$p>0.05$	保留H_0	不显著
$t_{(df)0.05}\leqslant\|t\|<t_{(df)0.01}$	$0.01<p\leqslant0.05$	在 0.05 显著性水平上拒绝H_0，接受H_1	显著（＊）
$\|t\|\geqslant t_{(df)0.01}$	$p\leqslant0.01$	在 0.01 显著性水平上拒绝H_0，接受H_1	非常显著（＊＊）

例 8.4 某区中学生计算机测试平均分为 70.3，该区甲校 15 名学生在本次测验的平均分为 67.2，标准差为 11.4，请在 $\alpha=0.05$ 的显著性水平上，检验甲校的本次测验成绩是否低于全区平均水平？

解 检验步骤如下：

（1）提出假设

$$H_0:\mu\geqslant\mu_0;\ H_1:\mu<\mu_0$$

（2）选择检验统计量并计算其值

由于总体标准差未知，而且 $n<30$，故采用 t 检验。已知 $\mu_0=70.3$，$n=15$，$\overline{X}=67.2$，$S=11.4$，所以

$$t=\frac{\overline{X}-\mu_0}{S/\sqrt{n}}=\frac{67.2-70.3}{11.4/\sqrt{15}}\approx-1.053$$

（3）选择显著性水平并确定临界值

取 $\alpha=0.05$，$df=15-1=14$，查 t 值表，查得 $t_{(14)0.05}=2.145$。

（4）统计决断

由 t 值及其临界值可以得出，$|t|=1.053<t_{(14)0.05}=2.145$，$p>0.05$，因此甲校在本次测验的成绩与全区测验成绩无显著差异。

（二）当样本量较大时（一般大于 30）

当总体呈正态分布，总体标准差未知时，无论样本容量大小，样本平均数与总体平均数离差统计量都呈 t 分布。若是大样本，t 分布可以近似地按正态分布对待，这时检验就可以采用 Z 检验。此时的检验公式为 $Z=(\overline{X}-\mu_0)/(S/\sqrt{n})$（$\overline{X}$ 为样本平均数，μ_0为总体平均数，S 为样本标准差，n 为样本容量）。

例 8.5 某区初三英语会考的平均分为 66.7，该区某民办中学 104 名初三学生此次考试的平均分为 67.5，标准差为 9.8。请在 $\alpha=0.05$ 的显著性水平上检验该民办中学此次考试成绩与全区是否有差异？

解 检验步骤如下：

（1）提出假设

$$H_0:\mu=66.7;H_1:\mu\neq66.7$$

（2）确定检验统计量并计算其值

该民办中学英语会考分数假定是从总体中随机抽取的样本，而总体标准差未知，样本平

均数与总体平均数离差统计量呈 t 分布。但因样本容量较大，$n=104>30$，t 分布接近正态分布，故可用正态分布近似处理。平均数标准误估计量$\sigma_{\overline{X}}=S/\sqrt{n}$，我们选用 Z 分数进行计算。

$$Z=\frac{\overline{X}-\mu_0}{S/\sqrt{n}}=\frac{67.5-66.7}{9.8/\sqrt{104}}\approx 0.832$$

（3）选择显著性水平并确定临界值

取 $\alpha=0.05$，在双侧检验的情况下，临界值为$Z_{0.05}=1.96$。

（4）统计决断

本题中 $Z=0.832<Z_{0.05}=1.96$，$p>0.05$，表示样本统计量的值在 $\alpha=0.05$ 水平上接受零假设。因此该民办中学此次英语考试成绩与全区无显著性差异。

三、总体呈非正态分布时

上文讨论了总体呈正态分布或者近似正态分布时的假设检验方法，不管是 Z 检验还是 t 检验都是以总体正态分布为前提的。研究中首先应对总体进行正态性检验，如果服从正态分布，则根据研究条件选取 Z 检验或者 t 检验；如果不服从正态分布，则应采用非参数检验（本章不做介绍）。但是，数学上已经证明，无论总体是否正态，随着样本容量的不断增加，样本平均数的分布趋近于正态。因此，当研究中的样本量足够大时，我们可以不考虑总体的正态性，直接使用 $Z=(\overline{X}-\mu_0)/(S/\sqrt{n})$进行检验。此时的检验内容和步骤与“总体呈正态分布，标准差未知，大样本”一致，不再举例说明。

综上所述，对于总体平均数的差异性检验，可以概括为以下几种情况：

1. 当总体呈正态分布，且总体标准差已知，则样本平均数和总体平均数的差异检验使用 Z 检验。

2. 当总体呈正态分布，但总体标准差未知，且为小样本时，样本平均数和总体平均数的差异检验只能使用 t 检验；当总体是大样本，t 检验、Z 检验均可。

3. 当总体呈非正态分布时，一般使用非参数检验。但当样本为大样本时，可以使用 Z 检验。

对于检验时选用单侧检验还是双侧检验，需要研究者根据研究问题和研究目的进行判断。

第三节　平均数差异的显著性检验

一般的研究都会比较两组（或多组）数据的差异，这两组（或多组）数据可能来源于两个完全不同的总体，也可能来源于同一个（或相似）总体。本节主要针对两个样本的研究方法，采用 t 检验进行数据分析，称为平均数差异的显著性检验。

另外，在进行 t 检验之前，首先需要考虑数据的分布情况，即 t 检验要求总体呈正态分布。其次，针对来自不同总体的样本时，除了符合正态分布假设外，还需要这两个样本具有相似的离散情况，也就是方差齐性或同质（homogeneity of variance）。如果不能满足这个条件，那么两个样本之间的差异，可能不仅是来自于不同的处理条件（这是我们真正需要测量的），而且也可能是来自于样本所在总体本身的差异。这样就会使平均数的比较存在其他混淆的因素。

两个独立样本方差是否齐性(同质)的检验,可以利用 F 检验(Levene's test of homogeneity),如果 F 检验达到显著水平,表示两个样本的方差不齐性,此时需要使用校正的公式来计算 t 值。为了便于了解平均数差异的显著性检验的主要过程和内容,本节前两部分进行独立样本和相关样本平均数差异的显著性检验时,假设其方差齐性。关于方差齐性检验将在本节 F 检验部分单独讲解。

一、独立样本平均数差异的显著性检验

独立样本 t 检验基于两个独立样本的数据,用来推断两个样本分别所在两个总体的均值是否有显著性差异。独立样本 t 检验的根本假设除了满足 t 检验的基本假设外,还必须满足每个样本的独立性,即每个样本中的观察都必须是独立的,没有其他因素影响。

根据假设检验的基本逻辑,对于独立样本 t 检验,我们的零假设应该是两个样本所代表的总体之间没有显著性差异,即$\mu_1=\mu_2$。在下面这个公式里,$(\overline{X}_1-\overline{X}_2)$ 的值由样本数据计算而来,$(\mu_1-\mu_2)$来自虚无假设且其值为 0,所以为了计算简便,这个公式可以写作

$$t=\frac{(\overline{X}_1-\overline{X}_2)-(\mu_1-\mu_2)}{\sigma_{(\overline{X}_1-\overline{X}_2)}}=\frac{\overline{X}_1-\overline{X}_2}{\sigma_{(\overline{X}_1-\overline{X}_2)}} \quad \text{(公式 8-3(a))}$$

当两个独立总体正态分布,总体方差未知但差异不显著时,两个样本平均数间的差异服从 $df=n_1+n_2-2$ 的 t 分布。检验独立样本平均数间的差异用以下公式。

$$t=\frac{\overline{X}_1-\overline{X}_2}{\sigma_{(\overline{X}_1-\overline{X}_2)}}=\frac{\overline{X}_1-\overline{X}_2}{\sqrt{\frac{S_p^2}{n_1}+\frac{S_p^2}{n_2}}}=\frac{\overline{X}_1-\overline{X}_2}{\sqrt{\frac{\sum\limits_{i=1}^{n_1}(x_{1i}-\overline{X}_1)^2+\sum\limits_{j=1}^{n_2}(x_{2j}-\overline{X}_2)^2}{n_1+n_2-2}}\sqrt{\frac{1}{n_1}+\frac{1}{n_2}}}$$

(公式 8-3(b))

其中,$\overline{X}_1$、$\overline{X}_2$分别为两个样本的平均数;n_1、n_2分别为两个样本量;S_p^2为两个样本的联合方差,且$S_p^2=\frac{SS_1+SS_2}{df_1+df_2}$($SS_1$、$SS_2$表示两个样本数据与均值的离差平方和,$df_1$、$df_2$表示两个样本的自由度)。

例 8.6 某班为了提升学生英语口语能力,选取了 A、B 两个组进行教学方法试验,分别有 8 人和 10 人参与训练。A 组从正常英语学习时间内,每天抽出 20 分钟进行小组对话训练;B 组按照正常的英语学习方法。三个月后,A、B 两个小组的学生英语口语测试成绩如表 8-4 所示,请在 $\alpha=0.05$ 的显著性水平上检验新的训练方法对学生英语口语提升是否有显著作用?假设测验成绩总体服从正态分布,方差相等。

表 8-4 两组学生成绩情况

A 组	35	35	28	32	26	24	31	30		
B 组	28	34	25	20	14	16	20	31	27	24

解 检验步骤如下:

（1）提出假设

$$H_0:\mu_1=\mu_2;\ H_1:\mu_1\neq\mu_2$$

（2）选择检验统计量并计算其值

独立样本，而且方差未知但是相等，因此选择公式 8-3(b)进行 t 检验。根据上述资料，求得$\overline{X}_1=30.125$，$\overline{X}_2=23.90$，$n_1=8$，$n_2=10$。

$$\sum_{i=1}^{n_1}(x_{1i}-\overline{X}_1)^2=\sum_{i=1}^{n_1}x_{1i}^2-\left(\sum_{i=1}^{n_1}x_{1i}\right)^2/n_1=7\ 371-\frac{241^2}{8}=110.875$$

$$\sum_{j=1}^{n_2}(x_{2j}-\overline{X}_2)^2=\sum_{j=1}^{n_2}x_{2j}^2-\left(\sum_{j=1}^{n_2}x_{2j}\right)^2/n_2=6\ 083-\frac{239^2}{10}=370.90$$

所以

$$t=\frac{\overline{X}_1-\overline{X}_2}{\sqrt{\frac{\sum_{i=1}^{n_1}(x_{1i}-\overline{X}_1)^2+\sum_{j=1}^{n_2}(x_{2j}-\overline{X}_2)^2}{n_1+n_2-2}}\sqrt{\frac{1}{n_1}+\frac{1}{n_2}}}=\frac{30.125-23.90}{\sqrt{\frac{110.875+370.90}{8+10-2}}\sqrt{\frac{1}{8}+\frac{1}{10}}}\approx 2.39$$

（3）选择显著性水平并确定临界值

取 $\alpha=0.05$，$df=8+10-2=16$，查 t 值表，双侧检验，查得临界值为 2.120。

（4）统计决断

由 t 值及其临界值可以得出，$t=2.39>2.12$，$p<0.05$，因此拒绝零假设。所以新的训练方法对学生英语口语提升有显著作用。

另外，如果两个样本的方差已知，则两个样本的离差平方和 $\sum_{i=1}^{n_1}(x_{1i}-\overline{X}_1)^2+\sum_{j=1}^{n_2}(x_{2j}-\overline{X}_2)^2=(n_1-1)S_1^2+(n_2-1)S_2^2$，从而 $t=\dfrac{\overline{X}_1-\overline{X}_2}{\sqrt{\frac{(n_1-1)S_1^2+(n_2-2)S_2^2}{n_1+n_2-2}}\sqrt{\frac{1}{n_1}+\frac{1}{n_2}}}$；如果两个样本的方差已知，并且样本容量大小相等，即$n_1=n_2=n$，则 $t=\dfrac{\overline{X}_1-\overline{X}_2}{\sqrt{\frac{S_1^2+S_2^2}{n}}}$。

例 8.7　某地区进行小学生体质健康抽查，某学校二年级有 A、B 两个班，分别为 20 人、22 人，平均身高分别为 136 厘米、128 厘米，标准差分别为 15.4、14.0，请在 $\alpha=0.05$ 的显著性水平上检验这两个班级学生的身高是否有显著性差异？

解　检验步骤如下：

（1）提出假设

$$H_0:\mu_1=\mu_2;\ H_1:\mu_1\neq\mu_2$$

（2）选择检验统计量并计算其值

独立样本，而且两个样本的标准差已知，因此选择前述公式进行 t 检验。

已知$\overline{X}_1=136$，$\overline{X}_2=128$，$S_1=15.4$，$S_2=14.0$，$n_1=20$，$n_2=22$

$$t=\frac{\overline{X}_1-\overline{X}_2}{\sqrt{\frac{(n_1-1)S_1^2+(n_2-1)S_2^2}{n_1+n_2-2}}\sqrt{\frac{1}{n_1}+\frac{1}{n_2}}}=\frac{136-128}{\sqrt{\frac{19\times15.4^2+21\times14.0^2}{20+22-2}}\sqrt{\frac{1}{20}+\frac{1}{22}}}\approx1.764$$

（3）选择显著性水平并确定临界值

取 $\alpha=0.05$，$df=20+22-2=40$，查 t 值表，双侧检验，查得临界值为 2.021。

（4）统计决断

由 t 值及其临界值可以得出，$t=1.764<2.021$，$p>0.05$，因此接受零假设。所以这两个班级学生的身高无显著性差异。

二、相关样本平均数差异的显著性检验

两个独立样本平均数的 t 检验，针对的是不存在相互关系的两个样本。在教育实验中，研究者通常会比较实验处理前后同一样本或者相关样本的平均数是否有差异，这就是相关样本平均数的 t 检验或者说配对样本平均数的 t 检验，比较的是两个相关样本的平均数差异。

相关样本平均数差异的显著性检验常用于以下两种情况：一种情况是重复测量研究中，一个总体在进行某种实验或操作前后的表现是否存在明显差异的检验。另一种情况是匹配被试研究中，两个相关总体在进行某种实验或操作后的表现是否存在明显差异的检验。一般将这两个相关样本分为实验组和对照组，除了处理条件，二者各方面条件基本相同，可以看作同一批被试；对他们实施不同的处理条件后在同一测验中的得分，可以看作是同一个被试在实验前后在同一个测验上的两次得分。

（一）匹配被试组的情况

例 8.8 某校实施一种新的英语教学方法，选取一个 $n=10$ 的配对样本组，一组仍旧使用传统的教学方法，另一组使用新的教学方法。后期测验结果如表 8-5 所示，请在 $\alpha=0.01$ 的显著性水平上检验两种教学方法是否有显著性差异。

表 8-5 两种不同英语教学方法下实验组和对照组学生成绩情况

配对组	实验组 X_1	对照组 X_2	差数值 $D=X_1-X_2$	差数值平方 D^2
1	16.1	13.1	3	9
2	13.2	6.3	6.9	47.61
3	15.8	12.5	3.3	10.89
4	18.2	16.7	1.5	2.25
5	14	9.2	4.8	23.04
6	16.3	14.6	1.7	2.89
7	15.2	13.8	1.4	1.96
8	9.5	10.4	−0.9	0.81
9	13.9	10.5	3.4	11.56
10	18.4	14.7	3.7	13.69
总和	150.6	121.8	28.8	123.7

每个配对组学生的成绩都有一个差值($D=X_1-X_2$),假如新的教学方法和传统的教学方法没有什么差异,那么学生前后成绩差异的平均数应该等于零,也就是说两个总体的平均数之差为零,如果不为零,也是由于抽样误差引起的,而不是实验的处理效果导致的。对于本研究中两种教学方式的得分,假定是从两个正态分布的总体中抽出的相关样本,他们的差数的总体也呈正态分布,而差数的总体标准差未知,样本容量为小样本(小于30),此时的检验统计量为 t 检验。

$$t=\frac{\text{样本的平均数差异}-\text{总体平均数差异}}{\text{估计标准误}}=\frac{M_D-\mu_D}{\sigma_{M_D}} \qquad \text{(公式 8-4)}$$

其中,M_D表示两次测验数据差异的均值;μ_D表示总体平均数差异,此处为0;σ_{M_D}表示数据差值 D 的估计标准误,$\sigma_{M_D}=\sqrt{\frac{SS}{n(n-1)}}$($SS$ 表示差值 D 的离差平方和)。

解　检验步骤如下:

(1) 提出假设

$$H_0:\mu_1=\mu_2(\text{或}\mu_D=0);\ H_1:\mu_1\neq\mu_2(\text{或}\mu_D\neq 0)$$

(2) 选择检验统计量并计算其值

独立样本($n<30$),因此选择公式 8-4 进行 t 检验。

可知$\overline{X}_1=15.06$,$\overline{X}_2=12.18$,$\sum_{i=1}^{10}D_i=28.8$,$\sum_{i=1}^{10}D_i^2=123.7$,从而有

$$\sigma_{M_D}=\sqrt{\frac{SS}{n(n-1)}}=\sqrt{\frac{\sum_{i=1}^{n}D_i^2-(\sum_{i=1}^{n}D_i)^2/n}{n(n-1)}}=\sqrt{\frac{123.7-28.8^2/10}{10(10-1)}}\approx 0.673$$

所以

$$t=\frac{M_D-\mu_D}{\sigma_{M_D}}=\frac{28.8/10-0}{0.673}\approx 4.28$$

(3) 选择显著性水平并确定临界值

取 $\alpha=0.01$,$df=10-1=9$,查 t 值表,双侧检验,查得临界值为 3.250。

(4) 统计决断

由 t 值及其临界值可以得出,$t=4.28>3.250$,$p<0.01$,因此拒绝零假设。所以新的英语教学方法和传统教学方法有显著性差异。由于新的英语教学方式的平均数高于传统英语教学方式的平均数,即$\overline{X}_1=15.06>12.18=\overline{X}_2$,故新的英语教学方式优于传统的英语教学方式。

(二) 同一被试(重复测量)的情况

例 8.9　34 人的语文学习小组接受为期一个月的议论文写作训练,训练前与训练后的议论文写作成绩如表 8-6 所示,请在 $\alpha=0.05$ 的显著性水平上检验这一个月的议论文写作训练是否有效果? 已知训练前后两次写作测试是平行测验。

表 8-6　训练前后 34 人的议论文写作成绩情况

配对组	训练前 X_2	训练后 X_1	差数值 $D=X_1-X_2$	差数值平方 D^2
1	80	85	5	25
2	73	78	5	25
3	73	77	4	16
4	80	83	3	9
5	81	86	5	25
6	74	78	4	16
7	81	85	4	16
8	75	78	3	9
9	74	77	3	9
10	79	83	4	16
11	79	85	6	36
12	76	80	4	16
13	77	81	4	16
14	80	86	6	36
15	72	74	2	4
16	70	72	2	4
17	71	74	3	9
18	78	82	4	16
19	81	87	6	36
20	77	82	5	25
21	77	83	6	36
22	77	81	4	16
23	81	86	5	25
24	73	76	3	9
25	79	84	5	25
26	80	87	7	49
27	73	77	4	16
28	81	84	3	9
29	74	76	2	4
30	75	78	3	9
31	72	76	4	16
32	76	81	5	25
33	80	85	5	25
34	78	82	4	16
总计	2 607	2 749	142	644

解　检验步骤如下：

（1）提出假设

$$H_0: \mu_1 = \mu_2 (\text{或} \mu_D = 0); \ H_1: \mu_1 \neq \mu_2 (\text{或} \mu_D \neq 0)$$

（2）选择检验统计量并计算其值

议论文写作训练前后得分假定是从两个正态分布总体抽出的相关样本，那么差数的总体也呈正态分布，而差数总体的标准差未知，于是样本差数平均数与差数总体平均数离差统计量呈 t 分布。

可知 $\overline{X}_1 = 80.85$，$\overline{X}_2 = 76.68$，$\sum_{i=1}^{34} D_i = 142$，$\sum_{i=1}^{34} D_i^2 = 644$，从而有

$$\sigma_{M_D} = \sqrt{\frac{SS}{n(n-1)}} = \sqrt{\frac{\sum_{i=1}^{n} D_i^2 - (\sum_{i=1}^{n} D_i)^2/n}{n(n-1)}} = \sqrt{\frac{644 - 142^2/34}{34(34-1)}} \approx 0.213$$

所以

$$t = \frac{M_D - \mu_D}{\sigma_{M_D}} = \frac{142/34}{0.213} \approx 19.608$$

（3）选择显著性水平并确定临界值

取 $\alpha = 0.05$，$df = 34 - 1 = 33$，查 t 值表，双侧检验，查得临界值为 2.035。

（4）统计决断

由 t 值临界值可以得出，$t = 19.608 > 2.035$，$p < 0.05$，因此拒绝零假设。所以一个月的议论文写作训练对学生成绩有显著性影响，学生经过训练后的写作成绩有明显提高。

三、方差齐性检验

在对上述独立样本平均数进行检验时，首先说明了两个样本总体方差相等或者没有差异，这是因为在进行独立样本平均数检验时，除了要求样本数据呈正态分布的假设外，针对来自不同总体的样本时，还需要这两个样本具有相似的离散情况，也就是样本方差齐性/同质。

统计上检验两个或者多个总体的方差是否有显著性差异时，所进行的检验称为方差齐性检验，又称为 F 检验。

对于两个独立样本，如果没有明确其总体方差是否相等时，要进行方差齐性检验。

（一）两个独立样本方差间的显著性检验

对于要进行平均数差异检验的两个独立样本，在检验样本所在总体方差是否相等时，要使用公式

$$F = \frac{S_1^2}{S_2^2} \qquad \text{（公式 8-5）}$$

F 比值的抽样分布称为 F 分布。可以简单理解为从两个正态分布的总体中随机抽取 $n_1 = 10$，$n_2 = 9$ 的两个独立样本，求出两个相应总体方差估计值的 F 比值之后，把这两个样本数据放回到总体中去，然后再从中随机抽取 $n_1 = 10$，$n_2 = 9$ 的两个独立样本，又可以计算出一个 F 比值。这样反复抽下去，那么根据抽取的样本数据计算出来的所有 F 比值，就形成了一个 $df_1 = n_1 - 1 = 9$，$df_2 = n_2 - 1 = 8$ 的抽样分布。

F 分布的形态随 F 比值的分子和分母中自由度的变化而变化，形成一簇正偏态分布（如图 8-4）。F 值可以通过附录 4 中的 F 值表（单侧检验）查找。如对于分子的自由度为 $df_1=n_1-1=3$，分母的自由度为 $df_2=n_2-1=8$ 在 $\alpha=0.05$ 显著性水平上的 F 值，可查表得 $F_{(3,8)\ 0.05}=4.07$，$\alpha=0.01$ 显著性水平所对应的 F 值为 $F_{(3,8)\ 0.01}=7.59$。当使用双侧检验时，按照 $\alpha/2$ 在附录 5 中的 F 值表（双侧检验）查表即可。

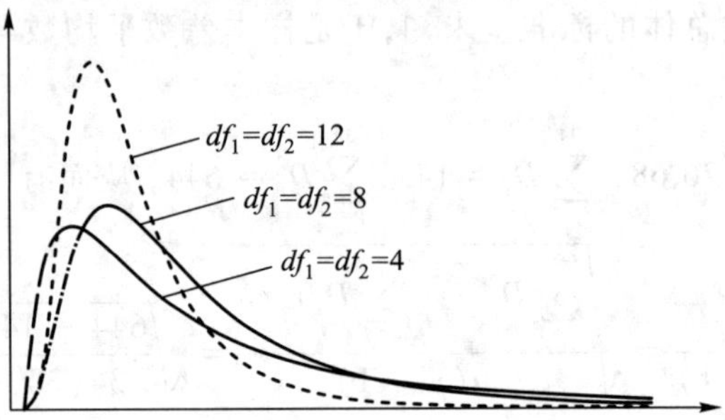

图 8-4　F 分布图

由于 F 检验的不对称性，相同显著性水平下左、右侧的临界值不同，人们为了使用方便，常常使用右侧检验。也就是在计算 F 值时，将较大的方差放在分子上，较小的方差放在分母上，使 F 值在右侧变化，此时 F 值的计算公式如下：

$$F=S_{大}^2/S_{小}^2 \qquad \text{（公式 8-6）}$$

检验两个独立样本的方差是否齐性时，如果两个样本所在总体方差相等或者没有显著差异，那么 F 值应该接近 1；如果 F 值与 1 相差较大，这时需要将计算出来的 F 值与右侧临界值 $F_{\alpha/2}$（双侧检验）进行比较，若计算出来的 F 值大于临界值，我们便可以认为两个样本来自的总体方差之间是有显著性差异的。

例 8.10　从两个独立的正态总体中，随机抽取一组数据，$n_1=14$，$n_2=10$，两个样本的标准差为 $S_1=7.06$，$S_2=10.11$，请问在 $\alpha=0.05$ 的显著性水平上两个样本的方差是否齐性？

解　检验步骤如下：

（1）提出假设

$$H_0:\sigma_1^2=\sigma_2^2;\ H_1:\sigma_1^2\neq\sigma_2^2$$

（2）选择检验统计量并计算其值

两个样本来自两个独立的总体，比较两个方差是否相等，采用 F 检验。

已知 $n_1=14$，$n_2=10$，$S_1=7.06$，$S_2=10.11$，所以

$$F=\frac{S_2^2}{S_1^2}=\frac{10.11^2}{7.06^2}\approx 2.051$$

（3）选择显著性水平并确定临界值

取 $\alpha=0.05$，分子、分母的自由度分别为 9、13，查 F 值表（单侧检验），$F_{(9,13)\ 0.05}=2.72$。

（4）统计决断

由于计算的结果 $F=2.051<2.72$，所以 $p>0.05$，接受零假设，认为两个样本的方差间不存在显著性差异。

（二）多个独立样本的方差齐性检验

当同时检验多个独立样本之间的方差是否有差异时，也需要先检验一下这些样本所在

总体的方差是否齐性,最常用的方法就是哈特莱方差齐性检验法。它的 F 值是所有独立样本中方差最大与方差最小的比值。如果最大的 F 值达到或超过一定 α 水平下的界限值,那么有理由认为这些样本所在的总体方差不齐性;如果 F 值未达到一定 α 水平下的界限值,则认为这些样本所在总体的方差齐性。

例 8.11 某班有四个历史兴趣小组,每组 5 名学生,四个小组进行时事竞赛,测验成绩如表 8-7 所示。请在 $\alpha=0.05$ 的显著性水平上检验这四个小组时事竞赛成绩的离散程度是否相同?

表 8-7 四个小组时事竞赛成绩表

	X_1	X_2	X_3	X_4
	10	15	12	8
	14	13	10	12
	12	21	5	12
	10	10	10	15
	8	18	8	13
总计	54	77	45	60

解 检验步骤如下:

(1) 提出假设:

$$H_0:\sigma_1^2=\sigma_2^2=\sigma_3^2=\sigma_4^2;\ H_1:\text{至少有两个小组所在总体的方差不相等}$$

(2) 选择检验统计量并计算其值

采用哈特莱方差齐性检验法,根据上述数据,求得各样本方差为

$$S_1^2=5.2, S_2^2=18.3, S_3^2=7, S_4^2=6.5$$

从而得到最大 F 值

$$F_{\max}=\frac{S_{\max}^2}{S_{\min}^2}=\frac{18.3}{5.2}=3.519$$

(3) 选择显著性水平并确定临界值

取 $\alpha=0.05$,查附录中 6 中的$F_{\max}$临界值表,表中 k 为被比较的方差个数,自由度为样本容量 $n-1$。本例中,$k=4$,$df=5-1=4$(当各样本容量不同时,取最大样本的自由度),查$F_{\max}$的临界值表,$F_{0.05}=20.6$。

(4) 统计决断

由于计算所得$F_{\max}$远小于表中界限值,接受原假设,因此认为各小组时事竞赛成绩的离散程度相同。

在方差差异的显著性检验中,小样本情况下,样本方差为$S^2=SS/(n-1)$,当为大样本时,可以近似地用$\frac{SS}{n}$进行检验。

(三) 方差不齐性时,两个独立样本的平均数差异检验

若两个独立样本的总体方差不齐性,进行两个独立样本 t 检验时,计算两个独立样本平均数之差的标准误,就不能使用合并方差($S_p^2=(SS_1+SS_2)/(df_1+df_2)$)计算了,此时可以用

两个样本方差分别估计出两个平均数标准误平方之和再开方来表示。这时样本平均数之差与相应总体平均数之差的离差统计量，可以看作是与 t 分布相近似的 t' 分布，用以下公式计算。[5]123-127

$$t' = \frac{\overline{X}_1 - \overline{X}_2}{\sqrt{\dfrac{\sum\limits_{i=1}^{n_1} x_{1i}^2 - (\sum\limits_{i=1}^{n_1} x_{1i})^2/n_1}{n_1(n_1-1)} + \dfrac{\sum\limits_{j=1}^{n_2} x_{2j}^2 - (\sum\limits_{j=1}^{n_2} x_{2j})^2/n_2}{n_2(n_2-1)}}} \quad \text{（公式 8-7）}$$

拓展阅读

假设检验在 SPSS 中的应用

用数学公式手工进行假设检验是一件十分复杂的事情，但现在有统计软件的支持，在 SPSS 软件中，只要根据研究设计与数据条件，选择和使用合适的方法，假设检验可以轻松完成。

结合例 8.3，我们先看总体平均数差异显著性检验。

（一）操作步骤

我们先在 SPSS 23.0 中录入数据信息。例 8.3 的数据信息有两列，第一列是学生编码，第二列是 20 个学生的数学成绩。假设检验的具体操作步骤如下所示。

1. 如图 8-5 所示，点击“分析”→“比较平均值”→“单样本 T 检验”，打开统计检验对话框。因为总体平均数差异的显著性检验只有一个样本，所以也叫作单样本 t 检验。

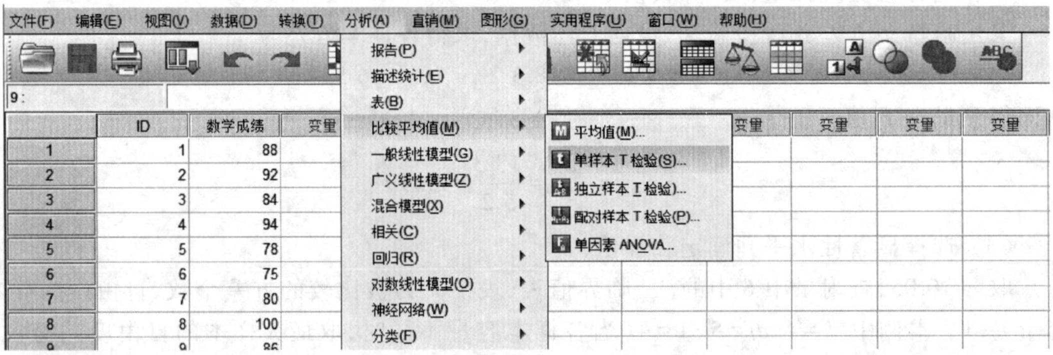

图 8-5 单样本 t 检验菜单

2. 如图 8-6 所示，将“数学成绩”移入“检验变量”，“检验值”更改为 81，然后点击“确定”。

（二）结果分析

1. 描述统计

表 8-8 中列出了样本量、样本均值、标准差和标准误的值。

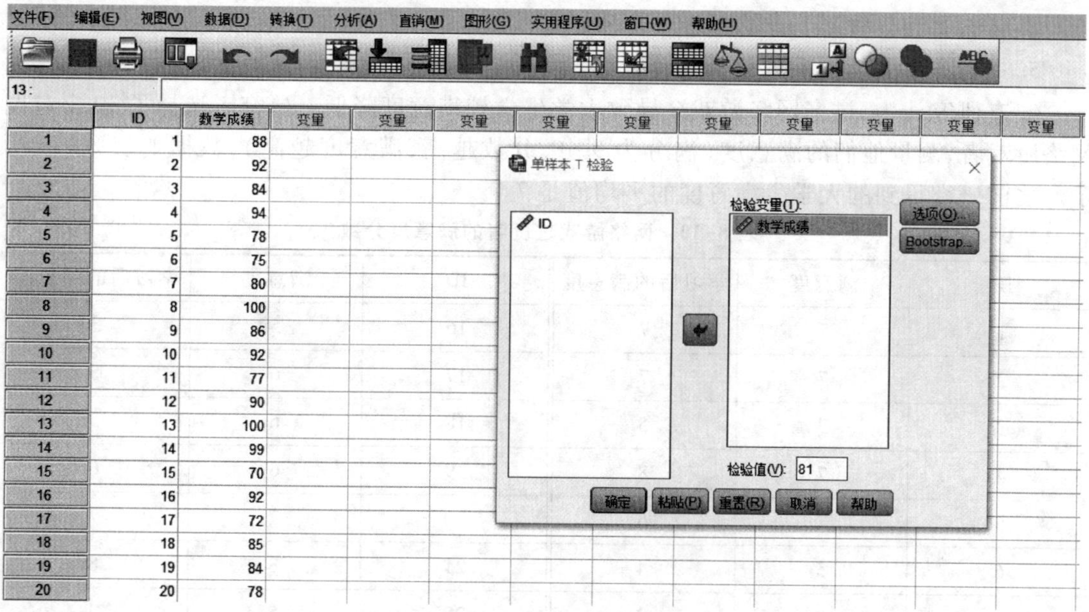

图 8-6　选择分析变量

表 8-8　单样本 t 检验描述统计量

	N	均值	标准差	标准误
数学成绩	20	85.80	9.117	2.039

2. 单样本 t 检验结果

如表 8-9 所示，单样本 t 检验结果显示，$t=2.354$，$df=19$，双侧检验 $p=0.029$，$p<0.05$，表明该校初三学生数学平均学业成绩与全区初三学生数学学业成绩有显著差异。

表 8-9　单样本 t 检验结果

	检验值 = 81					
	t	df	双侧检验	均值差异	95%置信区间	
					下限	上限
数学成绩	2.355	19	0.029	4.800	0.53	9.07

其他类型的平均数差异检验都十分类似，只是在具体分析时要根据研究设计与数据条件选择合适的“比较均值”方法，像例 8.6 要选择“独立样本 T 检验”，而例 8.8 要选择“配对样本 T 检验”。

练习与思考题

1. 什么是假设检验？它的检验步骤是什么？
2. 统计推断中的两类错误是什么？如何控制？
3. 什么是双侧检验？什么是单侧检验？

4. 什么是独立样本？什么是相关样本？

5. 进行方差齐性检验的目的是什么？

6. 有研究认为，过多网络游戏会导致大学生学校满意度降低。研究者选择了30个过度网络游戏者，测量他们的满意度（满分为9分，分数越高，满意度越高），数据如表8-10所示。之前研究得到的大学生满意度的平均值是7。

表8-10　网络游戏过度者的满意度分数

ID	满意度	学习后的满意度	ID	满意度	学习后的满意度
1	7	7	16	5	3
2	7	7	17	6	5
3	7	5	18	6	5
4	7	8	19	6	6
5	7	6	20	7	7
6	5	4	21	8	8
7	2	2	22	5	4
8	2	6	23	9	5
9	5	4	24	9	9
10	5	5	25	5	3
11	7	5	26	6	6
12	6	6	27	2	4
13	6	5	28	8	6
14	8	7	29	4	3
15	5	9	30	6	5

请回答以下问题：

（1）如果已知大学生满意度的总体方差为1.5，请按照假设检验的步骤，在$\alpha=0.01$的显著性水平上判断网络游戏过度者是否和总体有显著差异；如果总体方差未知，结果会不同吗？

（2）研究者认为，过度网络游戏者如果增加学习时间，将会减少网络游戏对学生的消极影响，对其满意度产生积极影响。他们组织这30个大学生经常进行学习，一个学期后又对其满意度进行测量，得到数据如表8-10所示。请按照假设检验的步骤，在$\alpha=0.05$的显著性水平上判断学习是否对过度网络游戏者的满意度产生积极影响。

7. 一年只等这一天，阿里巴巴集团称，2013年11月11日当天，通过支付宝完成的总销售额达350.19亿元。“双十一”过去后的第一秒，有独立调查机构随机抽取了20名淘宝用户，对他们11日当天的网购数据进行了分析，结果如表8-11所示。

表 8-11　2013 年 11 月 11 日在淘宝天猫消费金额

ID	消费金额	ID	消费金额
1	240	11	290
2	20	12	230
3	230	13	0
4	120	14	280
5	250	15	400
6	580	16	2300
7	220	17	230
8	3800	18	240
9	100	19	230
10	290	20	240

之前的数据分析显示淘宝用户每天的消费金额服从正态分布,平均每天的消费金额是 120 元。

(1) 请问一年一度的“双十一”活动是否提高了淘宝的人均消费额(在 $\alpha=0.01$ 的显著性水平上)?

(2) 分别将随机抽取的前 10 人和后 10 人分成两组,那么这两组人 11 月 11 日当天消费金额是否有显著差异(在 $\alpha=0.01$ 的显著性水平上)?

8. 下列数据是两所幼儿园 5 岁儿童某项语言能力测试成绩:甲园,11、8、10、9、12、11、10、12;乙园,13、14、10、9、11、12、12、13。试问在 $\alpha=0.01$ 的显著性水平上,两所幼儿园该项测验成绩是否有显著性差异?(先进行方差齐性检验)

9. 某校 10 名田径运动员训练前后两次得分如表 8-12 所示,请问在 $\alpha=0.01$ 的显著性水平上,训练是否有显著效果?

表 8-12　运动员训练前后的两次成绩

序号	训练前	训练后	序号	训练前	训练后
1	16	20	6	20	21
2	14	14	7	15	14
3	18	21	8	14	15
4	15	20	9	17	19
5	17	19	10	21	20

第九章　方差分析

方差分析不是一个数学定理，而是一种方便算术的方法。[1]

——威沙特(Wishart)

概览

1. 方差分析是处理两个及以上的总体平均数之间是否存在显著差异的一种假设检验的方法。这个检验的虚无假设是各处理水平间不存在显著差异，备择假设是至少有一个处理水平的均值与其他均值存在显著差异。与方差分析有关的实验设计主要有完全随机实验设计和重复测量实验设计。

2. 方差分析的基本原理是依据方差(变异)的可加性原则。在实际研究中体现为将实验数据的总变异分解为若干个不同来源的变异。具体是将实验观测数据之间的总体差异分解为组间变异和组内变异。组间变异来源于处理效应和随机误差，组内变异来源于随机误差。通过比较组间变异和组内变异，做出接受或拒绝虚无假设的判断。

3. 在进行方差分析之前，需要检查数据是否满足方差分析的基本前提条件。方差分析的基本假定包括总体服从正态分布、变异可加性和方差齐性。

4. 方差分析的主要步骤包括：建立假设；计算平方和(SS)、自由度(df)、均方(MS)；计算 F 值；查 F 值表做出决策；陈列方差分析表。

5. 在方差分析中，当拒绝虚无假设时，表明至少有一个总体的均值与其他不同，但我们并不清楚是哪两组或哪几组间均值存在显著差异，所以需要进行事后比较，从而确定因素内两两水平之间的差异是否显著。常用的事后比较的方法有 LSD、S-N-K 和 Tukey 法等。

6. 从方差分析的结果我们只能得到各处理条件均值之间存在显著差异，存在差异并不能说明差异大小，为获得处理效应的大小，需要计算效应值，常用的效应值有η^2。在重复测量的方差分析中，需要消除个体差异引起的变异，所以得到的效应大小称为偏η^2。

第一节　认识方差分析

前面章节介绍了单个样本和两个样本的差异检验问题，但在实际的应用中，我们经常会遇到需要比较两组以上的总体平均数差异的情况，这时候已有的处理方式就不再适用。例如，我们要比较我国东部、中部和西部学生的阅读能力的差异，如果采用上一章提到的假设检验方法，需要做三次检验，检验 1 是$H_0:\mu_1=\mu_2$，检验 2 是 $H_0:\mu_2=\mu_3$，检验 3 是 $H_0:\mu_1=\mu_3$，即需要分别检验东部和中部地区是否存在显著差异，中部和西部是否存在显著差异，东部和西部是否存在显著差异。在这种情况下，将三个样本平均数进行两两比较，会耗费大量的时间，比较繁琐，并且会增加犯Ⅰ类错误的概率。在 $\alpha=0.05$ 的显著性水平下，每次检验犯Ⅰ类错误的概率是0.05，如果进行三次检验，则犯Ⅰ类错误的概率为 $1-(1-0.05)^3\approx0.143$。这时就需要一种新的方法来解决多个样本的假设检验问题，即方差分析。

一、概念与基本术语

（一）概念

方差分析（analysis of variance，ANOVA）是由英国统计学家费舍（R.A.Fisher）提出的。它是一种假设检验的方法，用于评估两个及以上的总体平均数的差异。[2]356 在实验研究中，研究者设计操作的变量叫作自变量，因自变量的变化而发生改变的变量叫作因变量。例如，我们要探讨不同教学法对学生学习成绩的影响，因此设计了三种教学方法：讲解法、示例法和任务法，则教学法是自变量，是由研究者所设计的三种条件。在实施三种教学法后，测试学生的学习成绩，学生的学习成绩就是因变量。在调查研究中，如果研究者没有操作变量改变来探讨对其他变量的影响，只是用一个变量表示了不同的组别，如我国东部、中部和西部学生阅读能力的差异问题中，学生所处的地区就是一个表示不同组别的变量，这个变量不是我们可以操作的，而是学生本身就具有的特点，但是这种特点可能与学生的阅读能力有关，即三类不同地区学生的阅读能力存在差异。这时，地区可以被称为准自变量，阅读能力则是因变量。方差分析中，可能会影响因变量变化的自变量或用来表示作比较组的准自变量，称为因素。因素的类别叫作处理或水平，例如教学法有三种处理或三个水平。

方差分析通过分析引起总方差（总变异）变化的各种因素，确定一个或多个自变量（分类变量）对一个因变量（连续变量）是否有显著影响。方差分析一次性可以比较两个以上平均数的差异，当存在多个因素时，方差分析还可以检验因素间是否存在交互效应（interaction）。

方差分析主要是通过探究样本数据的变异来源，来衡量总体均值间的差异。简单来说就是判断样本均值的变异是由于处理的不同造成的，即各个样本的确来自不同的总体，还是仅仅由于从同一个总体中抽样时的随机误差所导致的，即这些样本其实属于相同的总体。方差分析的假设检验与之前并无不同，同样需要在虚无假设和备择假设中做出决策。方差分析的两类假设分别是：虚无假设，处理（组别）之间确实不存在差异，样本之间的差异仅是抽样误差导致的；备择假设，处理（组别）之间确实存在差异，样本之间的差异更可能是由于这些样本来自于不同的总体。

（二）基本术语

1. 因素与水平

因素（factor）：即自变量，指我们在研究中感兴趣的一个变量，我们可以通过操纵改变，来探究它对因变量的影响，如教学方法。

水平（level）：指每一个因素所包含的状态或等级，也就是自变量所取的不同的值。每个因素至少要有两个或两个以上的水平，如父母教养方式可以分为民主型、专制型、放任型三个水平。

2. 主效应与交互效应

主效应（main effect）：一个因素的不同水平引起的变异，即一个因素对因变量产生的影响大小。

交互效应(interaction):当存在两个或两个以上的自变量(因素)时,自变量之间有可能会出现交互效应,表现为一个因素的各个水平在另一个因素的不同水平上变化趋势不一致。

二、方差分析基本原理

尽管方差分析是比较各组均值是否存在差异,但是均值之间差异的比较是借助于方差的可分解性原理,通过变异来源的分析实现的,所以这种方法才叫方差分析。依据方差的可加性(可分解性原理),我们可以将数据的总变异分解为多个变异来源,从而对引起方差变化的各种原因进行分析和比较,进而判断自变量是否对因变量有显著的影响。接下来我们通过具体的实例来理解变异的可加性。

例 9.1 研究我国三类不同地区学生的阅读能力是否存在显著差异,在每个地区随机抽取 6 名学生,共 18 名学生,测试了每个人的阅读能力,原始数据如表 9-1 所示。

表 9-1 东、中、西部地区学生阅读能力原始数据

	东部	中部	西部
1	57	47	16
2	56	32	46
3	48	65	40
4	58	37	33
5	65	57	41
6	60	37	54

表中共有 18 名学生的阅读得分,其中自变量共有三个水平,分别是东部地区、中部地区和西部地区。要检验地区对阅读能力是否有显著影响,实际上就是检验三个不同地区的学生阅读得分的均值是否相等。如果三个地区的学生阅读得分不相等,则表明地区因素对学生的阅读能力产生了影响。

从表 9-1 可以看出,各地区间阅读得分的均值存在差异,而且即便是同一地区内,不同学生的得分也是不同的。所以总体数据的变异可以分为两部分(见图 9-1):一部分是各地区之间阅读得分的变异,我们将其称之为组间变异;另一部分是每个地区内的不同个体之间阅读得分的变异,我们将其称之为组内变异。组间变异实际上是测量了各组样本平均数间的差异,而组内变异是测量了每个组内数据的离散程度。

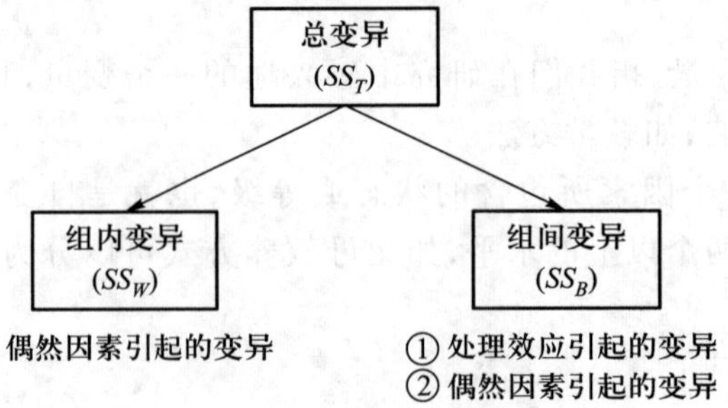

图 9-1 总变异分解图示

通常组内变异是由偶然因素引起的，[3]362 比如抽样的随机性。即使同一组内的被试接受的是相同的条件，比如，来自同一地区的学生，他们的反映数据也是不同的。组间变异则是由偶然因素和处理效应引起的。[4]362 可能是由于处理效应（如地区因素）引起的变异，也可能是抽样本身带来的随机误差所引起的。

在方差分析中，数据的变异用平方和来表示，记为 SS(sum of square)。总平方和：反映全部观测数据差异大小的平方和，记为SS_T(the sum of squares total)，反映了全部观测值的离散程度。组内平方和：反映组内差异大小的平方和，记为SS_W(sum of squares within group)。组间平方和：反映组间差异大小的平方和，记为SS_B(sum of squares between groups)。下标 T 表示全部(total)，W 表示组内(within group)，B 表示组间(between groups)。

在比较组间差异和组内差异时不能直接比较组间和组内的离差平方和，因为离差平方和的大小与实验处理数(k)和每组人数(n)有关，所以不能作为总体的变异。为了消除实验处理数和每组人数的影响，要分别求其均方。均方就是其平方和除以自由度，本质上这是总体方差的无偏估计，也即样本方差，用 MS(mean squares)表示。所以组间和组内均方计算公式如下：

$$MS_B = \frac{SS_B}{df_B} \qquad \text{（公式 9-1）}$$

$$MS_W = \frac{SS_W}{df_W} \qquad \text{（公式 9-2）}$$

MS_B(mean squares between groups)为组间均方，MS_W(mean squares within group)表示组内均方。df_T为总自由度，df_B为组间自由度，df_W为组内自由度。自由度的计算公式如下：

总自由度(df_T)：$df_T = nk-1$

组间自由度(df_B)：$df_B = k-1$

组内自由度(df_W)：$df_W = k(n-1)$

方差分析中，比较组间变异与组内变异，实际上就是比较各自的均方（即方差）。通常用单侧 F 检验，使用 F 值来判断样本组之间是否存在实质性的差异。

$$F = \frac{\text{组间变异}}{\text{组内变异}} = \frac{MS_B}{MS_W} \qquad \text{（公式 9-3）}$$

总的来说，方差分析的基本原理就是通过比较组间变异和组内变异的关系，来判断各组平均数间是否存在显著差异。

如果不存在处理效应，则组间变异与偶然因素引起的变异大致相等。所以组间变异与组内变异大致相等，F 值接近于 1。

如果存在处理效应，则组间变异要大于组内变异，F 值大于 1，当 F 值大到一定程度且落入临界区域，则认为各处理效应间存在显著差异，自变量对因变量有显著影响。

三、F 分布

通过以上的分析，我们知道方差分析需要通过构造 F 值来进行变量间关系的检验。当组间变异与组内变异大致相等，处理效应间不存在显著差异时，F 值的期望值接近 1。那么该如何准确界定接近 1 的意义？这里需要引入一个重要的概念：F 分布。F 分布可以用于方差分析、协方差分析、回归分析等。

F 分布是统计分析中一种常见的抽样分布。[5]189设有两个正态分布的总体，其方差为σ_1^2和σ_2^2，从这两个总体中随机抽取两个样本容量为n_1和n_2的样本，这两个样本的方差分别为S_1^2和S_2^2。简单来说，样本方差除以各总体方差的比率，称为 F 比率。

$$F=\frac{S_1^2/\sigma_1^2}{S_2^2/\sigma_2^2} \quad \text{（公式 9-4）}$$

如果$\sigma_1^2=\sigma_2^2$，即从一个总体中抽取两个样本，则

$$F=\frac{S_1^2}{S_2^2} \quad \text{（公式 9-5）}$$

也就是说，从正态分布总体中随机抽取两个容量为n_1和n_2的样本，其方差的比率分布称为 F 分布，分子的自由度为n_1-1，分母的自由度为n_2-1，记为 $F\sim F(n_1-1,n_2-1)$。

F 分布的特点：

（1）F 分布是一族正偏态的分布。分布曲线随分子、分母自由度的不同而不同。随着分子、分母自由度的增加趋近于正态分布。

（2）F 值总为正值，因为是由两个方差之比得到的。

（3）当分子的自由度为 1，分母的自由度为任意值时，F 值（单侧检验）与分母自由度相同概率的 t 值（双侧检验）的平方相等。

根据 F 分布的特点，F 分布应该是从零点开始（F 值为正值）；当接受虚无假设的时候，组间变异和组内变异大致相等，F 值接近于 1，所以 F 值的分布应该集中在 1 左右，然后向右侧逐渐变细。F 值分子、分母的自由度的大小也会影响 F 分布，当 df 值较大时，F 值集中在 1 左右，如果 df 值较小，则 F 分布会相对分散。

当H_0为真时，接受H_0，表明各处理条件之间不存在显著差异，F 值接近 1；当H_0为假时，需要拒绝H_0，组间差异显著大于组内差异，F 值显著大于 1。我们需要将接近 1 的 F 值与显著大于 1 的 F 值相分离，就需要找到临界点来做出接受或拒绝H_0的决定（见图 9-2），通常这个临界点，需要依据 α 水平和组间、组内的自由度来确定。假如组间的自由度 $df=2$，组内的自由度为 $df=15$，则 F 值的自由度即可表示为 $F_{(2,15)}$。

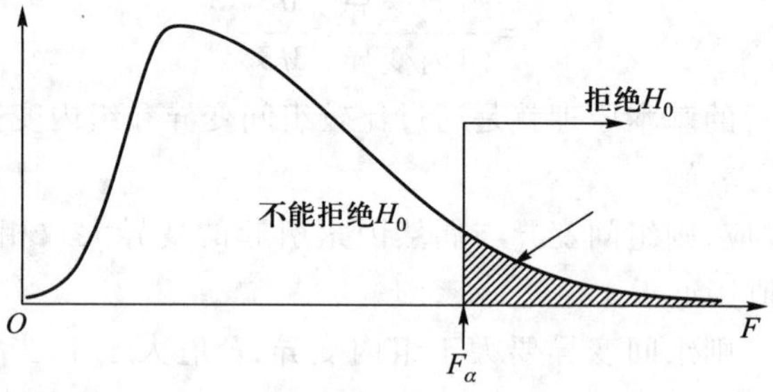

图 9-2 F 分布

对应到附录 4 中的 F 值表（单侧检验），找到分子自由度为 2 的那一列，然后再找到分母自由度为 15 所对应的那一行，最终能够确定到一个点，有相对应的两个数值，其中第一行的数值是 $\alpha=0.05$ 显著性水平下的临界值，第二行的数值是 $\alpha=0.01$ 显著性水平下的临界值。根据实际得到的 F 值，与临界值相比较。例如，在各地区学生阅读能力的研究中，F 值

为 4.486,在 $\alpha=0.05$ 显著性水平下,$F_{0.05(2,15)}$ 对应的临界值是 3.68,所以我们得到的 F 值要大于临界值,从而做出拒绝H_0的决定,表明地区因素会影响学生的阅读能力。

四、方差分析的基本假定

(1) 总体服从正态分布:要求每一个总体的观测值都是来自正态分布总体的随机样本。比如每个地区学生的阅读能力都必须服从正态分布。

(2) 变异的可加性:变异的可加性即变异的可分解性,方差分析中要求数据的变异分解成不同的变异来源,这几部分的变异来源在意义上要明确并且彼此之间相互独立。如在例 9.1 中,总变异被分解为组间变异和组内变异。组间变异是由处理条件和随机因素引起的,而组内变异只来源于随机因素。这两部分的变异也是相互独立的。

(3) 方差齐性:也称变异的同质性,即各组样本来自的总体方差相同,各组数据样本方差没有显著差异。

如果各组数据方差差异较大,就表明不同条件处理下所测数据之间的变异程度不同,所以在不同的条件下观测数据的变异性不同,就会造成组间的变异与组内的变异相关联,就违反了组内和组间变异相互独立的条件,也就破坏了方差分析的逻辑基础。

五、与方差分析有关的实验设计

对于不同的实验设计,所使用的方差分析的方法存在区别。常见的方法有完全随机设计,重复测量设计和混合设计。[6]271

完全随机设计:又称组间设计。将被试分成若干组,每组接受一种处理,不同组的被试接受不同的处理。由于被试是随机取样并且随机分配到各组的,所以称为完全随机设计的方差分析。因为各组被试不同,被试间相互独立,所以又叫作被试间设计。

重复测量设计:又称组内设计或被试内设计,每一个被试接受所有的实验处理,重复进行测量。在重复测量设计中如果把每个被试换成一个被试组,每个组的被试要接受所有的实验处理,但是每个组中的每个被试只随机接受一种实验处理。这样的被试组叫作区组。有时候将这种设计称作随机区组设计。

混合设计:是完全随机设计与重复测量设计的混合。研究中通常包含两个以上的自变量,均有 2 个或多个水平。其中一个或部分自变量是组间设计的,每个被试只接受一个水平的处理;剩下的自变量是组内设计,每个被试接受所有水平的处理。

本章主要介绍完全随机设计的方差分析和重复测量设计的方差分析。

第二节　完全随机设计的方差分析

完全随机设计的方差分析即上面所介绍的,将被试随机分配到若干组,每组接受一种处理,不同组的被试接受不同的处理。根据所分析的因素的多少,完全随机设计的方差分析又可以分为单因素方差分析和多因素方差分析。当研究中只考虑一个自变量,即只有一个因素,且这个因素有两个及两个以上的水平,则称为单因素方差分析。而当研究中想要分析两个及两个以上的因素,以及因素间存在的交互作用,则需进行多因素方差分析。

一、单因素完全随机设计的数据结构

单因素完全随机设计是只包含一个因素，且这个因素有两个及两个以上的水平，每个被试仅接受一种处理。这种设计的数据格式如表 9-2 所示。

表 9-2 单因素完全随机设计的数据结构

水平 A1	水平 A2	水平 A3
S1	S5	S9
S2	S6	S10
S3	S7	S11
S4	S8	S12

二、单因素方差分析的基本步骤

以例 9.1 为例，介绍单因素方差分析的基本步骤。我们想要探究学生阅读能力是否存在地区差异，分别在东、中、西部三个地区随机抽取 6 名学生，了解学生的阅读能力。表 9-3 是东、中、西部三个地区的 18 名学生阅读能力的原始数据及中间计算结果，要求判断不同地区的学生阅读能力是否存在差异。

表 9-3 东、中、西部地区学生阅读能力

	东部	中部	西部
1	57	47	16
2	56	32	46
3	48	65	40
4	58	37	33
5	65	57	41
6	60	37	54
列均值	57.33	45.83	38.33
总均值		47.17	

1. 建立假设

虚无假设都是各处理条件均值之间没有显著差异，处理没有效果，即各地区间学生的阅读能力不存在显著差异；备择假设则是并非所有处理条件效应都相同，处理有效果，即各地区间学生的阅读能力存在显著差异。

$$H_0: \mu_1 = \mu_2 = \cdots = \mu_n$$

H_1：至少有一个处理均值与其他不同

2. 求平方和（SS）

总平方和（SS_T）：全部观测数据X_{ij}与总均值$\overline{X}_t$的离均差平方和，其计算公式为

$$SS_T = SS_B + SS_W \quad \text{（公式 9-6）}$$

$$SS_T = \sum_{j=1}^{k} \sum_{i=1}^{n_j} (x_{ij} - \overline{X}_t)^2 \qquad (公式 9-7)$$

其中$\overline{X}_t$指的是总平均数，下标 j 表示第 j 组，i 表示某一组中第 i 个被试，n_j 表示第 j 组的人数，k 表示有 k 种实验处理。

在例 9.1 中，我们已经计算出总均值$\overline{X}_t$为 47.17。

$$SS_T = \sum_{j=1}^{k} \sum_{i=1}^{n_j} (x_{ij} - \overline{X}_t)^2$$
$$=(57-47.17)^2+(56-47.17)^2+\cdots+(41-47.17)^2+(54-47.17)^2$$
$$=2\ 936.5$$

组间平方和(SS_B)：各组均值与总均值的离差平方和，反映了各组均值的变异程度，n 表示每组的人数。

$$SS_B = n\sum_{j=1}^{k} (\overline{X}_j - \overline{X}_t)^2 \qquad (公式 9-8)$$

$$SS_B = n\sum_{j=1}^{k} (\overline{X}_j - \overline{X}_t)^2$$
$$=6[(57.33-47.17)^2+(45.83-47.17)^2+(38.33-47.17)^2]$$
$$\approx 1\ 099$$

组内平方和(SS_W)：各组内各观测值与其所在组的均值的离差平方和，反映随机误差的影响。

$$SS_W = \sum_{j=1}^{k} \sum_{i=1}^{n_j} (x_{ij} - \overline{X}_j)^2 \qquad (公式 9-9)$$

东部地区：

$$\sum_{i=1}^{n_1} (x_{i1} - \overline{X}_1)^2 = (57 - 57.33)^2 + (56 - 57.33)^2 + \cdots + (60 - 57.33)^2 \approx 155.34$$

中部地区：

$$\sum_{i=1}^{n_2} (x_{i2} - \overline{X}_2)^2 = (47 - 45.83)^2 + (32 - 45.83)^2 + \cdots + (37 - 45.83)^2 \approx 840.83$$

西部地区：

$$\sum_{i=1}^{n_3} (x_{i3} - \overline{X}_3)^2 = (16 - 38.33)^2 + (46 - 38.33)^2 + \cdots + (54 - 38.33)^2 \approx 841.33$$

所以组内平方和为东、中、西部地区平方和的总和：

$$SS_W = 155.34+840.83+841.33=1\ 837.5$$

3. 求自由度

自由度的分析与 SS 的分析模式相同，包括总的自由度，以及总自由度可以分为组内和组间自由度。

总自由度(df_T)：$df_T = nk-1$

组间自由度(df_B)：$df_B = k-1$

组内自由度(df_W)：$df_W = k(n-1)$

在例 9.1 中，共有三组被试，每组有 6 个人，所以一共包含 18 个数据。

总自由度（df_T）：$df_T = nk-1 = 18-1 = 17$

组间自由度（df_B）：$df_B = k-1 = 3-1 = 2$

组内自由度（df_W）：$df_W = k(n-1) = 3\times(6-1) = 15$

其中 k 表示实验处理数，n 表示每组人数。

4. 求均方（MS）

离均差平方和与自由度的商，即方差。其公式同公式 9-1 和公式 9-2。

$$MS_B = \frac{SS_B}{df_B}$$

$$MS_W = \frac{SS_W}{df_W}$$

在例 9.1 中：

$$MS_B = \frac{SS_B}{df_B} = \frac{1\ 099}{2} = 549.5$$

$$MS_W = \frac{SS_W}{df_W} = \frac{1\ 837.5}{15} = 122.5$$

5. 求 F 值

如果组间均方比组内均方大，就代表组间平均数之间有差异，但是二者之间的差异是否达到显著水平，需要计算 F 值，并进行检验。其公式同公式 9-3。

$$F = \frac{MS_B}{MS_W}$$

在例 9.1 中：

$$F = \frac{MS_B}{MS_W} = \frac{549.5}{122.5} \approx 4.486$$

6. 进行 F 检验并做出决断

假定选择 $\alpha = 0.05$（或 0.01）的显著性水平，如果 F 值小于 $\alpha = 0.05$（或 0.01）的临界值，则接受 H_0，表明各组均值之间差异不显著，也可以说因素（自变量）对因变量的影响不显著。

如果 F 值大于 $\alpha = 0.05$（或 0.01）的临界值，则拒绝 H_0，表明各组均值间至少有一对差异显著，也可以说因素（自变量）对因变量有显著影响。接下来需要报告多重比较检验结果，说明哪几组之间差异显著。

例 9.1 的 F 检验及结果判断：通过查附录 4 中的 F 值表（单侧检验），对应组间组内的自由度（2，15），在 $\alpha = 0.05$ 显著性水平下，$F_{0.05(2,15)}$ 对应的临界值是 3.68，$4.486 > 3.68$，$p < 0.05$。表明各地区学生的阅读能力存在显著差异。

7. 陈列方差分析表

通过上面几个步骤的分析，所得结果可以整理成一个方差分析表。通常方差分析表所需要的要素包括：误差来源、平方和、自由度、均方、F 值、p 值。表 9-4 是方差分析表的基本格式。

表 9-4 方差分析表

误差来源	平方和	自由度	均方	F 值	p 值
组间	SS_B	$k-1$	MS_B	MS_B/MS_W	
组内	SS_W	$k(n-1)$	MS_W		
总和	SS_T	$nk-1$			

将例 9.1 的计算结果列成方差分析表,如表 9-5 所示。

表 9-5 例 9.1 方差分析表

误差来源	平方和	自由度	均方	F 值	p 值
组间	1 099	2	549.5	4.486	<0.05
组内	1 837.5	15	122.5		
总和	2 936.5	17			

第三节 重复测量设计的方差分析

前一节介绍的完全随机设计的方差分析,每一组被试只接受一种实验处理,不同组的被试接受不同的实验处理。而在日常的情境中,我们通常会遇到包含重复测量的情境,即对同一组个体重复测量多次。比如,我们想要探究噪音类型对记忆任务表现的影响,在每一种干扰类型下分别测量学生记忆任务的表现,通过重复测量,探究不同的噪音类型是否会影响学生的记忆表现。这种类型的设计就叫作重复测量设计。在这种情况下用完全随机设计的方差分析是不合适的,因为每个个体都在两个以上的处理条件中测量过。本节中将要介绍重复测量设计的方差分析。

重复测量的方差分析同样包含单因素和多因素的重复测量设计。单因素重复测量设计也称为单因素被试内设计,适用于只有一个自变量,有 2 个或 2 个以上的水平的情形,同一组的所有个体接受所有不同的处理条件。多因素重复测量的方差分析则视情况而定,如果两个及以上的因素都是重复测量,则称为多因素方差分析。如果只有一个或部分是重复测量,其他的是被试间设计,则称之为混合设计。对于重复测量实验设计的方差分析中需要注意的一点是:当不同的处理水平连续施加给被试时,应确保被试所接受的前面的处理不会影响到后面的处理,要避免学习效应、记忆效应等的影响。

本节内容将以单因素重复测量的方差分析为例展开详细介绍。

一、单因素重复测量设计的数据结构

单因素重复测量设计的方差分析同样是只包含一个因素,有两个及以上的水平,与完全随机设计不同的是,重复测量设计中每个被试要接受所有的实验处理。其数据结构对比如表 9-6 所示。

表 9-6 单因素完全随机方差分析与单因素重复测量方差分析的数据结构的比较

单因素完全随机设计			单因素重复测量设计		
水平 A1	水平 A2	水平 A3	水平 A1	水平 A2	水平 A3
S1	S5	S9	S1	S1	S1
S2	S6	S10	S2	S2	S2
S3	S7	S11	S3	S3	S3
S4	S8	S12	S4	S4	S4

二、重复测量设计方差分析的基本原理

重复测量设计的方差分析同样是依据方差可加性的思想,检验组间变异是否要显著大于组内变异,即处理间变异是否显著大于偶然因素引起的变异。与完全随机设计的方差分析略有不同的是,重复测量的方差分析消除了个体差异。从表 9-6 的数据结构中我们就可以看出,在重复测量设计的方差分析中,各处理条件下的被试完全相同。

所以在重复测量设计的 F 分数中,组间变异(F 值的分子)仅包含处理效应引起的变异和误差引起的变异(不包含任何个体差异)。

而对于组内变异,同一组内的被试接受同样的处理,所以不会受到处理效应的影响。但是即使每一组接受同样的处理,组内的个体仍会存在个体差异。

重复测量设计允许将个体差异从组内变异(F 值分母)中消除掉,因为在每个处理条件下测量的都是相同的个体,所以能够测出个体差异的大小。[7]407 消除组内变异(F 值分母)上的个体差异,剩下的就是误差引起的变异。所以组内变异(F 值分母)则只包含了误差引起的变异。

重复测量方差的分解图如图 9-3 所示。其中,被试间平方和用SS_S表示,误差平方和用SS_E表示。下标 S 表示被试间,下标 E 表示误差。

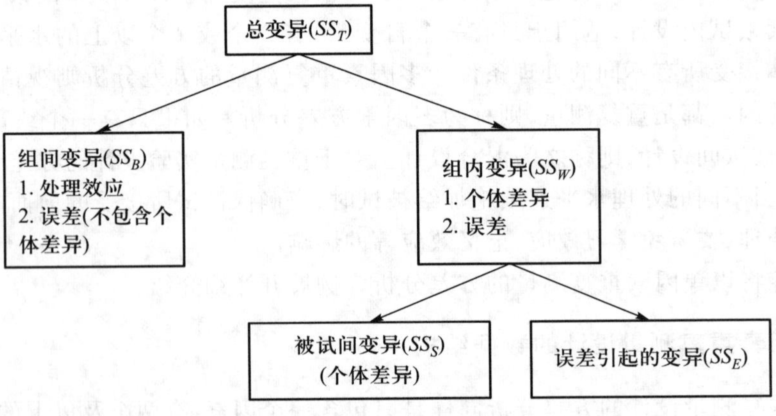

图 9-3 重复测量方差分解图

因而,F 分数可以改为

$$F=\frac{\text{组间变异}}{\text{误差引起的变异}}=\frac{MS_B}{MS_E}$$

当不存在处理效应的时候，组间变异大致与偶然因素引起的变异相一致，F 值接近于1，表明没有处理效应的存在，可以接受虚无假设，各处理条件均值之间没有显著差异。

当存在处理效应时，组间变异大于组内变异，当其大到一定水平，达到临界值时，表明处理效应存在，各处理条件下均值间有显著差异。

三、重复测量方差分析的基本假设

重复测量方差分析的基本假定除了前面第一节第四部分所介绍的，即需要满足总体服从正态分布、变异的可加性和方差齐性的基本假定之外，它也有其自身特有的假设：协方差齐性。协方差齐性是对各水平方差齐性的延伸，即被试在自变量不同水平上的因变量得分，两两配对相减所得的差的方差须相同（齐性）。简单来说就是处理效果对所有的被试来说应该是一致的。这一概念是比较复杂的，本章在此不再赘述。

四、单因素重复测量方差分析的基本步骤

例 9.2　为了测查不同类型的干扰对记忆效果的影响，我们分别对被试施加不同的干扰，要求被试在三种不同干扰下完成记忆任务，每次完成的记忆任务不同，任务类型和难度相同，记录每名被试在每种干扰条件下的记忆得分。表 9-7 是 5 名被试在三种干扰条件下记忆得分的原始数据及中间计算结果，要求判断不同类型的干扰是否对记忆效果产生影响。

表 9-7　不同干扰下的记忆得分

	干扰 1	干扰 2	干扰 3	行均值
1	13	14	18	15.00
2	16	16	19	17.00
3	13	12	17	14.00
4	12	13	18	14.33
5	15	14	17	15.33
列均值	13.8	13.8	17.8	
总均值	15.13			
SS	10.8	8.8	2.8	

具体计算过程如下。

1. 建立假设

重复测量方差分析与完全随机设计方差分析的假设完全相同，虚无假设都是各处理条件均值之间没有显著差异，所有的处理效应影响是一样的，即在不同的干扰条件下，被试的记忆得分并不存在显著差异；备择假设则是并非所有处理条件效应都相同，即在不同的干扰条件下，被试的记忆得分存在差异。

$H_0: \mu_1=\mu_2=\cdots=\mu_n$

H_1：至少有一个处理平均数与其他不同

2. 求平方和(SS)

在重复测量方差分析中,总平方和和组间平方和计算方式与完全随机设计的方差分析完全相同。

总平方和(SS_T):全部观测数据x_{ij}与总均值$\overline{X}_t$的离差平方和,其计算公式同公式 9-7,为

$$SS_T = \sum_{j=1}^{k}\sum_{i=1}^{n_j}(x_{ij} - \overline{X}_t)^2$$

其中$\overline{X}_t$指的是总平均数,下标 j 表示第 j 组,i 表示某一组中第 i 个被试,n_j 表示第 j 组的人数,k 表示有 k 种实验处理。

在例 9.2 中,

$$SS_T = \sum_{j=1}^{k}\sum_{i=1}^{n_j}(x_{ij} - \overline{X}_t)^2 = (13 - 15.13)^2 + \cdots + (17 - 15.13)^2 \approx 75.73$$

组间平方和(SS_B):各组均值与总均值的离差的平方和,反映了各组平均数的变异程度,是由实验处理造成的离差平方和。因为组均值是由组内所有被试平均而来,所以要乘以组内人数(n)加权处理。其计算公式同公式 9-8,为

$$SS_B = n\sum_{j=1}^{k}(\overline{X}_j - \overline{X}_t)^2$$

在例 9.2 中:

$$SS_B = n\sum_{j=1}^{k}(\overline{X}_j - \overline{X}_t)^2 = 5[(13.8 - 15.13)^2 + (13.8 - 15.13)^2 + (17.8 - 15.13)^2] \approx 53.33$$

组内平方和(SS_W):各组内各观测值与其所在组均值的离差平方和,反映随机误差的影响。其计算公式同公式 9-9,为

$$SS_W = \sum_{j=1}^{k}\sum_{i=1}^{n_j}(x_{ij} - \overline{X}_j)^2$$

在例 9.2 中,我们可以分别计算不同干扰条件下的组内平方和,然后加和。

干扰 1:

$$\sum_{i=1}^{n_1}(x_{i1} - \overline{X}_1)^2 = (13 - 13.8)^2 + \cdots + (15 - 13.8)^2 = 10.8$$

干扰 2:

$$\sum_{i=1}^{n_2}(x_{i2} - \overline{X}_2)^2 = (14 - 13.8)^2 + \cdots + (14 - 13.8)^2 = 8.8$$

干扰 3:

$$\sum_{i=1}^{n_3}(x_{i3} - \overline{X}_3)^2 = (18 - 17.8)^2 + \cdots + (17 - 17.8)^2 = 2.8$$

所以组内平方和为

$$SS_W = 10.8+8.8+2.8 = 22.4$$

在重复测量的方差分析中,每一组内仍存在个体差异,需要将组内平方和分解为被试间平方和(SS_S)和误差平方和(SS_E)。所以总平方和也可以写为:

$$SS_T = SS_B + SS_S + SS_E \qquad \text{(公式 9-10)}$$

被试间平方和(SS_S):反应个体间的差异。每个被试在所有水平下的均值($\overline{X}_i$)与总均

值的离差平方和。

$$SS_S=\sum_{j=1}^{k}\sum_{i=1}^{n_j}(\overline{X}_i-\overline{X}_t)^2 \quad \text{（公式 9-11）}$$

$$SS_S=\sum_{j=1}^{k}\sum_{i=1}^{n_j}(\overline{X}_i-\overline{X}_t)^2=(15-15.13)^2+(17-15.13)^2+\cdots+(15.33-15.13)^2\approx 5.47$$

误差平方和(SS_E):即为组内平方和减去被试间平方和。

$$SS_E=SS_W-SS_S \quad \text{（公式 9-12）}$$

$$SS_E=22.4-5.47=16.93$$

3. 求自由度

自由度的分析与 SS 的分析模式相同,包括总自由度(df_T),以及总自由度可以分为组内自由度(df_W)和组间自由度(df_B)。由于重复测量的方差分析对组内变异有了更细致的划分,所以对于组内自由度也需要进一步划分,将组内自由度细分为被试间自由度(df_S)和误差自由度(df_E)。

总自由度(df_T):$df_T=nk-1$

组内自由度(df_W):$df_W=k(n-1)$

组间自由度(df_B):$df_B=k-1$

被试间自由度(df_S):$df_S=n-1$

误差自由度(df_E):$df_E=df_W-df_S=(k-1)(n-1)$

对于例 9.2 中的数据,自由度计算如下:

总自由度(df_T):$df_T=nk-1=15-1=14$

组内自由度(df_W):$df_W=k(n-1)=3\times(5-1)=12$

组间自由度(df_B):$df_B=k-1=3-1=2$

被试间自由度(df_S):$df_S=n-1=5-1=4$

误差自由度(df_E):$df_E=(k-1)(n-1)=2\times4=8$

其中 k 表示实验处理数,n 表示每组人数。

4. 求均方(MS)

以下是组间均方和误差均方的计算公式,其中组间均方的计算公式同公式 9-1。

$$MS_B=\frac{SS_B}{df_B}$$

$$MS_E=\frac{SS_E}{df_E} \quad \text{（公式 9-13）}$$

所以对于例 9.2,组间均方和误差均方的计算如下:

$$MS_B=\frac{SS_B}{df_B}=\frac{53.33}{2}\approx 26.67$$

$$MS_E=\frac{SS_E}{df_E}=\frac{16.93}{8}\approx 2.12$$

5. 求 F 值

如果组间均方比误差均方大,就代表各处理水平均值间有差异,但是二者之间的差异是否达到显著水平,需要计算 F 值,并进行检验。

$$F=\frac{MS_B}{MS_E}=\frac{26.67}{2.12}\approx 12.58$$

6. 进行 F 检验并做出决断

假定选择 $\alpha=0.05$（或 0.01）的显著性水平，如果 F 值小于 $\alpha=0.05$（或 0.01）的临界值，则接受 H_0，表明各组均值之间差异不显著，也可以说因素（自变量）对因变量的影响不显著。

如果 F 值大于 $\alpha=0.05$（或 0.01）的临界值，则拒绝 H_0，表明各组均值间至少有一对差异显著，也可以说因素（自变量）对因变量有显著影响。接下来需要报告多重比较检验结果，说明哪几组之间差异显著。

例 9.2 的 F 检验及结果判断：F 值的自由度 $df_{(2,8)}$，对应组间和误差自由度查 F 值表（单侧检验），$\alpha=0.05$ 的显著性水平下，$F_{0.05(2,8)}$ 所对应的临界值是 4.46，$12.58>4.46$，$p<0.05$。所以可以拒绝虚无假设，表明干扰对记忆效果有显著影响。

7. 陈列方差分析表

通常需要用方差分析表来报告方差分析结果。通过上面几个步骤的分析，所得结果可以整理成一个方差分析表。通常方差分析表所需要的要素包括：误差来源、平方和、自由度、均方、F 值、p 值，表 9-8 是方差分析表的基本格式，表 9-9 是例 9.2 对应的方差分析表。

表 9-8　方差分析表

误差来源	平方和	自由度	均方	F 值	p 值
组间	SS_B	$k-1$	MS_B	MS_B/MS_E	
组内	SS_W	$k(n-1)$	MS_W		
被试间	SS_S	$(n-1)$	MS_S		
误差	SS_B	$(k-1)(n-1)$	MS_E		
总和	SS_T	$nk-1$			

表 9-9　例 9.2 方差分析表

误差来源	平方和	自由度	均方	F 值	p 值
组间	53.33	2	26.67	12.58	<0.05
组内	22.4	12	1.87		
被试间	5.47	4	1.37		
误差	16.93	8	2.12		
总和	75.73	14			

第四节　事后比较

方差分析只能得到各组之间至少有一对平均数间的差异达到了显著水平，但不能回答具体是哪一对或哪几对的均值差异显著。例如，在例 9.1 中，方差分析的结果只能说明，东、中、西部三个地区的学生的阅读能力存在显著差异，但之前的检验结果并不能告诉我们具体是哪两个地区之前存在差异,或者是三个地区两两之间均存在显著差异。所以需要进一步进行事后比较(posteriori/post hoc comparison),事后比较是一种附加的假设检验,是在方差分析后通过对各组均值之间的配对比较来进一步检验到底哪几组均值之间存在差异。

事后检验的方法众多,常用的方法有 S-N-K(Student-Newman-Keuls,q 检验),Tukey 真实差异检验,LSD,Dunnet 法,Scheffe 法等。本节将主要介绍 S-N-K 法。

S-N-K(Student-Newman-Keuls)法也称为 q 检验。检验步骤如下:

第一步:均值大小排序。

首先把各组均值按由小到大的顺序排列,并赋予等级 R。

第二步:查 q 值。

计算比较等级 r,用每次比较的两个均值,均值较大的定义为R_i,均值较小的定义为R_j,$r_{ij}=R_i-R_j+1$。根据比较等级 r 和方差分析中的df_E,查附录 7 中 q 分布的临界值表中相应的$q_{0.05}$(或$q_{0.01}$)值。

第三步:求样本平均数的标准误。

$$SE_{\bar{X}}=\sqrt{\frac{MS_W}{n}} \qquad \text{(公式 9-14)}$$

其中MS_W为组内均方,n 为样本容量。

对于样本量不同的两个组,则用以下公式

$$SE_{\bar{X}}=\sqrt{\frac{MS_W}{2}\left(\frac{1}{n_a}+\frac{1}{n_b}\right)} \qquad \text{(公式 9-15)}$$

其中n_a,n_b分别为两个样本的样本量。

第四步:计算两个均值差异相比较的临界值。

这个临界值用标准误乘以 q 的临界值($q_{0.05}\times SE_{\bar{X}}$)来表示。如果两个均值的差异大于($q_{0.05}\times SE_{\bar{X}}$),则认为这两个均值在 $\alpha=0.05$ 的显著性水平上存在显著差异;如果其小于($q_{0.05}\times SE_{\bar{X}}$),则认为两个均值之间不存在显著差异。[8]287

下面仍以例 9.1 为例,详细介绍 S-N-K 检验的过程。

第一步:把三个均值按由低到高的等级排列,如表 9-10 所示。

表 9-10 均值等级排列表

地区	西部	中部	东部
等级	1	2	3
均值	38.33	45.83	57.33

第二步:计算比较等级 r。

如比较中、西部地区,均值较大的为中部地区,其等级为 2,均值较小的为西部地区,其等级为 1,所以 $r=2-1+1=2$。对于东、西部和东、中部地区的比较同样如此。

中、西部地区:$r=2-1+1=2$;

东、西部地区:$r=3-1+1=3$;

东、中部地区:$r=3-2+1=2$。

已知$df_W=15$,根据比较等级 r,查附录 7 中 q 分布的临界值表。r 为 2 时,$q_{0.05}$值为 3.01,r

为 3 时，$q_{0.05}$ 值为 3.67。

第三步：求样本平均数的标准误。

$$SE_{\bar{X}}=\sqrt{\frac{MS_W}{n}}=\sqrt{\frac{122.5}{6}}\approx 4.52$$

第四步：计算两个均值差异相比较的临界值。

当 $r=2$ 时，

$$q_{0.05}\times SE_{\bar{X}}=3.01\times 4.52\approx 13.61$$

当 $r=3$ 时，

$$q_{0.05}\times SE_{\bar{X}}=3.67\times 4.52\approx 16.59$$

$$M_{东}-M_{西}=57.33-38.33=19$$

$$M_{东}-M_{中}=57.33-45.83=11.5$$

$$M_{中}-M_{西}=45.83-38.33=7.5$$

东、西部地区的差异为 19，大于 16.59（$r=3$），表明东、西部地区存在显著差异；

东、中部地区的差异为 11.5，小于 13.61（$r=2$），表明东、中部地区不存在显著差异；

中、西部地区的差异为 7.5，小于 13.61（$r=2$），表明中、西部地区不存在显著差异。

所以学生的阅读能力，东部地区与西部地区存在显著差异，东部与中部地区不存在显著差异，中部与西部地区也不存在显著差异。

第五节　测量方差分析效应大小

通过第三节和第四节的分析，我们只能确定各均值间存在显著差异，但是存在显著差异只能说明样本数据的变异不只是由偶然因素引起的，并不能说明这个差异有多大。为了得到差异大小，需要报告效应大小（effect size）。我们可以用组间平方和占总平方和的比例大小来反映效应大小，即数据总的变异在多大程度上是由处理效应引起的。方差分析中常用的效应值为 η^2。

η^2 是能够被解释的方差的百分比，也就是说，η^2 是处理间变异占总变异的百分比。

$$\eta^2=\frac{SS_B}{SS_T} \qquad \text{（公式 9-16）}$$

对于例 9.1 来说，

$$\eta^2=\frac{1\ 099}{2\ 936.5}\approx 0.374$$

所以在例 9.1 中，处理效应解释了总变异的 37.4%，具有较大的效应。

对于重复测量的方差分析，可能出现一个被试的分数始终高于另一个被试的情况，这是被试间的个体差异所造成的，但往往也能够解释数据中的部分变异，所以我们通常要消除个体差异带来的变异，因此需要在总变异中减去被试间变异的部分，得到的消除个体差异的效应值被称为偏 η^2。在这个公式中，分母则只包含了误差引起的变异。

$$\eta^2=\frac{SS_B}{SS_T-SS_S} \qquad \text{（公式 9-17）}$$

根据以上公式我们可以计算例 9.2 中方差分析的效应大小：

$$\eta^2=\frac{53.33}{75.73-5.47}\approx 0.76$$

结果表明数据中有76%的变异是由处理效应引起的。

拓展阅读

随机区组设计与混合设计的方差分析

本章详细介绍了完全随机设计和重复测量设计的方差分析，对于随机区组设计和混合设计的方差分析，大家也可以做简单的了解。

一、随机区组设计的方差分析

简单来说，随机区组设计是将重复测量设计中的每个被试换成一个区组的被试。区组(blocks)即根据某一相关变量而匹配的一组被试，一个区组的被试被随机分配到不同的处理条件下的设计称为随机区组设计(randomized-blocks design)。对这种设计进行的分析就是随机区组设计的方差分析(randomized-blocks ANOVA)。

例如当我们想要探究三种教学方法对学生的影响，如果对一个学生分别使用三种教学方法，则很难消除前一种教学方法的影响，所以在这种情况下，需要使用不同的被试来检验不同的教学方法。可以将一个被试替换成一个区组，每个区组包含三名能力相近的被试，分别接受三种不同的教学方法，就相当于一个被试在三种不同条件下进行了测量。

当每个区组的被试数等于处理水平数，随机区组的分析方法就和重复测量设计相同，因此对于简单的随机区组设计的方差分析，通常也会使用重复测量设计的方差分析这个术语。

二、混合设计的方差分析

混合设计可以看作是完全随机设计方差分析和重复测量设计方差分析的组合，其平方和的分解原理也可以依此进行。研究中包含两个及以上的自变量，每个变量包含两个或多个水平。其中有一个或部分变量是组间设计的，每组被试只接受一种处理。其余的是组内设计的，每个被试接受所有的实验处理。

练习与思考题

1. 对于两个以上的平均数差异的比较，为什么不能用 t 检验？
2. 简述方差分析的基本原理。
3. 方差分析的基本假定有哪些？
4. 试概括方差分析的基本步骤。
5. 方差分析中为什么要进行事后比较？
6. 完全随机设计与重复测量设计的方差分析最主要的区别是什么？
7. (单选)某研究想要测查不同职业人员(工人、农民、公务员)在对生活满意度方面是否存在差异，分析该研究数据最恰当的统计方法是(　　)。

A. 相关分析　　B. 卡方检验　　C. 方差分析　　D. t 检验

8. (多选)重复测量的方差分析的假设是(　　)。

A. 总体服从正态分布

B. 方差齐性

C. 变异可加性

D. 因变量的方差、协方差矩阵符合球形假设

9. 假设某学校对该校所有学生进行了一项调查,用于了解父母的教养方式与学生在校行为的表现。现在截取部分数据如下表所示:

编号	年级	父母教养方式	受欢迎程度
1	高一	民主型	6
2	高一	专制型	4
3	高一	民主型	7
4	高一	民主型	9
5	高一	民主型	8
6	高一	专制型	6
7	高一	放任型	7
8	高一	专制型	5

请据表回答下面的问题:

(1) 如果要了解学生的父母教养方式与在校受欢迎程度的关系,应该属于哪一种研究方法?

(2) 请指出该研究中的因素(自变量)、因素的不同水平和因变量。

(3) 该研究的虚无假设和备择假设是什么?

10. 以下是一个尚未填写完毕的方差分析表,请根据已有数据,给出①②③④⑤对应的数值,并请回答以下问题:

变异来源	*SS*	*df*	*MS*	*F*
组间	①	2	③	6.25
组内	②	16	2.5	
总和	④	⑤		

(1) F 值的自由度是多少?

(2) $\alpha=0.05$ 的显著性水平上,能否拒绝零假设?

11. 以下是一个尚未填写完毕的方差分析表,请根据已有数据,给出①②③④⑤⑥⑦⑧⑨对应的数值,并请回答以下问题:

变异来源	*SS*	*df*	*MS*	*F*
组间	①	3	②	3.7
组内	③	16		
被试间	④	⑤	6	
误差	24	⑥	⑦	
总和	⑧	⑨		

并请回答以下问题：

（1）F 值的自由度是多少？

（2）$\alpha=0.05$ 的显著性水平上，能否拒绝零假设？

第十章　相关与回归分析

事物都是互相关联的，宇宙本身不过是一条原因和结果的无穷的锁链。[1]51

——霍尔巴赫

概览

1. 相关关系就是两个或多个变量在数量变化上所呈现出来的规律。

2. 相关分析是描述变量间相关关系的统计技术，主要包括画散点图和计算相关系数两种方法。

3. 积差相关、等级相关和点二列相关是计算不同变量类型之间线性相关系数的方法，肯德尔和谐系数常用来分析评分一致性问题。

4. 回归分析是研究变量间数量关系的常用统计方法之一。回归分析把能够对其他变量的数值进行解释和预测的变量称为自变量，把被解释和预测的变量称为因变量。

5. 线性回归的基本假设：固定独立变量假设、线性关系假设、正态性假设、误差独立性假设、误差等分散性假设。

6. 一元线性回归分析主要包括以下几个步骤：建立一元线性回归方程；一元线性回归方程的显著性检验；根据建立的回归方程进行预测，并确定自变量对因变量的解释力。

现实中的许多事物是息息相关的，理清事物之间的关系，有助于我们对事物或现象进行合理的解释和预测，并找到解决问题的切入点。统计中的相关分析能从量的角度分析事物间的相关，而回归分析能在相关分析的基础上实现对变量数值的解释和预测。本章将为大家介绍相关分析和回归分析中最基本的一元回归分析方法。

第一节　相关分析

我们最能直观感受到事物间的相关是它们在数量（多少、大小、高低、程度等）上的联系。例如，学生有效学习时间越长，学生所取得的学业成绩会越高，得到这样的结论更多的是来自于我们基于经验对数量大致的估计。这节内容主要为大家详细讲述如何从客观的数据出发来描述和分析事物间的相关关系。

一、什么是相关关系

（一）相关关系的定义

相关关系相信大家都不陌生，但在以量化的角度来分析事物的统计学中，我们应该如何理解相关关系呢？在统计学中，我们一般把研究的事物或现象称为变量，简单来说，相关关系就是两个或多个变量在数量变化上所呈现出来的规律。例如，当我们说要研究语文成绩与英语成绩的相关关系时，其实也就意味着我们要探讨语文成绩和英语成绩在数值变动上有什么样的规律，具体来说就是如果某个学生的语文成绩高，那么这个学生的英语成绩是高还是低呢？又或是有高有低，没有明显的规律？

统计学中的相关意味着什么呢？这种变量间数值变动上的规律能够为我们揭示变量间什么样的内在本质联系呢？要回答这些问题，我们就要知道变量间什么样的内在本质联系会使变量间的数值变动呈现出规律。总的来说，当变量之间存在共变关系的时候，一个变量的数值会随另一个变量的数值变化而有规律地变化。这种共变关系并不意味着两者之间一定存在因果关系。

例如，很多研究已经表明，学生的家庭社会经济地位会影响学业成绩，同时，家庭社会经济地位决定了学生所穿鞋的价格。假设以上两个关系都是成立的，那么在一个调查研究中测量得到了学生的家庭社会经济地位、学业成绩和学生所穿鞋的价格。研究者很有可能会发现学生的家庭社会经济地位越高，学生的学业成绩和所穿鞋的价格会越高，同样地，也会观察到学生所穿鞋的价格越高，学生的学业成绩越高。那么是否可以从学生所穿鞋的价格与学业成绩的数量变化规律得出学生所穿鞋的价格影响学生的学业成绩，它们之间存在因果关系的结论呢？答案显然是不可以！因为学生成绩和鞋价在内在本质上并没有直接的关联，但它们的高低都很大程度上取决于家庭社会经济地位。因此在自然状态观测下，可能发现学生的鞋价越高，成绩越高的现象，这种数量变化的规律就仅仅是变量间共变关系的反映，而非因果关系的反映。从这里可以看出，仅仅单靠变量数值间的相关是无法辨别变量间是否为因果关系的，因为变量间具有数值上的相关，可能是受到第三变量的影响，而导致的共变关系。

（二）相关的分类

对相关关系进行类别的划分有助于我们更准确简洁地对其进行描述和定位。相关既有线性相关，又有非线性相关。线性相关指变量间的数值变动大体上呈现一致方向和大小均等的规律，而非线性相关指变量间的数值变动呈现一定的规律，但方向或大小不是均等的。本书的相关仅在线性相关的范围内进行探讨，两个变量间的线性相关关系可从以下两方面进行分类。

1. 完全相关、不完全相关和零相关

从相关程度的角度划分，相关关系可以分为完全相关、不完全相关和零相关。完全相关可以等同于函数关系，即变量间的数值可以通过函数关系式一一对应。当两个变量完全相关时，一个变量的值确定后，另一个变量的数值也会是确定值。零相关则是变量间的数值变动没有明显的规律。不完全相关则是介于完全相关和零相关之间。当两个变量不完全相关时，一个变量的值确定后，另一个变量的值会在一个可预测的范围内变动，数值变动的范围取决于不完全相关的强弱，不完全相关越强，数值变动的范围就越小，变量间数量变化的规律越明显,反之亦成立。我们把完全相关和不完全相关的情况合称为相关。

2. 正相关和负相关

从相关方向的角度划分,相关可以分为正相关和负相关。变量间呈正相关说明:在一定范围内,随着某一变量数值的增大或减小,另一变量数值变动呈现与之相同的趋势,即同增同减。变量间呈负相关则说明:在一定范围内,随着某一变量数值的增大或减小,另一变量数值变动呈现与之相反的趋势。

二、散点图

绘制散点图对于相关分析来说十分重要,因为通过散点图不仅可以发现数据在收集过程中的异常值,而且能够十分直观地将两个变量相关的情况呈现出来(如图 10-1 所示)。具体地说,散点图可以提供的有关信息有助于我们判断相关的形式、方向和程度。

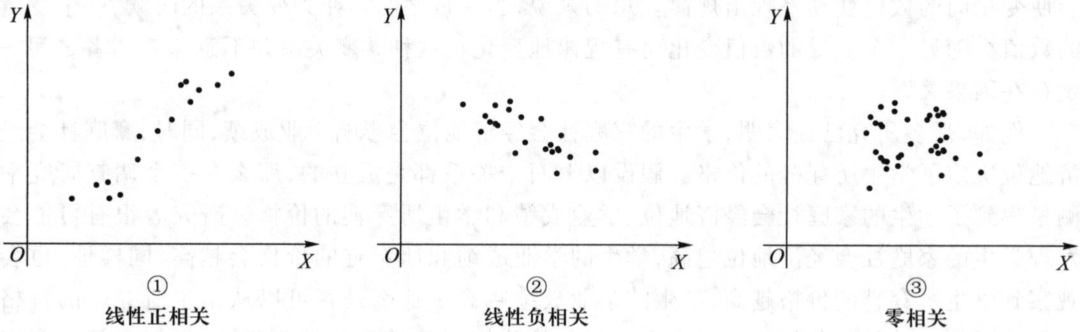

图 10-1　X 和 Y 散点图表

观察散点图中散点的整体形态可以判断相关形式。散点的整体形态能够让我们大概推测两个变量的数值关系是线性相关或零相关,从而为下一步更深入的相关分析提供一个方向。

观察散点图中散点的走向可以判断相关方向。随着横轴值增加的方向,大部分散点如果始终走向是向上的,则两个变量为正相关,反之,则为负相关。

观察散点图中散点的分布形态可以判断相关程度。一般来说,散点分布越集中于整体趋势的附近,相关程度越强,反之相关程度越弱。但是散点的分布形态只能作为判断相关程度的参考,因为散点的疏密会随着横纵坐标的单位取值大小而改变。

三、相关系数

散点图能够帮助我们很直观地了解两个变量间的关系,但是散点图的不足之处在于它只能给我们呈现出一个大致的情况,无法准确地描述相关关系的强度。在相关分析中,我们可以通过计算相关系数 r 来表示相关关系强度的大小。

相关系数 r 不仅能够较精准地表示相关强度的大小,还与散点图一样能够体现相关的方向。如图 10-2 所示,r 的取值在 -1 到 $+1$ 之间,有正有负。当 r 值为正数时,说明两个变量呈正相关;当 r 值为负数时,说明两个变量呈负相关。当两个变量完全相关时,r 值为 ±1。两个变量相关程度越高,r 值就会越接近 ±1。相反,两个变量相关程度越低,r 的数值会越接近 0。若 r 值为 0,则两个变量零相关。

图 10-2　相关系数取值示意图

从上面的分析我们知道：当 r 不为 0 时，两个变量之间存在相关关系。但现在有一个问题是：统计是一种方法论学科，研究数据的收集、整理、描述和推断，以获得有关研究对象的特征和规律。[2]31 在统计中，我们很难获得总体所有的情况，考虑到时间、精力和金钱成本等因素，往往采取的做法是抽取能够近似代表总体的样本，因此得到的相关系数 r 的值是通过样本计算得到的统计量。当得到样本的相关系数 r 的值不为 0 时，我们不能直接得到总体样本的相关系数（总体的相关系数我们一般用希腊字母 ρ 表示）也不为 0 的结论。因为数据存在抽样误差和随机误差，这可能使得原本真值为 0 的 ρ 值在实际的抽样观测中出现偏差，而呈现出样本的相关系数 r 的值不为 0 的状况。因此我们需要利用第八章所学的假设检验的原理来检验样本统计量的相关系数 r 的值是否满足 r 的期望值 ρ 为 0 的分布，如果满足，则说明样本的相关系数 r 不为 0 是误差导致的，总体不存在显著的相关；如果不满足该分布，则说明样本的相关系数 r 是显著不为 0，总体中两个变量存在显著相关。根据这样的方式，就可以实现由变量的样本 r 值推断变量总体相关情况的目的。

统计学中有许多计算相关系数的方法，这些方法有着各自的适用对象、范围和目的。在计算相关系数 r 之前，我们首先需要利用散点图判断两个样本变量的相关形式，结合考虑变量的类型和研究目的来确定计算 r 的方式。以下内容将为大家介绍几种常用计算线性相关系数的方法。

（一）积差相关

1. 概念

积差相关是英国统计学家皮尔逊（Karl Pearson）提出的一种计算相关系数的方法，因此积差相关也被称为皮尔逊相关。到目前为止，最常用的计算相关系数的方法是皮尔逊相关。[3]477 积差相关以相关系数 r 作为指标，它描述的是两个正态连续变量之间线性相关的程度和方向，r 的计算公式为

$$r=\frac{\sum_{i=1}^{n}(x_i-\overline{X})(y_i-\overline{Y})}{\sqrt{\sum_{i=1}^{n}(x_i-\overline{X})^2}\sqrt{\sum_{i=1}^{n}(y_i-\overline{Y})^2}}\qquad（公式 10-1）$$

式中：x_i代表变量 X 第 i 个样本的观测值

y_i代表变量 Y 第 i 个样本的观测值

$\overline{X}$代表变量 X 的平均值

$\overline{Y}$代表变量 Y 的平均值

我们应该如何理解积差相关公式呢？先看公式的分子部分：$\sum_{i=1}^{n}(x_i-\overline{X})(y_i-\overline{Y})$。

图 10-3 可以让大家对公式的分子部分有个更加深入的理解，图中两条虚线分别代表

的是 X 和 Y 的均值线，散点会分散在这两条虚线的两侧，虚线把平面分成了四个部分，分别为第Ⅰ、Ⅱ、Ⅲ、Ⅳ四个部分。当散点在第Ⅰ和第Ⅲ部分时，$(x_i-\overline{X})(y_i-\overline{Y})$ 为正；当散点在第Ⅱ和第Ⅳ部分时，$(x_i-\overline{X})(y_i-\overline{Y})$ 为负。

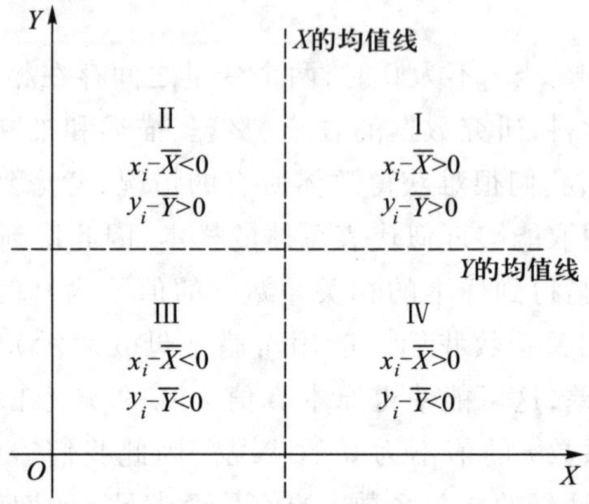

图 10-3 积差相关示意图

当散点主要集中在第Ⅰ和第Ⅲ部分时（见图 10-4），散点对应 $(x_i-\overline{X})(y_i-\overline{Y})$ 的值也大部分为正值，因此 $\sum_{i=1}^{n}(x_i-\overline{X})(y_i-\overline{Y})$ 的值为正，而落在第Ⅱ和第Ⅳ部分的散点会部分消减掉 $\sum_{i=1}^{n}(x_i-\overline{X})(y_i-\overline{Y})$ 的值，并且越少散点落在第Ⅱ和第Ⅳ部分，$\sum_{i=1}^{n}(x_i-\overline{X})(y_i-\overline{Y})$ 被削减掉的值也就越少，$\sum_{i=1}^{n}(x_i-\overline{X})(y_i-\overline{Y})$ 也就越大。此时，散点呈现出来的相关关系为线性正相关。

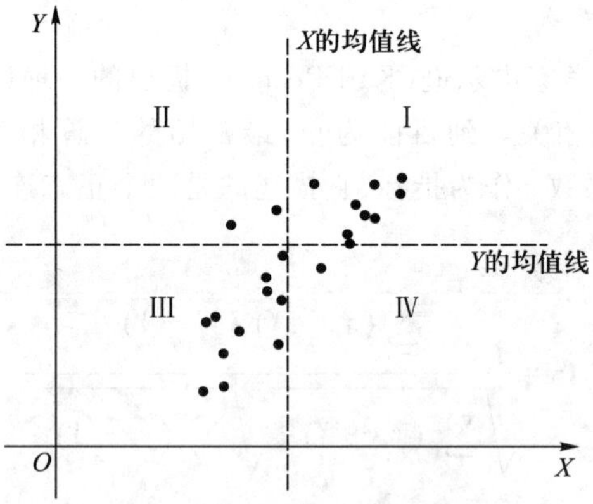

图 10-4 积差相关正相关分布图

同理，当散点主要集中在第Ⅱ和第Ⅳ部分时（见图 10-5），散点对应 $(x_i-\overline{X})(y_i-\overline{Y})$ 的值大部分为负值，因此 $\sum_{i=1}^{n}(x_i-\overline{X})(y_i-\overline{Y})$ 的值为负，而落在第Ⅰ和第Ⅲ部分的散点会部分消减掉 $\sum_{i=1}^{n}(x_i-\overline{X})(y_i-\overline{Y})$ 的绝对值大小，并且越少散点落在第Ⅰ和第Ⅲ部分，

$\sum_{i=1}^{n}(x_i-\overline{X})(y_i-\overline{Y})$ 的绝对值被削减掉的值也就越少，$\sum_{i=1}^{n}(x_i-\overline{X})(y_i-\overline{Y})$ 的绝对值也就越大。此时，散点呈现出来的相关关系为线性负相关。

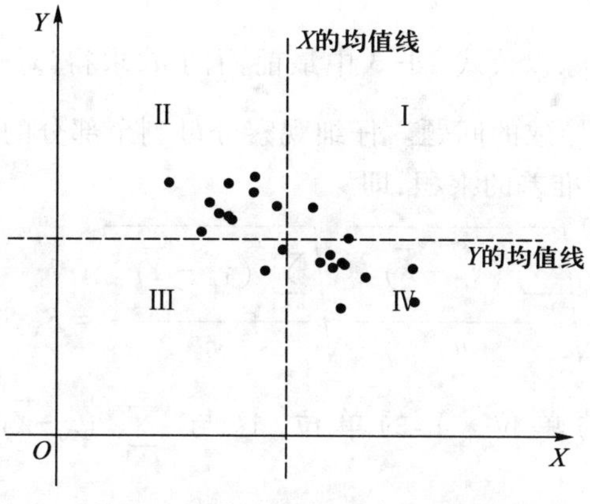

图 10-5　积差相关负相关分布图

而当散点散落在三个或四个部分时（见图 10-6），散点对应的 $(x_i-\overline{X})(y_i-\overline{Y})$ 的值有正有负，彼此之间相互抵消而使得 $\sum_{i=1}^{n}(x_i-\overline{X})(y_i-\overline{Y})$ 的绝对值接近于零。此时，散点呈现出来的相关关系为非线性相关或零相关。

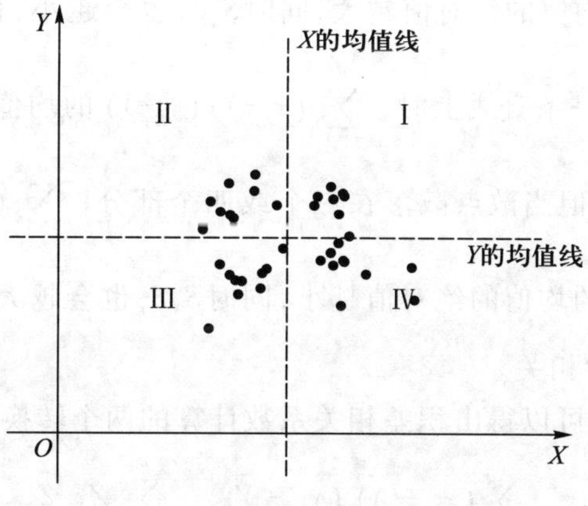

图 10-6　积差相关零相关分布图

从以上分析来看，似乎分子的公式就能够描述变量的相关关系。但是我们会发现，$\sum_{i=1}^{n}(x_i-\overline{X})(y_i-\overline{Y})$ 的大小不仅与散点分布有关，还与散点数量 n 的大小和 X、Y 数值的单位有关，这会使得我们无法确定一个指标来判断 $\sum_{i=1}^{n}(x_i-\overline{X})(y_i-\overline{Y})$ 的大小。

下面再看公式 10-1 的分母：

$$\sqrt{\sum_{i=1}^{n}(x_i-\overline{X})^2}\sqrt{\sum_{i=1}^{n}(y_i-\overline{Y})^2} \quad \text{（公式 10-2）}$$

可以把此公式看成：

$$n\sqrt{\frac{\sum_{i=1}^{n}(x_i-\overline{X})^2}{n}}\sqrt{\frac{\sum_{i=1}^{n}(y_i-\overline{Y})^2}{n}} \quad \text{（公式 10-3）}$$

把 $\sum_{i=1}^{n}(x_i-\overline{X})(y_i-\overline{Y})$ 除以公式 10-3 中最前面的 n，求得 $(x_i-\overline{X})(y_i-\overline{Y})$ 的均值，这样就能很好地解决散点数量所导致的问题。仔细观察分母剩余部分的公式，我们会发现，其实它们是 X 和 Y 各自的样本标准差的乘积，即

$$\sqrt{\frac{\sum_{i=1}^{n}(x_i-\overline{X})^2}{n}}\sqrt{\frac{\sum_{i=1}^{n}(y_i-\overline{Y})^2}{n}}=S_X S_Y \quad \text{（公式 10-4）}$$

$S_X S_Y$ 的单位为 X 的单位 × Y 的单位，这与 $\sum_{i=1}^{n}(x_i-\overline{X})(y_i-\overline{Y})$ 的单位相同，将 $\sum_{i=1}^{n}(x_i-\overline{X})(y_i-\overline{Y})$ 除以 $S_X S_Y$，则能够把单位消除掉，使得积差相关系数不受变量单位的影响。同时，$S_X S_Y$ 的值始终不小于 $\sum_{i=1}^{n}(x_i-\overline{X})(y_i-\overline{Y})$ 的均值的绝对值，这样就把积差相关系数的值控制在了 -1 到 +1 之间。当散点越集中在直线附近，$\sum_{i=1}^{n}(x_i-\overline{X})(y_i-\overline{Y})$ 被削减的越少，$\sum_{i=1}^{n}(x_i-\overline{X})(y_i-\overline{Y})$ 的均值的绝对值越大，同时 $S_X S_Y$ 也会越小，积差相关系数 r 就越接近 ±1，并且当所有散点都在一条直线上时，$\sum_{i=1}^{n}(x_i-\overline{X})(y_i-\overline{Y})$ 的均值的绝对值会等于 $S_X S_Y$，使得积差相关系数 r 为 ±1。但当散点散落在三个或四个部分，$\sum_{i=1}^{n}(x_i-\overline{X})(y_i-\overline{Y})$ 被削减的就越多，$\sum_{i=1}^{n}(x_i-\overline{X})(y_i-\overline{Y})$ 的均值的绝对值越小，同时 $S_X S_Y$ 也会越大，积差相关系数就越接近 0，变量 X 和 Y 则为非线性相关。

从以上的分析我们还可以得出积差相关系数计算的两个转换公式：

$$r=\frac{\sum_{i=1}^{n}(x_i-\overline{X})(y_i-\overline{Y})}{n S_X S_Y}=\frac{\sum_{i=1}^{n}Z_{Xi}Z_{Yi}}{n} \quad \text{（公式 10-5）}$$

在计算积差相关系数时，为了简化计算过程，避免四舍五入而导致结果不够精准，我们一般采用原始数据来计算积差相关系数，其计算公式为（此公式仅为下面例题计算时使用）

$$r=\frac{\sum_{i=1}^{n}x_i y_i-\left(\sum_{i=1}^{n}x_i\right)\left(\sum_{i=1}^{n}y_i\right)/n}{\sqrt{\sum_{i=1}^{n}x_i^2-\left(\sum_{i=1}^{n}x_i\right)^2/n}\sqrt{\sum_{i=1}^{n}y_i^2-\left(\sum_{i=1}^{n}y_i\right)^2/n}} \quad \text{（公式 10-6）}$$

2. 积差相关的适用范围

不是所有变量都能够运用积差相关，运用积差相关的变量需要满足以下几个条件：

（1）两个变量都为连续变量且服从正态分布或近似正态分布。

（2）两个变量的数据必须是成对的。具体来说就是，如果要计算学生英语成绩和语文成绩的相关系数，那需要同时搜集每一位学生的英语分数和语文分数。英语分数和语文分数是成对存在的，每个学生样本对应着一对英语和语文分数。

（3）两个变量的散点图中散点的整体形态大体呈现直线分布。

（4）为确保计算出的积差相关系数有意义，变量的样本容量要大于30。

3. 积差相关系数的显著性检验

（1）提出假设，设

$$H_0:\rho=0$$
$$H_1:\rho\neq 0$$

（2）计算检验统计量 t 的值：

$$t=\frac{r-0}{r\text{的标准误}}=\frac{r}{\sqrt{\frac{1-r^2}{n-2}}}=\frac{r\sqrt{n-2}}{\sqrt{1-r^2}} \qquad \text{（公式 10-7）}$$

（3）确定显著性水平 α（一般选取0.05或0.01）、自由度 $df=n-2$ 和检验形式（一般选取双侧检验），查 t 值表找到 t 的临界值 $t_{(df)\ \alpha}$。

（4）统计决断。

若 $|t|$ 大于 t 的临界值，则 r 的期望值 ρ 为0的概率 p 值小于0.05，这是一个小概率事件，因此认为 r 的期望值 ρ 显著不为0，拒绝 H_0，接受 H_1，从而可以说两个变量有统计学意义上的相关关系。

若 $|t|$ 不大于 t 的临界值，则 r 的期望值 ρ 为0的概率 p 值不小于0.05，这是一件可能发生的事件，因此认为 r 的期望值 ρ 可能为0，拒绝 H_1，接受 H_0，从而可以说两个变量没有统计学意义上的相关关系。

大家再仔细观察一下 t 值的计算公式，不难发现 t 值的大小与 r 的值和样本量 n 有关。在 r 相同的情况下，n 越大，t 值越大；在 t 值表中，n 越大，t 的临界值越小。综合以上两点，我们可以知道 r 相同的情况下，n 越大，t 值更容易大于临界值，容易得到两个变量显著相关的结论。因此在研究中我们会遇到：在大样本中，相关系数 r 只有0.14，但是显著性检验却得到 r 值是显著大于0的结论；在小样本中，相关系数 r 达到了0.7，但是显著性检验却得到 r 值不是显著大于0的结论。这也提醒了我们，在比较 r 值大小的时候，不能抛开其样本量的背景，r 值的大小只是一个我们判断两个变量相关程度的参考。

例 10.1　计算语文成绩与英语成绩（见表10-1）的积差相关系数，并在 $\alpha=0.05$ 的显著性水平上进行积差相关系数的显著性检验。

表 10-1　学生的语文分数和英语分数

学生编号	语文分数 X	英语分数 Y	学生编号	语文分数 X	英语分数 Y
5030103	94	98	5030107	88	83
5030104	77	70	5030108	63	73
5030105	73	84	5030109	86	80
5030106	76	80	5030110	84	96

续表

学生编号	语文分数 X	英语分数 Y	学生编号	语文分数 X	英语分数 Y
5030111	80	70	5030122	76	80
5030112	63	68	5030123	88	83
5030113	69	60	5030124	63	73
5030114	87	89	5030125	86	80
5030115	73	84	5030126	84	96
5030116	57	48	5030127	80	70
5030117	84	74	5030128	63	68
5030118	93	92	5030129	69	60
5030119	94	98	5030130	87	89
5030120	77	70	5030131	73	84
5030121	73	84	5030132	57	48

解 解题步骤如下：

步骤一，列出学生的语文分数和英语分数积差相关计算表。

表 10-2 语文分数和英语分数的积差相关计算表

学生编号	X	Y	X^2	Y^2	XY
5030103	94	98	8 836	9 604	9 212
5030104	77	70	5 929	4 900	5 390
5030105	73	84	5 329	7 056	6 132
5030106	76	80	5 776	6 400	6 080
5030107	88	83	7 744	6 889	7 304
5030108	63	73	3 969	5 329	4 599
5030109	86	80	7 396	6 400	6 880
5030110	84	96	7 056	9 216	8 064
5030111	80	70	6 400	4 900	5 600
5030112	63	68	3 969	4 624	4 284
5030113	69	60	4 761	3 600	4 140
5030114	87	89	7 569	7 921	7 743
5030115	73	84	5 329	7 056	6 132
5030116	57	48	3 249	2 304	2 736
5030117	84	74	7 056	5 476	6 216
5030118	93	92	8 649	8 464	8 556

续表

学生编号	X	Y	X^2	Y^2	XY
5030119	94	98	8 836	9 604	9 212
5030120	77	70	5 929	4 900	5 390
5030121	73	84	5 329	7 056	6 132
5030122	76	80	5 776	6 400	6 080
5030123	88	83	7 744	6 889	7 304
5030124	63	73	3 969	5 329	4 599
5030125	86	80	7 396	6 400	6 880
5030126	84	96	7 056	9 216	8 064
5030127	80	70	6 400	4 900	5 600
5030128	63	68	3 969	4 624	4 284
5030129	69	60	4 761	3 600	4 140
5030130	87	89	7 569	7 921	7 743
5030131	73	84	5 329	7 056	6 132
5030132	57	48	3 249	2 304	2 736
总和	2 317	2 332	182 329	186 338	183 364

参见表 10-2 得：

$\sum X$	$\sum Y$	$\sum X^2$	$\sum Y^2$	$\sum XY$
2 317	2 332	182 329	186 338	183 364

步骤二，利用公式计算相关系数如下：

$$r=\frac{\sum XY-(\sum X)(\sum Y)/n}{\sqrt{\sum X^2-(\sum X)^2/n}\sqrt{\sum Y^2-(\sum Y)^2/n}}$$

$$=\frac{183\ 364-2\ 317\times 2\ 332/30}{\sqrt{182\ 329-2\ 317^2/30}\sqrt{186\ 338-2\ 332^2/30}}\approx 0.787$$

步骤三，语文分数与英语分数积差相关系数的显著性 t 检验。

（1）提出假设，设：

$$H_0:\rho=0$$
$$H_1:\rho\neq 0$$

（2）计算检验统计量 t 的值为

$$t=\frac{r\sqrt{n-2}}{\sqrt{1-r^2}}=\frac{0.787\times\sqrt{30-2}}{\sqrt{1-0.787^2}}\approx 6.75$$

（3）确定显著性水平为 0.05，自由度 $df=30-2=28$，双侧检验，查 t 值表，找到 t 的临界值为 2.048。

（4）统计决断。

t 值为 6.75，大于临界值 2.048，则语文分数与英语分数的积差相关系数 r 的期望值为 0 的概率 $p<0.05$，拒绝 H_0，接受 H_1。结论：语文分数与英语分数存在线性正相关。

（二）等级相关：斯皮尔曼等级相关

1. 概念

有时候我们感兴趣的并非变量间数量的线性关系，而是变量间群体相对位置（等级/排名）的线性相关关系。举个例子来说，我们想研究学生语文分数排名与英语分数排名是否线性相关，此时排名所对应的具体分值就不再是研究的关注点，而两个变量的排名才是我们所关心的。因此，我们先根据学生的语文分数和英语分数分别得出学生在两个方面的具体排名，然后将排名作为变量数值代入与积差相关相同的计算公式里面得到相关系数。我们将该相关系数称为斯皮尔曼等级相关系数，将过程称为斯皮尔曼相关分析。记斯皮尔曼相关的相关系数为 r_s，计算斯皮尔曼相关系数的步骤如下：

第一步，对变量 X、Y 按照排序重新赋值。

从小到大分别对样本的两个变量 X、Y 的值排序，排序后从小到大依次赋值为 1、2、3、…。如果多个样本变量数值相同，则将它们所占的序号求平均值，再把得到的平均值对它们进行赋值，例如表 10-3 中的例子。

表 10-3 变量 X 和 Y 的原始、排序赋值表

X	X 排序	Y	Y 排序
1	1	2	1
3	2	7	3.5
4	3	7	3.5
5	4	7	3.5
7	5.5	7	3.5
7	5.5	8	6

第二步，将重新赋值后的值代入计算积差相关系数的公式中，得到 r_s。

当样本的两个变量数值各自内部都没有相同数值或者几乎没有相同数值时，可以利用以下公式简化计算过程得到 r_s：

$$r_s = 1 - \frac{6\sum_{i=1}^{n} D_i^2}{n(n^2-1)} \qquad \text{（公式 10-8）}$$

式中：D_i 代表第 i 个样本两个变量排序赋值的差值；n 代表样本容量。

2. 斯皮尔曼相关分析的适用范围

（1）有一个变量为顺序变量，另一个变量为连续变量或顺序变量。

（2）两个变量的数据必须是成对的。

（3）斯皮尔曼相关系数的计算对数据整体的分布不做要求[4]211，因此样本容量不一定要大于 30。

（4）当这两个变量都为连续变量时，可以根据研究的目的选择采用积差相关或者斯皮

尔曼等级相关，积差相关的关注点在于变量数值的线性关系，而斯皮尔曼等级相关的关注点在于相关方向的一致性。

3. 斯皮尔曼系数的显著性 t 检验

（1）提出假设，设

$$H_0:\rho=0$$
$$H_1:\rho\neq 0$$

（2）计算检验统计量 t 的值：

$$t=\frac{r_s-0}{r_s\text{的标准误}}=\frac{r_s}{\sqrt{\frac{1-r_s^2}{n-2}}}=\frac{r_s\sqrt{n-2}}{\sqrt{1-r_s^2}} \qquad （公式 10-9）$$

（3）确定显著性水平 α（一般选取 0.05 或 0.01）、自由度 $df=n-2$ 和检验形式（一般选取双侧检验），查 t 值表找到 t 的临界值 $t_{(df)\alpha}$。

（4）统计决断

若 $|t|$ 大于临界值，则 r_s 的期望值 ρ 为 0 的概率 p 值小于 0.05，这是一件小概率事件，因此认为 r_s 的期望值 ρ 显著不为 0，拒绝 H_0，接受 H_1，从而可以说两个变量有统计学意义上的相关关系。

若 $|t|$ 不大于临界值，则 r_s 的期望值 ρ 为 0 的概率 p 值不小于 0.05，这是一件可能发生的事件，因此认为 r_s 的期望值 ρ 可能为 0，拒绝 H_1，接受 H_0，从而可以说两个变量没有统计学意义上的相关关系。

例 10.2　计算测试 1 分数与测试 2 分数（见表 10-4）的斯皮尔曼相关系数，并在 $\alpha=0.05$ 的显著性水平上进行斯皮尔曼系数的显著性检验。

表 10-4　学生的测试 1 分数与测试 2 分数

被试编号	测试 1	测试 2	被试编号	测试 1	测试 2
1	55	60	6	72	73
2	60	64	7	70	65
3	64	62	8	75	80
4	71	75	9	80	82
5	73	71	10	81	83

解　解题步骤如下：

步骤一，列出学生的测试 1 分数与测试 2 分数的斯皮尔曼相关系数计算表，如表 10-5 所示。

表 10-5　学生的测试 1 分数与测试 2 分数的斯皮尔曼相关系数计算表

被试编号	测试一		测试二		等级差数	差数平方
	X	等级	Y	等级	D	D^2
1	55	1	60	1	0	0

续表

被试编号	测试一		测试二		等级差数	差数平方
	X	等级	Y	等级	D	D^2
2	60	2	64	3	-1	1
3	64	3	62	2	1	1
4	71	5	75	7	-2	4
5	73	7	71	5	2	4
6	72	6	73	6	0	0
7	70	4	65	4	0	0
8	75	8	80	8	0	0
9	80	9	82	9	0	0
10	81	10	83	10	0	0
总和						10

步骤二，利用公式计算相关系数如下：

$$r_s = 1 - \frac{6\sum_{i=1}^{n} D_i^2}{n(n^2 - 1)}$$

$$= 1 - \frac{6 \times 10}{10 \times (10^2 - 1)} \approx 0.939$$

步骤三，学生的测试1分数与测试2分数的斯皮尔曼系数显著性 t 检验。

（1）提出假设，设

$$H_0: \rho = 0$$

$$H_1: \rho \neq 0$$

（2）计算检验统计量 t 的值：

$$t = \frac{r_s\sqrt{n-2}}{\sqrt{1-r_s^2}} = \frac{0.939 \times \sqrt{10-2}}{\sqrt{1-0.939^2}} \approx 7.72$$

（3）确定显著性水平为0.05，自由度 $df = 10-2 = 8$，双侧检验，查 t 值表找到 t 的临界值为2.306。

（4）统计决断

t 值为7.72，大于临界值2.306，则测试1分数与测试2分数的斯皮尔曼相关系数 r_s 的期望值为0的概率 $p<0.05$，拒绝 H_0，接受 H_1。结论：测试1分数与测试2分数存在斯皮尔曼相关。

（三）等级相关：肯德尔和谐系数

1. 概念及其适用范围

肯德尔和谐系数相关分析是分析等级变量间相关关系的方法。斯皮尔曼等级相关分析只涉及两个变量，而肯德尔和谐系数相关分析适用于多变量（k 个变量）等级资料的相关关系，既可以是 k 个评分者评一组对象（n 个），也可以是同一个人先后 k 次评一组对象（n 个）。它常用来表示几个评定者对同一组学生的学习成绩等级评定的一致性程度，或同一个评定者对同一组学生的学习成绩用等级先后评定多次之间的一致性程度。[5]166

通过求得肯德尔和谐系数 r_w，可以较为客观地评价评分者之间的一致性。r_w 的取值范围为[0,1]，当评分者完全无序、不一致时，$r_w=0$；当评分者完全一致时，$r_w=1$。r_w 越接近 1，评分者之间的一致性越高。肯德尔和谐相关系数的计算公式为

$$r_w=\frac{SS_R}{\frac{1}{12}k^2(n^3-n)-k\sum T} \qquad \text{（公式 10-10）}$$

式中：

$$T=\sum(m^3-m)/12$$

k 代表评分的总人数（或某一评分者先后评定同一组事物的总次数）

R 代表某一事物得到 k 个评分者的总评分等级（或某一事物得到某一评分者 k 次评分等级的总和）

SS_R 代表 R 的离差平方和，即 $SS_R=\sum(R-\overline{R})^2=\sum R^2-(\sum R)^2/n$

n 代表评分事物的个数

m 代表相同等级的个数

2. 肯德尔系数的显著性 χ^2 检验

（1）提出假设，设

$$H_0:\rho=0$$
$$H_1:\rho\neq 0$$

（2）计算检验统计量 χ^2 的值：

$$\chi^2=k(n-1)r_w \qquad \text{（公式 10-11）}$$

（3）确定显著性水平 α、自由度，查附录 8 中 χ^2 分布数值表（以下简称 χ^2 分布表）找到 χ^2 的临界值 $\chi^2_{(df)\alpha}$。

显著性水平 α 一般选取 0.05 或 0.01，自由度 df：$df=n-1$，根据显著性水平 α、自由度 df 的条件，查 χ^2 分布表找到 χ^2 的临界值 $\chi^2_{(df)\alpha}$。

（4）统计决断

若 $|\chi^2|$ 大于 χ^2 的临界值，则 r_w 的期望值 ρ 为 0 的概率 p 值小于 0.05，这是一件小概率事件，因此认为 r_w 的期望值 ρ 显著不为 0，拒绝 H_0，接受 H_1，从而可以说多个评分者对同一组评分对象评分的等级具有一致性（或同一位评分者先后多次对同一组对象评分的等级具有一致性）。

若 $|\chi^2|$ 不大于 χ^2 的临界值，则 r_w 的期望值 ρ 为 0 的概率 p 值不小于 0.05，这是一件可能发生的事件，因此认为 r_w 的期望值 ρ 可能为 0，拒绝 H_1，接受 H_0，从而可以说多个评分者对同一组评分对象评分的等级不具有一致性（或同一位评分者先后多次对同一组对象评分的等级不具有一致性）。

例 10.3　3 名教师对 6 篇小学生作文的等级评定如表 10-6 所示，计算教师评定结果的肯德尔和谐系数，并在 $\alpha=0.05$ 的显著性水平上进行肯德尔和谐系数的显著性检验。

表 10-6　3 名教师对 6 篇小学生作文的等级评定

教师	小学生作文					
	A	B	C	D	E	F
教师甲	1	3	2	4	5	2
教师乙	2	3	1	5	6	4
教师丙	1	2	1	3	4	4

解　解题步骤如下：

步骤一，列出肯德尔和谐系数计算表，如表 10-7 所示。

表 10-7　教师评价作文的肯德尔和谐系数计算表

小学生作文	教师			R	R^2
	教师甲	教师乙	教师丙		
A	1	2	1.5	4.5	20.25
B	4	3	3	10	100
C	2.5	1	1.5	5	25
D	5	5	4	14	196
E	6	6	5.5	17.5	306.25
F	2.5	4	5.5	12	144
总和				63	791.5

步骤二，利用公式计算相关系数如下：

$$SS_R=\sum R^2-(\sum R)^2/n$$

$$=791.5-\frac{63^2}{6}=130$$

$$T=\sum(m^3-m)/12=\frac{2^3-2}{12}+\frac{2^3-2}{12}+\frac{2^3-2}{12}=1.5$$

$$r_w=\frac{SS_R}{\frac{1}{12}k^2(n^3-n)-k\sum T}=\frac{130}{\frac{1}{12}\times3^2\times(6^3-6)-3\times1.5}\approx0.85$$

步骤三，肯德尔系数的显著性 χ^2 检验。

（1）提出假设，设

$$H_0:\rho=0$$
$$H_1:\rho\neq0$$

（2）计算检验统计量 t 的值：

$$\chi^2=k(n-1)r_w=3\times(6-1)\times0.85=12.75$$

（3）在本例中选定显著性水平 α 为 0.05，自由度为 6-1=5，查 χ^2 分布表，得 χ^2 的临界值为 11.07。

（4）统计决断

χ^2 为 12.75，大于临界值 11.07，则r_w的期望值为 0 的概率 p 值小于 0.05，拒绝H_0，接受H_1。结论：3 名教师对 6 篇小学生作文的等级评定具有一致性。

（四）质与量相关：点二列相关

1. 概念及其适用范围

质量相关系数即品质型变量与数量型变量之间的相关系数，它有多种形式，主要包括二列相关系数、点二列相关系数和多列相关系数，[6]258 本书仅介绍较常见的点二列相关系数。我们经常会遇到这样一个问题：如果我们想研究学生性别是否与学生的学业成就相关，应该如何做相关分析呢？显然，学生的性别是一个类别变量而非连续变量或顺序变量，积差相关和斯皮尔曼相关都不适用。我们可以转换思路，运用独立样本 t 检验的方法来进行分析，如果学生的学业成就在男女性别上存在显著差异，那么就证明性别的变化会引起学业成就的变化，因此说明性别和学业成就相关。在相关分析中，对于连续变量与只有两个类别的类别变量（二分变量）的相关分析可以采用点二列相关分析。点二列相关分析与独立样本 t 检验的方法殊途同归，最终的结论是一致的。

点二列相关分析的第一步需要将二分变量的一类变量赋值为 1，另一类变量赋值为 0，然后将重新赋值后的数值代入积差相关公式，计算出点二列相关系数r_{pb}的值。为了简化计算，点二列相关系数的计算公式可以写为

$$r_{pb}=\frac{\overline{X}_p-\overline{X}_q}{\sigma}\sqrt{pq}$$（公式 10-12）

式中：p 代表二分变量中某一类别 P 的占比

q 代表二分变量中另一类别 Q 的占比

$\overline{X}_p$代表与二分类别中 P 类对应的连续变量的平均数

X_q代表与二分类别中 Q 类对应的连续变量的平均数

σ 代表连续变量中所有分数的标准差

2. 点二列相关系数的显著性 t 检验

（1）提出假设，设

$$H_0:\rho=0$$
$$H_1:\rho\neq 0$$

（2）计算检验统计量 t 的值：

$$t=\frac{r_{pb}-0}{r_{pb}\text{的标准误}}=\frac{r_{pb}}{\sqrt{\frac{1-r_{pb}^2}{n-2}}}=\frac{r_{pb}\sqrt{n-2}}{\sqrt{1-r_{pb}^2}}$$（公式 10-13）

（3）确定显著性水平 α（一般选取 0.05 或 0.01）、自由度 $df=n-2$ 和检验形式（一般选取双侧检验），查 t 值表找到 t 的临界值$t_{(df)\ \alpha}$。

（4）统计决断。

若$|t|$大于 t 的临界值，则 r_{pb}的期望值ρ 为 0 的概率 p 值小于 0.05，这是一件极小概率事件，因此认为 r_{pb}的期望值ρ 显著不为 0，拒绝H_0，接受H_1，从而可以说两个变量有统计学意

义上的点二列相关。

若 $|t|$ 不大于 t 的临界值，则 r_{pb} 的期望值 ρ 为 0 的概率 p 值不小于 0.05，这是一件可能发生的事件，因此认为 r_{pb} 的期望值 ρ 可能为 0，拒绝 H_1，接受 H_0，从而可以说两个变量没有统计学意义上的点二列相关。

例 10.4 计算表 10-8 所示的学生英语阅读成绩与学生使用英语字典情况的点二列相关系数，并在 $\alpha=0.05$ 的显著性水平上检验点二列相关系数是否显著。

表 10-8 学生英语阅读成绩和使用字典情况

学生编号	英语阅读成绩	是否使用英语字典
1	62	1
2	62	0
3	38	0
4	34	0
5	22	1
6	54	0
7	40	1
8	32	1
9	56	0
10	72	1
11	32	0
12	70	1
13	32	1
14	78	1
15	66	0

解 解题步骤如下：

步骤一，列出点二列相关系数计算表，如表 10-9 所示。

表 10-9 点二列相关系数计算表

学生编号	英语阅读成绩	使用(p)	不使用(q)
1	62	1	
2	62		0
3	38		0
4	34		0
5	22	1	
6	54		0
7	40	1	

续表

学生编号	英语阅读成绩	使用(p)	不使用(q)
8	32	1	
9	56		0
10	72	1	
11	32		0
12	70	1	
13	32	1	
14	78	1	
15	66		0
分数总和	750	408	342
人数总和	15	8	7
人数比率	1	0.533	0.467
平均数	50	51	48.857
标准差	17.359		

步骤二，利用公式计算相关系数如下：

$$r_{pb}=\frac{\overline{X}_p-\overline{X}_q}{\sigma}\sqrt{pq}=\frac{51-48.857}{17.359}\times\sqrt{0.533\times0.467}\approx0.062$$

步骤三，学生英语阅读成绩与学生使用英语字典情况的点二列相关系数的显著性 t 检验。

(1) 提出假设，设

$$H_0:\rho=0$$
$$H_1:\rho\neq0$$

(2) 计算检验统计量 t 的值：

$$t=\frac{r_{pb}\sqrt{n-2}}{\sqrt{1-r_{pb}^2}}=\frac{0.062\times\sqrt{15-2}}{\sqrt{1-0.062^2}}\approx0.224$$

(3) 确定显著性水平为 0.05，自由度 $df=15-2=13$，双侧检验，查 t 值表找到 t 的临界值为 2.160。

(4) 统计决断

t 值为 0.224，小于临界值 2.160，则学生英语阅读成绩与使用英语字典的点二列相关系数 r_{pb} 的期望值为 0 的概率 $p>0.05$，接受 H_0，拒绝 H_1。结论：学生英语阅读成绩与是否使用英语字典不存在相关。

第二节　回归分析

在教育研究中，我们仅仅知道变量间的相关关系是不够的，为了能够利用变量间的相关实现对变量数值的解释和预测，我们还需要掌握回归分析方法。这一节主要为大家介绍一元线性回归分析的基本步骤和原理。

一、回归分析概述

（一）回归分析的定义

生物学家高尔顿发现身高较高的父母所生下孩子的身高也会比较高，但是身高处于极端值的父母所生下孩子的身高则不会处于极端值，而是处于身高分布的中间，他把这种现象称为回归现象。后来学者也就延续这种叫法，把对相关事物数值（如父母身高与儿女身高）之间的解释和预测研究称为回归分析。回归分析把能够对其他变量数值进行解释和预测的变量称为自变量，把被解释和预测的变量称为因变量。线性相关对应进行的是基于线性回归方程的线性回归分析，线性回归分析根据自变量的个数分为一元线性回归分析（简单线性回归分析）和多元线性回归分析，一元线性回归分析的自变量只有一个，而多元线性回归分析的自变量有两个及两个以上。

（二）线性回归分析与相关分析的关系

通过前面对相关分析的学习，我们可以绘制散点图大致判断两个变量是呈现哪种形式的相关，是线性相关或是不相关。若散点呈现的分布接近直线，则计算积差相关系数 r，通过 r 来分析两个连续变量的线性相关程度和方向。但相关分析只能分析变量间的相关关系，并不能给出变量间的数值对应关系。例如，我们可以通过相关分析知道学生的智商和测试成绩具有相关性，但是我们无法通过相关分析知道一个智商为 100 的学生所对应的测试成绩为多少分。回归分析则能在相关分析的基础上解决这个问题。值得注意的是，对于任意两个变量，我们都可利用相关分析来探究两者的关系，但是并不是任意两个变量都可以进行回归分析。在相关分析中，两个变量的地位是平等的，而在回归分析中，首先就要明确哪个为自变量，哪个为因变量，这取决于研究的需要和变量逻辑关系。例如在接下来的案例中（见例 10.5），因变量为测试成绩，自变量为智商分数，这是因为我们基于一定的研究和理论假设通过智商能够有效预测学生的测试成绩，并解释学生测试成绩之间的差异。在预测研究中，用于预测的变量必须在被预测的变量进行测量之前进行测量。[7]342

（三）线性回归方程的基本假设

1. 线性关系假设：线性回归的自变量和因变量之间存在线性相关。在进行线性回归分析之前，我们需要通过相关分析来检验因变量与自变量是否线性相关。在接下来的例 10.5 中，测试成绩和智商分数的散点图（见图 10-7）呈近似线性分布，利用上一节的知识，算得其积差相关系数为 0.852，$p<0.01$，r 值显著不为 0，因此智商和测试成绩线性相关，满足该假设。

2. 正态性假设：因变量 Y 和线性回归方程预测误差应服从均值为零的正态分布。在接下来的例 10.5 中，通过绘制测试成绩的频数直方图可知测试分数近似呈正态分布。

3. 独立性假设：该假设有两层含义，一层含义为某一个自变量对因变量的影响不受其他自变量的干扰。另一层含义为一个自变量某个值的预测误差不受到该自变量其他值的影响。

4. 误差等分散性假设：在任意自变量数值下，线性回归方程预测误差也会服从一个均值为零的正态分布。各个自变量水平的正态分布的方差是一致的，也就是说误差的离散情况不会随着自变量的数值不同而不同。

因为后三个假设的对象都涉及回归方程预测误差，在建立回归方程之前我们无法获得方程的误差情况，所以会在建立完回归方程后对后三个假设进行检验。我们将回归分析违背后三个假设的现象称为异方差现象。异方差会使得回归分析估计的方程系数出现偏差。

二、一元线性回归分析

一元线性回归分析主要包括以下几个步骤：建立一元线性回归方程——一元线性回归方程的显著性检验——根据建立的回归方程进行预测，并确定自变量对因变量的解释力。接下来的内容将结合例 10.5 为大家进行讲解。

例 10.5　表 10-10 为 32 名学生的智商分数和某个测试的成绩，请利用回归分析得到智商分数对学生测试成绩预测的方程式，分析智商分数是否能够有效预测学生的测试成绩，并预测智商分数为 100 的学生的测试成绩。

表 10-10　学生测试成绩和智商分数

学生编号	智商分数 X	测试成绩 Y	学生编号	智商分数 X	测试成绩 Y
1	84	48	17	104	68
2	81	48	18	92	60
3	121	75	19	108	71
4	98	60	20	121	80
5	84	51	21	87	58
6	121	76	22	84	56
7	96	60	23	133	89
8	84	52	24	89	60
9	100	63	25	132	89
10	98	62	26	88	60
11	107	69	27	82	57
12	104	67	28	69	49
13	89	57	29	83	60
14	87	56	30	93	78
15	127	83	31	91	77
16	110	72	32	112	98

（一）建立一元线性回归方程

建立含有 b、a 两个未知系数的一元线性回归方程：

$$\widehat{y}_i = a + b\, x_i \qquad \text{（公式 10-14）}$$

式中：$\widehat{y}_i$代表样本 i（当总样本量为 n 时，i 的取值从 1 到 n）的因变量预测值；

x_i代表样本 i（当总样本量为 n 时，i 的取值从 1 到 n）的自变量 X 观测值；

b、a 代表一元线性回归方程的系数。

a 为截距，其代表的意思是当自变量的值为 0 时，因变量 Y 的预测值为 a。b 为斜率，也称为一元线性回归方程的回归系数，它的含义为当自变量 X 变化一个单位的时候，因变量预测值 Y 会随之变化 b 个单位。

系数 b、a 是未知的，因此需要求得 b、a 的具体数值，方程才算建立完成。图 10-7 为测试成绩和智商分数的散点图，在直角坐标系中，一条直线必然会对应唯一且确定的 b、a 值，因此只要找到一条最能刻画图中散点分布的直线，就能够得出 b、a 的值，我们也称这条直线为回归线（最优拟合线）。

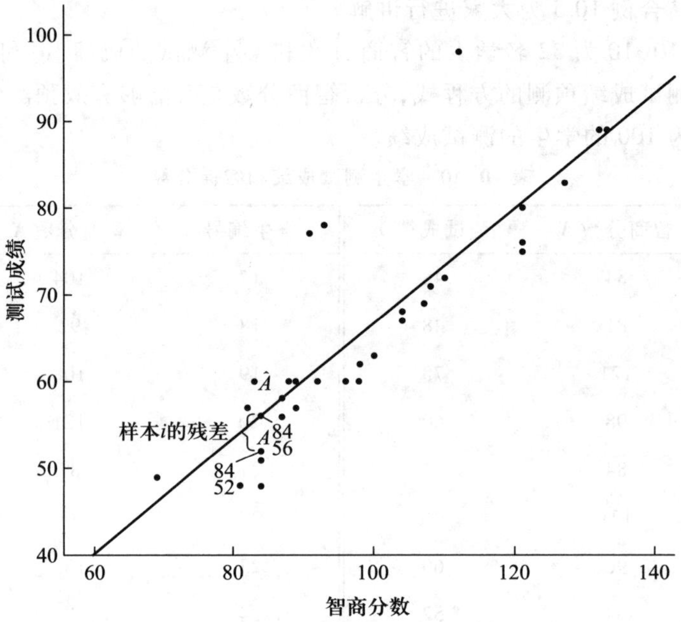

图 10-7 测试成绩和智商分数的散点图

如何找到这条最能刻画散点分布的直线呢？如图 10-7 所示，每个黑色实心点代表一个学生样本，当相关系数 $r \neq 1$ 时，刻画散点分布的任一条直线都无法保证每个点落在该直线上。图中点 A 代表某个学生样本 i，该学生样本 i 的智商分数观测值 $x_i = 84$，测试成绩的观测值 $y_i = 52$。若把图 10-7 中直线作为刻画散点分布的直线，当智商分数观测值 $x_i = 84$ 时，对应的测试成绩估计值 $\widehat{y_i} = 56$，即图中的点 $\widehat{A}$。$\widehat{y_i}$ 与 y_i 之间存在一定的误差，我们将观测值和估计值的差值称为残差 ε_i，即 $\varepsilon_i = y_i - \widehat{y_i}$。图 10-7 中 A 点对应学生样本的残差则为 52-56=-4。

每个样本数据都会产生一个残差值，若某一样本对应的散点落在直线上，则该样本数据的残差值为零，反之，则该样本数据的残差不为零，并且有正有负。最理想的情况下，刻画散点分布的直线应该使得每个样本残差值都为零，但现实是我们无法用一条直线让每个散点都落在直线上，只能刻画一条直线，使得散点在该直线附近的离散程度最小，也就是使得样本总体的残差达到最小。样本总体的残差应该如何表述呢？我们知道残差有正有负，如果简单地把它们求和，那么残差之间会相互抵消。举个例子来说，样本 1 的残差为-20，样本 2

的残差为 20,那么两个样本的残差和就是 0。残差在某种意义上是刻画散点在直线附近的离散程度,如果直接以样本残差的和作为总体残差,则无法准确描述所有散点在直线附近的离散情况。因此,在统计学中用残差平方和来表述总体残差。先将残差进行平方得到残差平方,这样就确保所有数值都为正数,然后再把所有样本的残差平方求和,即 $\sum_{i=1}^{n}(y_i-\hat{y}_i)^2$,就得到了残差平方和。要找到最佳刻画散点分布的直线的问题就转化为了如何寻找一条直线使得残差平方和最小。利用使样本残差平方和最小的条件,根据数学的公式推导(推导过程不在此书呈现),可以得到系数 b、a 的计算公式,我们称这种方法为最小二乘法。系数 b、a 的计算公式为

$$b=\frac{\sum_{i=1}^{n}(x_i-\overline{X})(y_i-\overline{Y})}{\sum_{i=1}^{n}(x_i-\overline{X})^2} \qquad (公式 10-15)$$

$$a=\overline{Y}-b\overline{X} \qquad (公式 10-16)$$

回顾之前积差相关系数的计算公式:$r=\frac{\sum_{i=1}^{n}(x_i-\overline{X})(y_i-\overline{Y})}{\sqrt{\sum_{i=1}^{n}(x_i-\overline{X})^2}\sqrt{\sum_{i=1}^{n}(y_i-\overline{Y})^2}}$,我们不难发现,$b$ 与 r 的关系式可以表示为:

$$b=\frac{r\sqrt{\sum_{i=1}^{n}(y_i-\overline{Y})^2}}{\sqrt{\sum_{i=1}^{n}(x_i-\overline{X})^2}}=\frac{r\sqrt{n}\,\sigma_Y}{\sqrt{n}\,\sigma_X}=r\cdot\frac{\sigma_Y}{\sigma_X} \qquad (公式 10-17)$$

其中,σ_X、σ_Y 分别为自变量 X 和因变量 Y 的标准差。因此,当我们已知两个变量的积差相关系数和其各自的标准差,就可以直接求得系数 b 的值。

为了方便计算,还可以将 b 的计算公式转换为可以直接利用原始数据计算的公式:

$$b=\frac{\sum_{i=1}^{n}x_iy_i-(\sum_{i=1}^{n}x_i)(\sum_{i=1}^{n}y_i)/n}{\sum_{i=1}^{n}x_i^2-\left(\sum_{i=1}^{n}x_i\right)^2/n} \qquad (公式 10-18)$$

计算系数 b 可以先列出计算表,再进行计算,例 10.5 的系数 b 的计算表如表 10-11 所示。

表 10-11 系数 b 的计算表

学生编号	x_i	y_i	x_iy_i	x_i^2
1	84	48	4 032	7 056
2	81	48	3 888	6 561
3	121	75	9 075	14 641
4	98	60	5 880	9 604

续表

学生编号	x_i	y_i	$x_i y_i$	x_i^2
5	84	51	4 284	7 056
6	121	76	9 196	14 641
7	96	60	5 760	9 216
8	84	52	4 368	7 056
9	100	63	6 300	10 000
10	98	62	6 076	9 604
11	107	69	7 383	11 449
12	104	67	6 968	10 816
13	89	57	5 073	7 921
14	87	56	4 872	7 569
15	127	83	10 541	16 129
16	110	72	7 920	12 100
17	104	68	7 072	10 816
18	92	60	5 520	8 464
19	108	71	7 668	11 664
20	121	80	9 680	14 641
21	87	58	5 046	7 569
22	84	56	4 704	7 056
23	133	89	11 837	17 689
24	89	60	5 340	7 921
25	132	89	11 748	17 424
26	88	60	5 280	7 744
27	82	57	4 674	6 724
28	69	49	3 381	4 761
29	83	60	4 980	6 889
30	93	78	7 254	8 649
31	91	77	7 007	8 281
32	112	98	10 976	12 544
总和	3 159	2 109	213 783	320 255

由表得：

$$\sum_{i=1}^{n} x_i y_i = 213\ 783$$

$$\left(\sum_{i=1}^{n} x_i\right)\left(\sum_{i=1}^{n} y_i\right)=3\ 159\times 2\ 109=6\ 662\ 331$$

$$\sum_{i=1}^{n} x_i^2=320\ 255$$

$$\overline{Y}=\frac{\sum_{i=1}^{n} y_i}{n}=\frac{2\ 109}{32}$$

$$\overline{X}=\frac{\sum_{i=1}^{n} x_i}{n}=\frac{3\ 159}{32}$$

从而可得系数 b、a 的数值如下：

$$b=\frac{213\ 783-6\ 662\ 331/32}{320\ 255-3\ 159^2/32}\approx 0.665$$

$$a=\frac{2\ 109}{32}-0.665\times\frac{3\ 159}{32}\approx 0.287$$

得一元线性回归方程为

$$\widehat{y_i}=0.665\ x_i+0.287$$

（二）一元线性回归方程的显著性检验

如果每个学生的测试分数几乎都是相同的，我们可以直接以它的均值来进行预测，从而排除偶然误差的影响。但是，现实情况是学生的测试分数可能受到智商的影响，排除偶然误差影响后，数值仍然是参差不齐的，此时它自身的均值就不再是有效的预测值了，因此才需要引入可能影响学业测试分数的因素（如：智商分数）来对其进行预测，以达到更加精准的预测。在例 10.5 中，我们应该如何检验智商是否能够比测试分数的均值实现更加有效的预测呢？换句话说，例 10.5 所建立的一元回归方程是否能实现对测试分数更加有效的预测呢？我们可以对方程进行方差分析或对系数 b 进行显著性 t 检验来实现该目的，但这两种方法比较复杂，在本书不做介绍。在一元线性回归分析中，只要自变量与因变量显著线性相关，那么自变量就能对因变量进行有效预测。因此，例 10.5 中智商分数可以对测试分数进行有效预测。

（三）一元线性回归分析的应用

1. 利用一元线性回归方程预测因变量数值

在例 10.5 中，如果我们想知道智商分数为 100 的学生测试分数为多少分，我们就可以将 100 作为自变量数值代入方程：$\widehat{y_i}=0.665\ x_i+0.287$ 中，得到测试分数的预测值为 66.787。

2. 决定系数R^2

积差相关系数的平方值为决定系数，在简单回归分析中表示的是在因变量的总变异量中可以被自变量解释的变异量百分比。[8]329

$$R^2=\frac{\sum_{i=1}^{n}(y_i-\overline{Y})^2-\sum_{i=1}^{n}(y_i-\widehat{Y_i})^2}{\sum_{i=1}^{n}(y_i-\overline{Y})^2} \qquad \text{（公式 10-19）}$$

例 10.5 中的决定系数R^2为

$$R^2=\frac{5\ 112.745-1\ 400.269}{5\ 112.745}\approx 0.726$$

R^2值表示的就是自变量对因变量进行预测相对于因变量均值对自身进行预测所能够减少的残差平方和占因变量均值对自身进行预测的残差平方和的比重，也被称为回归解释变异量（解释力）。显然，R^2越大，则说明回归减少的残差平方和越大，自变量对因变量变异的解释力和预测能力越强。R^2开方后得到 R，R 的数值为因变量与自变量的相关系数的大小，相关方向需要根据具体情况进行判断。在一元线性回归中，R 的绝对值与 r 的绝对值是一致的，r 为自变量与因变量的相关系数，例如在本案例中R^2为 0.726，开方后为 0.852，这与之前提及的智商与测试分数相关系数是相同的。由此可以知道，在一元线性回归中，自变量与因变量的线性相关程度越高，决定系数R^2越高，自变量对因变量变异的解释力越强。

拓展阅读

应用 SPSS 进行相关分析

采用 SPSS 软件可以轻松地进行相关分析。这里以积差相关系数的计算为例对 SPSS 操作进行介绍，斯皮尔曼相关系数、点二列相关系数、肯德尔和谐相关系数等相关分析的操作方法可自行查阅有关资料。

一、操作

打开数据文件，单击“分析”→单击相关的“双变量”，打开双变量对话框→将语文成绩、英语成绩放入变量栏中→选择“Pearson”和“双侧检验”，勾选“标记显著性相关”→点击确定（见图 10-8）。

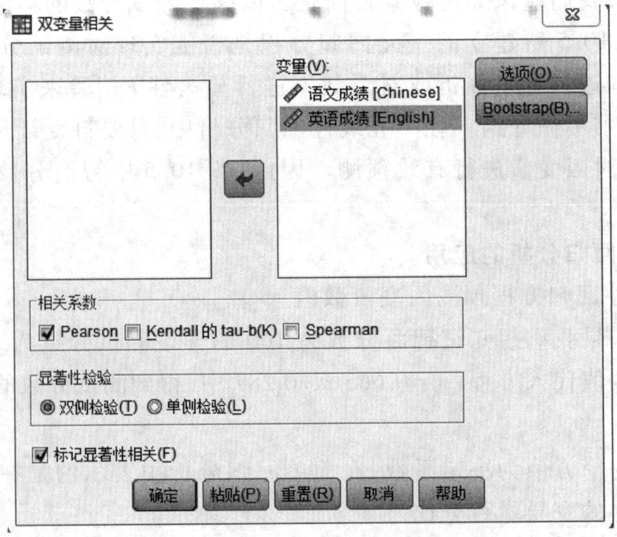

图 10-8　积差相关系数计算的对话框

二、结果与结论

相关性

		语文成绩	英语成绩
语文成绩	皮尔逊相关性	1	.785**
	显著性(双侧)		.000
	N	32	32
英语成绩	皮尔逊相关性	.785**	1
	显著性(双侧)	.000	
	N	32	32

**.在0.01级别(双侧),相关性显著。

表格从左到右、从上到下分别为:语文成绩和语文成绩积差相关情况、语文成绩和英语成绩积差相关情况、英语成绩和语文成绩积差相关情况、英语成绩和英语成绩积差相关情况。“皮尔逊相关性”指的是积差相关系数,“显著性(双侧)”指的在双侧显著性检验中,r的期望值为零(接受H_0)的概率p,“N”为样本数。一个变量跟自身必定是完全线性相关关系,因此语文成绩和语文成绩的积差相关系数、英语成绩和英语成绩的积差相关系数都为1。从表格我们会发现,语文成绩和英语成绩、英语成绩和语文成绩的积差相关系数都为0.785,这是因为在相关分析中两个变量的关系是平等的。0. 785数值的右上角有两个星号,代表的意思是两个变量在0.01水平(双侧)上显著相关,这也可以由“显著性(双侧)”一栏中的0.000得到,0.000代表r的期望值为0的概率p值小于0.01,所以r的期望值极其显著不为0。所以结论为:英语成绩和语文成绩具有极其显著的相关。

练习与思考题

1. 请在下面表格内填入恰当的计算相关系数方式的选项。

A. 皮尔逊相关　　B. 斯皮尔曼相关　　C. 点二列相关

X_1类型 / X_2类型	连续变量	连续变量(关注相关方向是否具有一致性)	等级变量	类别变量
连续变量				

2. 请尝试判断以下说法是否正确,如果错误请说明原因。

(1) 变量X_1和X_2的皮尔逊相关系数为$r=0.6$,变量X_3和X_4的皮尔逊相关系数为$r=0.65$,因为0.65大于0.6,所以变量X_3和X_4的相关程度要大于变量X_1和X_2的相关程度。

(2) 因为两个变量的数值显著相关,所以两个变量存在因果关系。

(3) 任意两个变量都可以做回归分析。

3. 以下表格是一组学生在某研究中的前后测成绩的数据,请回答下列问题。

学生编号	后测分数	前测分数	学生编号	后测分数	前测分数	学生编号	后测分数	前测分数
1	61	48	12	81	63	23	62	49
2	45	32	13	75	57	24	79	60
3	62	44	14	62	43	25	51	38
4	59	41	15	82	61	26	82	63
5	71	49	16	83	63	27	44	36
6	64	47	17	76	55	28	77	58
7	66	45	18	70	49	29	65	48
8	83	63	19	32	22	30	58	43
9	70	51	20	74	53	31	67	53
10	61	45	21	75	55	32	76	61
11	69	54	22	52	34	33	49	36

（1）下图为前测分数与后测分数的散点图，请根据散点图大致判断前测分数与后测分数的相关方向和形式。

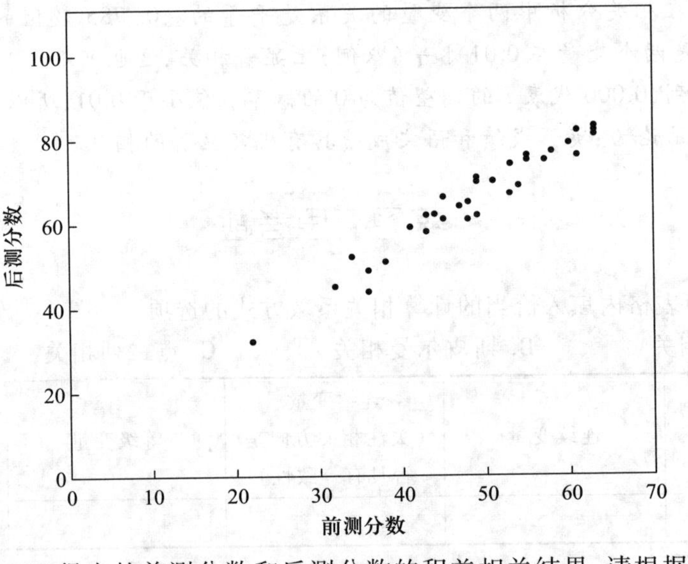

（2）下表为 SPSS 得出的前测分数和后测分数的积差相关结果，请根据下表写出前测分数和后测分数的积差相关系数 r，并在 $\alpha=0.01$ 的显著性水平上判断相关是否显著。

相　关　性

		前测分数	后测分数
前测分数	皮尔逊相关性	1	.975**
	显著性(双尾)		.000
	个案数	33	33

续表

		前测分数	后测分数
后测分数	皮尔逊相关性	.975**	1
	显著性(双尾)	.000	
	个案数	33	33

**.在0.01级别(双侧),相关性显著。

(3) 请根据第(2)问的结果计算,若以前测分数为自变量 X,后测分数为因变量 Y 进行一元线性回归分析,决定系数R^2的值为多少,并解释其具体的含义。

(4) 已知第(3)问的一元线性回归分析得到的一元线性回归方程为:$Y=7.316+1.199X$,如果学生 A 的前测成绩为 64,请你结合以上结果对其后测成绩进行预测。

第十一章　卡方分析

真理一词本身指明了事物之间某种确定和清楚的关系，因而指明有限与无限之间的关系。[1] 1

——皮尔逊

概览

1. χ^2（读作卡方）分析是一种较为常用的非参数检验方法，主要用于分类数据的分析。其数值通过实际频数与理论频数之差的大小进行计算。

2. 对 χ^2 值的大小进行检验，需要依据 χ^2 分布进行分析。χ^2 分布为正偏态分布，形态随自由度变化。自由度越小，χ^2 分布的偏度越大，越向左边倾斜。自由度越大并趋近于无穷时，χ^2 分布越接近于正态分布。

3. 检验 χ^2 值是否显著，即实际频数与理论频数是否具有显著性差异。常用的 χ^2 检验有拟合优度检验和独立性检验。

4. 拟合优度 χ^2 检验，是当数据只根据一种方式划分组别时，判断实际频数与理论频数是否存在显著差异，或抽样所得的样本在分布上是否与理论假设分布相一致。

5. 独立性的 χ^2 检验，是当数据根据两种方式分别划分组别时，通过对双向表的 χ^2 检验研究两类变量之间的关系，判断两个变量相互独立还是相互关联。

前面章节所讨论的统计检验都是对于总体参数的检验，即参数检验，要求数据类型为连续数据、满足正态分布，有时还需要满足方差齐性的标准。然而在教育教学实践与科研过程中，我们经常会碰到一些离散数据。例如，我们希望判断同一学校或同一年级中，不同性别的学生在期末考试中所获得的等级是否不同。在统计每个学生得到的等级时，我们获得的数据是不同性别学生获得各等级的频数，男生中得到“优秀”等级的有多少人，女生中得到“良好”等级的有多少人，等等。如果希望对比不同性别学生之间的差异，参数检验方法并不适用，这时就要求我们通过新的“非参数检验”方法对数据进行分析，最适宜的方法是使用非参数检验中的 χ^2（读作卡方）分析。

第一节 χ^2 概述及其分布

一、χ^2 概述

对离散数据进行分析，并非针对收集到的频数，如得到“优秀”等级的男生、女生的人数等直接进行比较。事实上，我们所要进行对比分析的是实际收集到的“实际观察频数”和理论上应为何值的“理论频数”之间存在多大程度的差异。在这里面，“实际频数”“理论频数”以及两者之间的差异构成了对于离散数据进行分析的三个重要因素。

卡尔·皮尔逊（K. Pearson）在 1900 年提出的 χ^2 检验法，就是一种检验计数或次数资料的实际观察频数分布与理论频数分布之间差异是否显著的方法。实际观察频数即为调查或实验等数据收集过程中得到的频数；理论频数即为依据某种理论、某种概率或某种期望计算出来的频数。例如连续抛掷一枚硬币 100 次，其中有 58 次正面向上，42 次反面向上。在这个例子中，58 次和 42 次都是观察次数，而抛掷硬币的期望值应该是正面、反面向上的次数各占一半，即均为 50 次。

χ^2 检验法是非参数检验中常用的方法，即根据研究者设定的分组规则，检验每一组中的观察频数与理论频数的吻合度。其计算公式为：

$$\chi^2=\sum\frac{(f_0-f_e)^2}{f_e} \qquad \text{（公式 11-1）}$$

这个公式是根据皮尔逊在 1899 年推导的配合适度的理论公式而来。[2]294 其中 $\sum$ 表示求和，f_0 表示实际观察频数，f_e 表示理论频数。

例 11.1 连续抛掷一枚硬币 100 次，结果有 58 次正面向上，42 次反面向上。请问该枚硬币是否质地均匀（抛掷次数在 $\alpha=0.05$ 和 $\alpha=0.01$ 的显著性水平上是否符合期望）？

$$\chi^2=\sum\frac{(f_0-f_e)^2}{f_e}=\frac{(58-50)^2}{50}+\frac{(42-50)^2}{50}=2.56$$

如果这枚硬币质地均匀，那么从理论期望上来看，抛掷多次后的结果中正面向上与反面向上的概率应该相等。在这次实验中，实际频数与理论频数之间存在的差异可以通过 χ^2 进行计算，得到的结果为 2.56。

由上式可以总结出 χ^2 值的几个特点：

第一，可加性。χ^2 值的最终结果为每组中实际值与理论值的差异加和而来，如例 11.1 中抛掷硬币时正面朝上的 χ^2 值为 1.28，反面朝上的数值亦为 1.28，加和后得到总体的 χ^2 值，即 2.56。

第二，非负性。因为在 χ^2 值的计算中，对实际值与期望值的差值进行了平方处理，因此其数值满足非负性，即 $\chi^2\geqslant 0$。

第三，χ^2 值的大小取决于实际频数与理论频数之差的大小。当实际观察频数（f_0）与理论频数（f_e）的差值越大，得到的 χ^2 值越大，说明两者之间的差异越大，样本所代表的总体分布与理论假设的分布越不一致。反之，得到的 χ^2 值越小，则说明统计值与理论值的差异越小、越接近，实际分布与理论分布越一致。两者无差异时，χ^2 值即为 0。

二、χ^2 的抽样分布

在例 11.1 的硬币实验中,我们通过计算得到了实际频数与理论频数之间的差异,即 χ^2 值等于 2.56,但并未对硬币是否质地均匀做出最终的判断。如何判断 χ^2 值达到多大时,实际频数与理论频数之间的差异才是显著的,样本所代表的总体分布与理论假设分布才是不一致的?这就需要对 χ^2 值的大小进行检验,其所依据的分布即为 χ^2 分布。

从一个服从正态分布的总体中,随机抽取包含 $x_1,x_2,x_3,\cdots,x_n$ 的样本,并对样本内所有个体取值进行平方处理,可以得到样本的平方和。那么当抽取无限个数量为 n 的样本时,每个样本的平方和所构成的分布即为以 n 为自由度的 χ^2 分布。由于 χ^2 分布的计算较为复杂,因此编制了 χ^2 分布数值表(参见附录 8 中 χ^2 分布数值表),方便对不同自由度下的临界值 $\chi^2_{\alpha(n)}$ 进行查取。当已知自由度 n 以及希望检验抽取的 χ^2 值在何值以上的概率 α(即显著性水平)时,均可以通过查取 χ^2 分布表得到。

χ^2 分布与自由度的关系如图 11-1 所示,分别显示自由度为 1、4、10、20 时对应的 χ^2 分布曲线。

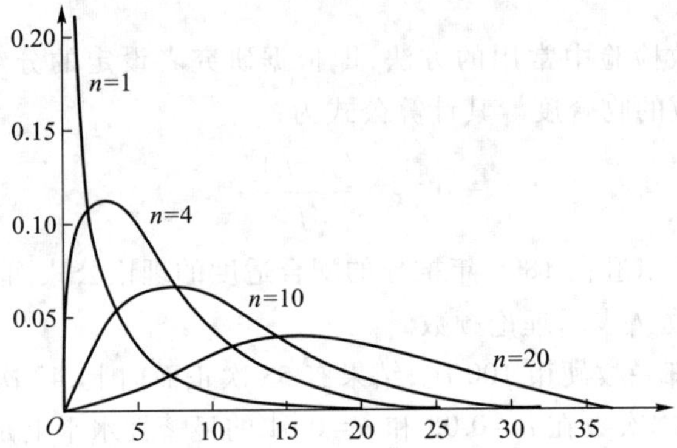

图 11-1 χ^2 分布示意图

χ^2 分布有以下几个特点:

第一,其分布形态呈正偏态,右侧无限延伸,但永不与基线相交。

第二,χ^2 分布形态随自由度的变化而变化。自由度越小,χ^2 分布的偏度越大,越向左边倾斜。自由度越大并趋于无穷时,χ^2 分布越接近于正态分布。

通过对 χ^2 值的计算公式可以发现,其数值本身即是通过多个平方和相加而成,服从 χ^2 分布的特点。结合硬币实验来看,如果再次抛掷 100 次同样的硬币,会得到新的正面向上与反面向上的实际观察值,在理论频数依旧为各自 50 次的情况下,可以通过计算得到新的 χ^2 值。多次重复同样的实验,可以在坐标系中将各次实验中所得的 χ^2 值绘制成分布曲线,得到该实验的 χ^2 抽样分布。该分布的自由度代表实际频数与理论频数的差异中,能够独立变化的个数,$df=C-1$,其中 C 为类别数。例如硬币实验中共有 2 组实际值与理论值的差值(即正面朝上组和反面朝上组),因此其自由度 $df=2-1=1$。

三、χ^2 检验

通过前面的讲解,我们已经知晓了如何通过计算 χ^2 值来描述实际频数与理论频数的差异大小,以及 χ^2 值所服从的 χ^2 分布,但仍然没有回答这样的差异是否显著的问题。检验 χ^2 值是否显著,即实际频数与理论频数是否具有显著性差异,需要借助 χ^2 分布表,通过对比计算得到的 χ^2 值结果与 χ^2 分布表中的临界值进行比较,做出是否拒绝原假设的统计推断。当 χ^2 值大于临界值时,则说明有极大的可能样本所代表的总体分布与理论假设分布存在显著的不一致。根据 χ^2 分布的特点,决定了在检验过程中采用单侧(右侧)检验,常用的临界值显著性水平为 $\alpha=0.05$ 或 $\alpha=0.01$ 等。

对于不同显著性水平下的 χ^2 临界值,可以通过查询附录 8 中的 χ^2 分布数值表获得数据。在表中,左侧一列为自由度,上方一行为计算所得 χ^2 大于表内所列 χ^2 的概率,即检验的显著性水平。进行假设检验时应首先确认使用数据的自由度,并在表中选取该自由度所在的一行。再根据情况选取希望在多大程度上拒绝零假设。例如,在硬币实验中,零假设为硬币质地均匀,即通过抛硬币得到正面的概率和反面的概率与理论频数无显著差异。备择假设为硬币质地不均匀,即通过抛硬币得到正面的概率和反面的概率与理论频数存在显著差异。在上文中我们已经通过公式的计算得到了该例中 χ^2 值为 2.56,接下来需要通过查表获得临界值。当自由度 $df=1$, $\alpha=0.05$ 的显著性水平上,我们可以在 χ^2 分布表查得, $df=1$ 所属的行与显著性水平 $\alpha=0.05$ 所属的列相交叉的表格中,显示临界值为 3.841,即通过抽样得到的 χ^2 值有 5%的可能性大于 3.841。同理,自由度 $df=1$, $\alpha=0.01$ 的显著性水平上,可以在表中查得 $df=1$ 所属的行与显著性水平 $\alpha=0.01$ 所属的列相交叉的表格中,显示临界值为 6.635,即通过抽样得到的 χ^2 值有 1%的可能性大于 6.635。在本例中通过计算得到的硬币实验 χ^2 值为 $2.56<3.841$, $p>0.05$,因此接受零假设,拒绝备择假设。可以得到结论:抛掷该硬币后得到正面朝上与反面朝上的观察频数与理论频数没有显著差异,即该硬币是质地均匀的。

χ^2 检验作为非参数检验的重要方式之一,与本书前面几章所述的参数检验方法相比,在适用范围与基本假设上都有所不同。

在适用范围上,首先是处理的数据类型不同,前文所述的参数检验,其分析对象是连续数据,而 χ^2 检验适用于离散数据;其次是总体分布情况不同,参数检验的数据所来自的总体分布往往是已知的,且常常要求其分布形态满足正态分布,而对于 χ^2 检验的离散数据,其所代表的总体分布是未知的;再次是假设检验的对象不同,前文所述的对连续数据的假设检验,均是对总体参数所进行的假设检验,而 χ^2 检验是对总体分布的假设检验。

对于 χ^2 检验的前提假设,首先要求数据分类是互相排斥的,如性别划分中的男性与女性、城乡归属中的城市和农村……每一个观测值在某项划分依据中只具有一方面的特征,只会被划分至一个组别之中;其次,观测值之间需要相互独立,即每个观察频数都是从不同被试中得到的;再次,为得到合理的近似估计以及可靠的假设检验,每一组别中的理论频数应在 5 个以上。较小的频数会对 χ^2 值的估计产生较大影响,使检验变得过于敏感,检验结果容易显著。虽然当自由度非常大(即样本容量大)时,个别组别的理论频数较少时也可以在接受范围之内,但为保证检验的准确性,对于这样的数据结果仍需要在分析过程中进行一定的调整或校正,在后续的数据分析过程中会进行讲解。

在数据分析中,依据不同的研究问题, χ^2 检验可以大致划分为两类:一种是依据一个分类标准划分的数据,检验实际频数与理论频数是否符合,即拟合优度 χ^2 检验;另一种是依据两个分类标准划分的数据,检验两种划分依据或两个变量是否相互独立,即独立性 χ^2 检验。

接下来将重点对这两种分类进行详细的介绍。

第二节　拟合优度 χ^2 检验

当使用一种划分依据将实验或观察所得的数据进行分组时，就构成了一个单向表。如硬币实验中根据哪面朝上划分，将学生依据性别或年级进行划分，或是将学生的成绩标记为优、良、中、差等不同等级。在这些情况下，只依据一种方式划分组别，因此 χ^2 检验的重点在于判断实际频数与理论频数是否存在显著差异，抽样所得的样本在分布上是否与理论假设分布相一致。我们将这种检验称为拟合优度 χ^2 检验。其统计假设如下：

H_0：实际频数与理论频数一致，即 $f_0-f_e=0$ 或 $f_0=f_e$

H_1：实际频数与理论频数不一致，即 $f_0-f_e\neq 0$ 或 $f_0\neq f_e$

使用公式 $\chi^2=\sum\frac{(f_0-f_e)^2}{f_e}$ 计算得到该组数据的 χ^2 值，根据自由度在 χ^2 分布表中查得 $\chi^2_{0.05}$ 或 $\chi^2_{0.01}$，并将计算得出的 χ^2 值与其进行比较。若计算得出的 χ^2 值大于 $\chi^2_{0.05}$，则可在 $\alpha=0.05$ 显著性水平上拒绝原假设，接受备择假设，即推论实际频数与理论频数存在显著差异；同理，若计算得出的 χ^2 值大于 $\chi^2_{0.01}$，则可在 $\alpha=0.01$ 的显著性水平上拒绝原假设，接受备择假设，即推论实际频数与理论频数存在极其显著的差异。反之，若计算得出的 χ^2 值小于 $\chi^2_{0.05}$，则接受原假设，说明实际频数与理论频数不存在显著差异，两者相一致。

根据某种理论计算理论频数，是 χ^2 检验的关键步骤。这里所指的“某种理论”，一方面可以根据某种期望计算理论概率。如硬币实验中正面朝上与反面朝上的期望概率均为50%，以此计算抛掷硬币的理论频数。另一方面可以结合已有研究或普查中得到的经验概率作为理论频数。例如 2016 年北京市统计年鉴中显示，全市常住人口中城镇人口所占比为87%，农村人口所占比为 13%。那么对于北京的相关教育问题进行研究时，便可以将该比率作为抽样时的理论频数，通过进一步计算与检验，判断实际频数与理论频数是否一致。如果与理论频数不符，可能会由于抽样中城镇人口或农村人口过多影响到最终的统计结果。这样的检验过程可以判断根据该样本得出的数据分析结果或结论是否具有代表性。

一、依据比例决定理论频数的 χ^2 检验

当给出既定比例或根据理论推论出期望概率时，可以通过 χ^2 检验判断实际频数与理论频数是否存在显著差异。

例 11.2　某市规定辖区内各校成绩均实行等级评定，90~100 分为 A 等级，80~90 分为 B 等级，70~80 分为 C 等级，60~70 分为 D 等级，60 分以下为 E 等级。某所学校报告该校数学成绩中各等级人数按照 3∶5∶7∶4∶1 比例分布。现从该校八年级学生中抽取 80 名学生，其数学成绩获得 A 等级的有 12 人，获得 B 等级的有 24 人，获得 C 等级的有 20 人，获得 D 等级的有 22 人，获得 E 等级的有 2 人。请根据抽样结果判断该校报告比例在 $\alpha=0.05$ 的显著水平上是否可靠。

解　首先给出假设。

H_0：抽样结果中各等级人数比例与学校报告比例无差异

H_1:抽样结果中各等级人数比例与学校报告比例有差异

根据抽样总数为 80 人,计算各等级人数的理论频数。

$$f_A=80\times3/20=12,\quad f_B=80\times5/20=20,\quad f_C=80\times7/20=28$$

$$f_D=80\times4/20=16,\quad f_E=80\times1/20=4$$

$$\chi^2=\sum\frac{(f_0-f_e)^2}{f_e}=\frac{(12-12)^2}{12}+\frac{(24-20)^2}{20}+\frac{(20-28)^2}{28}+\frac{(22-16)^2}{16}+\frac{(2-4)^2}{4}$$

$$\approx0+0.8+2.286+2.25+1=6.336$$

该例题中自由度 $df=C-1=5-1=4$,经查 χ^2 分布表可得,自由度为 4,$\alpha=0.05$ 的显著性水平上,$\chi^2_{0.05(4)}=9.488$,计算所得 χ^2 小于 $\chi^2_{0.05(4)}$,因此在 $\alpha=0.05$ 的显著性水平上接受零假设,拒绝备择假设。结论为抽样结果中各等级人数比例与学校报告比例无差异,判断该校报告的比例可靠。

二、自由度为 1 的 χ^2 检验

在 χ^2 检验中,数据的自由度表现为 1 的情况虽然属于一种特例,但较为常见,根据理论频数不同可以划分为以下两种情况。对于不同的情况,在 χ^2 检验的具体步骤上略有不同,需要根据具体情况进行考虑。

(一)各组理论频数(f_e)≥5

前文已经提到各组别的理论频数至少在 5 个以上,当满足该条件时可以直接进行 χ^2 值的计算与假设检验。

例 11.3　在一次调查研究中,共获得样本量为 138 人,其中城镇人口为 103 人,农村人口为 35 人。已知全市城镇人口占比为 87%,农村人口占比为 13%。请在 $\alpha=0.01$ 的显著性水平上检验本次抽样在城乡人口比例上是否符合理论假设?

解　首先给出假设。

H_0:抽样中城乡人口的实际频数与理论频数一致

H_1:抽样中城乡人口的实际频数与理论频数不一致

首先根据已有的经验概率可以计算理论频数。

$$f_{城镇}=138\times87\%=120.06,f_{农村}=138\times13\%=17.94$$

因此可以根据已知求 χ^2 值。

$$\chi^2=\sum\frac{(f_0-f_e)^2}{f_e}=\frac{(103-120.06)^2}{120.06}+\frac{(35-17.94)^2}{17.94}\approx2.424+16.223=18.647$$

该例题中自由度 $df=C-1=2-1=1$,经查 χ^2 分布表可得,自由度为 1,$\alpha=0.01$ 的显著性水平上,$\chi^2_{0.01(1)}=6.635$。计算所得 χ^2 大于 $\chi^2_{0.01(1)}$,因此在 $\alpha=0.01$ 的显著性水平上拒绝零假设,接受备择假设,即抽样中城乡人口的实际频数与理论频数存在极其显著的差异,其分布不符合理论假设。

(二)某组理论频数(f_e)<5

当某组的理论频数小于 5 个时,违反了 χ^2 检验的前提假设,会导致对 χ^2 值的高估,进而影响对显著性即检验结果的判断。为保证 χ^2 检验的偏差在可接受的范围内,一般要求 80%以上的单元格理论频数大于 5 个。当某些组别内理论频数过少时,可以采取下列方法

进行处理：

第一，增加样本。为保证每个组别都有足够的理论频数，在不改变现有分组依据的情况下，最直接的方法是增加调查的样本数。

第二，改变分组依据。如果某一组别的理论频数较少，可能说明其本身并不适合独立成组。一方面可以考虑将该组与相邻组别进行合并，形成新的组别。如义务教育阶段中包含一至九年级 9 个组别，为增加理论频数，可将其合并为 1~2 年级学段、3~4 年级学段、5~6 年级学段以及 7~9 年级学段，甚至也可以合并为小学学段和初中学段。当然这样的合并操作均需要结合研究目的进行。另一方面也可能因为这一组别并不具有代表性，因此人数较少，可考虑直接删除该组别的被试。

第三，公式校正。如在增加样本上出现困难，或者不希望改变现有的分组依据，仍希望对某些组别的理论频数小于 5 个的数据进行分析，可以使用亚茨（Yates）校正公式进行连续性校正，其公式为

$$\chi^2=\sum\frac{(|f_0-f_e|-0.5)^2}{f_e} \quad \text{（公式 11-2）}$$

利用离散数据计算得到的 χ^2 值为离散数据，当 $df=1$，$f_e<5$ 时，间断性更为明显。而 χ^2 的理论值在坐标系上表现为一条平滑的连续曲线。为更好地估计连续曲线的取值，需要将实际频数与理论频数之差的绝对值减去 0.5。当然也要认识到，如果每一组的理论频数均小于 5，则说明该数据不适合进行 χ^2 检验。

例 11.4 根据以往经验，某所高校中高等数学课程的不及格率为 10%。在校内随机选取某一学院，发现该学院学习该课程的 40 人中有 9 人不及格，请分别在 $\alpha=0.05$ 和 $\alpha=0.01$ 的显著性水平上检验该学院学生在高等数学课程上的不及格率与以往经验是否存在显著性差异。

解 首先给出假设。

H_0：该学院学生在高等数学科目上不及格率和以往经验一样

H_1：该学院学生在高等数学科目上不及格率和以往经验不一样

该例题检验样本所代表的总体分布与理论假设分布是否一致，根据抽样总数计算理论频数。

不及格人数：40×10%＝4；及格人数：40×90%＝36

由于不及格组中理论频数小于 5，应使用亚茨连续校正公式。

$$\chi^2=\sum\frac{(|f_0-f_e|-0.5)^2}{f_e}=\frac{(|9-4|-0.5)^2}{4}+\frac{(|31-36|-0.5)^2}{36}=5.062\,5+0.562\,5=5.625$$

该例题中自由度 $df=C-1=2-1=1$，经查 χ^2 分布表可得，自由度为 1，$\alpha=0.01$ 的显著性水平上，$\chi^2_{0.01(1)}=6.635$；$\alpha=0.05$ 的显著性水平上，$\chi^2_{0.05(1)}=3.841$。计算所得 χ^2 大于 $\chi^2_{0.05(1)}$，因此在 $\alpha=0.05$ 的显著性水平上拒绝零假设，接受备择假设；但计算所得 χ^2 小于 $\chi^2_{0.01(1)}$，因此无法在 $\alpha=0.01$ 的显著性水平上拒绝原假设。说明该学院学生在高等数学科目上不及格率和以往经验存在显著差异，其分布不符合理论假设。

三、正态性检验

前文所述均是利用 χ^2 检验的方法针对离散数据进行分析，判断实际频数与理论频数之

间是否存在显著性差异,那么χ^2检验是否能够针对连续数据进行分析呢?

通过之前的讲解我们知道,χ^2检验是通过计算抽取样本中的实际频数与理论频数之间的差异程度,判断样本所代表的总体分布与理论假设分布是否一致。对分布形态的判断是χ^2检验的最终目的。因此,对于连续数据的分布形态是否符合预期也可以通过χ^2检验的方法进行判断。最常用的是对于某组抽样得到的连续数据,检验其总体分布的形状是否符合正态分布。在理论上假设数据符合正态分布,那么就可以根据正态分布的概率计算各项分类的理论频数,将连续数据转换为离散数据。

例如假设从人群中随机抽取 100 名被试,测量他们的身高。如果这 100 名被试的身高依旧符合正态分布,那么预计会有 68 人的身高位于正、负 1 个标准差之间,其中 34 人在 $Z=-1$ 到 $Z=0$ 之间,34 人在 $Z=0$ 到 $Z=1$ 之间。另外,大约有 13.5 人会位于 $Z=1$ 到 $Z=2$ 之间,大约 2.5 个人会位于 $Z=2$ 之外。这些数据都是根据正态分布的概率得到的,在下面的例子中会对其计算原理进行展示。得出理论频数后,可以通过计算实际频数与理论频数之间的差异并进行χ^2检验,进而判断我们所抽取的样本在多大程度上与正态分布相拟合。

例 11.5　在某所中学中随机抽取 100 名 15 岁男生身高的频数分布如表 11-1 所示。请问其总体在 $\alpha=0.01$ 的显著性水平上是否符合正态分布($\overline{X}=168,\sigma_X=8$)?

表 11-1　100 名学生身高的实际频数与理论频数

身高分组	实际频数	各组下限的标准分 Z	各组下限 Z 至 $Z=0$ 的面积	理论概率	理论频数
160 以下	12	$-\infty$	0.500 00	0.158 66	16
160～168	42	-1	0.341 34	0.341 34	34
168～176	38	0	0	0.341 34	34
176 以上	8	1	0.341 34	0.158 66	16
合计	100			1	100

解　首先给出假设。

H_0:样本所代表的总体符合正态分布

H_1:样本所代表的总体不符合正态分布

为检验样本所代表的总体分布是否符合正态分布,需要结合正态分布及正态曲线面积的相关知识求取各分组中的理论频数。首先对各组别下限的数值进行标准化处理,结合已知的样本平均值和标准差进行 Z 分数转化,各组下限的标准分数如表 11-1 中第 3 列所示。计算过程如下:如 160～168 这组的下限可转化为

$$Z=\frac{X-\overline{X}}{\sigma_X}=\frac{160-168}{8}=-1$$

根据计算得出的各组下限的标准分 Z,通过查询附录 1 中的正态分布表,可以得到各组下限 Z 至 $Z=0$ 的面积 P 值,如表 11-1 中第 4 列所示。根据查表所得,可以计算各组单独的面积,即各组的理论频率。如 160 以下组中,该组单独的面积为 $0.5-0.341\ 34=0.158\ 66$。其余各组的理论频率如表 11-1 中第 5 列所示。

将查表、计算所得的各组面积乘以样本总数,就可以获得各组别中的理论频数。如

160~168 这组的理论频数等于其面积 0.341 34×100≈34。这里需要注意的是,在前文中多次强调过当某组的理论频数小于 5 时,需要进行相应的调整,如对理论频数较少的组别进行合并,确保每组的理论频数都在 5 以上。各组理论频数如表 11-1 中第 6 列所示。

通过上文中计算所得的理论频数,可以根据已知的实际频数求 χ^2 值。

$$\chi^2=\sum\frac{(f_0-f_e)^2}{f_e}=\frac{(12-16)^2}{16}+\frac{(42-34)^2}{34}+\frac{(38-34)^2}{34}+\frac{(8-16)^2}{16}\approx 7.353$$

该例题中自由度的计算与前文不同,需要注意。对于正态性的 χ^2 检验,除受到单向表中一个因素的影响外,还运用了样本均值$\overline{X}$和样本标准差σ_X,这两个统计量的限制在自由度的计算中也应当排除在外。因此该例题中 $df=C-1-2=4-3=1$。

经查 χ^2 分布表可得,自由度为 1,$\alpha=0.01$ 的显著性水平上,$\chi^2_{0.01(1)}=6.635$。计算所得 χ^2 大于 $\chi^2_{0.01(1)}$,因此在 $\alpha=0.01$ 的显著性水平上拒绝零假设,接受备择假设,说明实际频数与理论频数存在极其显著的差异,样本所代表的总体不符合正态分布。

第三节　独立性 χ^2 检验

当我们有两个乃至两个以上的因素变量作为分组依据时,可以把实验或观察中所获得的数据同时按两个或两个以上的分组依据进行划分,构成双向列联表。学生可以依据性别分成男生和女生,同样也可以根据某一门学科成绩的等级划分为优、良、中、差。

对于双向表中的实际频数,仍可以通过计算 χ^2 值来反映其与理论频数之间的差异。然而在这里进行 χ^2 检验的目的和结论不同于拟合优度检验。由于数据结构建立在两组分组依据上,因此通过对双向表的 χ^2 检验可以研究两类变量之间的关系,判断两个变量是相互独立的还是相互关联的。比如上述例子中可以对性别与某一门学科成绩的等级是否相关进行判断。因此我们将这种 χ^2 检验称为独立性检验。当计算得到的 χ^2 值显著时,拒绝零假设,接受备择假设,这说明两个变量相互关联或存在交互作用;如果 χ^2 值不显著,说明两个变量相互独立,无关联或无交互作用。

表 11-2 将随机抽样获得的 100 名学生同时按照性别与数学成绩两个变量进行分组。这样进行交叉分类的频数分布表称为列联表。其中行变量为性别,被划分为两类:男生和女生;列变量为数学成绩,被划分为四类:优、良、及格、不及格。对于这样的双向列联表进行 χ^2 检验,既可以求证性别与数学成绩是相互独立的还是相互关联的,也可以求证不同性别的学生在数学成绩的等级上是否存在显著性差异。这两个问题均指向独立性检验的问题。

表 11-2　不同性别学生的数学成绩等级表

性别	数学成绩				合计
	优	良	及格	不及格	
男生	5	18	12	7	42
女生	8	25	23	2	58
合计	13	43	35	9	100

这里要注意的是,在求证两个变量之间是独立还是关联时,不存在方向性关系。如在上

述例子中，行变量为性别，列变量为数学成绩的等级。如果 χ^2 检验表现为显著，则可以证明性别与数学成绩是相互关联的。当换用另一种方式解释该问题时，一般转化为行变量对列变量的影响，如不同性别的学生在数学成绩等级上存在显著性差异，即男生和女生在不同数学成绩等级上的实计数与理论次数之间存在显著差异。选择何种方向性取决于对研究问题及假设的选择与理解。

当存在两个分组变量时，每个变量都可以把观察值分为若干组，因此可以组成若干种列联表。其中行变量与列变量均包含两个分组时，这类列联表被称为 2×2 列联表或四格表。一个因素变量有 r 个分组，另一个因素变量有 c 个分组时，这类列联表被称为 $r\times c$ 列联表。当因素变量多于 2 个时，这类列联表被称为多维列联表。本节内容主要针对 2×2 列联表与 $r\times c$ 列联表进行介绍。

一、2×2 列联表的 χ^2 检验

当我们在调查或实验中获得两个分类变量，每个变量均只包括两个组别，如此便可以把被试按照这两个分类变量整理成 2×2 列联表的形式。2×2 列联表又称为四格表，可以认为是多维列联表的特殊形式，也是列联表中最简单的一种形式，在教育研究中广泛应用。对于四格表的 χ^2 检验，可以使用简化的公式进行 χ^2 值的计算。

（一）独立样本的 χ^2 检验

当实验或调查中的两组分类变量彼此独立时，四格表中每一格的数据均相互独立，对这样的数据进行检验称之为独立样本的 χ^2 检验。在该列联表中，行变量与列变量均包括两个组别，可以表示为表 11-3 所示的形式。

表 11-3　2×2 列联表的观察频数结构

		列变量		合计
		分组 1	分组 2	
行变量	分组 1	A	B	$A+B$
	分组 2	C	D	$C+D$
	合计	$A+C$	$B+D$	$N=A+B+C+D$

根据表 11-3 中各单元格标记的字母，当各单元格的理论频数(f_e)均 ≥ 5 时，可以使用简化的公式进行 χ^2 值的计算。

$$\chi^2=\frac{N(AD-BC)^2}{(A+B)(C+D)(A+C)(B+D)} \qquad \text{（公式 11-3）}$$

其中 A、B、C、D 均为列联表中各单元格的实际频数。$A+B$、$C+D$、$A+C$、$B+D$ 均为各行变量、列变量中不同分组的合计数，N 为样本总数。在上述公式的计算中，所有计算均针对四格表中的实际频数，省去了对理论频数的复杂运算，达到了简化运算的目的，同时也可以减少计算误差。

由于四格表是列联表的最简单，也是最特殊的形式，其自由度按照 $df=(r-1)(c-1)$ 的方法进行计算，其中 r 为行变量个数，c 为列变量个数。但由于行变量与列变量均只包含两个分组，所以对于四格表来说，其自由度 df 均为 1。

例 11.6 某区刚刚进行完高中英语会考。在区内的重点校中随机选取甲学校，并随机抽取 120 名学生；在非重点校中随机选取乙学校，并随机抽取 90 名学生。记录两所学校学生的英语会考的成绩是否达到及格标准。其中甲校及格人数为 103 人，乙校及格人数为 56 人，请问甲、乙两校的英语会考成绩在 $\alpha=0.01$ 的显著性水平上是否有显著差异（即学生是否由于在不同的学校，英语会考成绩的表现会有所不同）？

解 根据题意，可将题目中给出的数据整理成四格表（见表 11-4）的形式。

表 11-4 两校学生英语成绩四格表

		英语成绩		合计
		及格	不及格	
学校	甲校（重点）	103	17	120
	乙校（非重点）	56	34	90
合计		159	51	210

H_0：不同学校的学生在英语成绩上无显著差异（学校层次与英语成绩相互独立）

H_1：不同学校的学生在英语成绩上有显著差异（学校层次与英语成绩相互关联）

在假设部分，根据前文所讲述的内容，我们分别展示了两个角度的零假设与备择假设，其本质上是一样的。

方法一：计算理论频数，使用基本公式计算 χ^2 值。

甲校中达到及格等级的理论频数为

$$f_e=\frac{n_r n_c}{n}=\frac{159\times120}{210}\approx90.857$$

甲校中未达到及格等级的理论频数为

$$f_e=\frac{n_r n_c}{n}=\frac{51\times120}{210}\approx29.143$$

乙校中达到及格等级的理论频数为

$$f_e=\frac{n_r n_c}{n}=\frac{159\times90}{210}\approx68.143$$

乙校中未达到及格等级的理论频数为

$$f_e=\frac{n_r n_c}{n}=\frac{51\times90}{210}\approx21.857$$

运用理论值计算公式可以得到本题中所需的 4 个理论频数，根据实际频数与理论频数的差异计算 χ^2 值，并进行假设检验的推断。

$$\chi^2=\sum\frac{(f_0-f_e)^2}{f_e}=\frac{(103-90.857)^2}{90.857}+\frac{(17-29.143)^2}{29.143}+\frac{(56-68.143)^2}{68.143}+\frac{(34-21.857)^2}{21.857}\approx15.593$$

方法二：利用实际频数，使用简便公式计算 χ^2 值。

$$\chi^2=\frac{N(AD-BC)^2}{(A+B)(C+D)(A+C)(B+D)}=\frac{210\times(103\times34-56\times17)^2}{120\times90\times159\times51}\approx15.592$$

通过计算可以发现，虽然使用了两种不同的公式求 χ^2 值，但得到的结果十分接近，并不影响对假设检验的推论。经查 χ^2 分布表可得,自由度为 1,$\alpha=0.01$ 的显著性水平上,$\chi^2_{0.01(1)}=6.635$。计算所得 χ^2 大于 $\chi^2_{0.01(1)}$,因此在 $\alpha=0.01$ 的显著性水平上拒绝零假设,接受备择假设,说明不同学校的学生在英语成绩上有极其显著的关联,即不同学校的学生在英语会考中的表现存在极其显著的差异。

(二)相关样本的 χ^2 检验

在独立样本的分析中,我们使用两个相互独立的分类变量,对随机抽取的被试样本进行分组。而在研究中还存在另外一种情况,需要对同一批被试样本先后进行两次施测,如在用药前后对病人进行两次检测,或者使用两种不同的方法对病人的某种病症进行检测。这样得到的数据相互之间是相关的,两种方法不能作为独立的两个分类变量存在。相应地,对其数据进行的 χ^2 检验也与独立样本 χ^2 检验不同。

对这样的数据进行检验称之为相关样本的 χ^2 检验。在表 11-5 所示的列联表中,行变量与列变量的数据是相关的。虽然在列联表中的表示与独立样本数据并无不同,但在 χ^2 值的计算上,却可以进一步进行简化。

表 11-5　相关样本四格表的观察频数结构

		方法一		合计
		合格	不合格	
方法二	合格	A	B	$A+B$
	不合格	C	D	$C+D$
	合计	$A+C$	$B+D$	$N=A+B+C+D$

根据表 11-5 中各单元格标记的字母,当各单元格的理论频数(f_e)均 ≥5 时,可以使用简化的公式进行 χ^2 值的计算。

$$\chi^2=\frac{(B-C)^2}{B+C} \tag{公式 11-4}$$

其中 B、C 均为列联表中各单元格的实际频数,是在两次测验或两次方法中得到不同结果的数据。相比独立样本的 χ^2 值计算公式,该公式在运算上进一步简化,不仅无须计算理论频数,在对实际频数的利用上也更为精简。其自由度 df 仍为 1。

例 11.7　某校对校内 300 名九年级学生先后进行两次中考英语科目的模拟考试,其结果如表 11-6 所示。请问两次测验在 $\alpha=0.05$ 和 $\alpha=0.01$ 的显著性水平上是否有关联?

表 11-6　九年级学生两次中考英语模拟考试结果

		测验一		合计
		及格	不及格	
测验二	及格	183	67	250
	不及格	43	7	50
	合计	226	74	300

解　先给出假设。

H_0:两次测验无关联(测验一中的“及格”“不及格”在测验二的表现上无显著差异)

H_1:两次测验有关联(测验一中的“及格”“不及格”在测验二的表现上有显著差异)

$$\chi^2=\frac{(B-C)^2}{B+C}=\frac{(67-43)^2}{67+43}\approx 5.236$$

经查 χ^2 分布表可得,自由度为 1,$\alpha=0.05$ 的显著性水平上,$\chi^2_{0.05(1)}=3.841$,计算所得 χ^2 大于 $\chi^2_{0.05(1)}$;自由度为 1,$\alpha=0.01$ 的显著性水平上,$\chi^2_{0.05(1)}=6.635$,计算所得 χ^2 小于 $\chi^2_{0.01(1)}$。因此在 $\alpha=0.05$ 的显著性水平上拒绝零假设,接受备择假设,说明两次测验有关联,在“及格”与“不及格”上存在显著的差异。

(三) 四格表 χ^2 检验的连续性校正

在拟合优度检验的部分,我们介绍过当存在某一个理论频数(f_e)≤5 时,需要使用亚茨连续性校正公式进行计算,避免对 χ^2 值的过高估计。对于四格表这一特殊形式的列联表,同样可以通过校正公式进行计算,但在校正公式的运用上也可进一步简化,其中独立样本 χ^2 检验的校正公式为

$$\chi^2=\frac{N\left(|AD-BC|-\frac{N}{2}\right)^2}{(A+B)(C+D)(A+C)(B+D)}$$

相关样本 χ^2 检验的校正公式为

$$\chi^2=\frac{(|B-C|-1)^2}{B+C}$$

例 11.8 某班抽取 27 名学生对数学老师的教学效果进行课后评价,其评价结果如表 11-7 所示,请问对老师的评价与学生性别在 $\alpha=0.05$ 的显著性水平上是否相关联?

表 11-7 不同性别学生的评教结果

		教学评价		合计
		优良	一般	
性别	男生	10	2	12
	女生	7	8	15
	合计	17	10	27

解 先给出假设。

H_0:对老师的评价与学生性别相互独立

H_1:对老师的评价与学生性别相互关联

根据表中的实际频数,直接利用独立样本 χ^2 值计算公式求取,可得

$$\chi^2=\frac{N(AD-BC)^2}{(A+B)(C+D)(A+C)(B+D)}=\frac{27\times(10\times8-7\times2)^2}{12\times15\times17\times10}\approx 3.844$$

经查 χ^2 分布表可得,自由度为 1,$\alpha=0.05$ 时,$\chi^2_{0.05(1)}=3.841$。该例题中计算所得 χ^2 大于 $\chi^2_{0.05(1)}$,因此在 $\alpha=0.05$ 的显著性水平上拒绝零假设,接受备择假设,说明学生对老师的评价与学生性别相互关联。

然而,男生中对老师的教学效果给出一般评价的学生人数,其理论频数为 $10\times12/27\approx$

4.444≤5,应当对其进行校正。利用独立样本 χ^2 值的校正公式进行计算,可得

$$\chi^2=\frac{N\left(|AD-BC|-\frac{N}{2}\right)^2}{(A+B)(C+D)(A+C)(B+D)}=\frac{27\times\left(|10\times8-7\times2|-\frac{27}{2}\right)^2}{12\times15\times17\times10}\approx2.432$$

通过校正公式计算所得 χ^2 小于 $\chi^2_{0.05(1)}$,因此在 $\alpha=0.05$ 的显著性水平上接受零假设,拒绝备择假设,说明学生对老师的评价与学生性别相互独立。运用不同的公式进行计算,在校正前后得到不甚一致的结论,说明了连续性校正的必要性。

二、$r\times c$ 列联表的 χ^2 检验

对于多维列联表进行 χ^2 检验,依旧可以凭借实际频数与理论频数之间的差异判断行变量中不同组别在列变量上的分布与抽样样本在列变量上的分布是否有显著的差别,继而推断行变量与列变量是相互独立的还是相互关联的。但在 χ^2 值的计算过程中,不能再使用上文中的简便公式,而需要计算各组的理论频数。这里每一组行变量与列变量交叉的数据都存在其理论频数,计算公式为:

$$f_e=\frac{n_r n_c}{n}\qquad\text{(公式 11-5)}$$

其中:f_e 表示每一格实际频数对应的理论频数

n_r 表示行变量中各组的实际频数之和

n_c 表示列变量中各组的实际频数之和

n 表示样本容量的总和

为了对公式更好地理解,我们通过本节中性别与数学成绩的例子来进行计算。

例 11.9　在某校中随机抽取 100 人并收集他们的期末数学成绩,其中共有 13 人达到优秀,43 人达到良好,35 人达到及格,9 人为不及格。在 42 名男生中有 5 人达到优秀,18 人达到良好,12 人及格,7 人不及格;在 58 名女生中有 8 人达到优秀,25 人达到良好,23 人及格,2 人为不及格。整理数据可得表 11-2 所示的形式。请问不同性别的学生的数学成绩表现在 $\alpha=0.05$ 的显著性水平上是否存在差异(性别与数学成绩是否相互独立)?

解　先给出假设。

H_0:不同性别的学生在数学成绩上不存在显著差异(性别与数学成绩相互独立)

H_1:不同性别的学生在数学成绩上存在显著差异(性别与数学成绩相互关联)

由于行变量为性别,包括两个分组;列变量为数学成绩,包括 4 个分组。因此在这个 2×4 列联表中,共需要计算 8 个理论频数。此处我们列举两例进行计算,如:

男生中获得优秀等级的理论频数为

$$f_e=\frac{n_r n_c}{n}=\frac{42\times13}{100}=5.46$$

女生中获得及格等级的理论频数为

$$f_e=\frac{n_r n_c}{n}=\frac{58\times35}{100}=20.30$$

运用理论值计算公式可以得到本题中所需的 8 个理论频数,如表 11-8 所示,根据实际频数与理论频数的差异计算 χ^2 值,并进行假设检验的推断。

表 11-8 不同性别学生的数学成绩等级观察频数与理论频数

性别	数学成绩				合计
	优	良	及格	不及格	
男生	5(5.46)	18(18.06)	12(14.70)	7(3.78)	42
女生	8(7.54)	25(24.94)	23(20.30)	2(5.22)	58
合计	13	43	35	9	100

$$\chi^2=\sum\frac{(f_0-f_e)^2}{f_e}=\frac{(5-5.46)^2}{5.46}+\frac{(18-18.06)^2}{18.06}+\cdots+\frac{(2-5.22)^2}{5.22}\approx 5.651$$

由于存在两个因素变量作为分组依据,因此自由度与行变量、列变量的分组数均相关。如果行变量分组数为 r,列变量分组数为 c,则自由度 $df=(r-1)(c-1)$。

本题中行变量包括 2 个组别,列变量包括 4 个组别,因此 $df=(2-1)\times(4-1)=1\times3=3$。经查 χ^2 分布表可得,自由度为 3,$\alpha=0.05$ 的显著性水平上,$\chi^2_{0.05(3)}=7.815$。该例题中计算所得 χ^2 小于 $\chi^2_{0.05(3)}$,因此在 $\alpha=0.05$ 的显著性水平上接受零假设,拒绝备择假设,说明不同性别的学生在数学成绩上无显著差异,性别与数学成绩相互独立。

拓展阅读

品质相关

本章中介绍了利用 χ^2 检验的方法推论两个分类变量之间的关系。如果 χ^2 检验显著时则认为存在相关性。但对其更进一步的思考在于,这样的相关性的程度如何进行数值化的表示。与对于连续变量进行积差相关、等级相关分析不同,对于分类数据之间相关程度的分析称为品质相关,常见的品质相关系数有以下几种。

一、φ 系数

φ 系数是 2×2 列联表中常用的品质相关系数,其计算公式为

$$\varphi=\sqrt{\frac{\chi^2}{N}}=\frac{AD-BC}{\sqrt{(A+B)(A+C)(B+D)(C+D)}}\qquad\text{(公式 11-6)}$$

其转换过程可参考第三节第二部分关于 χ^2 值的计算公式。

对于 2×2 列联表,φ 系数的取值范围在 0 到 1 之间。当数值小于 0.3 时,变量间的相关程度较弱;大于 0.6 时,相关程度较强。[3]143 但是在 $r\times c$ 列联表中,φ 系数将随着行或列中类别数目的增大而增大,上限变为正无穷,不适宜再用来描述两个变量的相关关系。这时可以采用列联相关系数来计算。

二、列联相关系数

列联相关系数 C 的计算公式为

$$C=\sqrt{\frac{\chi^2}{\chi^2+N}}\qquad\text{(公式 11-7)}$$

从列联相关系数的公式中可以得出,其取值范围在 0 到 1 之间,与相关系数 r 相似。当两个变量完全独立时,其列联相关系数 C 的最小值即为 0。但无论两个变量的分类如何多,

相关程度如何密切，其最大值也不能达到 1。同时由于进行了开根号的计算，使得 C 值没有正负之分，数值的大小只表示相关性的密切程度，而不代表方向。由于行变量与列变量分组不同会导致 N 的不同，因此当两个列联表中行数与列数相同时才可将计算得到的列联相关系数相对比，其他情况下则不便比较。但由于简便，其对于整体分布没有任何要求，所以列联系数仍不失为一种适应性较广的测度值。[4]228

三、V 相关系数

由于 φ 系数的局限性和数值无上限等情况，克拉默（Cramer）在 φ 系数的基础上提出了 V 相关系数，其计算公式为

$$V=\sqrt{\frac{\chi^2}{n\times\min[(r-1),(c-1)]}} \quad \text{（公式 11-8）}$$

上式中，$\min[(r-1),(c-1)]$ 表示的是取 $r-1$ 和 $c-1$ 中数值较小的一个。其取值范围在 0 到 1 之间。当两个变量完全独立时，V 系数的最小值即为 0。完全正相关时 V 系数则为 1，弥补了列联相关系数 C 的最大值无法达到 1 的情况。

练习与思考题

1. χ^2 检验适合用于分析哪种类型的数据资料？

2. 说明进行 χ^2 检验的步骤。

3. 进行 χ^2 值连续性校正的原因和条件是什么？

4. 假设高校文科、理科、工科、农科、医科的招生人数比例为 2∶7∶5∶1∶0.5。某地区考入上述学校的实际人数如下表所示，请问该校实际招收人数在 $\alpha=0.05$ 的显著性水平上是否符合预期比例？

文科	埋科	上科	农科	医科
63	170	153	32	10

5. 某校的数学成绩分布如下表所示（其中均值为 65，标准差为 10），请判断其在 $\alpha=0.01$ 的显著性水平上是否符合正态分布？

分组	f	分组	f
80 以上	14	50～60	18
70～80	30	40～50	2
60～70	36		

6. 某校关心学生课外阅读的习惯是否与其学习成绩有关，随机调查了 254 名读者，其数据结果如下：

课外阅读	学习成绩			
	优	良	及格	不及格
较多	38	40	11	6

续表

课外阅读	学习成绩			
	优	良	及格	不及格
一般	12	16	8	8
较少	6	13	14	17

请在 0.01 的显著性水平上检验学生的课外阅读习惯与学习成绩是否有关。

第十二章　教育测量

测量在我们生活中发挥着非常重要的作用。一出生,我们便受到仔细的观察,我们会被量身高、测体重,并与其他孩子做比较。在成长过程中,尤其是在学校生活中,我们又会接触到各种各样的教育和心理的测量与评价。成年后,钟表、量尺、温度计、证券交易指数、运动和体育统计数字、生活费用预算以及其他许多很专业的测量方法便开始充斥我们的生活。[1]1

——萨克斯

概览

1. 理想的量表既要具有确定而等距的单位,又要具有绝对的参照点。但必须承认的是,实践中的很多测量不能达到这种理想的水平。根据量表在单位和参照点上的不同,量表可以分为称名量表、顺序量表、等距量表和比率量表四类。

2. 教育测量是教育评价的基础之一,教育测量定量描述了学生的学业成就或其他相关变量,为教育评价准备了定量数据;教育评价是教育测量的延伸,它在教育测量的基础上,依据教育目标或一定的价值标准对此进行价值判断,使人们对教育事物的认识更加深入。

3. 测验是用于定量描述人的教育成就或心理特质的一个或一系列任务,其实质上是对行为样本的客观的和标准化的测量。编制一个测验应该具备四个基本条件:有代表性的行为样本;测验标准化;适当的难度或应答率;良好的信度和效度。

4. 为满足教育工作的需要,实践中产生了各种各样的测验。依据不同的标准,测验可以分成不同的类别。

5. 误差可以分随机误差与系统误差两种。其中,随机误差是指那些与预测特质无关、由偶然因素引起又不易控制的误差;系统误差则不同,它是由与预测特质无关的因素引起的、恒定而有规律的误差。

6. 教育测量的误差主要来源于三个方面:测量工具、被试以及施测过程。

7. 经典测量理论假定观察分数与真分数之间是一种线性关系,并只相差一个随机误差。即,每一次测量的观察分数都是真分数与随机误差的和。

教育测量是对教育领域中各种有关事物特征进行定量描述的过程。对于教师来说,只有通过测验定量描述学生的学业成就与心理发展,才能客观分析学生的表现,从而以学定教和因材施教;对于管理者来说,只有以数据为基础,定量分析学生发展,才能客观评估教师的工作绩效及学校办学质量，不断反思与改进。教育者需要掌握教育测量的基本原理与技能。

第一节 测量与量表

教育测量首先是一种测量。要深入理解教育测量的内涵，掌握教育测量的技能，必须先认识测量的基本知识。

一、体验测量

在绪言部分，我们已经介绍过一些有关测量的基础性知识。比如，测量就是依据一定法则对事物特征进行定量描述的过程；又如，任何测量都必须具备两个基本要素，分别是测量的单位和参照点。为进一步加强大家对测量的认识，我们以短时记忆容量测量为例，带大家比较完整地体验测量。

短时记忆指对信息保持时间在一分钟左右的记忆。同声传译员在工作时运用的就是短时记忆。短时记忆的容量又称短时记忆广度，指彼此无关的事物短暂呈现后能记住事物的最大数量。有人想测量一批高中生的短时记忆容量，他采用如下方法：用随意排列组合的一列数字作为实验材料，请主试向被试口述这列表中的每一个数字，从位数少的开始，由上到下，让被试紧跟着复述，通过一个，就读下一个，直到被试复述出现错误或不能复述为止。测试材料中的数字如下：641；2730；85943；706291；1538796；29081357；479028625；3653439215；541960836702。高中生被试能复述出几位数，就认为他的短时记忆是几。

你可以在同伴的协助下真正做一下这个短时记忆容量测量。体验完毕后，请思考这种测量方法好不好？不难发现，这个测量的结果会受到很多因素的影响，比如主试的口音、音量、语气、口述数字的速度、两个数字之间的间隔时间；又如被试当时的状态、测试环境中的噪音等。测量结果不能做到绝对准确，每一次测量结果中都含有一定的误差。

为了减少误差的影响，使测量结果更准确地反映被试的真实水平，我们可以改进这个测量工作。首先，改变材料呈现方式。刚才的测量中主试口述数字，容易受到音量、口音、语气和语速等因素的影响，如果改成用视觉方式呈现材料，影响就会得到适当控制。在正规心理学实验中，短时记忆容量测量一般采用速示器呈现材料，且严格控制呈现速度，主试在速示器上呈现一张数字卡片 1 秒钟，一张数字卡片上有三个位数相同的数字，要求被试在每个卡片呈现后 5 秒钟内将看到的数字全部写下来。其次，改进测试材料。原来的测试材料仅有一组数字，而改进后的测试材料中可以包含 3 组数字，每个被试测试 3 组，也就是 3 次，最后取 3 次测量的平均值，用它来表示被试的短时记忆容量水平。

通过这次测量的体验，我们发现：(1) 正如定义所言，测量是依据一定法则、程序或方法对事物特征进行定量描述的过程；(2) 每次测量结果都不是绝对准确的，其中都包含有误差；(3) 误差可能来源于主试或被试方面的因素，也可能来源于工具或环境方面的因素；(4) 为了减少误差，测试过程要标准化，而且可以尝试通过多次测量取平均值来减少误差。

二、测量的量表

要定量描述一个特定事物的特定特征，首先需要有一个数字连续体，将我们所要测量的事物特征与这个数字连续体进行比较，确定它的位置，并与参照点比较，就可以得到该特征的一个测量值。这种可以使事物特征数量化的数字连续体就是量表,对应的英文是 scale。需要注意的是,量表不一定都是表,其形式可以多种多样,测量物体长度的尺子、测量体重的体重计、测量人格特质的问卷都是量表。理想的量表既要具有确定而等距的单位,又要具有绝对的参照点。但必须承认的是,实践中的很多测量不能达到这种理想的水平。根据量表在单位和参照点上的不同,量表可以分为四类。

(一) 称名量表

称名量表是测量中最为简单、最低水平的一种量表,它只是用数字代表某事物或用数字对事物进行分类。称名量表又可以分为两类。一类是名称量表,即用数字代表特定事物的量表。比如,在运动会中用数字给运动员编号,在调查中给每所被调查学校编码。另一类是类别量表,即用数字表示事物的类别。比如,用数字表示被试性别,其中 1 表示男性,0 表示女性。又如,用数字表示被试的职业,1 表示教育工作者,2 表示公务员,3 表示其他职业。

在称名量表中,数字只是表示事物的符号,没有任何数量上的含义,只有区分事物的意义,没有顺序性、等距性、可加性等。所以对于称名量表所获得的数字只适用于次数的统计,如次数、百分比、众数、卡方检验等。

(二) 顺序量表

也称等级量表。这是次低水平的测量量表。在这种测量中,数字不仅代表某个特定的事物或某类事物,而且能根据统一标准将事物特征区分为若干个等级,用数字表示事物具有某种特征的程度,可以据此对事物进行顺序排列。比如,运动员参加比赛的名次,一般来说,我们会在一个具体项目比赛中取前八名,分别用 1、2、3、4、5、6、7、8 代表。在这里,第 1 名的水平高于第 2 名,第 3 名的水平高于第 4 名。这种按事物大小、等级、程度而排列数字的量表叫顺序量表。

在顺序量表中,数字有了序列性,但它只表示等级、大小和程度的顺序,没有相等的单位,也没有绝对参照点。换而言之,它既不表示事物特征的真正数量,也不表示绝对的数值,因此不能进行加减乘除运算。适用于顺序量表的统计方法有中位数、百分位数、百分等级、等级相关、肯德尔和谐系数等。

(三) 等距量表

等距量表是一种较高水平的测量量表。在这种测量中,数字不仅能代表事物的类别、等级,而且具有相等的单位。温度计是一个典型的等距量表。在测定温度时,10℃ 和 20℃ 的差距,与 20℃ 和 30℃ 的差距是相等的。特别值得注意的是,学生期末考试成绩用原始分表示,满分为 100,学生的分数表明了他答对题目的比率,这里的学生分数测量不是等距量表,而是顺序量表,理由很简单,因为学生的分数没有绝对零点,也不是等距的。两个学生的分数相同,并不表明他们两个的成就水平是完全一样的;甲同学与乙同学相差 5 分,丙同学与丁同学也相差 5 分,但这两个 5 分所代表的东西是不一样的。同样的道理,智力测验的原始分数、人格测验的原始分数,或工作满意度测验的原始分数都只是顺序量表,而不是等距量表。

等距量表的数字是一个真正的数量,数量中各部分的单位是相等的。这种量表所得的数字不仅具有区分性和序列性,而且具有等距性与可加性,所以它就可以进行加减运算。但它不适用于乘除运算,因为等距量表没有绝对的零点,它的零点是人们假定的相对零点。适用于等距量表的统计方法有平均数、标准差、积差相关以及 t 检验和 F 检验。

一个令人费解的问题是,前文刚说用原始分表示的成绩是顺序量表,但为什么人们也计算平均数和标准差呢？这是因为，为了深入分析事物特征，人们在数据处理过程中通常将期末考试分数、人格测验分数等某些顺序量表视同为等距量表，放在等距量表背景下去分析与解释。我们可以将某些顺序量表视同为等距量表进行数据处理，但不能说它们是等距量表。当然，在第十五章，我们会知道，某些顺序量表的分数可以通过统计方法转换成一个具有相等单位的等距量表，最常见的方法就是将原始分转换成标准分。

（四）比率量表

比率量表是最高水平的量表，因为它不仅具有等距的单位，而且具有绝对的零点。通过比率量表获得的数据，不仅可以知道测量对象之间相差的程度，而且可以计算它们之间的比率。很多物理测量都属于比率量表。以长度测量为例，经测量，爸爸的身高是 1.80 米，儿子的身高是 0.90 米，那么，我们可以知道爸爸比儿子高 0.90 米，也可以知道爸爸的身高是儿子身高的两倍，儿子的身高是爸爸身高的 1/2。需要注意的是，教育心理测量基本上达不到比率量表水平，因为很多教育心理变量没有绝对的零点。

适合于其他量表的统计方法都适用于比率量表，此外，比率量表还可以进行乘除运算，可以计算几何平均数、变异系数等。

第二节　教育测量

教育测量有广义与狭义两种理解。广义的教育测量泛指对教育领域内各种事物特征进行定量描述的过程；而狭义的教育测量则指对学生的学业成就和心理特质进行定量描述的过程。要深入理解教育测量，必须将它放在真实的教育情境以及复杂的概念关系中予以分析。

一、体验教育测量

教育测量经常发生在生活中。每个人从小到大会经历很多次的测验，要被测量；每个教师都将测验作为测量学生成就和其他心理特质的重要方式，正所谓“考考考，教师的法宝”。但经常接触教育测量，并不必然让大家都成为测量专家。测量需要学习，更需要研究。

让我们以小学 5 年级数学学业成就测量为例，体验一下实践中的教育测量。5 年级教师在讲完“组合图形的面积”一课后，要测量一下学生的学业成就，考查学生是否学会使用割补法计算组合图形的面积，并利用这些数学知识解决生活的实际问题。有教师在单元测验中出了这样一道题。

第 1 题：智慧老人要装修自家的客厅，客厅形状及各面墙的长度如图 12-1 所示，他家的客厅有多大面积？

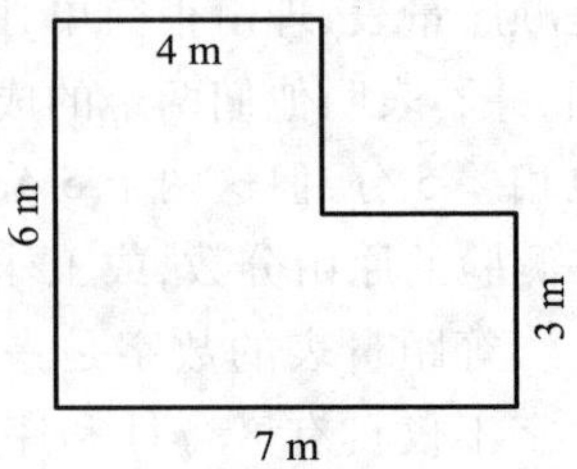

图 12-1　客厅形状

这道题难度不大，学生可以采用“分割”法或“添补”法计算出智慧老人家客厅的面积为 33 m^2。可我们要问的是：这道题测量到教师欲测量目标的达成程度了吗？

分析发现，这道题不能测量到教师欲测量目标的达成程度，用专业的话来说，就是题目的结构效度不好（有关结构效度的知识，在第十四章有深度介绍）。理由如下：（1）题目难度太低。小学 3 年级学生在学习完长方形面积和正方形面积之后，基本上可以完成这道题目。可现在测量的对象是5年级学生，题目太容易，即便学生做对了，我们也不能相信学生能用割补法计算比较复杂一点的组合图形的面积。(2)题目脱离真实生活。“智慧老人”不是一个真实的人物，如果能结合真实点的生活情境，让学生解决生活中组合图形面积的计算题，可以更准确地测量学生解决相关问题的能力。

为测量学生在真实生活中利用图形面积计算方法解决实际问题的能力，如果教师出下面这样一道题会不会好些？

第2题：请你回家后测量自家各面墙的长度，绘制自家住房的平面图，并计算住房的面积。要求测量时以米为单位，精确到小数点后一位即可。必要时可以请家长予以协助。

这是一道实践性很强的题目，让学生动手测量并计算组合图形的面积，看上去比第1题有所改善。但实际上，这道题也存在一些亟待思考与改进的问题：(1) 可行性。如果有的学生寄宿在学校或在他人家里托管，他就无法回家实际测量并计算自家住房的面积。(2) 伦理与公平。这道题目做完之后交给老师，有的学生会为自家住房面积大（比如180 m^2）而感到自豪，有的学生则可能会因为自家没有住房或住房面积小而感到自卑。从一定意义上而言，这道题侵犯了学生的隐私权，不符合伦理与公平原则。权衡利弊，我们发现这个测量也不是好的测量。

进一步修改题目，将题目设计成下面这样。

第3题：张爷爷在一个带电梯的高层居民楼中买了一套单元房，房产证上标明这套单元房的建筑面积是61.5 m^2，可张爷爷感觉房屋好像没有那么大。他测量了各面墙的长度，如图12-2所示，请你帮张爷爷计算他家房屋的面积，看看开发商是不是量错了。

经计算，张爷爷家的面积是50.9 m^2，小于房产证上所示的61.5 m^2，但我们并不能因此认定张爷爷被骗了，因为房产证上写的是建筑面积，而张爷爷量的是使用面积，两者原本就是不同的。

这道题的生活情境更真实，学生除了需要会计算组合图形的面积，还要会看懂房屋平面结构图，需要懂得房产证中建筑面积与套内面积以及使用面积的含义，需要了解有关得房率的政策。这种题目不仅有效测量了学生利用数学知识（采用割补法计算组合图形的面积）解决生活问题的能力，而且让学生不再“两耳不闻窗外事”，有意识地走进生活，学习生活中的数学。

进一步思考，我们还可以出另外一道题来考查学生在生活中利用组合图形的面积计算方法解决问题的能力。

第4题：张爷爷要装修自家房屋，他家房屋面积是50.9 m^2。他要给全部地面铺同样款式的地砖，规格是60 cm×60 cm。现在，张爷爷要到建材城备料，他要买多少块地砖回家？请给出建议，并说明理由。

这道题也是一道很生活化的题目。如果有学生用房屋总面积除以一块地砖的面积，得出结果为141.4，于是回答说张爷爷需要买142块地砖，那张爷爷在实际铺砖时就会遭遇麻烦。道理很简单，因为铺地砖时有时需要切割，可能会在切割过程中产生废料，所以需要在142块砖的基础上增加一定的富余量，一般富余10%。可见，这道题真正结合了生活，正确答案是不唯一的，这才是生活中的数学，才能真正测量到学生利用组合图形的面积计算方法解决问题的能力。

从第1题到第4题，我们体验了教育测量，可以发现：(1) 教育测量就是这样对学生成

图 12-2　单元房户型图

就或其他心理特质进行数量化描述的过程;(2) 由于人的学业成就和心理特质具有内隐性,需要间接测量,需要设计一些典型问题情境,然后观察学生解决问题的过程和结果,最后得出定量的描述;(3) 教育测量的情境越真实,越能反映学生在生产生活实践中分析问题与解决问题的能力;(4) 随着测量方法的不断改进,测量的效度越来越好,其对实践所产生的导向、诊断、激励与发展的价值也就越来越大。总之,教育测量是一门专业技术,需要学习,也值得深入研究。

二、相关概念辨析

一提到教育测量,人们会想起很多相关的概念,比如教育统计、教育评价、测验等。教育测量与这些概念的关系如何? 要深入理解教育测量,还需要弄清楚它们之间的关系。

(一) 教育测量与教育统计

教育测量与教育统计是两种联系相当密切的活动。教育测量对教育中的事物特征进行定量描述,但它不能仅仅给事物特征赋以一定的数字,还要对这些数字进行深入统计分析,包括描述统计和推断统计,以从中挖掘一些有价值的信息,比如事物特征的平均水平和内部差异,影响事物特征的相关因素等。教育测量离不开教育统计,教育统计也离不开教育测量,两者相互联系,相互支持。教育测量是教育统计的基础,有测量所得来的数据,才能做进一步的统计分析。教育统计使教育测量更加深入,增进人们对事物特征及其发展规律的认识。

(二)教育测量与教育评价

教育测量与教育评价也是两个相伴相生的概念,在实践中有人甚至直接将两者混同使用,称为测评,说明两者的关系更加密切。

现代教育评价的概念是美国当代著名教育家泰勒(R. W. Tyler)在 8 年研究(1934—1942 年)期间首次提出的。其基本思想就是注重教育效果的价值判断,强调必须分析教育应达到的目标,并根据这个教育目标来评判教育效果。“评价过程在本质上是确定课程和教学大纲实际上实现目标程度的过程”。[2]345 当然,在泰勒之后,教育评价的概念又有了很多新的发展,其中比较具有代表性的定义有以下几种:

第一,着眼于效果分析,强调通过评价判断教育目标或教育计划的实现程度。这种定义方式非常接近泰勒的观点。例如,我国台湾学者李聪明认为,教育评价是利用所有可行的评价技术评量教育所期望的一切效果。[3]3

第二,着眼于信息收集和决策,强调通过评价收集资料,为教育决策服务。例如,克隆巴赫(L. J. Cronbach)认为,评价的中心不应仅是目标,而更应是决策;所谓教育评价,就是收集和利用资料,对参与教育活动的各个部分的状态、技能、成果等情报进行整理,以完成有关教育方案的决策。[4]275-276

第三,着眼于描述和价值判断,强调教育评价就是对教育现象进行描述和价值评判。例如,斯克里文(M. Scriven)认为,评价是一种既有描述,又有判断的活动,评价的基本目的是判断方案的优缺点、相对价值及整体价值,是一种对优缺点和价值的评价。[5]

第四,从综合的观点来理解。比如,1981 年,美国教育评价标准联合委员会综合了各种评价观点,给教育评价下了一个综合性定义:教育评价是对教育目标达成程度、它的优缺点与价值判断的系统调查,为教育决策提供依据的过程。[6]6 这个定义集中了上述三种观点的基本内涵。

综合上述多种定义方法,可以看出教育评价具有如下一些共性特征:(1) 教育评价是一个过程,而且是一个有严格程序、连续的系统活动过程;(2) 教育评价以教育目标或一定的教育价值观为依据;(3) 教育评价是一种价值判断活动,它始终以对评价对象的功能、作用、状态进行价值评判为核心;(4) 教育评价以科学的评价方法技术为手段;(5) 教育评价为促进人的发展和教育管理、教育决策提供有用的信息。依据上述分析,我们可以将教育评价定义为:教育评价就是按照一定的价值标准,对受教育者的发展变化及构成其变化的诸种因素进行价值判断的过程。[7]6

对教育测量与教育评价进行比较分析,不难发现两者既相互区别又相互联系。教育测量与教育评价是两种不同的认识活动。教育测量采用量表客观、定量地描述教育领域某种事物的特征,是认识世界“是什么”的活动;而教育评价是对事物进行价值判断的过程,是一种主观活动,是一种以把握世界意义和价值为目的的活动。但两者又相互联系。教育测量是教育评价的基础之一,教育测量定量描述了学生的学业成就或其他相关变量,为教育评价(评判教育目标达成程度)准备了定量数据;教育评价是教育测量的延伸,它在教育测量的基础上,依据教育目标或一定的价值标准对此进行价值判断,使人们对教育事物的认识更加深入。

由此可见,相对于教育测量而言,教育评价是一个外延更大的概念。正如林(Linn)和格朗伦德(Gronlund)所言,"教育测量限于对学生的定量描述,即测量结果总是用数字来体现(如,玛丽答对了40道数学题中的35道)。它既不包括定性的描述(如,玛丽的作业很整齐),也不含有对所得结果的价值判断。而评价则不同,它可以包括对学生的定量描述(测量)和定性描述(非测量)两个方面,此外,它还包括对结果的价值判断。"[8]25 我们可以用一个图来展示教育评价的定义及其与教育测量的关系,如图12-3所示。

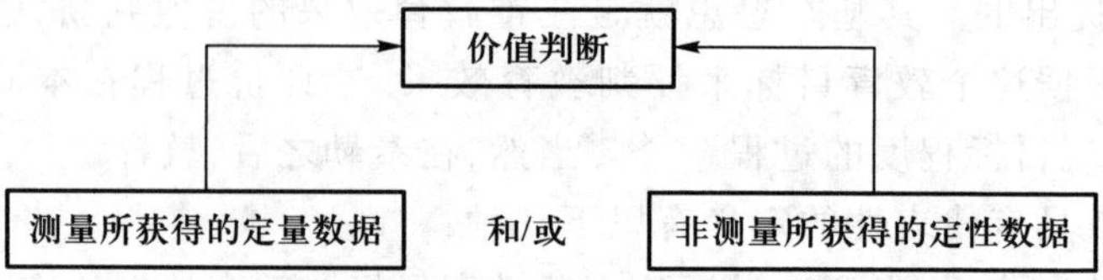

图12-3 教育评价定义及其与教育测量的关系

第三节 测 验

要完成教育测量,通常要使用测量量表。教育测量的量表主要是测验,测验是实施测量的重要工具。要做好教育测量,必须对测验进行深度学习。当然,需要指出的是,测量量表不局限于测验。有时候,教师采用评价量表观察和记录学生在自然情境下的某种行为,没有设计任务引发学生的行为,这也是在测量,但没有使用测验。测验带有一定的干预性,但有时候测量没有任何干预。

一、测验的定义与条件

一般来说,测验要求被试完成一个或一系列任务,施测者从中推断出所测属性的情况。像教师在教学过程中编制一道或一套试题,让学生完成,由此推断学生的学业成就水平,就是典型的测验。测验是用于定量描述人教育成就或心理特质的一个或一系列任务[9]17,其实质上是对行为样本客观的标准化的测量。[10]5-13 编制一个测验应该具备下列四个基本条件。

(一)有代表性的行为样本

教育测量是一种间接测量,它通过观察人的外显行为推断人的教育成就或心理特质。但人的行为多种多样,要对一个人的所有行为都进行观察是不可能的,也没有必要。测量学家的做法是从人的大量行为中抽取一定数量与欲测特质直接相关的行为样本进行观察和测量。正如在河水水质监测中,检验人员不会也不可能收集所有的河水进行水质测量,而是从河水中抽取一部分有代表性的样本进行测量,然后据此推断整个河水的质量。在教育测量中我们也必须采取相似的做法。以小学2年级识字写字测验为例,语文课程标准指出,学生在第一学段(1—2年级)要认识常用汉字1 600个左右,其中800个左右会写。[11]7 要在2年级快结束时测量学生的识字写字成就,我们不可能让学生逐个来认1 600个常用汉字,逐个来写800个要求会写的汉字,教师会从这些目标汉字中抽取一个样本来测试学生,并基于学生在样本题目上的表现推断学生的识字写字成就水平。当然,由此我们也就知道,要有一个准确有效的测量,仅有行为样本是不够的,这个行为样本还必须具有代表性。如果教师从

1 600 个常用汉字中抽取 10 个汉字让学生认读或标注拼音，这个行为样本由于数量太小而不具备足够的代表性；如果教师增大了行为样本，从 1 600 个常用汉字中选择 160 个来测试学生，数量增加，但这些汉字主要集中在 2 年级下学期学习，那么这个样本的代表性也不好，也不能准确测量 2 年级学生的识字写字成就水平。只有当取样足够大，且比较均匀、合理地分布在测量范围中，才能构成具有代表性的行为样本，才能准确推断学生的学习成就或心理特质。

（二）测验标准化

测验标准化是测验编制的一个重要步骤。在本章开始体验短时记忆容量测量时，我们已发现，影响测量准确性的因素有很多，有的来自主试或被试方面，有的则来自工具或环境方面。为达成准确测量，并且使结果在多个个体之间具有可比性，必须将测验标准化，让被试在相同的条件下接受相同的测验，这样的测量结果才具有客观性与可比性。测验标准化一般体现在以下几个方面：[12]122-123（1）测验内容。测验标准化的首要前提就是测验内容标准化，所有被试应该接受相同的题目测试，测验内容如果不同，所测得的结果也就无法相互比较。（2）测验过程。从测验情境到测验指导语，再到测验实践，这个过程也需要标准，要保证被试在相同或基本相同的条件下接受测验。（3）测验评分。测验标准化要求评分时要采用相同的评分标准，遵循一致的程序与方法，以确保结果的客观性。只有当评分结果具有客观性，我们才能将个体在测验分数上的差异归为预测特质的差异。（4）分数解释。测验结果要与一定的基准相互比较才具有意义。通常情况下，人们将测验结果与测验满分进行比较，或者将测验结果与常模分数进行比较。常模分数是一组有代表性的被试群体的平均测验分数，第十五章会对常模有深入介绍。

（三）适当的难度或应答率

在编制教育成就测验或各种能力测验时，测验题目必须保持适当的难度。题目的难度计算分两种情况，二分法记分的题目难度通常用通过率表示，即以答对或通过该题目的人数百分比来表示；非二分法记分的题目难度则通常用得分率表示，即以被试在某一题目上的平均得分除以该题满分的商来表示。难度值处于 0 和 1 之间，数值越大，表示题目的难度越小；相反，数值越小，表示题目的难度越大。题目难度过大或过小，都不能有效地将不同水平的个体区分开来。如果是标准参照测验，编制题目只要依据标准和细目表即可，不需要特别考虑个别题目的难度；而如果是常模参照测验，特别是选拔性测验，通常要求题目保持适当的难度，以确保测验的区分度。

编制非认知测验，比如态度测验、兴趣测验或性格测验时，不存在难度问题，但却有一个题目应答率的问题。如果在某个或某些题目上，回答同一选项的被试人数太多或太少，出现“天花板效应”或“地板效应”，那么题目和测验也不能有效区分不同态度、兴趣或性格的人。所以，这种非认知测验也要使题目具有适当的应答率。

（四）良好的信度和效度

评价测验是否科学的重要指标是信度和效度。好的测验必须具备良好的信度和效度。信度指测验结果的稳定性与可靠性，而效度指一个测验在多大程度上能测到所欲测的特质，能在多大程度上做出准确而有效的推论。信度是良好测验的必要而非充分条件。只有信度良好，测验结果才能稳定可靠，才可能有好的测验。但需要注意的是，信度良好的测验未必都是好测验，如果信度良好但效度不好，测验也是不科学的。效度才是良好测验最为根本的指标。一个测验效度良好,才最终构成一个好的测验。有关知识将在第十四章有专门介绍。

二、测验的种类

为满足教育工作的需要,实践中产生了各种各样的测验。依据不同的标准,测验可以分成不同的类别。以下是几种常见的分类方法。

(一) 按测验内容所做的分类

测验测什么,是对测验进行分类的一个重要依据。依据测验内容,可以将测验分为以下几种。

1. 智力测验

智力测验旨在测量个体的智力(一般认知能力)水平。这是教育心理测验最早涉及的领域,也是目前发展得相对比较成熟的一种测验。1904 年,斯皮尔曼提出了智力结构学说,指出智力 G 因素——存在于所有智力活动中的共性因素——的存在,成为智力测验编制的理论基础。1905 年,法国人比内和西蒙在智力 G 因素论的影响下,编制了世界上第一个智力测验量表,称为比西量表。目前国内外应用较为广泛的智力测验量表有“斯坦福—比内量表”“中国比内测验”“韦克斯勒智力量表”“瑞文推理测验”等。

2. 能力倾向测验

能力倾向测验旨在测量个体的潜在才能,以预测个体在将来学习或工作中可能达到的成功程度。1941 年,瑟斯通编制和发表了世界上第一个能力倾向成套测验——基本心理能力测验,主要测量言语能力、数的能力、知觉速度、推理能力和空间关系认知能力这 5 种能力。虽然这一测验存在一些技术上的不足,目前在实践中较少应用,但它具有重要的历史意义,是能力倾向测验中的先驱性代表。从内容上看,能力倾向测验又可以进一步区分为两种。一种是一般能力倾向测验,它测量的是个体多方面的发展潜能;另一种是特殊能力倾向测验,它测量的是个体特殊的潜在能力,比如美术判断力测验、空间关系能力测验。

3. 成就测验

成就通常指个体经过学习或训练之后所取得的成绩,一般表现为个体心理品质在知识、技能、能力等方面的增加。成就测验是对个体学习与训练之后知识、技能发展水平的测量。这是教育测量领域最为常见,也是最重要的一种测验。成就测验从内容上又可以进一步区分为两种类型。一种是学科成就测验,其目的是测量受教育者在某一特定科目上的学习成就,比如语文测验、数学测验;另一种是综合成就测验,测量受教育者在各学科上的综合学业成就。

4. 人格测验

人格是一个具有多重含义的概念。在心理学中,人格通常指一个人相对稳定的心理特质和行为倾向。人格测验对人的行为中起稳定调节作用的心理特质和行为倾向进行测量,以预测个人未来的行为。自陈量表是人格测验中应用最为广泛的一种测验形式。目前比较著名的自陈式人格测验量表有“明尼苏达多项人格调查表”(Minnesota Multiphasic Personality Inventory,简称 MMPI)、“卡特尔 16 种人格因素量表”(Sixteen Personality Factor Questionnaire,简称 16PF)、“艾森克人格问卷”(Eysenck Personality Questionnaire,简称 EPQ)、“大五人格测试问卷”(The Big Five Inventory,简称 BFI)。

（二）按测量实施方式所做的分类

测量实施可以是一对一个别实施，也可以是一对多团体实施，据此可以将测验分成个别测验与团体测验。

1. 个别测验

如果在测验实施时，一个主试在同一时间只能测量一个被试，面向一个被试施测，那么这个测验就是个别测验。“中国比内智力测验”“韦克斯勒智力量表”等很多智力测验，以及“罗夏克墨迹测验”“主题统觉测验”等人格测验都是个别测验。个别测验的优点主要有：(1) 主试与被试可以面对面交流，两者之间容易建立起融洽的合作关系，有利于测验实施；(2) 主试可以近距离观察被试表现，可以捕捉到更多有用的信息；(3) 对于某些特殊被试（如幼儿、盲人、文盲），只能采用个别测验。个别测验也有其局限性，主要体现在费时费力和成本高上。

2. 团体测验

与个别测验不同，团体测验指一个主试面向多个被试同时施测的测验。“明尼苏达多项人格调查表”“卡特尔 16 种人格因素量表”“艾森克人格问卷”等自陈式人格测验，以及“瑞文推理测验”等智力测验，都属于团体测验。团体测验的优点显而易见，就是节省时间，效率高，可以短期内收集大量的测量数据，所以在实践中得到广泛的应用。其缺点是由于同一时间面向多个被试施测，难以控制被试的行为，容易产生测量误差，从而影响测验的信度和效度。

（三）按测验题目的形式所做的分类

一个测验通常由很多题目构成。题目的形式可以是纸笔（文字）形式，也可以是非纸笔（操作）形式，据此可以将测验分成纸笔测验和操作测验两类。

1. 纸笔测验

纸笔测验也叫文字测验，即用文字形式表达，被试一般也用文字作答的测验。这种测验实施起来比较方便，所以在实践中应用比较广泛。团体测验一般都采用纸笔形式。文字测验的局限性主要是受被试受教育程度的影响，如果被试文化水平低，阅读能力有限，可能无法正常使用文字测验。此外，文字测验还可能受被试文化背景的影响，不同文化背景（比如中国人和欧洲人）对于同一段文字所表达意义的理解有所不同。

2. 操作测验

有些测验不需要语言文字，测验内容是通过图形、仪器、工具、实物、模型等非文字形式表达的，被试只要通过指认或手工操作向主试提供答案，这种测验是操作测验，也叫非文字测验。瑞文推理测验是一种典型的操作测验，它的题目有两种类型，一种是从一个完整图形中挖掉一块，另一种是从一个图形矩阵中去掉一个图形，要求被试从提供的几个备选图形中选择一个补上去。这种操作测验不受或少受文化背景的影响，所以在注重文化公平的测验中经常使用。另外，这种测验也比较适合学龄前儿童和文盲，因为被试不需要识字和写字。

需要注意的是，有些测验采用混合形式，既有文字测验题目，也有非文字测验题目。“中国比内智力测验”“韦克斯勒智力量表”等智力测验就是这样。

（四）按测验结果解释所参照的标准分类

测验结果用数字定量描述了所测事物的特征，但结果的进一步解释还需要有一个参照的标准。依据参照标准的不同，测验可以分常模参照测验和标准参照测验两类。

1. 常模参照测验

常模参照测验将被试水平与常模相比较,以评价被试在团体中的相对地位。这类测验的目的主要在于考查被测对象的个体差异,一般用于衡量被测对象相对水平的、以选拔为目的的大规模测验中。中考和高考是一种最为典型的常模参照测验。在这种测验中,被试分数单独拿出来解释意义不大,必须将它放到被试所在的团体中,从而直接或间接地以被试在该团体中的相对等级或相对位置来评估其能力水平。这一参照的团体即常模团体。常模团体在测验中的分数分布就是这类测验分数解释的参照标准"常模"。有关常模的知识在第十五章会有深入阐释。

2. 标准参照测验

标准参照测验将被试水平与某个客观不变的绝对标准相比较,以评价被试达成该标准的程度。常模参照测验关心的是被试在团体中的名次和相对地位,因而反映的是被试与其他人相比的相对水平;而标准参照测验强调的是被试对测验目标的掌握程度,因而能反映被试的绝对水平以及目标达成中的优势与不足,更具有诊断意义和发展性。当然,标准参照测验与常模参照测验并不是截然分开,非此即彼的。比如,一次初三物理期末测验的结果既可以做标准参照的解释,也可以做常模参照的解释。

(五) 其他分类

除上述几种分类方法之外,测验还可以依据其他标准,分成不同的类别。主要如下。

- 成就测验与预测测验:测量被试当前在某一领域所达到实际成就的测验是成就测验;测量被试将来在某一方面获得成功可能性的测验是预测测验。
- 描述测验与诊断测验:通过测量描述某个人或某个群体在某一方面表现的测验是描述测验;对被试的问题行为及原因进行诊断的测验是诊断测验。
- 最佳表现测验与典型表现测验:刺激被试表现出最佳状态,以测量被试成就或能力水平的测验是最佳表现测验;分析被试典型行为表现,以测量被试动机、态度、性格等方面表现的测验是典型表现测验。
- 教师自编测验与标准化测验:教师自行编制、施测及分析的测验是自编测验;结果可以与班级以外类似群体进行比较的测验是标准化测验。
- 客观测验与主观测验:题目具有清晰评分标准,不同评分者对同一份答卷的评分完全一致,不会出现分歧的测验是客观测验;题目没有唯一正确答案,评分带有一定主观性的测验是主观测验。
- 难度测验与速度测验:测验时间宽松,多数被试有足够时间回答每一道题,重点在于考查被试解决难题能力的测验是难度测验;题目非常简单,但回答时间有严格限制,关键考查被试答题速度的测验是速度测验。

第四节 测量的误差

正如本章开头大家在短时记忆容量测量中体验到的一样,由于各种主客观因素,无论是物理测验,还是教育测量,测量结果都不可能绝对准确,都与真实情况存在一定程度的误差。认识、控制和减少测量中各种因素产生的误差,是教育测量学的重要任务之一。

一、测量误差

所谓误差,是指测量过程中由于欲测量特质以外各种主客观因素引起的一种结果不准确或不一致的测量效应。要理解这个概念,需要注意两点:(1)误差产生是由欲测量特质以外因素引起,与要测量特质的表现无关;(2)误差可能导致测量结果不准确或不一致。

误差可以分随机误差与系统误差两种。所谓随机误差是指那些与预测特质无关、由偶然因素引起又不易控制的误差。它使测量产生了不一致的结果,其方向和大小的变化完全是随机的。以本章开头的短时记忆容量测量为例,主试原本用口述方式呈现数字,受注意力表现影响,被试有时候听得更清楚,答题成绩较好;有时候则听得不清楚,答题成绩较差,这种误差就属于随机误差。

系统误差则不同,它是由与预测特质无关的因素引起,恒定而有规律的误差。这种误差稳定地存在于每一次测量之中,即使经过多次测量,结果也非常一致,但观测分数与真实水平之间仍有差异,不能准确反映被试的真实水平。仍然以短时记忆容量测量为例,如果主试用口述方式呈现数字,但主试声音过小,或者语速过快,就会导致测量结果出现偏差,每个人的成绩都较真实水平有所下降,但这种误差是恒定的,每个被试的结果中都包含这部分误差,且重复测量的结果也是一致的,这种误差就属于系统误差。

由此可见,随机误差既影响测量结果的稳定性,也影响测量结果的准确性。而系统误差则不同,它只影响测量结果的准确性,不影响稳定性。

二、测量误差的来源

在物理测量中,测量误差主要来源于工具、被测对象和施测过程。以体重测量来说,误差产生可能是因为所用电子体重计的电池电量较低,导致电压不稳定,超出了正常的范围,这种误差的来源是测量工具;可能是因为被试站在体重计上双脚没有保持平衡,这种误差的来源是被试;也可能是因为使用者将电子体重计放在不平整的地面或地毯上面,体重计表面不平,这种误差的来源是施测过程。

与物理测量类似,教育测量的误差也来源于三个方面:测量工具、被试以及施测过程。

教育测量的工具主要是测验。测验需要精心设计,测验的质量会影响测量结果的准确性与一致性。比如,某校初一年级在期末举行了数学考试,如果这次考试题目数量很少,且题目偏难,那么学生在这次测验上的得分就不能准确反映其数学学业成就,存在或大或小的误差。又如,一道中考物理题用文言文表述题干,且阅读量很大,不少学生表示读不懂,作答不理想,这道题就没有测到物理题应该测量的内容,效度不好,导致测量结果中存在一定程度的误差。

被试是导致误差产生的又一个重要来源。从理论上而言,被试在某种心理特质上的水平是相对稳定的,但他在接受测量过程中的生理和心理状态会影响其水平的正常发挥,导致误差产生。比如,如果被试过于疲劳,或过分焦虑,或突然生病,或动机不足,都会影响他在成就测验中的表现。又如,如果被试参加某种测验的经验不足,应试技能缺乏,或答题速度较慢,都会影响其测验分数,从而产生误差。

在施测过程中,很多因素都可能导致误差产生。在物理环境方面,施测现场的灯光、噪音、座椅舒适程度、温度等都可能引发被试的心理变化,使误差产生;在主试方面,主试的年龄、性别、态度、表情、口音、动作等也都可能对被试的表现产生影响，导致误差产生；而在施测程序上，主试指导语怎么说，主试是否严格按要求实施测量，测试时是否出现试卷印错或突然停电等突发事件，一样会影响被试表现。

也正是因为导致误差产生的因素这样复杂多样，为了确保测量的准确性、一致性以及可比性，测验要尽量标准化，从工具到施测过程，从测验评分到分数解释，都有严格的技术要求，以尽量排除无关因素的干扰，减少误差的影响。

三、经典测量理论的分析

经过测量之后，个体在某一心理特质上的表现水平被定量描述，测得一个具体的分数，这是观察分数，也叫测量分数，记为 X。然而，受各种主客观因素的影响，每个观察分数中都包含了一定数量的随机误差（记为 E），这导致观察分数与被试在该特质上的真实水平值不一致，高于或低于真实水平，某些时候甚至可能出现严重的偏离。反映被试在某种特定心理特质上真实水平的那个数值叫真分数（True Score，简称 T 分数，记为 T）。

经典测量理论（Classical Test Theory，简称 CTT）假定，观察分数与真分数之间是一种线性关系，并只相差一个随机误差。即，每一次测量的观察分数都是真分数与随机误差的和，用公式表示为

$$X=T+E \quad \text{（公式 12-1(a)）}$$

这是经典测量理论的基本数学模型。如果将系统误差（记为 I）也引入进来，这个公式则转变为

$$X=V+I+E \quad \text{（公式 12-1(b)）}$$

其中 V 指的是有效分数，是有效反映被试在特定特质上最纯粹、最真实水平的分数。V 和 I 共同构成了 T。T 是多次测量都能得到的真实而恒定的分数，T 中不仅有 V，还有 I。

根据经典测量理论的数学模型，若一个人的某种心理特质用平行测验反复测量足够多次，我们可以引申出以下多个假设公理。

（1）观察分数的平均值会接近于真分数。即

$$\varepsilon(X)=T$$

（2）随机误差分数的平均值等于零。即

$$\varepsilon(E)=0$$

（3）观察分数的平均值等于真分数的平均值。即

$$\varepsilon(X)=\varepsilon(T)$$

（4）真分数和随机误差分数之间的相关是零。即

$$\rho(T,E)=0$$

（5）各平行测验上的随机误差分数之间相关是零。即

$$\rho(E_1,E_2)=0$$

（6）观察分数的方差等于真分数方差与随机误差方差之和。即

$$S_X^2=S_T^2+S_E^2$$

（7）观察分数的方差等于有效分数的方差、系统误差的方差与随机误差的方差之和。即

$$S_X^2=S_V^2+S_I^2+S_E^2$$

值得注意的是,上述假设中所提到的平行测验是个重要的概念。经典测量理论认为,如果两个题目不同的测验测的是同一个特质,并且在题目形式、数量、难度、区分度,以及测量等值团体后所得分数分布是一致的,那么这两个测验就可以称为平行测验。尽管用许多个彼此平行的测验反复测量同一个人的同一种心理特质是不现实的,经典测量理论模型及有关假设只是一种理论上的描述,但有这些模型和假设,却能帮助我们解决测验中的许多实际问题,对于后续学习与理解信度和效度,不断提高测验质量将会有很大的帮助。

拓展阅读

项目反应理论简介

经典测量理论在20世纪50年代基本完善,尽管至今仍被广泛应用,但必须承认它具有许多局限性,主要表现在以下几个方面:[13]199-205(1)按经典测量理论所求出的难度、区分度、信度和效度等质量指标严重依赖样本。以难度为例,同一题目,如果被试样本组的水平低,其难度值就小;而如果被试样本组的水平高,其难度值就大。区分度、信度、效度等指标也会因样本差异而有很大的差异。在经典测量理论框架下,难以找到对样本依赖较小的测验参数指标,对于测验试卷的编制及题库建设的指导价值十分有限。(2)经典测量理论框架下的信度估计精度不高,因为它是在平行测验概念下定义的,而完全平行的测验几乎无法找到,即便找到也很难真正多次测量,由此造成测验的信度估计精度不够。(3)经典测量理论主要适合于常模参照测验,很难满足目标参照测验的要求,同时它主要适合于观察分数的等值,但很难满足题目参数等值的要求。(4)经典测量理论参数指标之间的配套性较差,未能应用同一度量指标,使题目与被试水平难以恰好匹配,这就导致编制测验时具有一定的盲目性。

项目反应理论(Item Response Theory,IRT)正是针对上述局限而提出来的一种新的测验理论。美国心理与教育测量学家洛德(Frederic M. Lord)和丹麦科学家拉什(Georg Rasch)于20世纪50年代建立了项目反应理论的数学模型,并提出了估计参数的相应方法。到现在,项目反应理论已经在欧美、日本等多数国家成为教育测量专家们研究的主要课题。

项目反应理论假定,被试在某一试题上的成绩不受他在测验中其他试题上成绩的影响;同时,在某试题上各个被试的作答也是彼此独立的,仅由各被试的潜在特质水平所决定,一个被试的成绩不影响另一个被试的成绩。这个局部独立性假设构成了项目反应理论做出的所有推论的基本前提。

进一步假定潜在特质是一个单维的结构,并赋其一个变量θ,那么某个题目被正确作答的概率P就随着θ的递增而递增。大量实测研究表明,这条曲线呈S形,如果以θ为横轴,以$P(\theta)$为纵轴,那么一个选择题的$P(\theta)$曲线如图12-4所示,这就是所谓的项目特征曲线(ICC)。

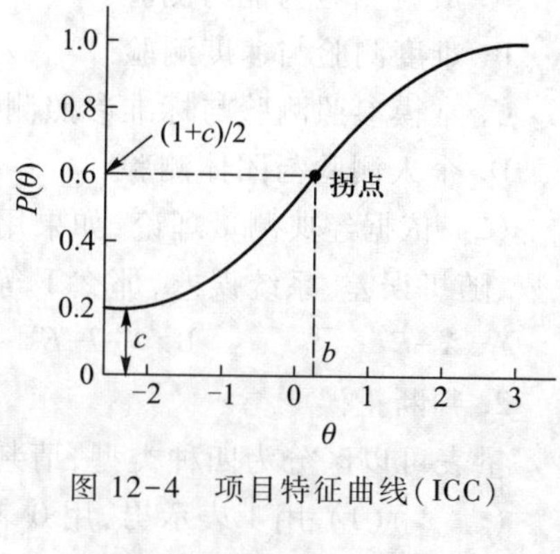

图12-4 项目特征曲线(ICC)

这条曲线生动地刻画了答对概率$P(\theta)$随特质水平θ而变化的情况。θ的取值越大,$P(\theta)$的值也越大,但两者非线性关系,当θ大(小)到一定程度后,

$P(\theta)$的变化速度显著变小。

项目特征曲线的位置和形状很好地刻画了试题的猜测系数、难度和区分度等题目质量指标。

参数 c 是曲线左下部渐近线在纵轴上的高度,表明特质水平很低的人在试题上仍有答对的可能,可以视作凭猜测答对的概率,所以定义为题目猜测系数。一般来说,即使高质量的题目也会有较小的 c 值。c 值通常小于理论上纯随机猜对的概率,比如,一道四选一的选择题,理论上猜对的概率为 0.25,c 大于 0.25 的情况极少。

参数 b 为题目难度系数。项目特征曲线拐点在纵轴上的对应值恰好在 c 和 1 的中点上,为$(1+c)/2$,拐点在横轴上对应的值 b 就是题目难度参数值。它表明特质水平为 b 的被试答对和答错这道试题的可能性在排除猜对概率后恰好彼此相等。b 和 θ 都定义在同一轴上,都是被试特质水平值,其量度系统是完全一致的。理论上它们的取值范围在$(-\infty,+\infty)$内,一般用 Z 分数或转化而成的 T 分数表示。

参数 a 为题目的区分度。在项目特征曲线中,a 值是曲线拐点处切线斜率的函数值,若将曲线在拐点处的斜率记为 S,则有

$$a=\frac{S}{0.425(1-c)} \qquad \text{(公式 12-2)}$$

由公式 12-2 可见,a 与斜率成正比,曲线在拐点处越陡峭,a 值越大,表明特质 θ 在 b 值附近稍有变化,该题目的正确作答率变化很大,该题起到了把 b 水平附近的被试精细区分的作用,区分度较大。相反,则说明该题区分度小。a 值取值范围在理论上处于 0 与 ∞ 之间,但当 a 值大于 1 时,曲线已经相当陡峭,所以 a 值大于 2.5 的情况极为少见。

项目特征曲线是通过实测描点得到的,我们可以用拟合这些曲线的方法寻找它的数学函数表达式,这就是所谓的项目反应函数,并通过它估计题目的各项参数。

基于项目反应理论估计的题目参数摆脱了样本依赖,这为题库建设、题目参数等值、自适应测验的编制,以及目标参照测验的编制准备了技术条件,增进了测量的科学性。

练习与思考题

1. 单项选择题

(1) 依据结果解释参照标准的不同,测验可以分(　　)两类。

A. 成就测验与能力测验

B. 难度测验与速度测验

C. 常模参照测验与标准参照测验

D. 个人测验与团体测验

(2) 依据经典测量理论,如果用 T、X、V、E、I 分别表示受测者的真分数、实得分数、有效分数、随机误差、系统误差,那么 V 等于(　　)。

A. $X-E$　　B. $X-I-E$　　C. $T-I-E$　　D. $T+I+E$

2. 判断正误

量表可以区分为四种类型,请判断以下相关表述是否正确。

(　　)(1) 用 1 表示男,用 0 表示女,这种量表是类别量表。

(　　)(2)“中国比内智力测验”是一种典型的比率量表。

(　　)(3) 温度计是等距量表,但不是比率量表。

(　　)(4) 小学三年级语文期末测验是顺序量表。

(　　)(5) 适合对顺序量表所获得数据进行分析的统计方法有平均数、标准差和相关系数。

3. 匹配题

以下左侧和右侧分别列举了若干种测验类别,请将两侧根据同一标准区分出来的测验类别用线连起来。

A. 智力测验	(1) 典型表现测验
B. 速度测验	(2) 主观测验
C. 最佳表现测验	(3) 操作测验
D. 标准参照测验	(4) 团体测验
E. 纸笔测验	(5) 人格测验
F. 描述测验	(6) 诊断测验
G. 个别测验	(7) 常模参照测验
H. 客观测验	(8) 难度测验

4. 教育测量与教育统计的关系如何？请简要地说一说。

5. 教育测量与教育评价的关系如何？请简要地说一说。

第十三章　测验的编制

每一位教师在读书期间都经历过无数次的测验与评价，自己成为教师之后也在教学实践中经常实施测验与评价。但熟悉测验与评价并不意味着教师就能科学、合理地使用它，用好它。测验与评价需要精心设计。只有教师以严谨的态度设计或选编测验，确保测验的准确性和有效性，测验才能为教学提供有价值的信息。[1]33

——赵德成

概览

1. 一般而言，教育测验编制要经过如下几个主要步骤：(1) 明确测量对象和目标；(2) 确定测验目的与用途；(3) 编辑测验题目；(4) 试测和题目分析；(5) 合成测验；(6) 测验标准化；(7) 鉴定测验；(8) 编写测验说明书。

2. 成就测验是教育测量领域最为常见的一种测验，也是本课程学习者需要重点了解的一种测验。编制成就测验需要经过明确目的、编制细目表、选择题目类型、设计题目，以及汇编测验等步骤。

3. 双向细目表是比较常用的一种细目表，它从两个维度上绘制测验蓝图。其主要编制步骤是：(1) 列出教学内容要点；(2) 列出教学目标清单；(3) 填写双向细目表。

4. 编写成就测验题目一般需要注意以下问题：(1) 题目与预期成果相匹配；(2) 清楚地表述每道题目；(3) 题目要适合学生的阅读水平；(4) 题目表述不能包含民族、种族、性别或城乡偏见；(5) 避免题目中的无意线索；(6) 确保每道题目的答案或评分细则没有争议；(7) 编写题目和任务的数量要多于最终测验实际使用的数量；(8) 注重对测验题目的检查与修改。

5. 李克特量表是评分加总式测验量表最常用的一种。它通常先提供一系列有关陈述，要求被试根据真实情况报告自己同意每一陈述的程度，或每一陈述与自身实际符合的程度。目前，这种量表广泛应用于态度、兴趣、动机、信念、自我效能等各种因素的测量。

教育测量离不开测验。进行测量的第一步是编制测验。编制出一个好的测验是实现科学测量的基本前提。本章我们将讨论编制测验的基本程序和要求。

第一节 编制教育测验的基本程序

不同类型、不同性质,乃至不同使用目的的测验,其编制程序、方法与要求有所差异。但一般而言,测验编制要经过如下几个主要步骤:(1) 明确测量对象和目标;(2) 确定测验目的与用途;(3) 编辑测验题目;(4) 试测和题目分析;(5) 合成测验;(6) 测验标准化;(7) 鉴定测验;(8) 编写测验说明书。

一、明确测量对象和目标

明确测量对象和目标,就是要知道通过测验要测量什么特质。对于这个问题的回答,必须明确、具体和操作化。要做到这些,首先我们要明确测量的对象是谁。是小学生,还是中学生?是一年级小学生,还是五年级小学生?是农村学生,还是城市学生?是普通学生,还是需要特殊教育的学生?测量对象不一样,他们的认知能力、过往经验、表达能力都存在差异,对测验编制的要求也就有所不同。比如,针对一年级小学生的测验必须考虑其识字、理解和表达能力,尽量采用非文字测验,如果一定要采用纸笔测验,必须充分考虑他们的认知水平;又如,针对农村学生的成就测验,需要考虑其生活经验与城市学生的差异,如果没有考虑到这种差异,设定的问题情境都取材于城市生活,就可能造成不同程度的不公平,也不能准确反映农村学生的学习成就。

其次,我们要操作化界定要测量的目标。教育测量的目标有很多,可以是学习成就,可以是能力,也可以是兴趣或态度。到底一份测验要测量什么,必须清晰具体。第一章我们曾经举例说,学习兴趣作为人们力求认识、研究某种事物的意识倾向,可以根据兴趣的来源区分为直接兴趣和间接兴趣,又可以根据兴趣指向分为语文学习兴趣、数学学习兴趣、英语学习兴趣等多种学科的学习兴趣,即便是限定在语文学科之内,语文学习兴趣从构成上又可以区分为写作学习兴趣、阅读学习兴趣、口语交际学习兴趣等多个方面,那么,到底我们要测量的是学习兴趣的哪个成分,需要明确。在明确了测量兴趣的哪个成分之后,接下来我们还需要进一步确定要测量兴趣的什么特征,是小学三年级学生英语学习直接兴趣的强度,还是小学三年级学生英语学习直接兴趣的持久性。只有这样操作化界定测量目标,才能确保编制出来的测验具有良好的信度和效度。

二、确定测验的目的和用途

为什么要编制某个测验?这个测验所收集的信息用来做什么?测量的目的和用途不同,测验题目在类型、形式、数量、难度、区分度等诸方面都可能有所差异。

以家长满意度测验为例,如果组织者试图在众多学校中选拔家长满意的优质学校,那么,这个测验中区分度不高的题目可以考虑删除;但如果组织者实施测验的目的主要是了解家长对学校各项工作的感受,以识别学校工作中的优势与不足,那么,这个测验中某个或某些题目即使区分度不高,也应予以保留。在题目形式上,如果以选拔优质学校为目的,那么家长满意度测验应以封闭式题目为主,以便于进行量化分析和比较;而如果以诊断学校工作优势与劣势为目的,那么家长满意度测验可以适量增加开放性题目,比如,“关于学校工作,你最满意的三件事和最不满意的三件事分别是什么?请逐条说一说,越具体越好。”如此收集信息，可以使调查者深入了解家长的感受及理由，从而使诊断更具体，基于诊断所提出的改进建议也就更有针对性。

同理，如果要编制一份针对5年级学生的数学成就测验，编制者也必须明确测验的目的和用途。如果这份数学成就测验的目的是想考查学生达成国家课程标准的程度，那么设计题目时无需考虑难度，只要依照课标要求设计，难度大或难度小都不用也不可以删除；如果测验目的是想选拔少数优秀学生参加一个相关学科竞赛，那么题目的难度应该适当增加，以增加题目的区分度；而如果测验是想给每个孩子鼓气，让孩子们获得成就感，树立自信心，那么题目的难度则可以适度降低，以便每个孩子都可以得到理想的分数。

三、编辑测验题目

首先，测验编制者要提出编题计划。基于前两阶段对测验对象、目标、目的及用途的定位，编制者界定测量的内容范围。内容范围的界定要全面，反映要测量内容的全部，不能使某些内容有明显遗漏。比如，要测量小学2年级学生语文学习成就，从内容上看这个测验将覆盖“识字与写字”“阅读”“口语交际”“写话”及“综合性学习”等主要领域，如果命题时遗漏了某个方面，就不能全面刻画学生的学习表现。此外，内容范围的界定还要突出重点，题目的数量和分值在测验各个组成部分间一般不是平均分配，要根据实际情况有所侧重。比如，某所学校发现在过去2年级语文教学实践中口语交际教学没有受到足够的重视，需要通过测验对这方面的教学质量进行重点监控，以有效引导教师的教与学生的学，那么在编题计划中就要适度增加口语交际测验题目的分量。编题计划是测验编制的“蓝图”，“蓝图”绘制得清晰合理，题目编写才不会盲目，整个测验的效度也才能有保证。

其次，测验编制者要广泛收集相关资料。资料来源可以概括为两个。一个是“自上而下”，即从理论推演或文献分析中寻找相关资料。比如，要编制一份测量8年级学生物理学科问题解决能力的测验，编制者可以从理论上探讨：什么是问题解决能力、问题解决能力包括哪些更具体的能力成分以及问题解决测量中的难度是什么；可以查阅相关文献，探讨课标如何界定物理学科问题解决能力以及对其评价有何建议，借鉴国内外已有的成功经验或测量工具，从中获得测验题目编制的启示。另一个资料来源是“自下而上”，编制者可以通过对各种相关人群的开放性访谈收集相关资料。比如，同样是面向8年级学生的物理学科问题解决能力测验，编制者可以对普通市民、工程师、技术人员等不同人群进行访谈，了解他们在生产生活中会遇到哪些物理问题，从中获取题目编制的“灵感”，使题目情境具有真实性，能有效考查学生在实践中应用物理知识分析问题和解决问题的能力。在资料收集阶段，资料收集得越丰富，有关探讨就越深入，题目编制的质量就越有保证。从这一角度来看，题目编制的过程其实就是一个研究的过程。没有全面而深入的研究做基础，仅凭“拍脑袋”来编题，质量自然难以有保证。

第三，测验编制者要选择合适的题目形式。题目形式如果选择得不好，会在很大程度上影响测验的准确性与可靠性。比如，有人要了解教师掌握教育学知识的程度，出了一组李克特式题目，类似“我知道皮格马利翁效应的内容和启示”“我认为艾宾浩斯遗忘曲线对指导学生记忆知识很有帮助”，让教师报告“符合”或“不符合”自己实际的程度，这显然不能准确测量教师的知识水平，如果命制几道选择题、填空题、简答题或论述题，就要好得多。而测验题目究竟采取何种形式，不仅与测量目标和目的有关，而且还受测量对象的年龄、认知能力等因素的影响。要测量学生对某些事实性知识的掌握,可以采用选择题、填空题或简答题,而要测量学生对某些概念或原理的理解,可以采用客观题,但必要时宜采用开放式题目,让学生自主建构答案,而不是从备选项中选择正确答案。要测量幼儿或小学低年级学生的兴趣,宜采用一对一的口头测试;要测量中学生的兴趣,则可以采用书面测验进行。

最后,测验编制者要实际编写题目。题目编写需要反复斟酌与修改。一般而言,在题目编写过程中需注意的问题主要如下:(1) 指导语简明扼要,通俗易懂。这是最基本的要求,如果题目要求被试都读不懂,或者不同被试有不同的理解,那么测量的准确性和可靠性就无从谈起。(2) 题目要能准确反映要测量的特质。如果一道题目原本要测量学生的 A 特质,但实际测到的却主要是 B 特质,那么测验整体效度就会受损。(3) 题目整体要对欲测量的范围具有代表性。如果题目局限于测量范围的某一方面,而不能代表全部,或者超出了测量范围,内容效度就会不良。(4) 题目的难度或通俗性水平要有适当分布。(5)避免社会称许效应,让被试真实反映自己的情况。(6) 重视公平,题目不能对某个群体有所冒犯或形成不公平对待。(7) 初始题目的数量要多于最终所需的数量,以便筛选或编制复本。

四、试测和题目分析

测验的试测非常重要,正式的测验都必须有这个步骤。试测的对象要与实际施测的对象保持一致。如果测验要针对的对象是小学 5—6 年级学生,那么试测就不能仅针对 6 年级。同理,如果测验针对的是某区在普通中学就读的 8 年级学生,那么试测的对象也要取自该区普通中学的 8 年级学生,不能来自 9 年级或 7 年级,也不能仅选取来自重点普通中学的学生,而不选取一般普通中学的学生。当然,试测所选择的样本可以小一点,只要具备相当的代表性即可。有时候,为了避免测验题目泄露,试测对象也可以适当微调。比如,某地在中考命题中,为确保试题难度合适及多套试卷复本间的等值,需要对新命制的试题进行试测,可如果试题在本地初三学生中试测会造成试题泄露,于是该地选择与当地经济、社会和教育发展水平相当的一个外省某区县,从中抽取一定数量的初三学生进行了试测。

试测中要收集各种有用信息,用以分析、反思和改进题目编制。在信息收集过程中除了观察被试的答题情况,收集被试对测验的反应数据,必要时我们还要对试测对象进行访谈,了解他们答题的认知过程、对题目的修改建议等。

基于试测中所收集的信息,我们可以对题目编制进行分析与改进。在题目水平上,我们可以分析每一道题目的难度(或通俗性水平)、区分度、信度、效度及公平,也可以在整体水平上分析整个测验或分测验的信度、效度及公平(相关内容在第十四章会有详细讨论),发现测验编制中的问题,为测验改进提供参考性依据。当然,由于试测样本通常比较小,存在一定程度的取样误差,由此所获得的数据和分析结果未必充分可靠,因此,编制者要么适度扩大样本量,要么对来自同一总体的另外样本再试测,并将两次试测中的分析结果进行比较,看基于两个样本的分析结果是否一致,以确保改进的合理性。

五、合成测验

合成测验就是把经过试测证明有价值的题目排列组合成一个测验。经过一轮,有时候是多轮的试测,在信度、效度、难度、区分度和公平方面存在明显问题的题目被删除或修改,保留下来的题目还需要根据测验进行第二次选择。选择出数量足够、难度适当、信度和效度有保证的题目后,测验编制者要对题目进行排列组合,最终形成测验文本。成就测验的题目一般由易到难排列,因为先让被试做几道相对简单的题目,可以解除被试的紧张情绪,树立信心,较快进入状态。如果题目先难后易,可能让被试在难题上耽搁时间太多,既影响后面问题的解答,也影响被试的心理状态。

六、测验标准化

测验的结果通常要进行比较,可能是被试与自己的过去相比较,也可能是被试与其他人之间的比较。只要涉及比较,就要使测验结果是可比的。将测验标准化,是确保测验可比性的重要手段。测验的标准化主要体现在测验内容、施测过程、评分及分数解释等环节上。

(一) 测验内容的标准化

让所有被试接受相同或等值的测验内容,做一样的题目,是标准化的首要前提。测验内容不一样,结果之间就无法比较。张同学在本班教师自编物理测验中得 85 分,李同学在另外一个班教师自编物理测验中得 81 分,我们不能据此认为张同学物理学得比李同学好。而如果两个人参加同一个考试,做同一份测验,他们的得分就能相互比较。从这个意义上来说,有些人在非认知测验(比如学生学习动机)中采用自编测验,那么他通过测验所收集的数据就无法与他人进行比较,只有他与多数人一样采用经典测验,他所收集的数据才可以与他人用同样工具收集的数据进行比较。

(二) 施测过程的标准化

测验标准化的第二方面要求是必须在相同的条件下施测。具体而言,包括:(1) 相同的测验情境。同样个份成就测验,如果有些人是在课上腾出专门时间,在安静的教室内完成,而有些人是利用课间休息时间,在教室外有人吵闹的情况下答题,两部分人的成绩之间就不好做比较。一般来说,同一测验的被试要在灯光、噪声、卫生等诸方面条件相同且适宜的情境中接受测验。(2) 相同的指导语。指导语就是主试在测验过程中面向被试说的话,主要包括测验内容说明、答题要求和注意事项等。在标准化测试中,指导语一般提前拟写好,印在测验的最前面,在测验开始前由主试宣读给被试听。如果指导语不一样,有的强调了某些事项,有的没有,有的被试明白测试要求,而有的不明白,那么测验结果就难以在被试间进行比较。(3) 相同的测验时限。测验完成时间限制是测验程序中必须明确的一个要素,特别是在成就测验中。同样内容的成就测验,完成时限要求不同,对被试的挑战和所反映的被试成就水平也是不同的。具体成就测验限制多长时间完成,需要通过试测来酌定,通常确定的时限要保证 90%以上的被试能完成全部测验题目。

(三) 测验评分与解释标准化

被试测验完毕,评分者要采用相同的评分标准对被试反应进行评分,对原始分数的解释也要参照相同的基准。如果评分标准有异,不同被试相同的反应却得到不同的分数,那么测验结果就难以解释。如果分数解释的基准不同,参照了不同的常模,所得到的解释之间不具有可比性。在常模参照测验中,常模必须是相同的,而且要具有代表性。

七、鉴定测验

测验编好后,必须对其质量进行审查和鉴定,合乎要求之后才可以正式投入使用。反映测验质量的主要指标有效度、信度和公平等,其中效度是反映测验质量最为核心、最重要的指标。只有测验准确测量了预测量的特质,能基于测验所收集的信息做出有效的推论,测验才具有实质性意义。第十四章我们会专门讨论测验的质量分析。

八、编写测验说明书

测验说明书要向使用者(包括主试、被试及其他相关人员)介绍测验,说明测验的意图、题目的构成、施测要求等。一般来说,测验说明书可以包括如下内容。

(1) 本测验的目的。

(2) 本测验编制的依据。

(3) 测验内容。

(4) 测验实施程序与要求。

(5) 评分标准及细则。

(6) 测验的信度和效度。

(7) 常模表(必要时)。

第二节 成就测验的编制

成就测验是教育测量领域最为常见的一种测验,也是本课程学习者需要重点了解的一种测验。编制成就测验需要经过明确测验目的、编制测验细目表、选择题目类型、设计题目、汇编测验等步骤。

一、明确测验目的

成就测验的编制从明确目的开始。为什么要编制成就测验?用测验所收集的信息做什么?这是教育者在设计测验前首先需要回答的问题。如果目的不同,测验在内容、任务类型、难度及实施时间等诸方面都会有所差异。常见的测验目的主要有以下几种情况。

(一) 诊断

如果使用测验的目的是考查学生的学习准备状态,分析教学计划是否适合特定的学生群体,也就是说测验的核心目的是诊断,是学情分析,那么测验不仅要分析学生是否已经提前学习了教师要讲的新知,是否已经掌握了要学习的内容,而且要关注学生是否具备学习新知所必需的前提性知识。这种测验一般安排在一门课、一个单元或者一节课的教学正式开始之前,一般持续时间不长,难度也不是很大。测评有时候面向全体教育对象实施,有时候也可以选择一个有代表性的小样本实施。

(二) 达标验收

在一个教学阶段(如一个单元或一节课)结束时,教师通常关心自己的学生到底学得怎么样,是否达成了预期的学习目标。如果教师为了达标验收而使用测验,那么测验题目要依照教学目标设计,题目样本要较好地代表欲测评的目标范围,以确保内容效度。题目的难度一般没有特别要求,特别容易或特别难的题目,只要在教学目标范围之内,是教学的重点,都可以出现在测验中。验收测验的主要作用是终结性评价,可以给学生进行成绩评定,或者作为评价教师工作绩效的依据。

（三）评比与选拔

尽管当前教育改革的基本理念是淡化甄别与选拔，但事实上评比与选拔在教学实践中有时也是必要的。教师为了激励学生学习的积极性，可以将一个学生的表现与其他学生进行比较；学生为了明确自己的优势与不足，或者在中考、高考前填报合适的志愿，也需要将自己的成绩与别人做比较。中考、高考中的选拔更是不可避免。如果教师为了评比与选拔而使用测验，测验的内容要依据教学目标，但有时也可以不局限于此。比如，教师为了选拔在数学方面有特长的学生参加一个特别培养计划，那么测验题目可以适当向课程标准之外延伸。与达标验收不同，选拔性测验的题目难度要加以控制，因为如果题目太难或太容易，鉴别力就会下降，就不能有效区分学生的水平。

（四）教学改进

如果使用测验的目的是为了监测学生的学习进展，检查学习中的错误，并为学生和教师提供及时反馈，以不断改进学与教，也就是说教师将测验用于形成性目的，那么测验题量一般不大，通常选择少数重要的知识点或容易出错的知识点编题，题目形式灵活多样，可能是选择题或判断题，也可能是简答题或论述题，还可能是需要小组合作完成的表现性任务。任务难度随不同教学内容而变化。形成性测验随时、动态地发生在教学过程中，为教学改进提供依据。

二、编制测验细目表

无论教师出于何种目的使用成就测验，最后都要基于学生在测验中的表现对学生的学习和发展做出推论，所以每一个测验都必须保证能测到自己想测的东西，题目能代表预测的范围，要确保测验的内容效度。在教学中使用测验，特别是带有达标验收性质的终结性评价，如单元测验、期末测验以及教育质量监测，一般要根据课程标准和教学目标编制测验细目表。

（一）课程标准

课程标准是确定一定学段的课程水平及课程结构的纲领性文件，是教材编写、教学、评价与考试命题的依据。2001 年，新一轮国家基础教育课程改革将我国沿用已久的教学大纲改为课程标准，加强了课程管理的规范性。随着课改的逐步推进与深入，18 个学科课程标准已于 2011 年由实验稿修订为正式版本，课程标准已走进每一个教师的工作中。

以《义务教育语文课程标准（2011 年版）》为例[2]5-6，它采用 9 年一贯制整体设计，在“总目标”之下按 1—2 年级、3—4 年级、5—6 年级和 7—9 年级四个学段，分别提出“学段目标与内容”，体现语文课程的整体性与阶段性。而各学段则从“识字与写字”“阅读”“写作（写话、习作）”“口语交际”和“综合性学习”五个领域提出本学段应达成的基本要求。像第一学段（1—2 年级）“阅读”领域的目标是这样描述的。

（二）阅读

1. 喜欢阅读，感受阅读的乐趣。养成爱护图书的习惯。

2. 学习用普通话正确、流利、有感情地朗读课文。学习默读。

3. 结合上下文和生活实际了解课文中词句的意思，在阅读中积累词语。借助读物中的图画阅读。

4. 阅读浅近的童话、寓言、故事，向往美好的情境，关心自然和生命，对感兴趣的人物和事件有自己的感受和想法，并乐于与人交流。

5. 朗诵儿歌、儿童诗和浅近的古诗，展开想象，获得初步的情感体验，感受语言的优美。

6. 认识课文中出现的常用标点符号。在阅读中体会句号、问号、感叹号所表达的不同语气。

7. 积累自己喜欢的成语和格言警句。背诵优秀诗文50篇（段）。课外阅读总量不少于5万字。

每一个学科都这样在课程标准中明确列举各学段应达成的基本要求，不仅有结果性目标，而且有体验性目标。教师要认真阅读所任教学科的课程标准，并经常参照课程标准评价和反思自己的教学，确保所教学生能达成标准。

（二）教学目标

课程标准在学段水平上界定学习要求，相对而言比较概括，教师在实践中还需要结合所使用的教材进一步明晰教学目标，要“以一种较特定的方式描述在单元或学程完成之后，学生应该能做（或生产）什么，或者学生应该具备哪些特征”。[3]17 教学目标的表述必须操作化。只有学校将目标转化成明确的操作性定义，才能从目标着手，否则只能留下美丽的希望或只是一些陈词滥调而已。

在表述教学目标时，很多教师经常使用一些语义模糊的语句。布卢姆曾举例如下：[4]31

1. 学生具有……的知识。
2. 学生领会……
3. 学生批判性地思考有关……
4. 学生理解……
5. 学生对……表示欣赏。
6. 学生对……感兴趣。
7. 学生完全欣赏……
8. 学生掌握了……的意义。
9. 学生能够记忆……
10. 学生学会……
11. 学生重视……
12. 学生开阔了眼界。
13. 学生有效地工作。
14. 学生有效地讲话。
15. 学生正确地讲话。
16. 学生顺利地阅读。
17. 学生会使用基本技能。

这里，前12项目标表述中所使用的术语都是难以直接测评的，人们看不到“理解”和“记忆”，也触摸不到“批判性思考”。而后面5项目标似乎可以观察，但它们的表述却容易引发歧义。有效、正确与顺利的标准究竟是怎样的，每个人的理解其实差异可能很大，甚至人们对“基本技能”是什么也会有不同的看法。要充分发挥教学目标的导向作用，其表述需要字斟句酌，需要深入研究。

布卢姆是教育目标分类学研究的权威专家。他和他的同事于1956年将教学活动所要实现的整体目标分为认知、情感、心理运动三大领域，并从实现各个领域的最终目标出发，确定了一系列目标序列。当然,将目标分为三个领域并不意味着不同领域之间是完全独立的。比如,当一个学生讲话的时候,可能同时涉及了三个领域。如果教师关心的是语言组织的内容,他强调的是认知目标;如果教师关心的是透过语言所反映出来的兴趣和情感,那他强调的是情意目标;如果教师关心的是学生的表现形式(姿态、动作),那他涉及的是心理动作目标。因此,如果让教师在每个单元,甚至每节课的教学计划中都将三方面目标分开表述,存在一定困难,教师应该侧重于最主要的一个目标领域来表述。

认知发展长期以来都是教学的重要目标,所以布卢姆等人对认知领域的教学目标进行了更为细致的描述和例释,将其分为识记、理解、运用、分析、综合和评价六个层次。[5]390-412 这一目标分类体系自发表以来,在美国乃至全世界产生了巨大的影响。为了更好地回应教育改革的需求,更加有效地指导教学与评价实践,这一分类体系也在不断地修订。最近一次大型修订是由安德森(Anderson L.)领衔的一个团队于2001年完成的。

与布卢姆等人原来的一维度分类不同,新修订的教育目标分类学采用了"知识"和"认知过程"二维框架。[6]21 知识指学习时涉及的相关内容,包括从具体到抽象的四种类型:事实性知识、概念性知识、程序性知识和元认知知识。认知过程的分类与旧体系差别不大,从低到高分成六个水平,即记忆、理解、应用、分析、评价和创造。表13-1是新版认知目标分类框架,这种新的定义方法使教学目标更加清晰,更便于教学和评价。

表13-1 新版认知目标分类框架

知识维度	认知过程维度					
	记忆	理解	应用	分析	评价	创造
事实性知识						
概念性知识						
程序性知识						
元认知知识						

安德森等人还对两个维度的目标做进一步的分解,使之更加便于操作。以认知过程维度下"理解"为例,他们将理解又区分为解释、举例、分类、总结、推断、比较和说明七种情况,每种情况都提供了同义词、定义及例子[7]51,参见表13-2。

表13-2 新版认知目标分类学"理解"目标说明

认知过程	同义词	定义及其例子
2 理解(Understanding):从口头、书面和图像等交流形式的教学信息中构建意义		
2.1 解释(Interpreting)	澄清(Clarifying) 释义(Paraphrasing) 描述(Representing) 翻译(Translating)	将信息从一种表示形式(如数字)转变成另一种表示形式(如文字)(例如,阐释重要的演讲和文档)
2.2 举例(Exemplifying)	示例(Illustrating) 例示(Instantiating)	找到具体的例子或解释概念或原理的说明(例如,列举各种绘画艺术风格的例子)
2.3 分类(Classifying)	分类(Categorizing) 归类(Subsuming)	确定某事物(如概念)属于同一个类别(例如,将观察到的或描述过的精神病案例分类)

续表

认知过程	同义词	定义及其例子
2.4 总结（Summarizing）	概括（Abstracting） 归纳（Generalizing） 断定（Concluding）	概括一般的主题或要点（如简短总结录像带中描述的事件）
2.5 推断（Inferring）	外推（Extrapolating） 内推（Interpolating） 预测（Predicting）	从呈现的信息中推断出合乎逻辑的结论（例如，学习外语时从例子中推断语法规则）
2.6 比较（Comparing）	对比（Contrasting） 对应（Mapping） 配对（Matching）	发现两种观点、对象或其他类似物之间的一致性（例如将历史事件与当代情形进行比较）
2.7 说明（Explaining）	建模（Constructing models）	建构一个系统的因果关系（例如说明法国18世纪某重要事件的原因）

以教育目标分类学为指导，无论是单元水平的教学目标，还是一节课或相互联系的几课时的教学目标，教师的表述都要清晰具体。目标表述越 SMART，即 S-specific，具体；M-measurable，可测量；A-attainable，可达成；R-realistic，现实的；T-time-bounded，有时间限定，它就越能为教学和评价设计提供有价值的参考。

（三）测验细目表

很多时候，教学目标既多样又复杂，涵盖很多知识和认知过程。一个测验不可能测评所有的内容。测验通常抽取一个有代表性的题目样本，用它代表整个测评范围，然后基于学生在测验题目上的表现，推论学生达成预期目标的程度。为了保证题目样本的代表性，编制测验细目表用以指导题目设计就显得十分重要。

双向细目表是比较常用的一种细目表，它从两个维度上绘制测验蓝图。其主要步骤是：(1) 列出教学内容要点。将整个教学内容划分成多少个内容要点，带有一定的主观性。一般来说，内容要点要足够详细，以保证对每一块内容的充分取样。(2) 列出教学目标清单。教学目标代表了学生经过学习后应达成的学习结果，一般采用布卢姆等人提出的认知目标分类体系或安德森等人修订后的新体系予以分类和表述。(3) 填写双向细目表。确定测验题目的构成，通过内容和目标两个维度的双向列联表予以表示，就构成了一份双向细目表，成为命题的蓝图。表 13-3 列举了国外某中学地理课天气单元的双向细目表。[8]67 这个表说明了天气单元测验题目的总数及内部构成。

表 13-3　国外某中学地理课天气单元测验的双向细目表

目标 内容	知道			理解	解释	题目总数	题目比例（%）
	基本术语	天气符号	具体事实	影响天气形成的因素	气象图		
气压	1	1	1	3	3	9	15
风	1	1	1	10	2	15	25
温度	1	1	1	4	2	9	15

续表

目标 内容	知道			理解	解释	题目总数	题目比例（%）
	基本术语	天气符号	具体事实	影响天气形成的因素	气象图		
湿度和降水量	1	1	1	7	5	15	25
云	2	2	2	6		12	20
题目总数	6	6	6	30	12	60	
题目比例（%）	10	10	10	50	20		100

随着教育问责制度的兴起与发展，教育质量测评、监控和分析受到越来越多的关注，细目表的制作也越来越细致，有些测评项目开始使用多向细目表。表 13-4 呈现的是 2009 年 PISA 项目阅读测试所使用的多向细目表。[9]187 对这个命题细目表做进一步分析会发现很多有价值的信息。比如，PISA 2009 阅读测试题中，学生需要阅读的文本有多种类型，除连续文本之外，非连续文本、混合文本和多重文本涉及的题目有 50 个，占总题量的 38%；又如，PISA 2009 阅读试题中答案不确定，具有开放性的题目有 56 个，占总题量的 42.7%，快接近一半。

表 13-4　PISA 2009 阅读测试命题多向细目表

	题目数量	单选题数量	多选题数量	封闭式问答题	开放式问答题	简答题
不同类型文本的阅读题分布						
连续文本	81	36	6	4	31	4
非连续文本	38	10	3	7	12	6
混合文本	7	4	1	0	1	1
多重文本	5	2	0	2	1	0
小计	131	52	10	13	45	11
不同任务类型的阅读题分布						
访问与检索	31	6	3	9	3	10
整合与解释	67	38	6	4	18	1
反思与评价	33	8	1	0	24	0
小计	131	52	10	13	45	11
不同应用情境的阅读题分布						
个人生活	37	10	2	5	17	3
公共生活	35	19	2	2	10	2
职业生活	21	4	3	3	10	1
教育生活	38	19	3	3	8	5
小计	131	52	10	13	45	11

不难发现，测验细目表明确了测验内容及其构成，使试题分布合理，覆盖面广，体现重点，是规范命题、确保测验效度的重要手段。无论是大规模、高利害的关键考试，还是教师在日常教学活动中的自编测验，编制者都需要编制测验细目表，使测验能准确、有效测评学生在学习中的成就与不足。有合理、清晰的测验细目表，可以有效克服教师命题随意、试题取样不当、题型单调、覆盖面窄或失之偏颇等弊病。[10]

三、选择题目类型

测验题目有很多种类型，不同类型的题目有不同的优势与局限性，适合不同目标能力的测量。在测验编制过程中，教师要根据测评目的和测验细目表，选择合适的题目类型。

（一）客观题与主观题

在我国，人们通常依据阅卷方式的不同将测评任务分成两种类型，一种是客观题，另一种是主观题。选择题以及可以转化成选择题的判断题和匹配题，可以采用机器阅卷，被认为是客观题；填空题、简答题和论述题等多种题型则被认为是主观题，这种题目的评分都涉及教师的主观判断，都采用人工阅卷。美国也有这种类似的分法，只是美国通常把有些答案唯一的填空题和简答题也看作客观题，只有答案不唯一的题目才叫主观题。下面有两道语文考试填空题，第一道是中考语文题，第二道是高考语文题。

1. 亲民党主席宋楚瑜率领大陆访问团在拜祭黄帝陵时所说的“炎黄子孙不忘本，两岸和平一家亲”，言简意赅地表达出两岸炎黄子孙的共同心声，勾起多少人的思念之情。请根据上联所表达的内容，集出或改写平时所积累的名句，对出下联。

上联：少小离家为异客

下联：

2.《过零丁洋》一诗中，表现作者文天祥民族气节以及舍生取义生死观的千古名句是________。

第一道题没有标准答案，学生可以提出不同的下联，这种题在中美两国都被看作主观题。但第二道题有点不同，它的答案是确定的、唯一的，美国把这种填空题也叫客观题，而我国认为它是主观题。

中美的区分方法都有其合理之处。为了讨论的方便，在本书中，我们采用国内的惯用区分方法，即将选择题、判断题和匹配题等看作客观题，填空、简答、论述、作文等其他题型视为主观题。

（二）客观题也能测评复杂能力

客观题主要包括选择题、判断题和匹配题。这种题目要求学生从备选项中选择或匹配正确的答案，国外也称之为选择反应（selected responses）测验。

客观题有很多优点，概括起来主要有：(1) 实施起来比较容易，学生只需要勾画出正确选项即可，阅卷可以采用机器阅卷，即使人工阅卷速度也很快；(2) 因为实施容易，所以可以设置比较大的题量，一方面可以扩大试题的覆盖范围，另一方面也可以减少猜测对测评的影响；(3) 答案唯一、确定，没有争议，能最大限度地克服主观性；(4) 排除了书法等无关因素的干扰。有参加过中考和高考阅卷的教师坦言，不要说作文阅卷，即便是数学、物理等学科的主观题阅卷，学生字写得好，也容易得高分，相反则容易被挑出纰漏。而客观题阅卷不会受到类似的干扰。

当然,也有不少人对客观题提出批评。有人认为,客观题一般是让学生在各种备选项中选择正确答案,所以只能考查学生的再认能力。这种观点是错误的。如果测验考查内容是事实性知识,确实用客观题只能测评到学生对知识的再认能力。但问题是,测验考查的内容既有知识又有认知过程,至少不局限于事实性知识。客观题的应用范围可以很广泛。设计良好的客观题不仅可以考查学生对一般事实性知识的再认,而且可以考查多种复杂能力。比如,对基本原理的理解与应用,对某种理论的分析和评价,等等。以下面的这道中考化学题为例。

下列方法能鉴别空气、氧气和二氧化碳 3 瓶气体的方法是

A. 闻气味　　　　B. 将集气瓶倒扣在水中

C. 观察颜色　　　D. 将燃着的木条伸入集气瓶中

这是一道有关物质鉴别的题目。要鉴别空气、氧气和二氧化碳,学生不仅要回忆三种气体所具备的特点,而且要比较三种气体之间的异同,推断备选鉴别方法的结果,其考查的认知能力已远远超出了再认水平。

(三) 选择合适的任务类型

由上述分析可见,主观题与客观题各有其优势及局限性,世界上没有完美的测评任务,合适的才是最好的。而确定某种任务类型是否合适,最重要的一条就是看它能否有效测量到目标学习成果。如果要测量学生对某些事实性知识、概念性知识的记忆和理解,采用选择题、匹配题、判断题等主观题即可。而如果要考查学生是否能设计一个实验鉴别几种不同的物质,或者考查学生能否对一段文字进行批判性分析,那么采用主观题会更好。

具体点讲,选择合适任务类型可以采取如下工作程序:(1) 明确测评目的,即我们想通过测验测评什么学习成果及为什么测评它;(2) 找出可以选择的题目类型;(3) 分析各种题目类型能有效测量目标成果的程度;(4) 确定哪一种或哪几种题目适合。题目能有效测量目标成果的程度,指的是效度,有关知识在第十四章中有详细阐释。效度是一个相对概念,相对于某一个特定的测量目标,某种题目类型是有效的,但相对于其他测量目标,它可能就不那么有效。同时,说某种题目类型有效,并不是说它 100% 有效,而是在某种程度上有效。有时候,要测量的目标成果很复杂,由一种题型不能准确测评,就需要多种题型、多个题目一起去测评。

当某种目标学习成果可以适用多种题型时,如何选择呢?比如历史学科,要测量学生对某些事实性知识的记忆及对某些概念性知识的基本理解,既可以使用客观题,也可以使用主观题。我们的建议是优先选择使用客观题。前文已经阐述了客观题所具有的优点,这里我们可以转换一个视角进行分析。相对于主观题而言,客观题比较容易使用,表现如下:(1) 容易填答。学生回答每道题所需时间很短,这使我们可以通过增加题量扩大题目样本,从而提高样本的代表性和测验的内容效度。(2) 容易评分。客观题答案唯一,这不仅避免了评分的主观性,而且可以提高阅卷效率。(3) 容易诊断学生的错误。学生在哪些方面容易出现错误,出现何种错误,容易混淆的地方在哪里,可以通过客观题的项目分析清楚定位。有了这些明确的诊断信息,教师的后续教学改进可以更有针对性。

四、设计题目

设计题目并不像想象中那么容易。传统意义上的优秀教师并不一定能出好题。教师需

要学习如何编制题目。特别是,为了切实减轻学生过重的学业负担,很多省市都明确要求减少统一考试次数。比如,上海市于2010年3月颁布《上海市教育委员会关于进一步规范课程教学工作深入实施素质教育的若干意见》(沪教委基[2010]23号),明确指出:"小学一至三年级不得进行全学区、全区县范围的任何形式的学科统考统测(包括学业质量监测)""四至八年级不得进行全区县范围的学科统考统测""严禁学校组织中小学生参加任何形式的联考或月考"。在这样的背景下,越来越多的教师要通过自编测验考查学生的学习进展,因此要认真学习如何设计题目。

无论是标准化的测验,还是教师自编的测验,在题目形式、内容、指导语、填答方式、记分方法、试卷编排,乃至版面设计与印制等诸方面也有不同的要求,需要精心地设计。这里,受篇幅所限,我们不对选择题、判断题、匹配题、填空题、简答题、作文题等各种具体题型的编写要求进行分析,仅从整体上就编写测验题目提出一些一般性建议。

(一)题目与预期成果相匹配

测验题目能引出预期学习成果所描述的表现,与预期成果相匹配,是有效成就测评的基本要求。[11]77 只有测验题目激发了学生的预期表现,测量到所要测量的目标行为表现,才能有效评判学生达成预期目标的程度。这不仅要求教师选择合适的任务类型,而且每个具体的题目都要与预期成果相匹配。

(二)清楚地表述每道题目

清楚的表述不但使待执行的任务操作定义十分清楚,而且也使学生能按照预期学习成果的表现来反应。在设计、检查测验题目时,教师要注意使用简单易懂的语言,正确运用标点符号和语法,图画材料清晰,避免用语啰唆,以使学生能正确理解题目和任务的要求。如果题目或任务表述不清楚,导致学生不能理解或与教师的理解不一致,在测验中的表现欠佳,这并不能说明学生没有达到课程的要求。学生的分数应该由被测评的表现决定,而不受我们并不想测评的题目本身的一些因素的影响。

(三)题目要适合学生的阅读水平

不同年龄、不同年级学生的阅读能力存在很大的差异,如果学生因为阅读存在障碍而没有答对题目,到底他是否掌握了预期学习目标就难以准确判断,就有可能歪曲测验结果。编题者要使阅读难度和词汇水平尽可能简单。想想看,如果用文言文出数学题,有些学生就会因为读不懂文言文而答不出或答不对题目,但这并不代表他数学没有学好。2015年,中国科学院大学有位生物老师出的"蛋白质工程原理"期末考试题走红网络,因为这位老师在题目中引用了很多诗词,所以被称为中国科学院大学年度最浪漫期末试卷。[12]"青莲居士于花前月下对影成三人时用到了哪一类生物工程产品?""'无我原非你,从他不解伊',为何独酌却有'三人'? 试写出原诗中的一两句或别的相关诗句。"这样的试题表述富有诗意,但问题是学生们如果诗词水平不够,读不懂这些诗词怎么办? 生物考试考查生物知识和生物学科能力,虽然也可以整合其他学科知识与能力,但不能喧宾夺主,要考虑学生的阅读能力。

(四)题目表述不能包含民族、种族、性别或城乡偏见

从公平的视角对题目进行偏见审查,看题目是否冒犯了某一类人,或者对某一类人显得不公平,在公平备受关注的当下,十分重要。比如,在一份《品德与社会》测验中,如果题目中提到经理、科学家、医生等收入较高、社会声誉较好的人群,都用"他"或"他们"来指代,而提到一些没有声望的职业人群(如保姆、员工)则用"她"或"她们",那就对女性学生构成了冒犯,有的女生可能因为受到性别歧视而感到气愤,她们的测验分数就不能准确代表她们的能力。

(五) 避免题目中的无意线索

在设计题目时,要保证学生只有达到了预期的学习成果,才能正确地作答。如果编制题目的时候不够小心,题目本身或其他题目提供了一些无意线索,暗示了答案,那么题目就不能准确评判学生学和教师教的效果。比如说,选择题题干中的名字、日期或事件,可能会给另一道简答题提供答案。教师在测验题目编制完之后,要从头至尾通读,识别题目内的无意线索,并找出题目之间重叠或相互提示的部分,做出必要的改进。

(六) 确保每道题目的答案或评分细则没有争议

测量事实性知识多使用客观测验题,答案是唯一的,评分也很客观,所以一般不会出现争议。但是在测量复杂的学习成果或使用表现性评价时,什么样的答案是正确的,什么样的表现应该得高分,就需要仔细地斟酌。一般来说,教师在编制表现性评价任务或其他开放性题目之后,要在设想学生各种可能反应方式的基础上,制定一个具体、细致、可操作的评分标准和细则,并征求专家或同事的意见,达成基本的共识。如果条件许可,还需开展试测,以确保答案和评分细则没有争议。

(七) 编写题目和任务的数量要多于最终测验实际使用的数量

准备的题目和任务数多于所需,这样在最后编排试卷和审查题目时,就可以将一些不合格的题目和任务删掉。同时,题目和任务的数量多了,教师就可以从中选择更合适的题目和任务,从而使最终的题目和任务与教学目标更好地结合起来。

(八) 注重对测验题目的检查与修改

编制测验题目是一件科学性很强的工作。题目和任务编制完后,教师要对照题目编写的一般建议以及各种题型的特殊要求,对题目进行认真的检查和修改。因为即使微小的改变,有时也能引起题目或任务在功能上的变化。而如果是大规模、标准化、高利害的测验,这种检查和修改更是必不可少的。

五、汇编测验

教师根据测验细目表编制好题目后,就可以着手汇编测验了。一个完整的测验应该首先提供指导语,对测验进行简短的说明。一般来说,指导语可以包括如下内容:(1) 测验的目的;(2) 完成测验的可用时间;(3) 如何作答;(4) 当不确定答案时,是否可猜测;(5) 交卷方式。

以国外某学校一份全部由选择题构成的课程验收测验为例,其指导语如下。[13]82-83

这是一个关于你在本课程前五周所学内容的测验。测验的结果将用于澄清任何有困难的地方并进而帮助你成功地完成课程。

本测验有60道选择题,你有1小时时间来完成测验。

对于每道题,请选择最好完成了句子的答案,或最好回答了问题的答案,并在那个答案的字母上画圈。

你的分数是正确作答题目的数量,所以,记住要回答每道题目。

当一份测验包含多种题目类型,作答方式不太统一时,最好的做法就是先提供一个整体性的指导语,然后在各个部分或各种题型中再分别给出具体的指导语,对答题方式进行细致说明。比如，某省市高考语文试卷先在开头提供如下的指导语：

本试卷共10页，150分。考试时长150分钟。考生务必将答案答在答题卡上，在试卷上作答无效。考试结束后，将本试卷和答题卡一并交回。

接下来，教师要将所有的题目汇编在一起。汇编题目时，要注意题目编排的顺序。一般而言，为了更好地服务于教学，教师要把考查相同成果的题目放在一起，并用一个恰当的标题予以标记，比如"字词积累""阅读""写话"等。这样，考试完毕，教师可以比较容易地分析各部分的得分，诊断学生的学习，并有针对性地设计补救措施。有时候，教师也可以根据题型编排题目，将相同的题型编排成一组，每种题型分别提供有关填答方式的指导语，这样可以简化教师阅卷和分析。此外，在每个小部分内容，无论是根据测评内容编排，还是根据题型编排，都要以难度递增的方式排列具体题目。学生由易到难地答题，可以减少疲劳和提高答题效率。

最后，教师要对整个试卷设计版面和排版。字号的大小、选择什么字体、标题字体和正文字体如何区分、页面空间安排是否便于阅读和作答，这一系列问题教师都应予以考虑。

第三节　李克特量表的编制

教育目标不能局限于认知领域。21世纪初我国颁布的《基础教育课程改革纲要(试行)》指出，教育者要改变以往课程过于注重知识传授的倾向，强调形成积极主动的学习态度，使获得基础知识与基本技能的过程同时成为学会学习和形成正确价值观的过程。换而言之，就是教育目标要由过去的单维向三维转变，既要注重知识与技能，又要关注过程与方法，以及情感态度与价值观。这种目标定位上的调整，要求教育者在实践中不仅要学习成就测验的编制技能，还要掌握非认知表现的测评方法。李克特量表是测量儿童青少年非认知表现的常用工具之一，本节将予以重点介绍。

一、什么是李克特量表

李克特量表(Likert scale)是评分加总式测验量表最常用的一种。它由美国社会心理学家李克特(R. Likert，1903—1981)于1932年首次提出并使用，因而得名。

李克特量表不同于一般的等级量表(rating scale)。其最大的特点就是先提供一系列有关陈述，要求被试根据真实情况报告自己同意每一陈述的程度，或每一陈述与自身实际符合的程度。以下面的酒店服务满意度评定为例，A量表是一般的等级评定量表，它要求被试直接报告自己对酒店各项服务的满意度等级；而B量表是典型的李克特量表，它提供有关酒店服务的陈述，然后让被试报告他们同意这些陈述的程度。李克特量表也是等级评定量表，是一种采用了特殊形式的等级评定量表。

酒店服务满意度评定A量表

亲爱的顾客，您好！感谢您惠顾我酒店，您对我酒店各项服务满意吗？请您对我酒店各项服务做出评定，我们会根据您及其他顾客的意见不断改进服务。

	非常不满意	有些不满意	一般	有些满意	非常满意
酒店外观	1	2	3	4	5

续表

	非常不满意	有些不满意	一般	有些满意	非常满意
房间设施	1	2	3	4	5
前台服务	1	2	3	4	5
卫生清洁	1	2	3	4	5
餐饮	1	2	3	4	5

酒店服务满意度评定 B 量表

亲爱的顾客，您好！感谢您惠顾我酒店，您对我酒店各项服务印象如何？以下提供了一些有关陈述，请您根据您的真实感受报告您同意这些陈述的程度。您的意见非常重要，感谢您的支持！

	非常不同意	有些不同意	一般	有些同意	非常同意
酒店外观美观大方，有吸引力。	1	2	3	4	5
房间设施齐全、先进、方便。	1	2	3	4	5
前台服务主动、周到、细致。	1	2	3	4	5
卫生清洁，环境舒适。	1	2	3	4	5
餐饮服务方便、美味。	1	2	3	4	5

李克特量表有很多优点。首先，它容易设计，编制起来相对简单；其次，它在每个维度中都包含多个题目，而且要求题目内部一致性要达到可接受水平，具有较好的信度；另外，这种量表便于被试理解和回答，也便于后续的统计和分析。正是因为具备这些优点，李克特量表的应用范围越来越大，除态度外，目前也较为广泛地用于兴趣、动机、信念、自我效能等因素的测量。

二、如何编制李克特量表

李克特量表的编制比较简单，很容易学习。编制李克特量表的过程与编制其他测验有很多相似之处，一般要遵循以下几个步骤。[14]177-178

第一，选择要测评的变量。兴趣与动机不一样，内部动机与外部动机也不一样，测评不同的变量，要编制的题目自然也会不同。所以，教师首先需要确定自己要测评的变量是什么。有时候教师关心的不是一个特定的变量，而是多个变量的组合。比如，有教师想了解学生是否愿意学习某个学科，这时他需要测评的是兴趣、动机、效能感等多个变量的综合。

第二，编写一系列与这一变量相关的正向陈述和反向陈述。如果要测评 5 年级学生的数学学习兴趣，我们可以编写如下类似的陈述，如，“我认为数学是有用的”“我喜欢上数学课外兴趣班”“我期待下一次数学课”“学习数学很有趣”“我喜欢在数学课上发言”“我上数学课就想打瞌睡”“我喜欢我的数学老师”。在编写李克特量表的初期，我们可以多编写一些可用的陈述，因为后面题目分析环节可能会删减个别题目。

第三，找几个同事确定每一个陈述是积极的还是消极的。积极题目和消极题目的记分方法是相反的,所以必须分清楚。找多个同事背靠背读题然后做区分,如果不同人对某一题的分类是不同的,且经过沟通难以达成一致意见,就说明这道题在理解上存在歧义,应予剔除。

第四,确定每一个陈述的反应选项有几个及如何措辞。选项个数不同影响很大。如果选项个数是奇数,如3个,分别是1-不同意,2-一般,3-同意,学生可能更多选择中间一个,容易出现趋中效应,使题目区分度降低。而如果选项个数是偶数,比如4个,分别是1-非常不同意,2-有些不同意,3-有些同意,4-非常同意,学生就必须从同意或不同意两种意见中做出选择,更容易看出学生的立场。选项的措辞也需要思考。常见选项措辞用同意程度来表示,有些时候也用符合程度表示。

第五,编写指导语。指导语要向学生说明问卷的目的,告诉学生如何填答。如果学生年龄较小,还要考虑给学生举例说明答题方式。指导语的写作要有亲和力,如果过于严肃,容易让学生感到不舒服。比如,同一份测评5年级学生数学学习兴趣的量表,甲教师写的指导语是:"同学们,学习兴趣对学习来说十分重要。这份量表想评价一下你的数学学习兴趣,以便老师们更好地指导你的学习,请根据实际情况报告你同意以下陈述的程度。"乙教师写的指导语采用了最近比较流行的淘宝体:"亲,你喜欢学数学吗？我在下面列举了几个有关句子,请你根据真实感受说说你同意的程度,在相应选项上画√。本问卷为匿名问卷,请放心填写噢!"相对而言,乙教师写指导语会更受欢迎,学生更可能报告真实想法。

第六,对量表进行试用和修订。量表正式使用前都要经过试用。试测的对象不用很多。如果是非正式测评,找三五个学生即可;如果是大规模的正式测评,则要找30~200个学生组成的有代表性的样本团体进行试测。试测中需重点关注的问题有:(1)学生能否读懂题目？(2)题目表述是否有歧义？(3)是否有些题目难以填答？(4)是否涉及学生隐私或给学生带来情绪困扰？(5)学生需要多少填答时间？是否在合理范围之内？(6)题目区分度如何？是否存在趋中效应或天花板效应？(7)量表排版是否美观大方？如果在上述某个方面存在问题,就需要对量表进行修订和完善。

如果教师实在很忙,没有时间一步又一步地编制李克特量表,那么教师也可以从他人已经开发出来的成熟量表中选择一个或多个使用。选择成熟量表还有一个好处,就是教师可以将所测学生的数据与常模数据做对比,以更好地分析学生们的表现。

三、一个实例:学习情感测评

为了让大家深入了解李克特量表,这里提供一个实例:学习情感测评。

人的心理活动都带有一定的情绪情感。学生是在一定情感状态下接受或发起学习任务,从事学习活动的。学习情感不但直接影响认知的过程及其结果,而且对学生个性的和谐发展也具有重要影响。[15]教师在教学实践中要关注学生的学习情感,通过测评及时发现其中的优势与不足,为工作改进提供依据。我们在指导学校教学改进过程中编制了一份适用于4—6年级学生的学习情感量表。量表采用李克特形式,用5点记分,让学生报告同意相关陈述的程度。量表内容如下。

学习情感量表(4—6年级)

指导语:同学,你好！以下提供了一些有关学习感受的陈述,其中有的陈述是肯定句,有的是否定句,请你说说你同意这些陈述的程度,在相应的选项上划√。答案没有对错之分,所以请根据真实感受回答。本问卷为匿名问卷,请不要在问卷上写你的名字。

下面是答题方法示例:

	非常不同意	比较不同意	一般	比较同意	非常同意
1. 我喜欢看电影。	□	□	□	☑	□
2. 我不爱吃甜食。	□	☑	□	□	□

答完所有题目之后,请你把问卷放到信封里并封好口,交给班里的学习委员,由他统一交给专门负责本次调查的老师。

年级:□4 年级□5 年级□6 年级

性别:□男生□女生

	非常不同意	比较不同意	一般	比较同意	非常同意
1. 我喜欢学校。	□	□	□	□	□
2. 在学校里我很开心。	□	□	□	□	□
3. 老师对我很友善。	□	□	□	□	□
4. 老师对学生不公平。	□	□	□	□	□
5. 我和同学相处融洽。	□	□	□	□	□
6. 在学校里我朋友不多。	□	□	□	□	□
7. 我不喜欢上数学课。	□	□	□	□	□
8. 学习数学很有趣。	□	□	□	□	□
9. 我喜欢上语文课。	□	□	□	□	□
10. 我上语文课提不起精神。	□	□	□	□	□

感谢你的参与 O(∩_∩)O~!

采用这一李克特量表测评学生的学习情感,要注意匿名处理。因为让学生报告自己的情意表现,通常会遭遇社会称许效应,也就是说许多学生会根据社会所称许的行为标准做出反应。特别是如果学生认为自己的报告会被追踪,认为教师会根据自己报告的情况对自己进行评分或干预,学生不如实作答的可能性就会增加。为了克服社会称许效应,教师在测评学生学习情感时采用匿名强化程序。

这一程序中有三个十分重要的具体处理。第一个处理是指导语强调匿名和如实填写。我们在指导语中指出,"本问卷为匿名问卷,请不要在问卷上写你的名字",且"答案没有对错之分,所以请根据真实感受回答"。第二个处理是简化作答方式,只要求学生划√即可,不用写任何文字。如果让学生填写文字,哪怕只有少数几个字,学生就会担心自己的笔迹被教师辨认出来,从而在答卷中不如实作答。第三个处理是避免收卷过程中无关人员查看问卷。我们在问卷中明确告诉学生,问卷填写完毕他可以自行封好信封口交给一名指定的他们信赖的教师手上，所以他们不用担心班主任或同学查看他的答卷。所有三个处理的核心目的就是让学生知道自己的信息不会有人追踪，可以放心填写。

值得注意的是，有些教师在有关测评中采用欺骗手段让学生填写问卷，这种做法是不妥当的，应予避免。比如，有的教师告诉学生是匿名问卷，但回收问卷时按座位顺序回收，回到办公室很容易就对号入座，可以测评学生个人的学习感受。这种做法不仅在一定意义上侵犯了学生的隐私权，而且做法本身也是不科学的，因为，仅凭问卷中学生自我报告的信息就评判学生个人的学习情感，其效度不是很理想。采用匿名化处理，且在学生群体水平上测评学生的学习情感，这样所做出的推论才更加准确和有效。

拓展阅读

测验等值

2014 年 9 月，国务院颁布了《关于深化考试招生制度改革的实施意见》，明确提出“启动高考综合改革试点”，要求“改革考试科目设置。增强高考与高中学习的关联度，考生总成绩由统一高考的语文、数学、外语 3 个科目成绩和高中学业水平考试 3 个科目成绩组成”。其中“外语科目提供两次考试机会”，“各地要合理安排课程进度和考试时间，创造条件为有需要的学生提供同一科目参加两次考试的机会”。这种一科多考的安排可以减轻一次考试和集中备考所带来的焦虑，避免学生因偶然因素导致的失误，但是它也带来一个新的问题：如何确保评价的公平性？我们必须通过测验等值技术保证两次考试分数是可比的。于是，测验等值成为当前测验编制和使用领域的一个重要问题。这里我们提供一帆编辑发表在《教育测量与评价（理论版）》2015 年第 3 期上的一篇介绍性文章[16]，帮助大家认识测验等值技术。

测验等值是将不同标尺的测验分数转换到同一标尺的测量技术。具体地说，就是将测量同一性质知识或心理品质的多个测验的分数转换成相同标尺的分数，进而使得这些不同测验形式的分数之间具有可比性。例如，有 A、B、C 三种测验，都是测量英语水平的。如果同一个学生在这三种测验上发挥状态相同，A 测验得 60 分，B 测验得 65 分，C 测验得 55 分，说明 C 测验最难，A 测验次之，B 测验最容易。这三种测验分数要等值，可以转换到某一测验的分数系统。若转换到 A 测验分数系统，那么 B 测验的 65 分，C 测验的 55 分都对应于 A 测验的 60 分。

不是所有的测验形式之间都可进行等值计算，测验等值需要满足以下条件：(1) 同质性。即不同测验形式测量同一种目标，且测量内容与范围基本相同。(2) 等信度。不同测验形式应该具有基本相同的测验信度。(3) 公平性。某一考生参加被等值的不同测验形式中的任一测验，等值后结果应基本相同。(4) 可递推性。如果有三个测验，x，y 和 z，x 和 y 之间有等值关系：$y=f(x)$，y 与 z 之间有等值关系：$z=g(y)$，那么一定有 x 与 z 之间的关系 h 存在，即 $z=h(x)=g(f(x))$。(5) 对称性。对两个待等值的测验形式 x 与 y，等值转换既可将 y 分数转换成 x 分数，也可将 x 分数转换成 y 分数。不管用哪一种转换，最终获得的等值对应关系是相同的。(6) 样本不变性。测验等值关系是由测验本身内在性质（题目难度）决定的，与参加测验的考生样本无关。即不管使用什么考生样本，测验 x 与测验 y 之间的等值关系不变。

如果满足以上六个条件,测验等值的结果将很理想;如果不满足以上某个条件,等值结果将会受到影响。

练习与思考题

1. 测验编制一般要经过哪几个步骤?

2. 编制成就测验的目的有几种?

3. 什么是测验双向细目表? 请举例说明。

4. 阅读表 13-4 中的 PISA 2009 阅读测试命题多向细目表,从这份细目表可以发现哪些重要信息? 对我国基础教育的启示是什么?

5. 编写成就测验题目需要注意哪些问题?

6. 某校要对 8 年级学生的数学学习兴趣进行测评,你能帮他们编制一份简易的李克特量表吗? 要求有指导语和 5 道以上的题目。

第十四章　测验的质量分析

效度是测量质量的一个极其重要的方面，测量工具如果无效或效度太低，就失去了存在的价值。评价一个测量是否有效，要从多角度多方面地收集证据，然后利用这些跟测验有关的客观资料，用逻辑思辨或统计分析的方法，来确定该测验的实际有效性。[1]76

——董圣鸿

概览

1. 测验编制是一项专业性很强的工作，不是做过测验的人都可以编制和使用好测验。如果测验编得不好，或者使用不当，它就不能准确有效地定量描述各种事物或现象的特征。对测验进行质量分析，发现其中的问题并有针对性地予以改进，才能确保测验的科学性与有效性。

2. 难度和区分度是测验质量分析中两个相互联系的常见指标。题目太难或太易，其区分度都不好。中等难度题目的区分度最好。在测验内部，题目的难度分布要有一定的广度和梯度，使整个测验的难度呈正态分布，且平均水平保持在一定的中等难度上，这样才能有效地将各种水平的人区别开来。

3. 信度指多次测验结果的一致性程度。测量实践中经常需要估计的信度主要有重测信度、复本信度、评分者信度及同质性信度。

4. 效度是测验质量分析中最为重要的一个指标。所有测验必须具备良好的效度，保证能测到所欲测的特质，能依据所收集的信息做出准确而有效的推论。

5. 评判测验效度可从内容、理论、实证等多个方面着手收集数据，基于这些数据估计测验的效度。测量实践中经常需要估计的效度主要有内容效度、构念效度及效标关联效度。

6. 公平是衡量测验与评价质量过程中不容忽视的一个重要标准。它要求测验不能让学生因性别、种族、社会经济地位、宗教信仰或其他人口学特征而受到冒犯或不公平对待。

测验编制是一项专业性很强的工作，不是做过测验的人都可以编制和使用好测验。如果测验编得不好，或者使用不当，它就不能准确有效地定量描述各种事物或现象的特征，也就不能发挥其鉴别、诊断、激励和发展的多重功能，有时还有可能起到反作用。对测验进行质量分析，发现其中的问题并有针对性地予以改进，才能确保测验的科学性与有效性。

第一节　难度与区分度

难度和区分度是题目分析的重要内容，也是测验质量分析的常见指标。一般而言，无论是形成性测验，还是终结性测验，成就测验都需要首先对试题的难度和区分度进行分析。难度和区分度适当，才能帮助测验发挥其预定功能。

一、难度

难度，顾名思义，就是测评题目的难易程度。一道题目或一个测验，如果大部分被试都能答对，那么它的难度就小；如果大部分被试都答不对，就说明它难度比较大。

难度的计算比较简单。如果题目是客观题，可以用二分法记分，通常使用通过率来表示难度。公式如下。

$$P=R/N \quad \text{（公式 14-1(a)）}$$

式中：P 代表项目难度；

N 为全体被试数；

R 为答对该题目的人数。

例如，在 250 名学生中，答对某道题目的学生有 150 人，则该题目的难度为 0.60。

如果题目是主观题，采用非二分法记分，学生会得到从零到满分之间的一个分数，那么难度通常用平均得分率来计算，公式如下。

$$P=\overline{X}/X_{max} \quad \text{（公式 14-1(b)）}$$

式中：$\overline{X}$表示所有被试在题目上的平均得分；

X_{max}表示该题目的满分。

例如，语文作文分满分为 40 分，250 名学生参加这次考试，作文平均得分为 30 分，那么作文的难度就是 0.75。

题目的难度水平会影响学生的成绩以及对教师教学质量的判断，在大规模、高利害、选拔性测验中，难度还会影响学生的升学或就业，因而难度需要谨慎确定。一般而言，在选拔性测验中，题目难度应控制在接近录取率左右。而在标准参照测验中，比如单元测试、期末考试或学业水平测试，题目要严格依照课程标准或既定目标来编制，可以不必过多考虑难度。但是，在实践中，有些时候课程标准对学生表现的界定也并不是完全清晰的，不同人对标准的理解可以有一个合理的弹性空间，而在这个空间之内，标准参照测验的难度也需要斟酌。

以数学题为例，有教师在讲完“长方形和正方形周长”之后，出了一道题，用以考查学生达成既定目标的程度，考查学生是否掌握了有关知识和技能。题目如下。

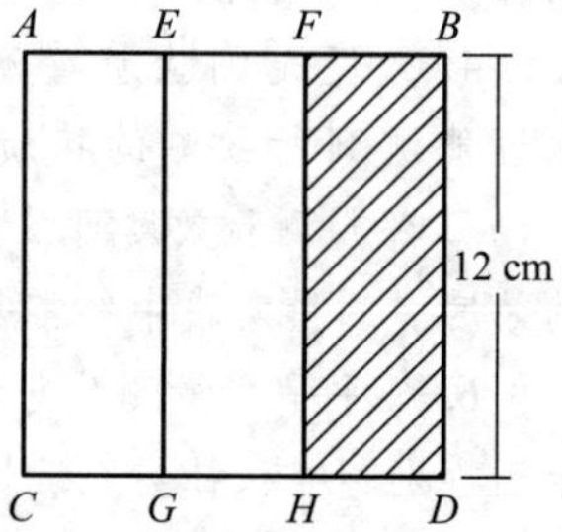

图 14-1

有一个正方形，边长为 12 厘米，如图 14-1 所示，将它分成大小完全相等的三个小长方形，求其中一个小长方形的周长。

而另外一名教师在班里讲完同样的内容之后，出了另外一道题，如下。

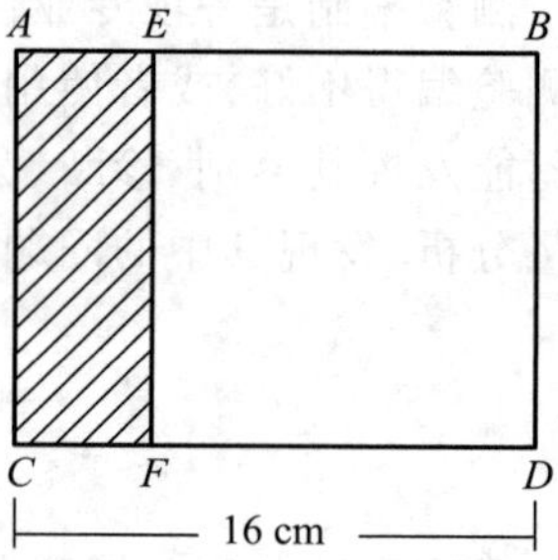

图 14-2

有一个长方形，已知长 16 厘米，宽未知，如图 14-2 所示。从这个长方形中去掉一个最大的正方形，求剩余小长方形的周长。

两道题都是在考查学生有关长方形和正方形周长的知识，

都是依照既定教学目标设计的，但难度明显不同，后者的难度高于前者。在后一题中，学生需要整合长方形和正方形的性质解题，一个正方形的四条边是相等的，所以小长方形的长和宽相加刚好等于大长方形的长，是16厘米，所以，小长方形的周长是16×2，等于32厘米。后一题带给学生的挑战性更大，能更好地激发学生的学习兴趣，并进而促进学生能力的提升。所以，即便是单元测试和期末考试，教师也要把握题目的难度，使之更好地服务于教学需要。在实践中，人们通常希望将这种考试的难度设定为0.7～0.9。

二、区分度

区分度指测验题目对被试表现的区分能力。具有良好区分度的题目，能有效地将不同水平的被试区分开来，即，水平高的被试在这道题上通过的可能性大或会在这道题上得到较高的分数，而水平低的被试在这道题上通过的可能性小或在这道题上得分较低。评价题目的区分度要先确定被试的水平，也就是效标分数。在实践中，人们通常用被试在一个测验上的总分作为反映其整体水平的指标，所以这个效标分数被称作内部效标。

区分度一般用鉴别指数法计算。具体做法是，先按照被试的测验总分由高到低排序，然后选择前27%的被试作为高分组，后27%的被试作为低分组，分别计算高分组和低分组被试在某道特定题目上的通过率（或得分率），最后计算两个通过率（或得分率）之差，就得到了鉴别指数，一般用 D 表示。公式如下。

$$D=P_H-P_L \qquad \text{（公式 14-2）}$$

式中：P_H 表示高分组被试在该题目上的通过率（或得分率）；

P_L 表示低分组被试在该题目上的通过率（或得分率）。

举个例子来说，高分组在某题上的通过率为0.78，低分组的通过率为0.45，那么这道题的鉴别指数就是 $D=P_H-P_L=0.78-0.45=0.33$。

在鉴别指数的计算中，高分组和低分组的确定需要特别说明。将测验总分排序后，将前27%作为高分组，后27%作为低分组，这是最常见的做法。之所以这样做，是因为有研究发现，当分数呈正态分布时，这种区分方法最为有效，能使高分组和低分组的差异尽可能放大，又可以使两组人数尽可能多。当然，当效标分数较正态分布平坦时，分析者也可以采用不同的分法，高、低分组各占的比率可高于27%，但一般应低于33%。当样本团体的人数较少时，比如已经小于100，也不宜使用27%区分法，可以考虑把被试分成两半，上、下两半分别作为高分组和低分组。总之，高分组和低分组的区分具有一定的人为规定性，在报告鉴别指数时要先说明两组的界定方法。

鉴别指数处于-1.00与1.00之间。指数越大，说明区分度越好。1965年，美国测验专家艾伯尔（R. L. Ebel）根据多年研究经验提出了一份鉴别指数评价标准，见表14-1。

表14-1　题目鉴别指数评价标准

鉴别指数	题目评价
0.40以上	很好
0.30～0.39	良好，修改后会更好
0.20～0.29	尚可，仍需修改
0.19以下	差，必须淘汰

区分度分析还可以使用题总相关法。题总相关,即计算被试在某道题上得分与测验总分之间的相关,相关越高,说明题目的区分度越好。如果题目属于主观题,评分在零至满分之间,是连续的,这种题目题总相关的计算方法通常采用皮尔逊积差相关法。如果题目为客观题,被试得分为二分变量,或者题目虽为主观题,评分是连续的,但被人为分成通过和不通过两个类别时,题总相关的计算要采用二列相关法。其计算公式如下。

$$r_b = \frac{\bar{x}_p - \bar{x}_q}{S_t} \cdot \frac{pq}{y} \quad \text{（公式 14-3）}$$

式中:p 为通过该题目被试的人数百分比;

q 为没有通过该题目被试的人数百分比;

$\bar{x}_p$ 指通过该题目被试的平均效标分数;

$\bar{x}_q$ 指未通过该题目被试的平均效标分数;

S_t 为全体被试效标分数的标准差;

y 表示正态分布下 p 与 q 分割点正态曲线的高度。

究竟在计算题总相关时采用何种方法以及如何计算,可以参考本书第十章在相关分析部分的知识,也可以查阅专门的统计和测量类书籍。

三、难度与区分度的关系

从难度、区分度的计算公式可以看出,两者是紧密联系的。如果一道题目太难,很少人甚至几乎没有人能答对,那么这道题就难以有效区分高水平和低水平的学生,区分度不好;如果一道题目太容易,大家都能正确作答,区分度也不好;而如果题目保持中等难度,比如是 0.50,则有可能高分组的所有被试都正确作答,而低分组却无人通过,那么这时的鉴别指数 D 就能达到最大值 1.00;如果题目难度为 0.70,有可能高分组通过率为 1.00,低分组通过率为 0.40,那么鉴别指数 D 就是 0.60。

有研究者计算了不同难度的题目可能达到的最大鉴别指数[2]84,参见表 14-2。

表 14-2 鉴别指数最大值与题目难度的关系

题目难度	最大鉴别指数
1.00	0.00
0.90	0.20
0.70	0.60
0.60	0.80
0.50	1.00
0.40	0.80
0.30	0.60
0.10	0.20
0.00	0.00

由表可见,中等难度题目的区分度最好,这也是人们在常模参照测验中要求题目保持中

等难度的原因之一。当然，需要注意的是，实际编制测验时，不能让一套测验中所有题目都保持一样的难度。在测验内部，题目的难度分布要有一定的广度和梯度，使整个测验的难度呈正态分布，且平均水平保持在中等难度上，这样才能有效地将各种水平的人区别开来。

第二节　信　　度

为了保证测量的准确性，有时候需要通过多次测量来予以验证。如果一个特质或结构，今天测量和明天测量的结果相差很大，人们就会对测量的准确性产生怀疑；如果同一个特质或结构，用两种不同的工具测量所得的结果不一致，到底要相信哪一个？还是两个都不准确，都不值得信赖？这些都需要细致分析。对多次测量结果的一致性程度进行分析，就是信度(reliability)分析。信度是测验质量分析的重要指标。

一、什么是信度

信度指多次测验结果的一致性程度，具体点说，就是在不同时间，使用同一测验或使用两个平行测验，或者在不同测试条件下，对同一组被试实施多次测验所得分数的一致性。[3]84

信度反映了测量过程中所存在的随机误差的大小。经典测量理论认为，每次实际测量的数值(X)都很难和该特质的真正水平值(T)完全一致，都或大或小地包含了一定数量的随机误差(E)。用公式表示即：$X=T+E$。

由这一公式可以发现，在一个测验中，随机误差越小，测量分数越稳定和一致，测验的信度就越高。于是，有人提出了信度的操作性定义。

定义 1：信度是一个被测团体的真分数变异数与观察分数变异数之比。即

$$r_{XX}=\frac{S_T^2}{S_X^2} \qquad \text{(公式 14-4)}$$

在这一公式中，r_{XX}表示测量的信度，S_T^2代表真分数的变异，S_X^2代表观察分数的变异。

定义 2：信度是一个被试团体的真分数与观察分数的相关的平方。即

$$r_{XX}=\rho_{TX}^2 \qquad \text{(公式 14-5)}$$

在上述两个定义中，真分数是我们实际上不知道的值，所以两个定义只具备理论意义，不能真正用于信度系数的计算。

于是，有人又提出了第三种定义方法：信度是一个被试团体在测验 A 上得分与其在平行测验 B 上得分的相关系数，或同一测验在同一被试团体中施测多次所得的多次分数间的相关系数。用公式表示即

$$r_{XX}=\rho_{AB} \qquad \text{(公式 14-6)}$$

如果相关系数越大，说明两者一致性越高，随机误差的影响越小；反之，如果相关系数越小，说明随机误差的影响越大，两者之间的一致性越小。这种定义方法克服了真分数不可得的缺陷，能较好地反映随机误差的影响，描述测量的一致性与可靠性。当前，各种信度的估计主要通过相关分析完成。

二、重测信度的估计

重测信度指用同一个测评工具对同一组对象施测两次所得结果的一致性程度，其大小

等同于同一组对象在两次测验上所得分数的皮尔逊积差相关。这个相关系数反映了测评数据的稳定性,因而也叫稳定性系数。当稳定性系数较大时,说明前后两次测验的结果比较一致,在第一次测验中得高分的人,在第二次测验中也会得高分;在第一次测验中得低分的人,在第二次测验中也会得低分,测评工具比较稳定。

重测信度分析需要满足三个条件:(1) 所测评的教育成就或心理特质必须是稳定的。如果某项成就在短期内会有很大变化,就不适用重测信度。(2) 两次测验之间要间隔一定的时间。有了第一次测验,被试可能会获得某种技巧,但只要间隔一定的时间,这种学习效果就基本上会被遗忘,遗忘和练习的效果可以相互抵消。至于两次测验究竟要间隔多少时间,是几个小时,还是几天或几个月,要视测验的目的和题目内容而定。(3) 在间隔期内被试没有获得相关的学习和训练。如果在间隔期间内,被试学习了有关内容,特别是有些被试学了而另外一些被试没有学习,那就不能再分析重测信度。

通常,智力测验、人格测验、能力测验等需要提供重测信度的证据。而在教育测验与评价中,关键性考试也有必要对重测信度进行分析。

三、复本信度的估计

复本信度指用两个平行的测评工具测评同一批对象所得结果的一致性程度,其大小等于同一批对象在两个复本上所得分数的相关。一般用皮尔逊积差相关法予以计算。这个相关系数也叫等值性系数。

在大规模、高利害的重大考试中,命题者不能只编一套考试题目,他们通常要编制多份平行的测验。严格意义上,多个平行测验在题目内容、数量、形式、效度、信度、难度、区分度、指导语、时限以及所用的公式等诸多方面都要相同或相似,这才能保证复本间的一致性,保证即便不同的人考不同的平行试卷,也可以获得公平的评价。需要注意的是,在我国,很多重大考试的命题都有多套试卷,但由于题目没有经过正规的试测,其难度、区分度只是靠命题者的预估,不够准确,所以复本之间的信度未必经得住考验。在某些年份,有的地市在中、高考中曾出现试题泄露或听力题放错录音等情况,使用了备用的平行试卷,但却没有人提供这些试卷复本信度的数据,这种做法不够严谨。两份试卷或多份试卷之间是否等值,在很大程度上影响着评价的公平性。

另外一个值得关注的现象是,我国目前开始借鉴国际经验,在某些学科测验中推行一年多考制度。比如高考英语将采取一年两考,学生在高中阶段可参加两次英语社会化考试,取最高分记入高考成绩。那么,多次英语考试采用不同的试卷,形成了多个平行的测验,这些测验的复本信度应有保证。

四、评分者信度的估计

评分者信度指多个评分者给同一批人的答卷进行评分的一致性程度。在测验中,客观题的答案是唯一的,评分很少出现误差。而主观题则不同,它的答案是开放的、多样的,评分具有一定的主观性,针对同一个被试的回答,不同的评分者可能给出不同的评分。

图 14-3 是一个示意图,它描述了评分者甲和乙两人对同一批被试答题的评分。在圆圈中的这个学生,评分者甲给了她 5 分,但乙给了 4 分,两人评分相差不大;而在方框中的这个学生,评分者甲给了他 6 分,但乙给了 2 分,两人评分相差有点大。在主观题评分中,要使

多个评分者的评分完全一致不太可能。在本图中,除方框中这个学生的评分需要讨论和矫正之外,两个评分者给其余学生的评分基本一致,相差不大,在可接受范围之内。如果计算评分者信度,应该处于 0.8 以上,属于较好水平。

分析评分者信度,要计算评分者分数之间的相关系数。当评分者人数为 2 时,评分者信度等于 2 个评分者给同一批对象分数的相关系数。如果采用原始的评分计算,可计算皮尔逊积差相关;如果采用基于原始评分转换而成的等级序数计算,就要计算斯皮尔曼等级相关。需要注意的是,同一组原始数据,使用斯皮尔曼等级相关计算评分者信度,要比使用皮尔逊积差相关计算精确度差一些。

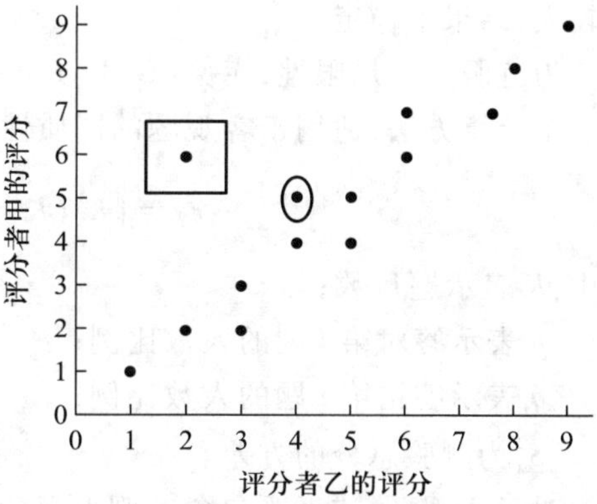

图 14-3　评分者甲和乙的评分的一致性分析

当评分者人数多于两个时,上述基于双变量的相关计算方法就不适用了,分析者需要采用肯德尔和谐系数进行估计。计算肯德尔和谐系数,需要将原始评分转化成等级序数,相当于让每个评分者对 N 个被评对象的表现排出一个等级顺序,得分最低的等级序数最小,为 1,最大的等级序数为 N,这样就可以得到 K 列从 1 至 N 的等级变量资料。有了这份资料,可采用第十章中介绍过的公式计算肯德尔和谐系数。

要提高评分者信度,减少评分环节的随机误差,必须制定清晰、可操作的评分标准,在正式评分之前加强对评分者的培训,且确保评分者有足够的评分时间。

在我国,在大规模、高利害测验评分中,主观题评分一致性问题已经受到主管机构的重视。例如,在高考阅卷中,有关主管部门规定:各评卷点分学科成立学科评卷小组,组长由具有本学科高级职称的人员担任。高考作文要由 2 人分别评阅,其他题目一人一题单独评阅。2 人给出的分数在评卷小组设定的评分误差范围的,取 2 人所评分数的平均值;超出评分误差范围内的,由评卷小组讨论确定。但值得注意的是,主观题评分被人为控制在可接受的误差范围内,并不意味着评分者信度已经合乎要求。如果为了减少与他人评分的差异,每个评分者都有意识地在平均分数附近随意给分,与他人分差得到了有效控制,但这种评分的效度却没有得到有效的保证,客观性和公正性也会因此而下降。要解决这个问题,大规模、高利害考试的组织者必须高度重视评分者培训,允许评分者在充分阅读学生答卷的基础上,严格依照标准评分。更重要的是,组织者要向公众提供考试评价中有关评分者信度的数据,证明本次多人评分的结果是一致、可信的。

五、同质性信度的估计

同质性信度,也称内部一致性信度,它有两层含义,其一是指同一测评工具中所有题目测的都是同一种心理特质,其二是所有题目得分之间都具有较高的正相关。如果一个测评工具的同质性信度不高,就说明测评结果可能是某几种心理特质的综合,用题目总分或平均分来解释测验结果就要谨慎。这时候,需要经过探索性因素分析将题目分解成多个具有同质性的分测验,再根据测评对象在分测验上的得分做出解释。在教育实践中,多数测验都希望测量单一的变量,比如数学学习成就,又如阅读能力,那就需要分析考查同一种变量的所有题目具有内部一致性,其同质性信度合乎测量学要求。

一种粗略估计同质性的方法是求测验的分半信度,即将所有测验题目平均分成两半,计算被试在两个分半测验中的得分的相关系数。但这种方法所计算的信度系数受分半方法影响较大,结果不稳定。

为克服这一局限性,库德(G. F. Kuder)和理查德逊(M. W. Richardson)于 1937 年提出了一个计算方法,适用于客观题的同质性信度分析。其公式是:

$$r_{XX}=[K/(K-1)]\left[1-\left(\sum_{i=1}^{K}p_iq_i\right)/S_X^2\right] \qquad (公式 14-7(a))$$

式中:K 表示题目数;

p_i表示答对第 i 题的人数比例;

q_i表示答错第 i 题的人数比例;

S_X^2为测验总分的方差。

对于主观题,或者既包含客观题又有主观题的混合类测验,克隆巴赫(L. J. Cronbach)后来提出了一个新的计算方法,公式如下。

$$\alpha=[K/(K-1)]\left[1-\left(\sum_{i=1}^{K}S_i^2\right)/S_X^2\right] \qquad (公式 14-7(b))$$

式中:K 是题目数;

S_i^2指测试对象在每道题上得分的方差;

S_X^2指测试对象在测验总分上的方差。

采用这一公式计算出来的同质性信度也叫克隆巴赫 α 系数。现在,如果使用 SPSS 统计软件计算 α 系数已经十分简便。具体做法是,在视窗中点击 analyze,接下来在下拉菜单中选择 scale、reliability analysis 和 alpha,再将测评同一特质的题目选入题目框即可计算出这些题目的 α 系数。α 系数愈高,则测评工具的内部一致性程度愈高。一般来说,α 信度至少应达到 0.80 才可接受;但在不是十分严谨的评价情境下,α 信度达到 0.70 也可接受。

第三节 效 度

效度(validity)被认为是测验质量分析中最为重要的一个指标。由美国教育研究学会(American Educational Research Association, AERA)、美国心理学会(American Psychological Association, APA)与美国教育测量学会(National Council on Measurement in Education, NCME)共同编定的《教育与心理测试标准(Standards for Educational and Psychological Testing)是当前测验质量分析领域最具影响力的一个分析框架。1999 年版及 2014 年最新版本的《教育与心理测试标准》都强调效度是测验最基本的要求,所有测验必须保证其能测到所欲测的特质,能依据所收集的信息做出准确而有效的推论。[4]12-15

一、什么是效度

要深入理解评价效度,需要对测验发展的历史进行回顾和分析。[5]148-149 测验最早的用途,主要是评价个体在特定领域已经学会了什么,已经掌握了哪些知识和技能,或者已经具备了哪些能力。学校中单元测验、期末考试,以及驾驶员执照测试,都体现了这种用途。这种测验的质量分析，需要把实际测验内容与测验所要评价的内容领域相比较，从而确定测验内容是否代表了要测评的内容，这里分析的是评价的内容效度（content validity）。

测验发展到第二个阶段，人们将效度分析的重点由内容代表性转到预测准确性上。测验测量了个体当前在某个特定领域的表现水平，那么，现在或将来的某个时候，个体在一定情境中会表现如何？比如，某个学生在中考英语考试中得了高分，那么她在半年后举行的高中生英语学习大赛中是否也会得高分呢？在以后的高中学习中是否也表现优秀呢？又如，某个成年人参加模拟驾驶测验表现不俗，那么让他马上参加实地驾驶测试，他能顺利通过吗？他通过了实地驾驶测试，拿到了驾驶执照之后真正到城市道路上开车，他能驾驭自如吗？出于这种考虑，人们把效度理解为测验分数与某个外部效标分数之间的相关，相关越大，表明效度越好。这里分析的是效标关联效度（criterion-related validity）。

后来，随着测验理论研究的发展，人们又提出了构念效度（construct validity）概念。结构（construct），也称作构念，它是一种要测量的特质，源自很多直接可观察行为所共同具有的一般特性，通过对行为样本的观察分析予以测评。一个测验是否测量到所要测量的特质？实际测到所要测量的理论结构或特质的程度如何？这就是在分析构念效度。比如，有老师编制了一套口语交际能力测试题目，全部是纸笔测验，那么它是否测量到学生的口语交际能力呢？测量到的程度如何？理论分析会发现，语言有三种表达形式，分别是书面语言、口头交际语言和独白，这名老师所编制的测验实际能测到的主要是书面语言能力，而不是口头交际语言能力，因而构念效度不良。

当前，人们试图将不同的效度类型统合起来，逐渐形成一个统一而内涵丰富的概念。[6]效度被界定为根据特定用途支持测验分数解释的那些事实和理论的有效程度[7]12，通俗点说，即：对于一个既定的目标，在做出推论和提供解释过程中测评的有用性程度。每个测评都要基于所收集到的数据，对评价对象在某个特定领域的表现做出推论，而在推论和解释过程中测量的有效程度，就是效度。

这样，效度由原来区分为多种类型，演变成一个综合的概念。效度只有一个，只是证明效度的证据来自多个方面。

二、效度的估计

从经典测量理论来看，每一次测量中所得到的观察分数（X）都是有效分数（V）与误差的和，而误差中既有系统误差（I），又有随机误差（E）。当系统误差增大时，观察分数偏离有效分数的程度就会增加，测验的效度就会下降；同样，当随机误差增大时，测验的效度也会下降。可以说，效度是随机误差和系统误差的综合反映。从这一意义上而言，效度可以操作化定义为：在测量中，与测量目的有关的有效分数变异数（由所要测量的变量本身所引起的有效变异数）与总变异数（观察分数的变异数）的比值。用公式表示，即

$$\text{效度}=\frac{S_V^2}{S_X^2}=r_{XY} \qquad \text{（公式 14-8）}$$

在上一公式中，r_{XY}代表测量的效度系数，S_V^2代表有效变异数，S_X^2代表总变异数。一个测验的效度描述了一组观察分数中，有多大比例的变异是由测验所要测量的变量所引起的，效度系数越大，说明测量越准确有效，反之则说明测量准确性不好。

但是，由于有效分数和真分数都是经典测量理论中构想出来的概念，在实际测量中很难

得到。即使经典测量理论中有假设公理指出,各平行测验上误差分数之间相互独立,相关为零,多次采用平行测验所得到观察分数的平均值可以稳定地趋于真分数,但由于平行测验编制起来有很大的难度,用许多彼此平行的测验反复测量同一个人的同一种心理特质,也难以实现,有效分数和真分数也仍然只是假设的分数。公式 14-8 只是一种理论上的构想,不能真正用于效度的分析。

那么,到底如何评判测验有效测量到欲测特质的程度呢?我们通常从理论、内容或实践角度界定欲测特质,所以,评判测验效度也可以从内容、理论、实证等多个方面着手,从多个方面收集数据,基于这些数据估计测验的效度。目前,在实践中常见的效度估计主要是内容效度估计、构念效度估计与效标关联效度估计。之所以说是估计,是因为既然真分数不可得,效度系数也就无法计算出来,只能基于各种相关证据做出相对的主观评判。

三、信度与效度的关系

由经典测量理论可知,$X=T+E=V+I+E$,所以 $S_X^2=S_V^2+S_I^2+S_E^2$,且 $S_T^2=S_V^2+S_I^2$。进一步分析,可以发现信度与效度的关系如下。

(一)测验效度受其信度的制约

根据效度定义($r_{XY}=S_V^2/S_X^2$)和信度定义($r_{XX}=S_T^2/S_X^2$),以及公式 $S_T^2=S_V^2+S_I^2$,可推导得出:

$$r_{XY}=\frac{S_V^2}{S_X^2}=\frac{S_T^2-S_I^2}{S_X^2}=r_{XX}-\frac{S_I^2}{S_X^2}$$

因为 S_I^2 和 S_X^2 均大于 0,所以效度系数(r_{XY})小于信度系数(r_{XX}),效度的大小受信度的制约。

(二)信度高是效度高的必要而非充分条件

由刚刚推导出来的公式 $r_{XY}=r_{XX}-S_I^2/S_X^2$ 可知,如果信度 r_{XX} 小,效度 r_{XY} 就不会大,因为 $r_{XY}<r_{XX}$,效度系数比信度系数会更小;只有信度 r_{XX} 增大,效度 r_{XY} 才有可能提高,所以,信度高是效度高的必要条件。但是不是信度高了,效度就一定会高呢?又不一定。因为信度高了,说明测量随机误差的变异数(S_E^2)减小,但如果测量中的系统误差很大,系统误差的变异数也会很大,那么公式 $r_{XY}=r_{XX}-S_I^2/S_X^2$ 中的 S_I^2/S_X^2 也会很大,最后效度系数 r_{XY} 不一定增大。效度系数受随机误差和系统误差的双重影响,随机误差小了,信度系数高,但如果系统误差大,效度仍然不理想。所以,信度高是效度高的必要条件,但不是充分条件。

(三)信度高是好测量的前提,效度高才是好测量的核心特征

信度高是效度高的必要条件,一个测验只有信度高,才有可能效度高,信度如果不高,效度就不可能高,所以信度高是好测量的前提。但值得注意的是,信度高,效度未必好,只有效度好,测量才是有意义的,效度高是好测量的核心特征,应受到更多的关注。

四、内容效度及其估计

内容效度是指一个测验实际测到的内容与欲测量内容之间的吻合程度。[8]62 对测评内容进行分析,可以确保一个测验所测为所欲测,所评为所欲评。[9]80[10]314 分析测验的效度,通常首先要求提供内容效度方面的证据。

《教育与心理测试标准》明确指出,当测验被作为一个课堂教学成绩的考查指标时,或

针对某个具体的课程标准考查教育质量时，需要提供证据说明测验在内容取样方面的代表性程度。[11]248 在我国，近些年来，随着课程改革的深入推进，到底学生是否达成及在多大程度上达成了课程标准，要通过测验予以分析。那么测验编制者应向公众提供有关内容效度的证据，说明测验的合理性。即便是教师在单元结束时或期末举行的自编测验，教师也要参照有关程序对测验的内容进行分析，确保测验内容的代表性，提高测验内容效度。

估计一个测验的内容效度，就是确定该测验在多大程度上代表了所要测量的领域。在图 14-4 中，图中的长方形代表了要测评的范围，而圆点代表题目，圆点的数量越多，且覆盖长方形的范围越大，内容效度就越好。A 情况下，题目数量足够，且比较均匀合理地分布在测评范围内，代表性优秀，内容效度良好，而 B、C、D 和 E 的代表性不充分，F 已经属于糟糕水平了，因为在这个测验中题目数量虽不少，但多数已经超出了测评范围，偏离了测量目标。不仅是成就测验，各种测评工具都要明确其欲测范围和题目的代表性，以确保内容效度。

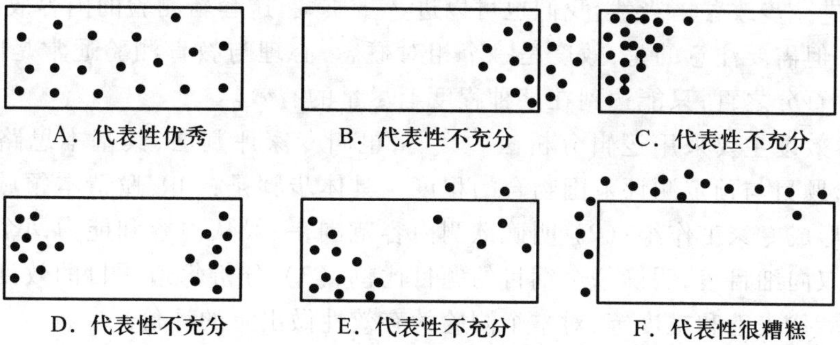

图 14-4　题目对评价范围不同的代表水平

以语文学科期末考试为例，语文课程标准明确规定，各学段语文学习包括识字与写字、阅读、写作、口语交际和综合性学习等方面，这几个大的学习领域及其具体的学习要求构成了图中的"长方形"，也就是语文学习评价的内容范围。作为一个完整的语文期末考试，只有测验题目（即小圆点）具有一定的数量，且均衡地分布在整个内容范围（如小图 A），它们才具有充分的代表性，才能真实、有效地反映学生学习的实际状况。而如果题目仅选自少数领域（如小图 C），只考查阅读和写作，其他领域的知识与技能都不涉及；或者有些题目根本没有落在评价范围之内（如小图 F），有的题目不是在考语文，而是在考科技知识或其他领域的内容，考试的内容效度就不够理想。[12]

再举一个更具体的例子。在本轮课改初期，很多地市的小学语文期末考试中都采用过类似这样一道题目，用以评价学生古诗默写情况：

本学期我们一共学习了 8 首古诗，你最喜欢其中的哪一首？请你把它写下来。

这道题目测量的内容范围是本学期学习的 8 首古诗，教师意欲通过这道题评价学生对 8 首古诗默写的掌握程度。但稍做分析就会发现，这个古诗默写测验的内容效度不好，因为让学生自由选择一首他"最喜欢"的古诗，学生通常都会选择一首难度最小，不容易出错的古诗作答。如此一来，学生在这道题上的表现就不能有效推测学生对 8 首古诗默写的掌握情况。

如果把题目修改一下，变成下面这样：

本学期我们一共学习了 8 首古诗，其中有一首是歌颂母爱的，请你写出这首古诗的名称，并默写整首古诗。

由学生自由选择一首诗，变成教师抽取一首诗来考查，修改后题目对整个评价范围（默写8首古诗）的代表性提高了，内容效度有所改善，但它仍然具有一定的局限性。教师抽取的诗歌只有一首，如果恰巧这一首学生会，而其他几首不会，或者恰巧这一首不会，而其他几首都会，那还是不能准确反映学生古诗默写的情况。

再修改，新的古诗默写测验变成这样：

(1) 沉舟侧畔千帆过，__________。

(2) 无可奈何花落去，__________。

(3) 长风破浪会有时，__________。

(4)《过零丁洋》中直抒胸臆，表明了作者文天祥以死明志的决心的两句诗是：__________，__________。

新测验从8首古诗中抽取4首命题，题目覆盖的范围扩大了，内容的代表性也就提高了，内容效度进一步改善。当然，我们也可以进一步质疑，这套新测验的内容效度也有问题，还可以改进。但需要注意的是，效度是一个相对概念，心理与教育测验通常是间接测量，效度不可能达到百分之百，只能达到在某种程度上尽量的有效。

分析内容效度主要采用逻辑分析法[13]62-63，也叫专家评判法，其基本思路就是请有关专家判断测验题目与预定测评范围吻合的程度。具体步骤是：(1) 邀请本领域的测评专家和资深教师，形成专家工作组；(2) 明确欲测内容范围，一般从内容和能力两个方面进行分析，最后形成双向细目表，明确每个纲目的题目比例；(3) 分析每道题目的效度及整套测验题目的覆盖率、代表性和难度等，对整个测验的有效性做出总的评价。

此外，有学者也提出了多种采用数据估计内容效度的方法。一种是平行测验法。其具体做法是：基于同一教学内容范围编制两套独立的平行测验，用两个测验测同一批被试，求同一批被试在两次测验中得分的相关。如果相关系数低，说明两套测验中至少一套内容效度不好；如果相关系数比较高，则两个测验可能具有较好的内容效度，当然，也有可能两个测验都偏向于某一方面，内容效度都不好。

另一种是再测法。其具体做法是：在学习开始前，先让被试做一次测验，等学习结束之后再让被试做同一套测验题，然后比较被试两次测验的得分。如果后测成绩明显优于前测成绩，则说明测验测量了被试新学习的内容，相对于这些新学内容而言具有较好的内容效度。相反，如果后测成绩与前测成绩相差不大，可能是因为测验没有测到被试这次学习期间所学习的内容，当然也有另外一种可能，那就是学生没有认真学习或者教师教得不好。

由此可见，基于数据的分析只能给内容效果提供某个侧面上的证据，并不能很好地反映内容效度。估计测验的内容效度不能迷信数据。

五、构念效度及其估计

构念效度指一个测验实际测到所要测量特质或结构的程度。它具有以下一些特点。[14]63-64

(1) 构念效度的大小取决于事先假定的理论。一般而言，人们在编制测验之前，先要明确要测量什么特质或结构，也就是说要对欲测量的结构（也可通俗地理解为要测量的东西）进行概念界定，并描述其基本的特点，等测验编制与实施完毕之后，就要收集各种证据分析测验分数说明有关理论假设的程度。比如，从理论上看，结构A包括两种成分，一种是A1，另一种是 A2,但测验完毕后人们对被试进行认知访谈,发现这个测验只测到了 A1,基本上没有测到 A2,对 A2 反映不够,这种内容效度上的不足说明测验测到欲测结构的程度不够,构念效度不良。

(2) 当实际测量的资料无法证实理论假设时,并不一定都是因为测验的构念效度不良,也有可能是因为前面提出的理论假设本身有问题。比如,人们假设结构 A 会随着被试年龄的增长而不断提高,但测验所收集的数据不支持这个假设,很有可能是理论假设有问题,而不是测验的构念效度出了问题。理论是人建构出来的,具有一定的主观性。这正如人们对智力的研究,不同研究者所定义的智力概念并不一样,有关假设也有差异,其中也有可能存在有问题的理论。至少,由此可以发现,效度是一个相对概念,测验的构念效度如何是相对于某个理论假设而言的,相对于一种理论假设的构念效度很好,但相对于另外一种理论假设的构念效度可能就是不良的。

(3) 构念效度是通过测到什么及不能测量什么的证据予以估计的,因而通常需要多样的证据,而不是单一指标来分析。比如,要确保一套测验的构念效度良好,必须首先保证测验在内容上覆盖和代表了测评范围,也就是内容效度良好,所以估计构念效度需要内容效度方面的证据。

正是因为上述特点,构念效度的估计比较复杂,需要的证据也比较多。要估计一套测验的构念效度,有关内容效度、结构关联效度、难度、区分度等诸方面的证据都可能需要收集。而要估计一个具体测验题目的构念效度,分析答题过程是一种十分有效的方法。

对被试答题过程进行理论和实证分析,可以考查被试的关键表现是否与欲测结构一致,测验是否测到所要测的特质,以及被试作答除反映欲测特质之外是否还受其他因素的影响,从而对测验的构念效度做出评判。对答题过程进行分析可以采用出声思考(aloud thinking)的方式,也就是让被试在答题过程中将自己的思考和答题过程出声说出来,分析者可以从中发现学生答题时应用了哪些知识、技能、经验或能力,在这些成分中,哪些是答题的关键,哪些属于意欲测量的内容,哪些已经超出了评价范围,从而判定构念效度的好坏。

举个例子来说,某市在中考数学卷中出了这样一道题:

-2,3,-4,-5,6 这五个数中,任取两个数相乘,积最大的是(　　)。

A. 10　　B. 20　　C. -30　　D. 18

本题中,命题者意欲考查的核心知识是有理数的乘法,要看学生是否掌握"两个有理数相乘,同号得正,异号得负,并把绝对值相乘"的运算规则。但是,如果让一个学生在答题过程中出声思考,会发现本题的构念效度不理想。

这里要选择乘积最大的一个,从 A 到 D,4 个数中最大的是 20,刚好是-4 和-5 的乘积,所以正确答案是 B。

学生回答正确,本题得分,但学生是否掌握了有理数乘法规则,不得而知。如果将本题 C 选项由-30 改成 30,那么仅仅掌握有理数大小比较方法,但没有掌握有理数乘法运算规则的学生就可以甄别出来,就可以更准确地评价学生对有理数乘法运算的掌握程度,构念效度提升了。

在世界经济合作组织开展的国际学生评价项目(Programmer for International Student Assessment,PISA)中,命题者在认知类试题开发过程中分析构念效度的程序更加完善,值得我们借鉴。他们的具体做法是[15]:(1) 最初准备:根据双向细目表编制题目;(2) 试题审查:

从学生及编码者的视角对题目进行审查;(3) 认知性访谈:让学生回答问题,在回答过程中出声思考,在答题结束后辅以个人访谈和小组访谈;(4) 试点测试:在考试情境中试测,进一步分析题目的构念效度。这种通过多个环节、多个视角、多种方法收集效度证据的方法,虽然成本较高,但能确保题目的构念效度,在大规模、高利害评价项目中十分必要。

在我国,构念效度的审查在中考和高考命题中尚未受到足够的重视,教师自编测验更是很少涉及。所以,有些试卷中会出现构念效度不好的题目。

例如,某市中考语文试卷中出了一道阅读题。题目先提供了一份有关纳米技术的阅读材料,然后出示题目要求:"纳米技术广泛的应用前景就连想象力极强的人也无法全部想到。请结合对本文内容的理解,联系生活实际,发挥联想和想象,设计一个运用纳米技术的科技小制作。"与此类似,另一个地区在中考阅读题中,让学生阅读有关材料后回答:"要使建筑物防震,除文章介绍的方法外,还可有其他许多方法,请发挥你的想象力,为建筑抗震房屋想一个办法。"对学生答题过程进行分析就会发现,"设计运用纳米技术的科技小制作"和"设计抗震房屋"都是创造发明,虽然体现了将学科整合、综合实践的课改精神,但所考查的内容却是非语文的,与阅读能力关联不大,不能准确评价学生的阅读能力。[16]118 这无形中降低了评价的构念效度,致使我们不能由分数准确推论学生的阅读能力发展水平。如果学生得分高,我们不能简单说他们阅读能力好;而如果学生得分低,我们也不能简单说他们阅读能力不好。

只有收集基于答题过程的证据,确保每道题目的构念效度符合要求,一整套测验的内容效度才有可能有保障。答题过程分析在实践中亟待加强。

六、效标关联效度及其估计

效标关联效度指测验分数与外部效标之间的相关程度。在这一定义中,外部效标的理解至关重要。外部效标是衡量一个测验是否有效的外部标准,它独立于测验并可以从实践中获得我们感兴趣的行为。比如,高考作为选拔优秀学生进入大学的一个重要测验,要估计它是否有效测量了学生的已有学习成就与未来学习潜力,我们可以用大学头两年学生在主要学科考试中的平均成绩作为外部效标,如果大学生当年的高考成绩与大学两年学科平均分具有显著相关,就可以在一定程度上认为高考的效度是良好的。

不难发现,在效标关联效度估计过程中,外部效标的选择十分重要。测量同一个特质或结构的某一测验,可以有多个外部效标。比如,测量中学生学习兴趣的测验,可以选择中学生学习动机、中学生学习乐趣、中学生学习成绩、中学生学习信心、中学生学业自我,乃至这些学生在大学期间的学习成就作为外部效标。但在这些可供选择的外部效标中,有的与学习兴趣关联大,有的关联小,基于理论分析或已有研究选择与之关联大的变量作为外部效标,显然比关联小的变量更好。

在教育测量实践中,常用的外部效标主要有学业成就、等级评定、临床诊断、实际工作表现等。这些效标可以是连续型变量,也可以是离散型变量;可以是现成的指标,也可以是人为设计整合的指标;可以是客观测量的结果,也可以是主观判断。但无论选择怎样的外部效标,外部效标本身的测量必须是有效和可靠的。如果外部效标本身的效度就不好,那对效标关联效度的估计也是难以令人信服的。

根据外部效标资料收集时间点的差异,效标关联效度可以分成同时效度(concurrent validity)和预测效度(predictive validity)两种。

同时效度指测验分数与同时获得的外部效标分数之间的相关。预测效度则指测验分数与随后获得的效标分数之间的相关。同时效度与预测效度的区别在于测验分数与效标分数获得时间是否存在较长的间隔。在模拟驾驶考试之后,马上让考生参加实际路考,计算模拟驾考分数与实际路考分数之间的相关,就得到模拟驾考的同时效度系数;先在儿童 8 岁时进行智力测验,到这批儿童 18 岁参加高考时又收集他们的高考分数,然后分析 8 岁智力测验分数与 18 岁高考分数之间的相关,看 8 岁时智力测验分数能在多大程度上预测儿童多年后的高考成绩,这就是预测效度。同时效度主要用于描述和诊断,希望开发出比效标测验更简捷、更省时、更有效的测量方式;而预测效度主要用于预测个体将来的发展,当然,在一定意义上,它也具有诊断意义,能尽早识别未来出现某种可能的个体或人群。

效标关联效度的估计需要收集被试在其他效标测验上的分数,还需要对分数进行匹配和相关分析,所以在实践中的应用相对较少。不少地方在中考前有一模和二模,学生通常依赖模考成绩填报志愿,但究竟模考的同时效度和预测效度如何?测验是否需要改进以及需要怎样的改进?很多地方主要依赖定性分析和主观评判,实证分析不足。高考也存在类似的问题,这种决定考生命运的关键考试是否能准确预测学生在大学的表现乃至职场中的成就?未来即将推进的高考英语社会化考试与国际上权威的英语能力测试相比,同时效度或预测效度是否达标?有关分析不能止于定性分析,需要提供实证数据资料,才能确保评价的效度。

第四节 公 平

公平是衡量测验与评价质量的重要标准。它要求测验不能让学生因性别、种族、社会经济地位、宗教信仰或其他人口学特征而受到冒犯或不公平对待。近些年来,随着我国教育由规模效益向内涵发展逐渐过渡,教育实践中的公平问题开始受到越来越多的关注。从公平视角分析测评的内容、过程、环境和结果,可以发现一些新的问题,为评价改进提供依据。

一、不公平的来源

公平通常是在不同群体之间发生的,说评价对某一个群体不公平,总是相对于另外一个群体而言。每个群体都可能在评价中受到冒犯或歧视,需要敏感地识别和分析。

性别不公平最容易受到关注。在有些地区,女生的受教育机会少于男生,在教育结果上,女生的成绩也低于男生,所以在讨论评价公平时人们通常首先会想到女生。但实际上,男生也可能遭受不公平对待。在 2003 年“非典”发生期间,某市中考减少考试科目,只考了语文、数学和英语三科,高中学校依据考生在三个科目上的得分招录新生。结果发现,在一些传统的优质高中,女生数量比原来明显增多。这主要是因为在语文、数学和英语三科中,有两科属于语言记忆类,比较适合女生。脑科学研究表明,男、女生在脑的结构和功能上都具有差异。[17]136-140比如:男性大脑左半球灰质的比例显著高于女性;男性大脑皮层有更多的神经元;大多数男性和女性的语言区都在左半球,但女性在进行语言加工时,其右脑也有明显的激活;更多的女生比男生具有左半球优势,而具有右半球优势的男生比女生多;男生在数学、科学等方面的测验得分比较高,而女生在阅读理解、事实和概念记忆等方面比较好。

从这一角度来看，女生在三科中考模式中占有优势，而男生受到了不公平的对待。令人遗憾的是，这种性别不公平问题似乎没有受到应有的重视。“拯救男生”，将成为未来教育评价改革亟待关注的一个问题。

家庭社会经济地位低的学生，特别是农村学生，在评价中也容易受到不公平对待。原因很简单，重要考试的命题者多数都生活在城市，熟悉城市的生活和城里人的思维方式，所以出题时所选择的背景资料和具体问题通常偏向于城市学生，可能对农村学生不利。比如，课改初期，某市在中考物理题中出了这样一道题：“请找出饮水机上的物理学原理。”命题者为自己将物理测验与生活结合起来感到骄傲，但他却没有意识到，这道题对农村学生严重不公平，因为在当时的农村地区，绝大多数学生根本没有见过饮水机。又如，某大学在美术类艺考中让考生画一只煮熟了的大闸蟹，可是有些家庭社会经济地位不高的学生没有吃过大闸蟹，他自然很难在考试中有出色表现。他画不好，不是因为他绘画水平不高，而是因为他家庭条件不好，没有吃过或近距离观察过煮熟的大闸蟹，这显然有失公允。目前，越来越多的测验开始强调考查学生在真实情境中利用所学知识分析和解决问题的能力，那么测验中情境的选择和设计必须照顾城乡差异，让城乡学生有公平参与评价竞争的机会。

此外，不同家庭结构的学生也可能在评价中受到冒犯或不公平对待。现在，我国家庭结构日益多元化，单亲家庭、离婚家庭、再婚家庭的比例都有上升趋势。可是如果有人在测验中让学生阅读一份反对离婚的文字材料，可能会使来自离婚家庭的学生感觉被冒犯。

有一道中考题十分具有典型性，题目先让学生阅读一份歌颂母爱的散文，然后回答如下问题。

(1) 同学们，你们有没有意识到我们的母亲已经人到中年，请你写一段文字，告诉大家母亲人到中年后发生的变化。

(2) 请你写一段母亲生日晚宴上的致辞。

(3) 请你给同学们介绍一本有关母亲的书。

命题者认为这道题很好，不仅考查了学生的书面语言表达能力，而且关注了学生跟母亲的情感，促进亲子之间的交流。用意虽好，但问题是，如果有学生的母亲在未到中年时已经离世，或者有学生的母亲与父亲离婚，母亲没有与他生活在一起，他已经有多年未见过母亲，那么他如何回答这道题呢？他不能直言自己没见过母亲人到中年的情况，却要忍着心中的难过，写下一些虚构的变化和致辞。这不仅不能考查学生对母亲的情感，反而对这些学生构成了很大的伤害，所以是不公平的。

二、公平审查

《教育与心理测试标准》一直高度重视公平审查。比如，这一标准要求，除了被认为是内容范畴的正当需要外，测验研制人员应努力鉴别并消除一般被人种、族裔、性别或其他亚群体认为具有冒犯性的语言、标记、短语或其他内容；[18]141 又如，这一标准指出，当有研究报告指出某一测验导致考生因为年龄、性别、人种、族裔、文化、残疾或语言等因素在成绩上有很大差异时，测验编制者应在可行的情况下开展相应的研究，为自己辩护，或者承认问题，并找出克服偏见的方法。[19]140 美国教育考试服务中心(ETS)于 2002 年颁布的《质量和公平性标准(ETS Standards for quality and fairness)》[20]19-24，也十分重视评价的公平，要求对测验和题目进行正规的公平性审查。

在国外，开发高利害测验时，成立一个专门的小组对试题和整个测验进行公平审查，已成为惯例。这个小组通常由 15～25 名评论专家构成。[21]63 每名专家都对测验内容非常熟悉，且对公平足够敏感。有时候，小组要特意邀请能充分了解和代表某个亚群体的专家参与，以更好地识别那些可能具有冒犯或歧视的题目。小组成员要对每个题目和整个测验的公平性进行审查，如果专家在某题做出否定判断的百分比超出了可接受的数字，就需要进行深入讨论，从而确定这道题目是否需要更改，还是需要直接删除。

在教育公平备受关注的大背景下，我国在关键考试中要重视与加强公平审查，从公平视角对试题进行分析与改进。

拓展阅读

ETS 如何关注测验公平

ETS 为美国教育考试服务中心（Educational Testing Service）的缩写。它创建于 1947 年，是世界最大的私立非营利性教育考试和评估机构，其总部位于美国新泽西州劳伦斯镇。ETS 为美国基础教育和高等教育开发了多种考试，并在全球范围内开展、管理着一些参与人数众多的国际性考试，其中包括我们所熟悉的 TOEFL、GRE、GAMT、SAT 等考试。

ETS 在测验编制与使用过程中高度重视公平问题。1980 年，ETS 公布了第一版的测验公平审查指南，要求所有测验必须经过公平审查。由于社会变革不断加剧，人们对公平的看法也在发生改变，因此 ETS 每隔 5 年就更新一次审查指南，以确保测验的公平与效度。

在测验领域，人们对公平的理解存在一定差异。一般来说，对公平的讨论主要关注性歧视语言的使用、对某些人构成冒犯的内容、刻板印象以及结果公平等。在 ETS 看来，公平概念主要是服务于测验的效度。效度是反映测验质量的最重要指标。测验效度指基于测验分数所做决策或所采取行动能获得证据支持的程度，或者说测验能用正确方式有效测量被试知识与技能掌握情况的程度。测验要能准确测量所要测的知识与技能，能为相关决策与行动提供支持，必须保证测验的公平，确保测验不受与所测特质无关因素的影响。如果某种与测验无关的特质对所有考生的影响是一致的，那么测验的公平没有问题，而如果这种无关因素对某个特定考生群体的影响超过了其他群体，那么测验的公平和效度就会受损。

在公平审查中，ETS 会对一些具有某种特征的特殊群体给以特别关注，这些特征包括年龄、非典型外貌、公民身份、种族、性别、身体与精神残疾、出生地、母语、宗教、性取向、社会经济地位等。

在 ETS，公平审查的主要原则有以下 5 点：（1）测验要测量预测特质的核心成分，而不是次要成分或无关因素；（2）为不同群体都提供有效的测量分数；（3）尊重和公平对待每一个考生；（4）避免与考试内容无关的因素妨碍考生的表现，特别是对于残疾考生和母语非英语的考生；（5）避免与考试无关的内容让考生或相关人员产生强烈的消极情感体验。

练习与思考题

1. 什么是效度？为什么效度被认为是测验质量分析中最为重要的一个指标？
2. 什么是信度？它与效度的关系是怎样的？

3. 填空题

(1) 一个测验实际测到的内容与所要测的内容之间的吻合程度叫________。

(2) 用同一个测评工具对同一组对象施测两次所得结果的一致性程度叫________。

(3) 当评分者多于 2 个时,评分者信度可用________进行估计。

4. 判断正误

( )(1) 难度指测验项目的难易程度,一般用字母 P 表示,P 越小,表示题目难度越大;P 越大,表示题目难度越小。

( )(2) 区分度一般用 D 表示,其取值范围介于 0 到 1 之间,D 值越大,表示区分效果越好。

( )(3) 在计算区分度时极端组划分通常取前 27%的高分端被试组成高分组。

( )(4) 复本信度系数也叫等值性系数。

( )(5) 计算高考分数与大学四年平均成绩之间的相关,可估计高考测验的预测效度。

( )(6) 内容效度的分析主要采用专家评判法。

( )(7) 在成就测验编制过程中使用双向细目表,有助于提高测验的内容效度。

( )(8) 认知性访谈是分析测验构念效度的方法之一。

( )(9) 效标关联效度指测验分数与外部效标之间的相关。

( )(10) 信度高的测验效度一定高。

5. 计算题

上学期末某班学生进行了一项语文测验。阅完卷后老师将学生在第一个简答题的分数和卷面总分记录在下表中,该题满分为 6 分,卷面满分为 100 分,班级中卷面分最高分为 95 分,最低分为 64 分。请计算第(1)题的难度和鉴别指数。

某班语文测验卷面总分及(1)题得分情况表

学号	1	2	3	4	5	6	7	8	9	10
(1)题得分	2	5	5	5	3	3	6	2	4	3
卷面总分	75	88	87	90	87	74	89	65	77	70
学号	11	12	13	14	15	16	17	18	19	20
(1)题得分	2	5	5	6	2	2	5	2	5	6
卷面总分	80	81	84	95	67	78	81	74	89	86
学号	21	22	23	24	25	26	27	28	29	30
(1)题得分	2	4	4	4	5	2	3	5	5	3
卷面总分	75	83	80	78	93	73	77	86	92	80
学号	31	32	33	34	35	36	37	38	39	40
(1)题得分	2	5	5	5	4	1	5	2	3	4
卷面总分	64	78	84	75	88	71	90	81	85	90

第十五章　测验分数的解释与应用

建立常模的报告应准确地说明所采集样本的群体、采样步骤和参与者的比率、样本是否有加权、测试日期以及描述性统计数值等。所提供的信息应充足,以便使用者能判断该常模是否适用于诠释当地考生的分数。有关技术文件应注明常模本身的精确度。[1]94-95

——美国教育研究学会、美国心理学会、美国教育测量学会

概览

1. 百分制分数是目前最为常见的一种测量结果表达方式。这种方式可以让师生知道学生的得分率或达成目标的程度,应用与解释比较方便,但它可能导致师生“分分计较”,在一定程度上增加学生的学习压力。

2. 为避免使用百分制分数带给学生发展的消极影响,《关于积极推进中小学评价与考试制度改革的通知》及《教育部关于基础教育课程改革实验区初中毕业考试与普通高中招生制度改革的指导意见》等多个有关文件建议教师以等级表达学生学业考试成绩。

3. 在解释原始分数意义的时候,我们首先要确定一个解释的基准,而根据基准的不同,可将分数解释分成三种情况:绝对解释、相对解释和个体内差异解释。

4. 安戈夫法是当前最受欢迎,使用最普遍的一种分数临界点确定方法。这种方法由专家直接判断处于临界水平的被试在某一具体题目上正确作答的可能性,然后通过公式计算该测验的分数临界点。

5. 常模指一定人群在特定测验所测特质上的普遍水平或水平分布状况,参照常模我们可以看到一个人的表现在特定人群中的相对位置。

6. 百分等级是指在一个群体的测验分数中,一个原始分数低于这个分数的人数百分比。百分等级反映了个体在群体中的地位,但其所对应的分数不是等距的,只有顺序性与可比性,所以不具有可加性。

7. 标准分数是一种以标准差为单位的分数,通常以 Z 表示,所以也被称作 Z 分数。它是将原始分数与常模团体平均数之差除以标准差所得的商数,是以标准差为单位度量原始分数离开其平均数的程度。标准分是等距数据,有了标准分,就可以对测量数据进行深入的挖掘和分析。

测验的结果通常用分数表示。分数是教育领域最常见的一种量化资料。学生在中考、高考、期末考试、单元验收测验、随堂测试中的成绩,以及学生在自我管理、获取新知、批判性思考、沟通合作等各种核心素养方面的表现,都可以用分数表示。教育者不仅可以对这些分

数本身进行统计分析，还可以将这些分数与其他数据结合起来，探讨学生发展与学校位置、学校规模、班额大小、生师比、经费投入、师生关系等各种因素的关系，诊断教育实践中的潜在问题，对未来教育提出改进建议。分数是教育测量所产生的结果，是教育统计分析的对象，正确解释与应用分数，才能充分发挥测量与统计的积极功用。

第一节　分数与常模

用分数表示个体在某一特质上的表现水平，看上去简单明了，但其实解释其意义还需要一个比较复杂的分析过程。同一个分数，与不同的基准去比较，会得出不同的解释和判断。在实践中，人们经常将原始分数与常模进行比较，解释其代表的意义。

一、原始分数的种类

测量是依据一定法则对事物特征进行定量描述的过程。通过测量获得的对事物特征水平进行定量描述的数字就是分数。基于测量直接得到的数字，叫原始分数。比如，张雅在小学三年级期末数学考试中得了 92 分；又如，李伟光参加艾森克人格测验在神经质维度上得了 17 分。

原始分数可以有不同的分类。根据分数的来源，可将分数分成计数数据、测量评估数据和人工编码数据；根据测量量表的水平，可将分数分成称名数据、顺序数据、等距数据和比率数据；根据数据分布的形式，可将分数分成离散数据和连续数据。有关数据分类的资料，详见第二章。

在教育测量实践中，人们接触最多的通常是测量评估数据，以顺序数据为主。这种分数可以有两种表达形式，分别是百分制分数和等级评定分数。

百分制分数就是以 100 分为满分描述学生特质水平的方法，在学生学业考试中最为常见。这种方法使用起来比较简便。如果教师在一次测验中出了 50 个选择题，只要数一下学生回答正确的题目数，然后除以 50，再乘以 100 即可得到他的百分制分数。这个分数表明了学生的正确作答率或得分率。如果教师编制的测验由多种题型或多个内容领域构成，每个部分的分值各不相同，相当于给每个不同的部分赋以不同的权重，只要将各个部分的分数加权相加就可以得到每个学生的最终得分。

有了百分制分数，学生可以知道自己在测验中的得分率。分数高的学生比分数低的学生更多地正确作答了测验题。由这个百分制分数，教师可以知道谁目标达成得更好或更不好。但必须指出的是，学生学业成就水平具有随机性，分数中含有一定的误差。换而言之，假定一个学生在不同的时间考同一套测验题，学生每次测验的得分不会完全相同；而如果用同样评价某一特定领域达标程度的多个平行测验来测同一个学生，学生在不同平行测验上的得分也不会完全相同。因此，如果两个学生在测验上的百分制得分相差不大，教师却判定一个比另一个学习更好，这种推论的准确性是不够的。更重要的是，如果教师经常以百分制分数给学生排队，让学生“分分计较”，会在很大程度上增加学生的学习焦虑和心理负担，从而影响学生的学习。

为了避免使用百分制分数带给学生发展的消极影响，教育部于 2002 年颁布的《关于积极推进中小学评价与考试制度改革的通知》（国发［2002］26 号）明确要求，“小学生的学习成绩评定应采用等级制”；于2005年颁布的《教育部关于基础教育课程改革实验区初中毕业考试与普通高中招生制度改革的指导意见》（教基［2005］2号）规定，“各学科应将课程标准的基本要求作为学业考试是否合格的标准”，“应将学业考试成绩以等级方式提供给高中学校”。百分制分数的使用受到了政策上的限制，而在没有受限的部分，如初中平时测验，教师如果使用百分制分数，也应谨慎。

等级评定是用字母等级（如，A、B、C、D、E）或数字等级（如，5、4、3、2、1）表示学生特质水平的方法。学生在许多心理测验中的原始分数通常是等级评定分数，考试和测验成绩也可用等级表达。等级评定与百分制分数并没有本质上的差别，只是等级评定法最终区分出来的等级数量少，最常见的等级个数是3～5个，也有人将一个等级再细分为多个等级，比如将A分成A++、A+和A，但总体的等级个数还是明显少于百分制分数的等级。

面对考试分数，等级数量减少，学生和教师就不必“分分计较”，有助于减轻师生负担，改善学生学习体验，从而促进学生健康、和谐、生动地发展。教育者可以根据课程标准及教材的要求，结合测验的构成及预估难度，规定学生在测验中得分率（百分制分数）与等级之间的转换办法，如表15-1所示。

表15-1　百分制分数与等级分数之间的转换

	第一种转换方法	第二种转换方法	第三种转换方法
A	90～100	95～100	91～100
B	80～89	85～94	86～90
C	70～79	75～84	81～85
D	60～69	65～74	75～80
E	60分以下	65分以下	75以下

由表15-1可见，不同教师在不同测验中采用的百分制分数与等级分数转化系统可以不尽一致，而究竟采用哪种系统更佳，需要根据课程标准、教材和测验难度综合确定。当题目预估难度不大，且学生得分的内部差异较小，采用第三种比第一种要好。转换体系一旦确定，等级就代表了学生达成标准的程度。假设一位数学教师凭借自己对课标的理解及对测验难度的预估，认为针对这个由特定题目构成的测验，学生只有达到95分以上才能得A，等实际考试完毕，如果没有人得分在95分以上，那么班里学生就都不能得A，不能因为学生的表现而降低标准。同理，如果这位数学教师还认为，学生如果在这个测验中得分低于65分就不能算合格，等实际考完，哪怕很多学生得分都低于65，那么这些学生也只能被评为E等级。在绝对等级评定中，等级的标准是提前确定的，是绝对的，反映了学生达成既定标准的程度，不会因为学生的表现而变化。

二、分数的解释

原始分数表示了个体在这一特质上的表现水平，但单纯的原始分数如果没有与其他解释资料相配合，其意义是不明确的。仍然以张雅在小学三年级期末数学考试中得了92分为例，这92分说明张雅学习好还是不好呢？仅有这个分数，似乎难以说清。如果有人说她得到了100分中的92分，得分率很高，学习不错，但有可能与她同时参加同一考试的三年级学生，绝大多数都得 95 分以上，就不能说她学习很好。即便有人继续争辩说只将张雅的分数跟满分比，也不能就此认定她学习好，因为有可能这次教师出的题目太简单，甚至让二年级学生做这套题也能得 90 分以上。要解释分数的意义，既要考虑测验的质量，比如难度、区分度、效度，又要参照一定的基准。

一般来说，在解释原始分数意义的时候，我们首先要确定一个解释的基准，而根据基准的不同，可将分数解释分成三种情况：绝对解释、相对解释和个体内差异解释。

绝对解释是将个体的原始分数与一个既定的客观标准做比较并予以解释。标准参照测验的分数要采用绝对解释。在教育实践中，当堂检测、单元验收、期中考试、期末考试、体育达标测验等都属于标准参照测验，其结果都按照既定标准来比较和解释。以体育达标考试来说，一个初一学生立定跳远测试中得了 95 分，属于优秀等级，根据 2014 年修订的《国家学生体质健康标准》可知他立定跳远的距离超过了 218 cm，但没有达到 225 cm；同理，一个初三学生参加当地初中毕业生语文学业水平考试得 95 分，说明他达成了当地语文学科初中毕业学业标准的 95%，也达到了优秀水平。

相对解释是在被试集合中选取一个或多个被试作为基准，然后把各个被试与基准进行比较的解释方法。比如，王洋在初二物理期末考试中得了 87 分，和李海平比低了 5 分，说明他物理没有李海平学得好；而如果和年级平均分比，他高出了平均分 8 分，排在全年级 321 名学生中的第 28 位，说明他物理学得很好，能排在全年级学生的前 10%。常模参照测验的结果都会采用相对解释，将一个人的测验结果与一个常模参照团体的分数进行比较，从而分析一个人的表现在团体中的相对位置。这种解释方法将一个人的分数与其他人做比较，能在一定程度上激励先进和鞭策后进，但也会在一定程度上造成紧张和压力。因此，2005 年颁布的《教育部关于基础教育课程改革实验区初中毕业考试与普通高中招生制度改革的指导意见》（教基[2005]2 号）规定，“任何单位和个人不得以任何形式根据（初中毕业生学业水平）考试成绩给地区、学校和学生排队或公布名次”。而对于中小学日常评价和期末评价来说，各级教育行政部门一般也反对给学生排队和公布名次。

个体内差异解释是把被试集合中的各个被试的过去和现在相比较或者把某一个被试的各个侧面相比较的评价方法。比如，五年级学生黄轩在英语期末考试中得了 72 分，分数虽然不是很高，但与他的过去相比已经有了明显的进步，前几次英语考试他基本在 60 分上下；又如，黄轩英语得了 72 分，与其他学科相比这门功课的分数是最低的，说明他并不是全部学科学习都不好，他的优势在其他方面。这种解释方法照顾了个体间的差异，在分数解释过程中不会给被试造成很大压力。但是，它既不与客观标准比较，也不与其他被试比较，很容易使被试自我陶醉与满足。

三、绝对解释中分数分界点的确定

作为绝对解释参照的基准，需要明确清晰的界定。以学业成就测验来说，教育者首先要明确学生学习的内容标准和表现标准，即到某个时间点学生要学习什么和学到什么程度；然后基于标准编制能有效测量这些目标达成程度的测验，也就是说测验必须有良好的内容效度和结构效度；最后明确“及格”与“不及格”的分数分界点。

在我国，人们通常将 60 分（即 60%的得分率）作为及格标准，但实际上分数多少在很大程度上受题目难度和区分度的影响。尼德尔斯基（Nedelsky）于 1954 年提出，在选择题测验中，排除选择题中连最差学生都不会选择的选项，计算在剩下选项中选对的概率，及格分就是这些概率的总和，这种确定及格标准的方法后来被称为尼德尔斯基程序。汉布尔顿于1978 年建议使用常模方法，将及格分定在未接受教学组的最高分与已接受教学组的最低分之间的某个点上。安戈夫（Angoff）建议由专家直接判断处于临界水平的被试在某一具体题目上正确作答的可能性（记为 P_i），然后通过公式计算该测验的分数分界点，公式如下。

$$\lambda = \sum F_i P_i \qquad \text{（公式 15-1）}$$

其中，λ 表示分数分界点；F_i表示第 i 题的满分；P_i表示专家判定临界水平被试在第 i 题上正确作答的可能性。

表 15-2 提供了一个采用安戈夫法确定测验分数分界点的实例。这个测验由 6 道题构成，基于专家判断的得分可能性，采用公式 15-1 可计算出这一测验的及格线为 64.47 分。

表 15-2　采用安戈夫法确定测验分数分界点示例

题目序号	题目满分（F_i）	专家判断的各题正确作答概率（%）					正确作答概率平均值（P_i）	F_iP_i
		1	2	3	4	5		
1	14	90	85	85	90	85	0.87	12.18
2	16	65	63	60	65	68	0.642	10.27
3	18	60	55	60	55	60	0.58	10.44
4	20	35	30	33	38	35	0.342	6.84
5	17	75	70	75	75	70	0.73	12.41
6	15	80	75	85	83	88	0.822	12.33
合计	100							64.47

由表 15-2 可见，采用安戈夫法虽然具有一定的主观性，但如果专家是本领域的权威，分界点分数的确定会更趋于合理。特别是，如果在判断中邀请多名专家参与，结合德尔菲法进行多轮背靠背讨论，所确定的及格分界点会更符合实践需求，更能引导和服务于实践工作。安戈夫法是当前最受欢迎、使用最普遍的一种分数分界点确定方法。

四、相对解释中的常模

相对解释所参照的基准是被试集合中一个或多个被试的表现，那么以不同的被试表现为基准，所得到的解释可能是不一样的。为了更便于比较和沟通，人们经常在相对解释中使用常模。

常模是分数解释时的参照体系，指标准化样本被试在特定测验所测特质上的普遍水平或水平分布状况。测验是用来测量人的某种身心特质的，如身体素质、智力、人格或学业成就。常模是衡量这些身心特质的参照标准。但需要指出的是，声称要测量同一特质的测验，可能实际测到的东西并不完全一样。比如，有的智力测验着重测量语言理解能力，有的智力测验则侧重测量空间图形推理能力。即便是身体素质测验，有的测量 100 米短跑和仰卧起坐两项，有的测量更多项目。所以，常模是针对某一具体测验而言的，是在一个测验上一定人群所得分数的普遍水平或水平分布状况。而“一定人群”并非指少数几个人，通常是指某一类人，如小学三年级学生、大学女生、某地区中学就读的进城务工人员子女。

建立常模是一项技术性很强的工作。首先,要科学抽样,从明确定义的“特定人群”总体中抽取一个容量足够大且具有代表性的被试样本。这个被试样本就叫作标准化样本或常模团体。确定常模团体的注意事项主要有[2]106-107:

(1) 总体的界限必须明确,要有一个清晰、具体的描述。比如国际学生评价项目(PISA)针对各个参与国家/经济体的15岁青少年在校生实施测验,这里被试总体是15岁青少年在校学生,其中15岁指的是在测验实施时正好处于15周岁3个月至16周岁2个月,在校生指的是在各类教育机构(包括普通教育与职业教育、全日制与非全日制、公立和私立等各种类型)7年级及以上年级就读的学生,这样一界定,总体的界限就十分清晰了,不在15岁范围内的,或者在年龄范围内但没有在教育机构7年级及以上年级就读的青少年,都不属于被试。

(2) 取样的过程必须有详尽的描述。取样的方法有很多,比如单纯随机抽样、等距抽样,每一种抽样方法都有其优势与局限性。在特定情况下,抽样方法在一定程度上会影响样本的代表性,正如,在一所规模为3 000人的大型中学中选取300名中学生作为常模团体,同样是300人,采用简单随机抽样和采用分层整群抽样所获得的样本,其代表性可能是不一样的。在确定常模团体时要对取样过程进行详细描述。

(3) 常模团体必须是所测总体一个有代表性的标准化样本。要使样本具有足够的代表性,样本大小要适当,特别是样本量不能太小。同时样本中被试的分布要合理,比如学生被试总体中男女比例是7∶3,那么常模团体中的学生男女比例也应该大致是7∶3;同理,如果被试总体指的是在本市范围内中小学就读的所有学生,那么常模团体中既要包括中小学就读的本市户籍学生,还要包括没有本市户籍的借读生,既要包括在普通中小学就读的学生,也要包括在特殊中小学就读的学生。

(4) 常模必须及时更新。当今社会发展速度非常快,反映特定人群身心特质表现的常模也必须及时更新。常模团体确定后不能一劳永逸,过一段时间后,必须选取新的常模团体实施测量,以新常模团体的表现情况作为基准解释被试的分数。比如,对于瑞文标准推理测验来说,几年前的常模可能在解释当前青少年智力测验分数时产生偏差,常模需要更新,常模团体也需要重新选取和施测。

(5) 注意一般常模与特殊常模的结合。测验手册上的常模通常为一般常模,也就是适用于总体内各个被试的分数解释,适用范围广。但有的时候,一个总体可以区分为多个不同的亚类,每个亚类有其不同的特点,在所测量特质的表现上也有不同的特点和规律,所以分数解释需要特殊的常模,将被试的分数与最接近的常模团体进行比较。比如,某地区中考结束后,一个农村留守儿童的分数可以与当地所有中学生的中考平均分做比较,但如果与当地农村留守儿童的平均分做比较,可以更准确地描述他的成就与进步。所以,常模团体选取时既要考虑一般常模,也要考虑特殊常模的建立。

其次,采用要建立常模的测验,针对常模团体施测。施测过程按照标准化程序严格实施。只有施测过程标准化,常模团体和后面参加测试的每一个个体都按标准程序参加测验,测验分数才可以在个体间相互比较,个体分数才可以与常模分数比较,分数解释才有实际意义。

最后,对收集的数据资料进行统计分析,考察被试与常模团体水平相比处于什么位置或水平,做出相对解释,分析分数的意义。

第二节　百分等级常模与应用

被试在测验后得到的原始分数反映了被试答对题目的个数或对题目做出反应的情况，但这个分数不能刻画被试在群体中的位置，不能反映被试与他人比较后的差异大小。要对原始分数做出相对解释，必须将原始分数转化成导出分数。百分等级是常用的一种导出分数。

一、什么是百分等级分数

一个原始分数的百分等级是指在一个群体的测验分数中，得分低于这个分数的人数百分比。比如，某一被试在某一项测验中得分为 82 分，经过换算，其百分等级是 75，那么在参加该测验的所有人中，有 75%的人得分低于 82 分，而超过 82 分的人则只有 25%。百分等级的取值越大，说明一个人的成绩越好。

二、百分等级分数的计算

计算百分等级分数的方法有两种：一种是常模组测验分数未经整理时的计算方法，另一种是数据整理成次数分布表后的计算方法。

（一）针对未整理分数资料的百分等级计算方法

对于没有整理过的分数资料，求一个原始分数的百分等级，可以先将被试团体的全体原始分数从大到小排序，然后采用下列公式计算：

$$P_R = 100 - \frac{100R-50}{N} \quad \text{（公式 15-2）}$$

其中，P_R为百分等级，R 为分数由高至低排序后的序号，N 为被试总人数。

举个例子。贾志群在一次数学成就测验中得分为 87.5 分，在全年级 320 人中排名第 73 名，那么他成绩的百分等级应该是

$$P_R = 100 - \frac{100\times73-50}{320} \approx 77.3$$

也就是说在整个年级中，有 77.3%的人分数低于 87.5 分，高于 87.5 分的学生占总数的 22.7%。

（二）针对分组分数资料的百分等级计算方法

如果被试团体较大，数据已经经过初步整理，已有了次数分布表，那么百分等级可以用下面的公式计算：

$$P_R = \frac{100}{N}\times\left[\frac{(X-L)f}{i}+F_b\right] \quad \text{（公式 15-3）}$$

在这个公式中，X 为被试原始分数，L 为 X 所在组下限，f 为 X 所在组的次数，F_b为 X 所在组以下各组次数之和，i 为组距，N 与 P_R的解释与公式 15-2 相同。

举例来看，一个年级 320 人参加英语测验，分数整理后的次数分布情况见表 15-3，刘小伟的得分是 81 分，求其百分等级。

表 15-3 320 名学生英语测验原始分数的次数分布表

分数(X)	次数(f)	累积次数(f)
95~100	6	320
90~95	15	314
85~90	25	299
80~85	51	274
75~80	77	223
70~75	62	146
65~70	42	84
60~65	28	42
55~60	12	14
50~55	2	2
$\sum$	320	—

由表可知,$X=81$,$N=320$,$i=5$,$L=80$,$f=51$,$F_b=223$,代入公式 15-3 得

$$P_R=\frac{100}{320}\times\left[\frac{(81-80)\times51}{5}+223\right]\approx72.9$$

在这次英语测验中,刘小伟的百分等级是 72.9,也就是说有 72.9%的人分数低于 81 分。

有 15-2 和 15-3 这两个公式,可以计算每一个原始分数所对应的百分等级,也就可以相应建立原始分数与百分等级对照的常模表。有了常模表,以后再有人参加这一测验,其原始分数就可以与常模表对照,得到其对应的百分等级分数,从而知道其表现在常模团体中的相对位置。

三、百分等级常模的应用

在标准化学业成就测验和心理测验中,百分等级分数的应用相当广泛。这主要是因为百分等级分数的计算比较简单,其意义也比较直观,易于理解。如果几个不同的测验针对同一个常模团体实施,可以建立不同测验的百分等级常模,那么原来无法比较的不同测验上的原始分就可以相互比较了。以中考为例,赵嘉怡在语文考试中得分是 105 分,数学得分是 110 分,英语得分是 97 分,她哪一科成绩相对更好呢?采用原始分数很难在不同学科间进行比较,因为每一学科考试的难度、学生群体得分的分布存在很大的差异。但如果将这些原始分数都转化成百分等级,就可以看到她各科成绩在参加中考学生群体中的相对位置,哪科排名靠前,哪科排名相对靠后,就可以一目了然。

需要注意的是,百分等级反映了个体在群体中的地位,但其所对应的分数不是等距的。因为,教育与心理测验分数的分布一般呈“两头小中间大”的正态分布。这样,1 百分等级($P_R=1$)和 2 百分等级($P_R=2$)所对应的两个原始分数的差,与 51 百分等级($P_R=51$)和 52 百分等级($P_R=52$)所对应的两个原始分数的差,是不相等的。通常在分布曲线中,尾端一个百分等级的原始分差,要比中部一个百分等级的原始分差大很多。

正是因为百分等级的单位是不相等的，所以在统计分析中不能进行加减乘除的运算。假定某小学四年级学生语文测验成绩的百分等级是75，数学测验成绩的百分等级是87，我们就不能将两者相加取平均，认为这个学生的语文数学平均百分等级是81。百分等级只有顺序性与可比性，但不具有可加性。这是百分等级常模的一个局限性所在。

第三节 标准分数常模与应用

反映被试原始分数在常模团体中地位的量数，除了百分等级，还有标准分数。标准分数常模是另外一种常见的常模类别。

一、什么是标准分数

标准分数是一种以标准差为单位的分数，通常以 Z 表示，所以也被称作 Z 分数。它是将原始分数与常模团体平均数之差除以标准差所得的商数，是以标准差为单位度量原始分数离开其平均数的程度。其计算公式是

$$Z=\frac{X-\overline{X}}{S}$$
（公式 15-4）

式中：Z 代表标准分数；

X 为原始分数；

$\overline{X}$ 为常模团体所有被试的原始分数平均分；

S 为常模团体所有被试的原始分数的标准差。

例如，某校初三年级一模数学考试中，320名学生的数学平均分是83.7分，标准差是6.1分，某学生数学成绩是91分，根据公式15-4可得

$$Z=\frac{91-83.7}{6.1}\approx 1.20$$

这一学生数学成绩的 Z 分数是1.20，说明他的分数高于常模团体，即同年级320名学生的平均分1.20个标准差。

进一步分析不难发现，针对同一测验，所有被试的 Z 分数的平均分为0，标准差为1。当 Z 分数大于0时，表示特定被试原始分数比常模团体的平均分高；相反则表示比常模团体的平均分低；当 Z 分数刚好等于0时，则说明特定被试的原始分数与常模团体的平均分完全相同。

二、标准分数的意义

将原始分数转化成标准分具有重要的意义。首先，标准分是等距数据，可以进行加减运算。教育与心理测量中的原始分数都是顺序数据，数据有大小和顺序之分，但由于不等距，不能进行加减运算。标准分不同，它与原始分最大的区别在于，标准分是等距数据，它刻画了每一个原始分距离平均分的程度，单位是标准差。因为标准分是等距的，所以可以进行加减运算。以中考为例，中考考语文、数学、英语、物理和化学等多个科目，从严格意义上讲，各科的原始分数是顺序数据，不能通过加减运算求各科平均分，但如果将原始分数转化成平均分为0、标准差为1的标准分数，顺序数据转化成等距数据，就可以计算各科平均分了。

其次，在分数合成时标准分使每种分数的权重相等。以表15-4中的数据为例，某校针

对初二年级 20 名优秀学生考了语文和数学两科，然后依据两科分数从中甄选 5 名学生参加一项特殊培养计划。对语文和数学两科的原始分数进行初步描述分析，发现语文学科最高分 98，最低分 52，分数全距 46 分，平均分 81.83，标准差 12.27；数学学科最高分 88，最低分 77，分数全距 11 分，平均分 81.85，标准差 2.68。从平均分来看，语文和数学学科考试难度基本相当，但两科分数的内部差异不同，语文学科的内部差异显著高于数学学科。如果用原始分的平均分排序选拔 5 名学生，语文学科发挥的作用更大，谁的语文分数高谁就容易占据优势，夸张点说，“得语文者得天下”。语文分数低了想用数学补上去就比较困难。相反，数学考得不好，分数低了，可以比较容易地用语文高分予以抵消。由此可见，两科原始分数在实际选拔和录取中的权重和影响力是不一样的。如果将两科原始分数转化成标准分，并且依据标准分排序选拔学生，两科的权重就一样了。由表 15-4 可见，如果依原始分排序录取，录取的学生编号是 09、16、08、01 和 04；如果依标准分排序录取，录取的学生编号是 17、09、04、14、08 和 07（08 和 07 并列第 5）。用标准分录取，数学分数最高，排名第一的 17 号学生可以被录取，但如果用原始分录取，他就没有机会了。

表 15-4　依两科原始分录取和标准分录取的差异分析示例

学生编号	语文原始分	语文标准分	数学原始分	数学标准分	原始分平均分	依原始分排序	标准分平均分	依标准分排序
09	97	1.6	83	0.4	90.00	1	1.0	2
16	98	1.7	79	-1.1	88.50	2	0.3	9
08	94	1.3	82	0.1	88.00	3	0.7	5
01	95	1.4	81	-0.3	88.00	4	0.5	8
04	90	0.9	84	0.8	87.00	5	0.9	3
07	92	1.1	82	0.1	87.00	6	0.6	7
02	88	0.8	83	0.4	85.50	7	0.6	6
17	78	-0.1	88	2.3	83.00	8	1.1	1
13	84	0.4	82	0.1	83.00	9	0.2	11
10	86	0.6	79	-1.1	82.50	10	-0.2	14
14	78	-0.1	86	1.5	82.00	11	0.7	4
03	82	0.2	82	0.1	82.00	12	0.1	12
05	85	0.5	79	-1.1	82.00	13	-0.3	15
18	84	0.4	77	-1.8	80.50	14	-0.7	17
11	76	-0.3	84	0.8	80.00	15	0.2	10
06	79	-0.1	81	-0.3	80.00	16	-0.2	13
15	74	-0.6	78	-1.4	75.75	17	-1.0	19
12	66	-1.2	81	-0.3	73.50	18	-0.8	18
19	59	-1.9	84	0.8	71.50	19	-0.5	16
20	52	-2.5	82	0.1	67.00	20	-1.2	20

有了标准分,对测量数据的挖掘和分析可以更深入。比如,某校要评价本校教师的教学绩效,将学生分数依据地区常模转化成标准分,就可以看到谁教的学生距离本地区本学科平均分远或近,谁教的学生在地区学生中排名靠前或靠后,甚至可以通过多次考试成绩间的比较看到谁教的学生进步大或小。

三、标准分数的性质

标准分是以一批分数的平均数为参照点,以标准差为单位的等距量表。标准分不仅具有顺序性,而且具有可加性。它由符号和绝对值两部分构成。正、负符号表示原始分数在平均数之上或之下,绝对值则表示原始分数与平均数的距离。归结起来,标准分还具有以下性质。

其一,标准分与原始分的分布形态相同。标准分实际上只是对原始分数 X 所做的一个线性转换,所以标准分的分布与原始分的分布形态相同。若原始分数不服从正态分布,转换成标准分后,其分布仍然不是正态分布。

其二,标准分可以使不同测验分数之间进行比较。任何一组原始分数都可以转换成平均分为 0,标准差为 1 的标准分,变成等距数据,所以可以在不同测验分数之间进行比较。如果原始分数属于正态分布或近似正态分布,那么标准分的范围大致在 -3.00 与 +3.00 之间,落在这一范围内的分数占全体分数的 99.73%。

四、正态化的标准分数

将原始分数转化成标准分数是为了对不同测验中的分数进行比较,但是,标准分的分布与原始分的分布保持一致,如果两个测验的原始分数分布形态不同,两个测验的标准分之间也无法比较。若要将两者进行比较,必须采用非线性转换,将非正态分布的分数强制性转换成正态分布。

具体做法是:首先将每个原始分数转化成百分等级,然后使用正态分布表,将对应的百分等级直接看成是正态分布曲线下的面积值,找出所对应的 Z 值,这种范式所得到的分数叫正态化的标准分数。图 15-1 即为负偏态分布转换成正态分布的示意图。

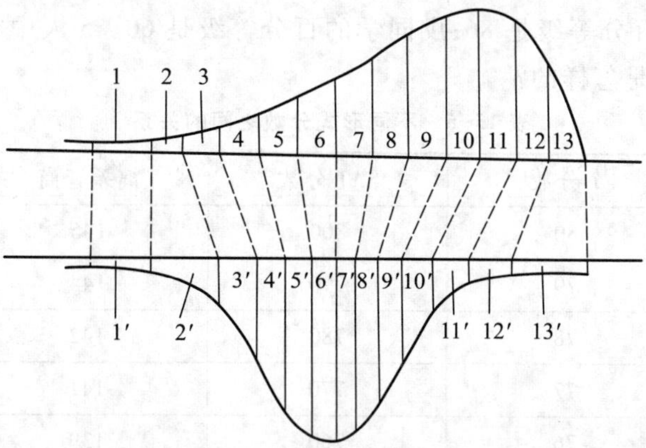

图 15-1 负偏态分布正态化示意图

五、标准分数的变式

由于标准分是平均分为 0,标准差为 1 的分数,有正有负,且有小数点,使用与理解都有不便之处,因此在实践中人们还经常使用标准分数的变化形式。

(一) T 分数

T 分数是平均数为 50,标准差为 10 的标准分数。使用 T 分数的理论基础很简单,将每个 Z 分数乘以 10,小数就消除了(Z 分数一般只保留一位小数);再给这个结果加上 50,负数也没有了(Z 分数一般在±3.0 之间)。假如李伟华的数学标准分是 0,那么乘以 10 再加上 50,他的 T 分数就是 50 分;假如黄春燕的数学标准分是 1.2 分,那么乘以 10 再加上 50,她的 T 分数就是 62 分。Z 分数与 T 分数的关系见表 15-5 和图 15-2。

(二) 其他形式

按照建立 T 分数的思想,在 Z 分数的基础上,我们可以进行不同的线性转换,于是形成适合不同需要的多种标准分变化形式。其通用变化公式如下。

$$Z' = A \cdot Z + B \quad \text{(公式 15-5)}$$

式中 Z' 为由 Z 转换而来的分数,A 和 B 为常数。

常见的变化形式有:

(1) 美国教育测验服务中心(ETS)组织的 SAT 考试分数,其公式是

$$\text{SAT 分数} = 100Z + 500 \quad \text{(公式 15-6)}$$

SAT 分数的平均分是 500,标准差是 100。

(2) 韦克斯勒质量测验所采用的离差智商,其公式是

$$IQ = 15Z + 100 \quad \text{(公式 15-7)}$$

IQ 的平均分是 100,标准差是 15。

SAT 分数、IQ 分数与 Z 分数、T 分数,以及百分等级的转化关系见表 15-5 和图 15-2。基于这张表,我们可以在不同分数之间进行转换,也可以比较不同形式分数之间的大小。比如,在一次大型考试中,有 2 500 人参加了这次考试,其中 5 位同学的考试成绩用不同分数形式予以表达。甲同学在 2 500 名学生中排名第 218;乙同学的 Z 分数是 0;丙同学的 Z 分数为-0.9;丁同学的百分等级是 86;戊同学的百分等级是 60。5 人中究竟谁的分数最高?谁的最低?排序应该是怎样的?

表 15-5 不同形式分数之间的关系

Z 分数	T 分数	SAT 分数	离差智商	百分等级
+3.0	80	800	145	99.87
+2.9	79	790	144	99.81
+2.8	78	780	142	99.74
+2.7	77	770	141	99.65
+2.6	76	760	139	99.53
+2.5	75	750	138	99.38
+2.4	74	740	136	99.18

续表

Z 分数	*T* 分数	SAT 分数	离差智商	百分等级
+2.3	73	730	135	98.93
+2.2	72	720	133	98.61
+2.1	71	710	132	98.21
+2.0	70	700	130	97.72
+1.9	69	690	129	97.13
+1.8	68	680	127	96.41
+1.7	67	670	126	95.54
+1.6	66	660	124	94.52
+1.5	65	650	123	93.32
+1.4	64	640	121	91.92
+1.3	63	630	120	90.32
+1.2	62	620	118	88.49
+1.1	61	610	117	86.43
+1.0	60	600	115	84.13
+0.9	59	590	114	81.59
+0.8	58	580	112	78.81
+0.7	57	570	111	75.80
+0.6	56	560	109	72.57
+0.5	55	550	108	69.15
+0.4	54	540	106	65.54
+0.3	53	530	105	61.79
+0.2	52	520	103	57.93
+0.1	51	510	102	53.98
0.0	50	500	100	50.00
−0.1	49	490	99	46.02
−0.2	48	480	97	42.07
−0.3	47	470	96	38.21
−0.4	46	460	94	34.46
−0.5	45	450	93	30.85
−0.6	44	440	91	27.43
−0.7	43	430	90	24.20
−0.8	42	420	88	21.19

续表

Z 分数	T 分数	SAT 分数	离差智商	百分等级
-0.9	41	410	87	18.41
-1.0	40	400	85	15.87
-1.1	39	390	84	13.57
-1.2	38	380	82	11.51
-1.3	37	370	81	9.68
-1.4	36	360	79	8.08
-1.5	35	350	78	6.68
-1.6	34	340	76	5.48
-1.7	33	330	75	4.46
-1.8	32	320	73	3.59
-1.9	31	310	72	2.87
-2.0	30	300	70	2.28
-2.1	29	290	69	1.79
-2.2	28	280	67	1.39
-2.3	27	270	66	1.07
-2.4	26	260	64	0.82
-2.5	25	250	63	0.62
-2.6	24	240	61	0.47
-2.7	23	230	60	0.35
-2.8	22	220	58	0.26
-2.9	21	210	57	0.19
-3.0	20	200	55	0.13

为便于比较，我们可以将 5 名同学的分数均转化成百分等级。甲同学排名第 218，用公式 15-2 计算得其百分等级是 91.3；乙同学 Z 分数为 0，查表 15-5 可知其百分等级为 50；丙同学的 Z 分数是-0.9，则其百分等级为 18.4；丁同学的百分等级是 86；戊同学的百分等级是 60。可见，甲同学分数最高，丙同学分数最低，5 位同学的排序是甲>丁>戊>乙>丙。

换一种解题方法，把 5 人的分数都转化成标准分也可以。甲同学在 2 500 人中排名第 218 名，其百分等级是 91.3，那么他的 Z 分数就大于 1.3；乙同学 Z 分数为 0；丙同学 Z 分数为-0.9；丁同学百分等级是 86，其 Z 分数约为 1.1；戊同学的百分等级是 60，其 Z 分数在 0.2 与 0.3 之间。用此法同样发现，5 位同学的排序是甲>丁>戊>乙>丙。

六、常模资料的呈现方法

百分等级和标准分数是常模分数常见的表达形式。常模资料要明确原始分数与导出分

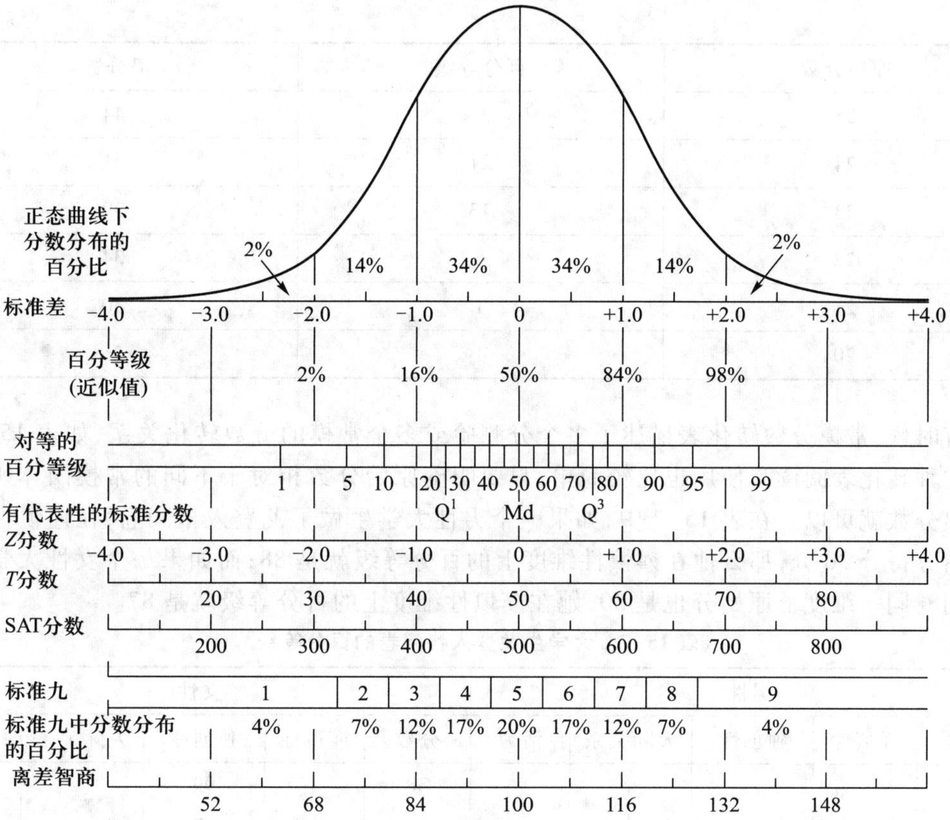

图 15-2　不同形式分数之间的对应关系

数之间的转换关系。转化表是最简单、最基本且最常用的常模资料呈现方法。它由原始分数、相应的导出分数和对常模团体的具体描述构成。有了转化表,使用者可以将原始分数转化成导出分数,或从已知的导出分数找到相应的原始分数。

表 15-6 呈现了 ACT 测验的常模分数转化表,每一个原始分数对应了一个百分等级和 *T* 分数。如果一个人的原始分是 28 分,那么他的百分等级是 67,表示有 67%的分数比他低;*T* 分数是 55,表示他的分数比平均分高 0.5 个标准差,如果换成 *Z* 分数是 0.5。

表 15-6　ACT 原始分数与百分等级、*T* 分数的转化表

原始分数	百分等级	*T* 分数
32	99	70
31	96	66
30	89	62
29	78	59
28	67	55
27	54	52
26	42	48

续表

原始分数	百分等级	*T* 分数
25	31	44
24	21	41
23	13	39
22	6	34
21	1	30
20	1	26

有时候,常模分数转化表描述了多个分测验或多个常模的分数转化关系,如表 15-7 所示。这种转化表阅读与使用也比较简单,只要明确原始分数相对于不同的常模团体所对应的导出分数就可以。在表 15-7 中,如果一个男性大学生做了戈登人格问卷,在谨慎性维度上原始分得分 30 分,那么他在谨慎性维度上的百分等级就是 88;而如果一个女性大学生在同一问卷同一维度上原始分也是 30,她在谨慎性维度上的百分等级就是 87。

表 15-7 大学生戈登人格问卷的百分等级

男性					女性				
分数	谨慎性	独创性	人际关系	活力	分数	谨慎性	独创性	人际关系	活力
38					38		99		
37		99			37		99	98	
36	99	98		99	36	99	98	97	
35	98	97	99	98	35	98	97	96	99
34	97	95	98	97	34	97	96	95	98
33	96	92	97	95	33	96	94	93	97
32	94	89	95	93	32	94	92	91	95
31	91	85	93	90	31	91	89	89	92
30	88	81	90	86	30	87	86	86	89
29	84	76	86	82	29	82	82	82	85
28	79	70	82	77	28	77	77	77	80
27	74	64	77	72	27	72	71	72	75
26	68	58	71	66	26	67	65	66	69
25	62	51	65	59	25	61	58	59	62
24	56	44	58	52	24	55	51	52	56
23	50	37	51	46	23	49	44	45	50
22	44	34	44	40	22	43	37	33	44
21	38	25	38	34	21	37	31	30	38
20	33	20	33	29	20	32	25	27	32

续表

男性					女性				
分数	谨慎性	独创性	人际关系	活力	分数	谨慎性	独创性	人际关系	活力
19	29	15	28	24	19	28	20	22	27
18	25	11	23	18	18	24	17	18	22
17	21	8	19	15	17	20	14	15	18
16	18	6	15	12	16	17	12	12	15
15	15	4	12	9	15	14	10	9	12
14	12	3	9	7	14	11	8	7	10
13	10	2	7	5	13	9	6	5	8
12	8	2	5	4	12	7	4	4	6
11	6	1	4	3	11	6	3	3	4
10	5		3	2	10	5	2	2	3
9	4		2	1	9	4	1	2	3
8	3		1		8	3		1	2
7	2				7	2			1
6	1				6	1			

拓展阅读

大学英语四、六级考试分数解释

杨惠中和金艳在《外语界》2001 年第 1 期上发表了《大学英语四、六级考试分数解释》一文[3]，比较细致地介绍了大学英语四、六级考试中分数表达、解释与应用的方法。由于学科背景上有差异，作者在文中使用的术语与本书所使用的术语有不一致的地方，但并不妨碍阅读，所以这里未做改动。

（一）大学英语四、六级考试记分体制

大学英语四、六级考试的性质和目的，决定大学英语四、六级考试综合采用标准参照考试与常模参照考试的做法，其记分体制采用以百分制为形式的正态分制。

所谓常模参照考试是指以某一常模作为参照系来反映考生成绩的考试，首先要按照某一参照性群体建立常模，通常用均值和标准差来表示；某一考生的成绩是通过他的成绩在常模群体中与其他考生成绩比较的相对位置来表示的。常模参照考试所表示的分数是相对的，只有保持常模的稳定性才能保证分数解释的稳定性。标准参照考试则要参照一定的标准对学生进行考核。学生的成绩不是通过与其他考生的比较，而是通过与某种特定的标准进行比较而得到解释的，学生的成绩必须达到某一标准方能及格。这种特定标准的选择或制定是标准参照考试的关键。

《大学英语教学大纲》中对四级和六级的教学要求、教学内容和教学目标都有明确的规定。大学英语四、六级考试参照《教学大纲》所规定的教学要求。在实施过程中，关键的问题是如何确定一个区分点，将考生区分为达标者(及格)和未达标者(不及格)。众所周知，掌握某种知识和能力的程度是一个连续体，从极其生疏到完全熟练，一名特定学生的学业水平应落在这个连续体的某一点上，可用他在某种测试中的表现来表示。因此判断学生是否及格的标准可以界定在这个连续体的某一点上，至于这种区分是否有效，则取决于测验的内容是否有效，也取决于所确定的标准是否有效。在实际操作中，一种做法是首先确定测试内容，定出及格水平，然后以此为标准去度量其他考生。采用这种做法时，设计考试的人必须充分了解什么是最低可接受的及格水平。另一种做法是首先建立某个常模，在这个常模中界定一个可接受的通过率，以此作为及格的标准进行操作并在每次考试中通过等值处理保持这个及格线的稳定性。

大学英语四、六级考试正是结合以上两种做法来确定自己的操作标准的。

由以上分析可见，大学英语四、六级考试是一种综合了标准参照与常模参照的考试。即它以一定的常模为参照，但这一常模的建立和某种事先确定的标准密切相关。大学英语四、六级考试的记分体制是以传统的百分制为形式的正态分制。这一性质使大学英语四、六级考试原始分的解释成为可能。

为了适应我国改革开放的需要，经教育部批准，大学英语四、六级考试已开始施行口语考试，大学英语四、六级考试口语考试的成绩报道采用等级分制。

(二) 大学英语四、六级考试的分数解释及使用

作为一种综合性考试，大学英语四、六级考试采用正态分制报道考生成绩，均值为72分，标准差为12分；为了适应我国传统，以百分制为形式，60分为及格，85分为优秀。

四级考试(CET-4)的原始分数有两方面的含义：(1) 判断考生是否达到了《大学英语教学大纲》所规定的四级教学要求；(2) 表示考生在标准样组即常模中的位置，常模由中国六所重点大学(北京大学、清华大学、上海交通大学、复旦大学、中国科技大学、西安交通大学)的近万名本科生组成，其分布如图15-3所示。

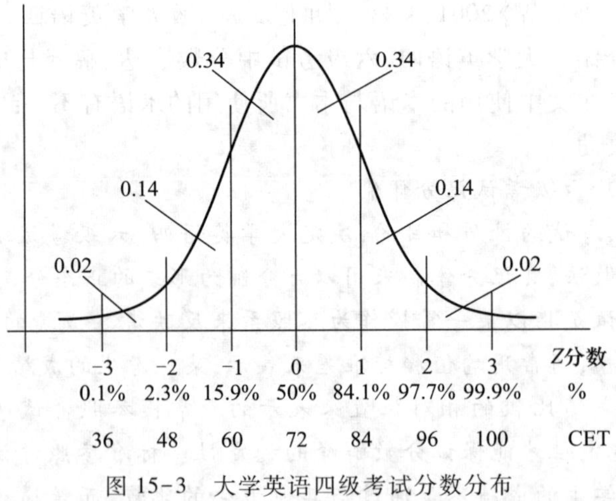

图15-3 大学英语四级考试分数分布

大学英语六级考试原始分的常模也由上述六所重点大学的本科生组成。由于四、六级考试是性质相同的同一种考试的两个能力等级，六级考生必须首先通过四级考试才能参加考试，因此六级考生是四级考生中的一个子集。实验证明六级常模位于四级考生群体的高

端，因此四、六级考试的原始分又可以放在同一考生群体中进行解释，其示意图如图 15-4 所示。

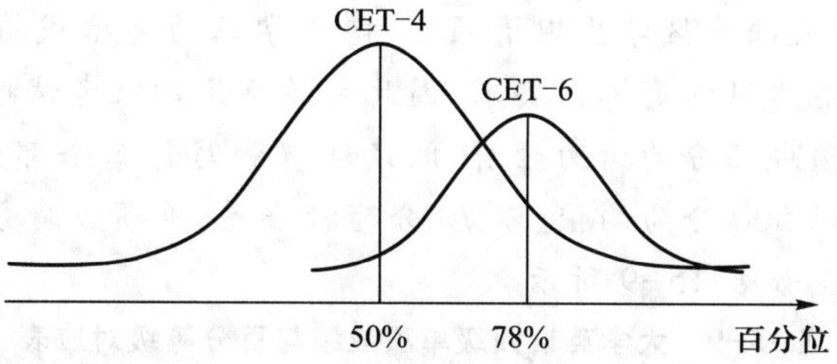

图 15-4　大学英语四、六级分数分布

大学英语四、六级考试的分数每次都分别经过等值处理，原始分的分数含义保持不变，四、六级考试分数相对于上述六校中一个学年的理论群体，根据 1999 年实际考试结果，其对应百分等级如表 15-8 所示。

表 15-8　大学英语四、六级原始分与百分等级对应表

CET-4 原始分	百分等级	CET-6 原始分
60	16	
62	20	
66	30	
69	40	
72	50	
75	60	60
	65	64
78	70	68
	78	72
82	80	
85	86	76
87	90	80
93	96	85
99	99	90
100	100	100

这一记分体制为用户选拔人才提供了方便，下面以三个例子进行说明：

例 1：某考生四级 85 分，则相当于在上述六所重点院校中优于 86%的学生。

例 2：某考生六级 85 分，则相当于在上述六所重点院校中优于 96%的学生。

例 3：在选拔人才时，若要挑选相当于在上述六所重点院校中英语四级成绩最优秀的 10%的学生，则可以定为四级 87 分；要选拔英语六级成绩最优秀的 10%的学生，则可以定为六级80分。

由于大学英语四、六级考试测量的科学性，目前境外有些大学已开始采用大学英语四、六级考试成绩作为录取大陆地区学生申请硕士、博士学位的英语成绩证明。考虑到不同专业对英语听、说、读、写能力可能有不同要求，因此大学英语四级考试也可以根据用户要求报道考生的单项成绩，单项成绩分为听力理解、阅读理解和写作三个部分，前两个部分的单项成绩也用正态分报道，以500分为均值、以70分为标准差，单项成绩分数反映的也是考生在四级常模中的对应位置，如表15-9所示。

表15-9 大学英语四级单项成绩与百分等级对应表

CET-4单项成绩（听力理解、阅读理解）	百分等级
410	10
441	20
453	30
482	40
500	50
518	60
537	70
559	80
590	90
700	100

大学英语六级考试单项成绩的分数解释意义同上，但反映的是考生在六级常模中的对应位置。

大学英语四、六级考试单项成绩中的作文成绩是滤除了阅卷员的评分误差后的作文分，不是常模正态分，用等级分表示，其意义如表15-10所示。

表15-10 大学英语四、六级作文评分等级描述

等级	等级描述
A等	能用英语写作，表达思想清楚，文字通顺，连贯性较好，基本上无语言错误
B等	基本上能用英语写作，表达思想清楚，文字连贯，但有少量语言错误
C等	初步能用英语写作，但表达思想不够清楚，文字勉强连贯，语言错误较多
D等	尚不具有用英语写作的能力

大学英语四、六级考试口语考试目前已在全国19个城市举行，今后将逐步扩大到全国。

申请参加口语考试的考生必须是已经获得大学英语四、六级考试证书的在校生，且六级成绩在80分及以上、四级成绩在85分及以上。

大学英语四、六级考试口语考试能力等级标准如表15-11所示。

表 15-11　大学英语四、六级口语评分等级描述

等级	等 级 描 述
A 等	能用英语就熟悉的题材进行口头交际，基本上没有困难
B 等	能用英语就熟悉的题材进行口头交际，虽有些困难，但不影响交际
C 等	能用英语就熟悉的题材进行简单的口头交际
D 等	尚不具有英语口头交际能力

以上这些措施不但保证了大学英语四、六级考试分数的科学性和可解释性，而且由于分数含有大量信息，也可以反馈到教学中帮助改进教学，同时也便于用人单位有效地选拔人才和合理地使用人才。

练习与思考题

1. 单项选择题

（1）在绝对评价中，当前最受欢迎，使用最普遍的一种分数临界点确定方法是（　　）。

A. 尼德尔斯基程序　　B. 汉布尔顿法　　C. 高尔顿制　　D. 安戈夫法

（2）反映被试原始分数在常模团体中地位的量数，除了百分等级，还有（　　）。

A. 常模分数　　B. 标准差　　C. 标准分数　　D. 差异系数

2. 什么叫相对解释？请结合教育实际分析对分数做相对解释的利与弊。

3. 李莉在中考语文考试中得分 105 分，该市中考语文满分 120 分，3 220 名考生的平均分是 97.5，标准差是 11.3，李莉排名第 783 名，请分别计算李莉语文考试的标准分和百分等级。

4. 在中考数学考试中，有 5 000 人参加了这些考试，满分 100 分，最高分 100，最低分 21，平均分 76。其中 5 位同学的考试成绩用不同分数形式予以表达。甲同学的 Z 分数是 1；乙同学的 Z 分数是 0；丙同学排名第 35；丁同学排名第 3050；戊同学的百分等级是 90。5 人中究竟谁的分数最高？谁的最低？排序应该是怎样的？

附　录

附录 1　正态分布表

（曲线下的面积与纵高）

Z	*Y*	*P*	*Z*	*Y*	*P*	*Z*	*Y*	*P*
.00	.398 94	.000 00	.30	.381 39	.117 91	.60	.333 22	.225 75
.01	.398 92	.003 99	.31	.380 23	.121 72	.61	.331 21	.229 07
.02	.398 86	.007 98	.32	.379 03	.125 52	.62	.329 18	.232 37
.03	.398 76	.011 97	.33	.377 80	.129 30	.63	.327 13	.235 65
.04	.398 62	.015 95	.34	.376 54	.133 07	.64	.325 06	.238 91
.05	.398 44	.019 94	.35	.375 24	.136 83	.65	.322 97	.242 15
.06	.398 22	.023 92	.36	.373 91	.140 58	.66	.320 86	.245 37
.07	.397 97	.027 90	.37	.372 55	.144 31	.67	.318 74	.248 57
.08	.397 67	.031 88	.38	.371 15	.148 03	.68	.316 59	.251 75
.09	.397 33	.035 86	.39	.369 73	.151 73	.69	.314 43	.254 90
.10	.396 95	.039 83	.40	.368 27	.155 42	.70	.312 25	.258 04
.11	.396 54	.043 80	.41	.366 78	.159 10	.71	.310 06	.261 15
.12	.396 08	.047 76	.42	.365 26	.162 76	.72	.307 85	.264 24
.13	.395 59	.051 72	.43	.363 71	.166 40	.73	.305 63	.267 30
.14	.395 05	.055 67	.44	.362 13	.170 03	.74	.303 39	.270 35
.15	.394 48	.059 62	.45	.360 53	.173 64	.75	.301 14	.273 37
.16	.393 87	.063 56	.46	.358 89	.177 24	.76	.298 87	.276 37
.17	.393 22	.067 49	.47	.357 23	.180 92	.77	.296 59	.279 35
.18	.392 53	.071 42	.48	.355 53	.184 39	.78	.294 31	.282 30
.19	.391 81	.075 35	.49	.353 81	.187 93	.79	.292 00	.285 24
.20	.391 04	.079 26	.50	.352 07	.191 46	.80	.289 69	.288 14
.21	.390 24	.083 17	.51	.350 29	.194 97	.81	.287 37	.291 03
.22	.389 40	.087 06	.52	.348 49	.198 47	.82	.285 04	.293 89
.23	.388 53	.090 95	.53	.346 67	.201 94	.83	.282 69	.296 73
.24	.386 72	.094 83	.54	.344 82	.205 40	.84	.280 34	.299 55
.25	.386 67	.098 71	.55	.342 94	.208 84	.85	.277 98	.302 34
.26	.385 68	.102 57	.56	.341 05	.212 26	.86	.275 62	.305 11
.27	.384 66	.106 42	.57	.339 12	.215 66	.87	.273 24	.307 85
.28	.383 61	.110 26	.58	.337 18	.219 04	.88	.279 86	.310 57
.29	.382 51	.114 09	.59	.335 21	.222 40	.89	.288 48	.313 27

续表

Z	Y	P	Z	Y	P	Z	Y	P
.90	.266 09	.315 94	1.30	.171 37	.403 20	1.70	.094 05	.455 43
.91	.263 69	.318 59	1.31	.169 15	.404 90	1.71	.092 46	.456 37
.92	.364 29	.321 21	1.32	.166 94	.406 58	1.72	.090 89	.457 28
.93	.258 88	.323 81	1.33	.164 74	.408 24	1.73	.089 33	.458 18
.94	.256 47	.326 39	1.34	.162 56	.409 88	1.74	.087 80	.459 07
.95	.254 06	.328 94	1.35	.160 38	.411 49	1.75	.086 28	.459 94
.96	.251 64	.331 47	1.36	.158 22	.413 09	1.76	.084 78	.460 80
.97	.249 23	.333 98	1.37	.156 08	.414 66	1.77	.083 29	.461 64
.98	.246 81	.336 46	1.38	.153 95	.416 21	1.78	.081 83	.462 46
.99	.244 39	.338 91	1.39	.151 83	.417 74	1.79	.080 38	.463 27
1.00	.241 97	.341 34	1.40	.149 73	.419 24	1.80	.078 95	.464 07
1.01	.239 55	.343 75	1.41	.147 64	.420 73	1.81	.077 54	.464 85
1.02	.237 13	.346 14	1.42	.145 56	.422 20	1.82	.076 14	.465 62
1.03	.234 71	.348 50	1.43	.143 50	.423 64	1.83	.074 77	.466 38
1.04	.232 30	.350 83	1.44	.141 46	.425 07	1.84	.073 41	.467 12
1.05	.229 88	.353 14	1.45	.139 43	.426 47	1.85	.072 06	.467 84
1.06	.227 47	.355 43	1.46	.137 42	.427 86	1.86	.070 74	.468 56
1.07	.225 06	.357 69	1.47	.135 42	.429 22	1.87	.069 43	.489 26
1.08	.222 65	.359 93	1.48	.133 44	.430 56	1.88	.068 14	.469 95
1.09	.220 25	.362 14	1.49	.131 47	.431 89	1.89	.066 87	.470 62
1.10	.217 85	.364 33	1.50	.129 52	.433 19	1.90	.065 62	.471 28
1.11	.215 46	.366 50	1.51	.127 58	.434 48	1.91	.064 39	.471 93
1.12	.213 07	.368 64	1.52	.125 66	.435 74	1.92	.063 16	.472 57
1.13	.210 69	.370 76	1.53	.123 76	.436 99	1.93	.061 95	.473 20
1.14	.208 31	.372 86	1.54	.121 88	.438 22	1.94	.060 77	.473 81
1.15	.205 94	.374 93	1.55	.120 01	.439 43	1.95	.059 59	.474 41
1.16	.203 57	.376 98	1.56	.118 16	.440 62	1.96	.058 44	.475 00
1.17	.201 21	.379 00	1.57	.116 32	.441 79	1.97	.057 30	.475 58
1.18	.198 86	.381 00	1.58	.114 50	.442 95	1.98	.056 18	.476 15
1.19	.196 52	.382 98	1.59	.112 70	.444 08	1.99	.055 08	.476 70
1.20	.194 19	.384 93	1.60	.110 92	.445 20	2.00	.053 99	.477 25
1.21	.191 86	.386 86	1.61	.109 15	.446 30	2.01	.052 92	.477 78
1.22	.189 54	.388 77	1.62	.107 41	.447 38	2.02	.051 86	.478 31
1.23	.187 24	.390 65	1.63	.105 67	.448 45	2.03	.050 82	.478 82
1.24	.184 94	.392 51	1.64	.103 96	.449 50	2.04	.049 80	.479 82
1.25	.182 65	.394 35	1.65	.102 26	.450 53	2.05	.048 79	.479 82
1.26	.180 37	.396 17	1.66	.100 59	.451 54	2.06	.047 80	.480 30
1.27	.178 10	.397 96	1.67	.098 93	.452 54	2.07	.046 82	.480 77
1.28	.175 85	.399 73	1.68	.097 28	.453 52	2.08	.045 86	.481 24
1.29	.173 60	.401 47	1.69	.095 66	.454 49	2.09	.044 91	.481 69

续表

Z	Y	P	Z	Y	P	Z	Y	P
2.10	.043 98	.482 14	2.50	.017 53	.493 79	2.90	.005 25	.498 13
2.11	.043 07	.482 57	2.51	.017 09	.493 96	2.91	.005 78	.498 19
2.12	.042 17	.483 00	2.52	.016 67	.494 13	2.92	.005 62	.498 25
2.13	.041 28	.483 41	2.53	.016 25	.494 30	2.93	.005 45	.498 31
2.14	.040 41	.483 82	2.54	.015 85	.494 46	2.94	.005 30	.498 36
2.15	.039 55	.484 22	2.55	.015 45	.494 61	2.95	.005 14	.498 41
2.16	.038 71	.484 61	2.56	.015 06	.494 77	2.96	.004 99	.498 46
2.17	.037 88	.485 00	2.57	.014 68	.494 92	2.97	.004 85	.498 51
2.18	.037 06	.485 37	2.58	.014 31	.495 06	2.98	.004 71	.498 56
2.19	.036 26	.485 74	2.59	.013 94	.495 20	2.99	.004 57	.498 61
2.20	.035 47	.486 10	2.60	.013 58	.495 34	3.00	.004 43	.498 65
2.21	.034 70	.486 45	2.61	.013 23	.495 47	3.01	.004 30	.498 69
2.22	.033 94	.486 79	2.62	.012 89	.495 60	3.02	.004 17	.498 74
2.23	.033 19	.487 13	2.63	.012 56	.495 73	3.03	.004 05	.498 78
2.24	.032 46	.487 45	2.64	.012 23	.495 85	3.04	.003 93	.498 82
2.25	.031 74	.487 78	2.65	.011 91	.495 98	3.05	.003 81	.498 86
2.26	.031 03	.488 09	2.66	.011 60	.496 09	3.06	.003 70	.498 89
2.27	.030 34	.488 40	2.67	.011 30	.496 21	3.07	.003 58	.498 93
2.28	.029 65	.488 70	2.68	.011 00	.496 32	3.08	.003 48	.498 97
2.29	.028 98	.488 99	2.69	.010 71	.496 43	3.09	.003 37	.499 00
2.30	.028 33	.489 28	2.70	.010 42	.496 53	3.10	.003 27	.499 03
2.31	.027 68	.489 56	2.71	.010 14	.496 64	3.11	.003 17	.499 06
2.32	.027 05	.489 83	2.72	.009 87	.496 74	3.12	.003 07	.499 10
2.33	.026 43	.490 10	2.73	.009 61	.496 83	3.13	.002 98	.499 13
2.34	.025 82	.490 36	2.74	.009 35	.496 93	3.14	.002 88	.499 16
2.35	.025 22	.490 61	2.75	.009 09	.497 02	3.15	.002 79	.499 18
2.36	.024 63	.490 86	2.76	.008 85	.497 11	3.16	.002 71	.499 21
2.37	.024 06	.491 11	2.77	.008 61	.497 20	3.17	.002 62	.499 24
2.38	.023 49	.491 34	2.78	.008 37	.497 28	3.18	.002 54	.499 26
2.39	.022 94	.491 58	2.79	.008 14	.497 36	3.19	.002 46	.499 29
2.40	.022 39	.491 80	2.80	.007 92	.497 44	3.20	.002 38	.499 31
2.41	.021 86	.492 02	2.81	.007 70	.497 52	3.21	.002 31	.499 34
2.42	.021 34	.492 24	2.82	.007 48	.497 60	3.22	.002 24	.499 36
2.43	.020 83	.492 45	2.83	.007 27	.497 67	3.23	.002 16	.499 38
2.44	.020 33	.492 66	2.84	.007 07	.497 74	3.24	.002 10	.499 40
2.45	.019 84	.492 86	2.85	.006 87	.497 81	3.25	.002 03	.499 42
2.46	.019 36	.493 05	2.86	.006 68	.497 88	3.26	.001 96	.499 44
2.47	.018 89	.493 24	2.87	.006 49	.497 95	3.27	.001 90	.499 46
2.48	.018 42	.493 43	2.88	.006 31	.498 01	3.28	.001 84	.499 48
2.49	.017 97	.493 61	2.89	.006 13	.498 07	3.29	.001 78	.499 50

续表

Z	Y	P	Z	Y	P	Z	Y	P
3.30	.001 72	.499 52	3.55	.000 73	.499 81	3.80	.000 29	.499 93
3.31	.001 67	.499 53	3.56	.000 71	.499 81	3.81	.000 28	.499 93
3.32	.001 61	.499 55	3.57	.000 68	.499 82	3.82	.000 27	.499 93
3.33	.001 56	.499 57	3.58	.000 66	.499 83	3.83	.000 26	.499 94
3.34	.001 51	.499 58	3.59	.000 63	.499 83	3.84	.000 25	.499 94
3.35	.001 46	.499 60	3.60	.000 61	.499 84	3.85	.000 24	.499 94
3.36	.001 41	.499 61	3.61	.000 59	.499 84	3.86	.000 23	.499 94
3.37	.001 36	.499 62	3.62	.000 57	.499 85	3.87	.000 22	.499 95
3.38	.001 32	.499 64	3.63	.000 55	.499 86	3.88	.000 21	.499 95
3.39	.001 27	.499 65	3.64	.000 53	.499 86	3.89	.000 21	.499 95
3.40	.001 23	.499 66	3.65	.000 51	.499 87	3.90	.000 20	.499 95
3.41	.001 19	.499 68	3.66	.000 49	.499 87	3.91	.000 19	.499 95
3.42	.001 15	.499 69	3.67	.000 47	.499 88	3.92	.000 18	.499 96
3.43	.001 11	.499 70	3.68	.000 46	.499 88	3.93	.000 18	.499 96
3.44	.001 07	.499 71	3.69	.000 44	.499 89	3.94	.000 17	.499 96
3.45	.001 04	.499 72	3.70	.000 42	.499 89	3.95	.000 16	.499 96
3.46	.001 00	.499 73	3.71	.000 41	.499 90	3.96	.000 16	.499 96
3.47	.000 97	.499 74	3.72	.000 39	.499 90	3.97	.000 15	.499 96
3.48	.000 94	.499 75	3.73	.000 38	.499 90	3.98	.000 14	.499 97
3.49	.000 90	.499 76	3.74	.000 37	.499 91	3.99	.000 14	.499 97
3.50	.000 87	.499 77	3.75	.000 35	.499 91			
3.51	.000 84	.499 78	3.76	.000 34	.499 92			
3.52	.000 81	.499 78	3.77	.000 33	.499 92			
3.53	.000 79	.499 79	3.78	.000 31	.499 92			
3.54	.000 76	.499 80	3.79	.000 30	.499 92			

附录 2　t 值表

df	最大 t 值的概率（双侧界限）								
	0.5	0.4	0.3	0.2	0.1	0.05	0.02	0.01	0.001
1	1.000	1.376	1.963	3.078	6.314	12.706	31.821	63.657	636.619
2	.816	1.061	1.386	1.886	2.920	4.303	6.965	9.925	31.598
3	.765	.978	1.250	1.638	2.353	3.182	4.541	5.841	12.941
4	.741	.941	1.190	1.533	2.132	2.776	3.747	4.604	8.610
5	.727	.920	1.156	1.476	2.015	2.571	3.365	4.032	6.859
6	.718	.906	1.134	1.440	1.943	2.447	3.143	3.707	5.959
7	.711	.896	1.119	1.415	1.896	2.365	2.998	3.499	5.405
8	.706	.889	1.108	1.397	1.860	2.306	2.896	3.355	5.041
9	.703	.883	1.100	1.383	1.833	2.262	2.821	3.250	4.781
10	.700	.879	1.093	1.372	1.812	2.228	2.764	3.169	4.587
11	.697	.876	1.088	1.363	1.796	2.201	2.718	3.106	4.437
12	.695	.873	1.083	1.356	1.782	2.179	2.681	3.055	4.318
13	.694	.870	1.076	1.350	1.771	2.160	2.650	3.012	4.221
14	.692	.868	1.076	1.345	1.761	2.145	2.624	2.977	4.140
15	.691	.866	1.074	1.341	1.753	2.131	2.602	2.947	4.073
16	.690	.865	1.071	1.337	1.746	2.120	2.583	2.921	4.015
17	.689	.863	1.069	1.333	1.740	2.110	2.567	2.898	3.965
18	.688	.862	1.067	1.330	1.734	2.101	2.552	2.878	3.922
19	.688	.861	1.066	1.328	1.729	2.093	2.539	2.861	3.883
20	.687	.860	1.064	1.325	1.725	2.086	2.528	2.845	3.850
21	.686	.859	1.063	1.323	1.721	2.080	2.518	2.831	3.819
22	.686	.858	1.061	1.321	1.717	2.074	2.508	2.819	3.792
23	.685	.858	1.060	1.319	1.714	2.069	2.500	2.807	3.767
24	.685	.857	1.059	1.318	1.711	2.064	2.492	2.797	3.745
25	.684	.856	1.058	1.316	1.708	2.060	2.485	2.787	3.725
26	.684	.856	1.058	1.315	1.706	2.056	2.479	2.779	3.707
27	.684	.855	1.057	1.314	1.703	2.052	2.473	2.771	3.690
28	.683	.855	1.056	1.313	1.701	2.048	2.467	2.763	3.674
29	.683	.854	1.055	1.311	1.699	2.045	2.462	2.756	3.659
30	.683	.854	1.055	1.310	1.697	2.042	2.457	2.750	3.646
40	.681	.851	1.050	1.303	1.684	2.021	2.423	2.704	3.551
60	.679	.848	1.046	1.296	1.671	2.000	2.390	2.660	3.460
120	.677	.845	1.041	1.289	1.658	1.980	2.358	2.617	3.373
∞	.674	.842	1.036	1.282	1.645	1.960	2.326	2.576	3.291
df	0.25	0.2	0.15	0.1	0.05	0.025	0.01	0.005	0.0005
	更大 t 值的概率（单侧界限）								

附录3 二项分布上下置信界限表

表(a) 二项分布上下置信界限($\alpha = 0.05$)

实计数 X	样品含量 n							
	10		15		20		30	
0	0	31	0	22	0	17	0	12
1	0	45	0	32	0	25	0	17
2	3	56	2	40	1	31	1	22
3	7	65	4	48	3	38	2	27
4	12	74	8	55	6	44	4	31
5	19	81	12	62	9	49	6	35
6	26	88	16	68	12	54	8	39
7	35	93	21	73	15	59	10	43
8	44	97	27	79	19	64	12	46
9	55	100	32	84	23	68	15	50
10	69	100	38	88	27	73	17	53
11			45	92	32	77	20	56
12			52	96	36	81	23	60
13			60	98	41	85	25	63
14			68	100	46	88	28	66
15			78	100	51	91	31	69
16					56	94	34	72
17					62	97	37	75
18					69	99	40	77
19					75	100	44	80
20					83	100	47	83
21							50	85
22							54	88
23							57	90
24							61	92
25							65	94
26							69	96
27							73	98
28							78	99
29							83	100
30							88	100

实计分数 X/n	样品含量 n							
	50		100		250		1000	
0.00	0	7	0	4	0	1	0	0
0.02	0	11	0	7	1	5	1	3
0.04	0	14	1	10	2	7	3	5
0.06	1	17	2	12	3	10	5	8
0.08	2	19	4	15	5	12	6	10
0.10	3	22	5	18	7	14	8	12
0.12	5	24	6	20	8	17	10	14
0.14	6	27	8	22	10	19	12	16
0.16	7	29	9	25	11	21	14	18
0.18	9	31	11	27	13	23	16	21
0.20	10	34	13	29	15	26	18	23
0.22	12	36	14	31	17	28	19	25
0.24	13	38	16	33	19	30	21	27
0.26	15	41	18	36	20	32	23	29
0.28	16	43	19	38	22	34	25	31
0.30	18	44	21	40	24	36	27	33
0.32	20	46	23	42	26	38	29	35
0.34	21	48	25	44	28	40	31	37
0.36	23	50	27	46	30	42	33	39
0.38	25	53	28	48	32	44	35	41
0.40	27	55	30	50	34	46	37	43
0.42	28	57	32	52	36	48	39	45
0.44	30	59	34	54	38	50	41	47
0.46	32	61	36	56	40	52	43	49
0.48	34	63	38	58	42	54	45	51
0.50	36	64	40	60	44	56	47	53

表(b) 二项分布上下置信界限($\alpha=0.01$)

实计数 X	样品含量 n								实计分数 X/n	样品含量 n							
	10		15		20		30			50		100		250		1000	
0	0	41	0	30	0	23	0	16	0.00	0	10	0	5	0	2	0	1
1	0	54	0	40	0	32	0	22	0.02	0	14	0	9	1	6	1	3
2	1	65	1	49	1	39	0	28	0.04	0	17	1	12	2	9	3	6
3	4	74	2	56	2	45	1	32	0.06	1	20	2	14	3	11	4	8
4	8	81	5	63	4	51	3	36	0.08	1	23	3	17	4	14	6	10
5	13	87	8	69	6	56	4	40	0.10	2	26	4	19	6	16	8	13
6	19	92	12	74	8	61	6	44	0.12	3	29	5	21	7	18	9	15
7	26	96	16	79	11	66	8	48	0.14	4	31	6	24	9	20	11	17
8	35	99	21	84	15	70	10	52	0.16	6	33	8	27	11	23	13	19
9	46	100	26	88	18	74	12	55	0.18	7	36	9	30	12	25	15	21
10	59	100	31	92	22	78	14	58	0.20	8	38	11	32	14	27	17	23
11			37	95	26	82	16	62	0.22	10	40	12	34	16	30	19	26
12			44	98	30	85	18	65	0.24	11	43	14	36	18	32	21	28
13			51	99	34	89	21	68	0.26	12	45	16	39	19	34	22	30
14			60	100	39	92	24	71	0.28	14	47	17	41	21	36	24	32
15			70	100	44	94	26	74	0.30	15	49	19	43	23	38	26	34
16					49	96	29	76	0.32	17	51	21	45	25	40	28	36
17					55	98	32	79	0.34	18	53	22	47	26	42	30	38
18					61	99	35	82	0.36	20	55	24	49	28	44	32	40
19					68	100	38	84	0.38	21	57	26	51	30	46	34	42
20					77	100	42	86	0.40	23	59	28	53	32	48	36	44
21							45	88	0.42	24	61	29	55	34	51	38	46
22							48	90	0.44	26	63	31	57	36	53	40	48
23							52	92	0.46	28	65	33	59	38	55	42	50
24							56	94	0.48	29	67	35	61	40	56	44	52
25							60	96	0.50	31	69	37	63	42	58	46	54
26							64	97									
27							68	99									
28							72	100									
29							78	100									
30							84	100									

附录 4　F 值表（单侧检验）

分母 df	α	分子自由度 df 1	2	3	4	5	6	7	8	9	10	11	12	14	16	20	24	30	40	50	75	100	200	500	∞
1	.05	161	200	216	225	230	234	237	239	241	242	243	244	245	246	248	249	250	251	252	253	253	254	254	254
	.01	4052	4999	5403	5625	5764	5859	5928	5981	6022	6056	6082	6106	6142	6169	6208	6234	6258	6286	6302	6323	6334	6352	6361	6366
2	.05	18.51	19.00	19.16	19.25	19.30	19.33	19.36	19.37	19.38	19.39	19.40	19.41	19.42	19.43	19.44	19.45	19.46	19.47	19.47	19.48	19.49	19.49	19.50	19.50
	.01	98.49	99.01	99.17	99.25	99.30	99.33	99.34	99.36	99.38	99.40	99.41	99.42	99.43	99.44	99.45	99.46	99.47	99.48	99.48	99.49	99.49	99.49	99.50	99.50
3	.05	10.13	9.55	9.28	9.12	9.01	8.94	8.88	8.84	8.81	8.78	8.76	8.74	8.71	8.69	8.66	8.64	8.62	8.60	8.58	8.57	8.56	8.54	8.54	8.53
	.01	34.12	30.81	29.46	28.71	28.24	27.91	27.67	27.49	27.34	27.23	27.13	27.05	26.92	26.83	26.69	26.60	26.50	26.41	26.30	26.27	26.23	26.18	26.14	26.12
4	.05	7.71	6.94	6.59	6.39	6.26	6.16	6.09	6.04	6.00	5.96	5.93	5.91	5.87	5.84	5.80	5.77	5.74	5.71	5.70	5.68	5.66	5.65	5.64	5.63
	.01	21.20	18.00	16.69	15.98	15.52	15.21	14.98	14.80	14.66	14.54	14.45	14.37	14.24	14.15	14.02	13.93	13.83	13.74	13.69	13.61	13.57	13.52	13.48	13.64
5	.05	6.61	5.79	5.41	5.19	5.05	4.95	4.88	4.82	4.78	4.47	4.70	4.68	4.64	4.60	4.56	4.53	4.50	4.46	4.44	4.42	4.40	4.38	4.37	4.36
	.01	16.26	13.27	12.06	11.39	10.97	10.67	10.45	10.27	10.15	10.05	9.96	9.89	9.77	9.68	9.55	9.47	9.38	9.29	9.24	9.17	9.13	9.07	9.04	9.02
6	.05	5.99	5.14	4.76	4.53	4.39	4.28	4.21	4.15	4.10	4.06	4.03	4.00	3.96	3.92	3.87	3.84	3.81	3.77	3.75	3.72	3.71	3.69	3.68	3.67
	.01	13.74	10.92	9.78	9.15	8.75	8.47	8.26	8.10	7.98	7.87	7.79	7.72	7.60	7.52	7.39	7.31	7.23	7.14	7.09	7.02	6.99	6.94	6.90	6.88
7	.05	5.59	4.74	4.35	4.12	3.97	3.87	3.79	3.73	3.68	3.63	3.60	3.57	3.52	3.49	3.44	3.41	3.38	3.34	3.32	3.29	3.28	3.25	3.24	3.23
	.01	12.25	9.55	8.45	7.85	7.46	7.19	7.00	6.84	6.71	6.62	6.54	6.47	6.35	6.27	6.15	6.07	5.98	5.90	5.85	5.78	5.75	5.70	5.67	5.65
8	.05	5.32	4.46	4.07	3.84	3.69	3.58	3.50	3.44	3.39	3.34	3.31	3.28	3.23	3.20	3.15	3.12	3.08	3.05	3.03	3.00	2.98	2.96	2.94	2.92
	.01	11.26	8.65	7.59	7.01	6.63	6.37	6.19	6.03	5.91	5.82	5.74	5.67	5.56	5.48	5.36	5.28	5.20	5.11	5.06	5.00	4.96	4.91	4.88	4.86
9	.05	5.12	4.26	3.86	3.63	3.48	3.37	3.29	3.23	3.18	3.13	3.10	3.07	3.02	2.98	2.93	2.90	2.86	2.82	2.80	2.77	2.76	2.73	2.72	2.71
	.01	10.56	8.02	6.99	6.42	6.06	5.80	5.62	5.47	5.85	5.26	5.18	5.11	5.00	4.92	4.80	4.73	4.64	4.56	4.51	4.45	4.41	4.36	4.33	4.31
10	.05	4.96	4.10	3.71	3.48	3.33	3.22	3.14	3.07	3.02	2.97	2.94	2.91	2.86	2.82	2.77	2.74	2.70	2.67	2.64	2.61	2.59	2.56	2.55	2.54
	.01	10.04	7.56	6.55	5.99	5.64	5.39	5.21	5.06	4.95	4.85	4.78	4.71	4.60	4.52	4.41	4.33	4.25	4.17	4.12	4.05	4.01	3.96	3.93	3.91

续表

分母 df	α	1	2	3	4	5	6	7	8	9	10	11	12	14	16	20	24	30	40	50	75	100	200	500	∞
11	.05	4.84	3.98	3.59	3.36	3.20	3.09	3.01	2.95	2.90	2.86	2.82	2.79	2.74	2.70	2.65	2.61	2.57	2.53	2.50	2.47	2.45	2.42	2.41	2.40
	.01	6.65	7.20	6.22	5.67	5.32	5.07	4.88	4.74	4.63	4.54	4.46	4.40	4.29	4.21	4.10	4.02	3.94	3.86	3.80	3.74	3.70	3.66	3.62	3.60
12	.05	4.75	3.88	3.49	3.26	3.11	3.00	2.92	2.85	2.80	2.76	2.72	2.96	2.64	2.60	2.54	2.50	2.46	2.42	2.40	2.36	2.35	2.32	2.31	2.30
	.01	9.33	6.93	5.95	5.41	5.06	4.82	4.65	4.50	4.39	4.30	4.22	4.16	4.05	3.98	3.86	3.78	3.70	3.61	3.56	3.49	3.46	3.41	3.38	3.36
13	.05	4.67	3.80	3.41	3.18	3.02	2.92	2.84	2.77	2.72	2.67	2.63	2.60	2.55	2.51	2.46	2.42	2.38	2.34	2.32	2.28	2.26	2.24	2.22	2.21
	.01	9.07	6.70	5.74	5.20	4.86	4.62	4.44	4.30	4.19	4.10	4.02	3.96	3.85	3.78	3.67	3.59	3.51	3.42	3.37	3.30	3.27	3.21	3.18	3.16
14	.05	4.60	3.74	3.34	3.11	2.96	2.85	2.77	2.70	2.65	2.60	2.56	2.53	2.48	2.44	2.39	2.35	2.31	2.27	2.24	2.21	2.19	2.16	2.14	2.13
	.01	8.86	6.51	5.56	5.03	4.69	4.46	4.28	4.14	4.03	3.94	3.86	3.80	3.70	3.62	3.51	3.43	3.34	3.26	3.21	3.14	3.11	3.06	3.02	3.00
15	.05	4.54	3.68	3.29	3.06	2.90	2.79	2.70	2.64	2.59	2.55	2.51	2.48	2.43	2.39	2.33	2.29	2.25	2.21	2.18	2.15	2.12	2.10	2.08	2.07
	.01	8.68	6.36	5.42	4.89	4.56	4.32	4.14	4.00	3.89	3.80	3.73	3.67	3.56	3.48	3.36	3.29	3.20	3.12	3.07	3.00	2.97	2.92	2.89	2.87
16	.05	4.49	3.63	3.24	3.01	2.85	2.74	2.66	2.59	2.54	2.49	2.45	2.42	2.37	2.33	2.28	2.24	2.20	2.16	2.13	2.09	2.07	2.04	2.02	2.01
	.01	8.53	6.23	5.29	4.77	4.44	4.20	4.03	3.89	3.78	3.69	3.61	3.55	3.45	3.37	3.25	3.18	3.10	3.01	2.96	2.89	2.86	2.80	2.77	2.75
17	.05	4.45	3.59	3.20	2.96	2.81	2.70	2.62	2.55	2.50	2.45	2.41	2.38	2.33	2.29	2.23	2.19	2.15	2.11	2.08	2.04	2.02	1.99	1.97	1.96
	.01	8.40	6.11	5.18	4.67	4.34	4.10	3.93	3.79	3.68	3.59	3.52	3.45	3.35	3.27	3.16	3.08	3.00	2.92	2.86	2.79	2.76	2.70	2.67	2.65
18	.05	4.41	3.55	3.16	2.93	2.77	2.66	2.58	2.51	2.46	2.41	2.37	2.34	2.29	2.25	2.19	2.15	2.11	2.07	2.04	2.00	1.98	1.95	1.93	1.92
	.01	8.28	6.01	5.09	4.58	4.25	4.01	3.85	3.71	3.60	3.51	3.44	3.37	3.27	3.19	3.07	3.00	2.91	2.83	2.78	2.71	2.68	2.62	2.59	2.57
19	.05	4.38	3.52	3.13	2.90	2.74	2.63	2.55	2.48	2.43	2.38	2.34	2.31	2.26	2.21	2.15	2.11	2.07	2.02	2.00	1.96	1.94	1.91	1.90	1.88
	.01	8.18	5.93	5.01	4.50	4.17	3.94	3.77	3.63	3.52	3.43	3.36	3.30	3.19	3.12	3.00	2.92	2.84	2.76	2.70	2.63	2.60	2.54	2.51	2.49
20	.05	4.35	3.49	3.10	2.87	2.71	2.60	2.52	2.45	2.40	2.35	2.31	2.28	2.23	2.18	2.12	2.08	2.04	1.99	1.96	1.92	1.90	1.87	1.85	1.84
	.01	8.10	5.85	4.94	4.43	4.10	3.87	3.71	3.56	3.45	3.37	3.30	3.23	3.13	3.05	2.94	2.86	2.77	2.69	2.63	2.56	2.53	2.47	2.44	2.42
21	.05	4.32	3.47	3.07	2.84	2.68	2.57	2.49	2.42	2.37	2.32	2.28	2.25	2.20	2.15	2.09	2.05	2.00	1.96	1.93	1.89	1.87	1.84	1.82	1.81
	.01	8.02	5.78	4.87	4.37	4.04	3.81	3.65	3.51	3.40	3.31	3.24	3.17	3.07	2.99	2.88	2.80	2.72	2.63	2.58	2.51	2.47	2.42	2.38	2.36

续表

分母 df	α	1	2	3	4	5	6	7	8	9	10	11	12	14	16	20	24	30	40	50	75	100	200	500	∞
22	.05	4.30	3.44	3.05	2.82	2.66	2.55	2.47	2.40	2.35	2.30	2.26	2.23	2.18	2.13	2.07	2.03	1.98	1.93	1.91	1.87	1.84	1.81	1.80	1.78
	.01	7.94	5.72	4.82	4.31	3.99	3.76	3.59	3.45	3.35	3.26	3.18	3.12	3.02	2.94	2.83	2.75	2.67	2.58	2.53	2.46	2.42	2.37	2.33	2.31
23	.05	4.28	3.42	3.03	2.80	2.64	2.53	2.45	2.38	2.32	2.28	2.24	2.20	2.14	2.10	2.04	2.00	1.96	1.91	1.88	1.84	1.82	1.79	1.77	1.76
	.01	7.88	5.66	4.76	4.26	3.94	3.71	3.54	3.41	3.30	3.21	3.14	3.07	2.97	2.89	2.78	2.70	2.62	2.53	2.48	2.41	2.37	2.32	2.28	2.26
24	.05	4.26	3.40	3.01	2.78	2.62	2.51	2.43	2.36	2.30	2.26	2.22	2.18	2.13	2.09	2.02	1.98	1.94	1.89	1.86	1.82	1.80	1.76	1.74	1.73
	.01	7.82	5.61	4.72	4.22	3.90	3.67	3.50	3.36	3.26	3.17	3.09	3.03	2.93	2.85	2.74	2.66	2.58	2.49	2.44	2.36	2.33	2.27	2.23	2.21
25	.05	4.24	3.38	2.99	2.76	2.60	2.49	2.41	2.34	2.28	2.24	2.20	2.16	2.11	2.06	2.00	1.96	1.92	1.87	1.84	1.80	1.77	1.74	1.72	1.71
	.01	7.77	5.57	4.68	4.18	3.86	3.63	3.46	3.32	3.21	3.13	3.05	2.99	2.89	2.81	2.70	2.62	2.54	2.45	2.40	2.32	2.29	2.23	2.19	2.17
26	.05	4.22	3.37	2.89	2.74	2.59	2.47	2.39	2.32	2.27	2.22	2.18	2.15	2.10	2.05	1.99	1.95	1.90	1.85	1.82	1.78	1.76	1.72	1.70	1.69
	.01	7.72	5.53	4.64	4.14	3.82	3.59	3.42	3.29	3.17	3.09	3.02	2.96	2.86	2.77	2.66	2.58	2.50	1.41	2.36	2.28	2.25	2.19	2.15	2.13
27	.05	4.21	3.35	2.96	2.73	2.57	3.46	2.37	2.30	2.25	2.20	2.16	2.13	2.08	2.03	1.97	1.93	1.88	1.84	1.80	1.76	1.74	1.71	1.68	1.67
	.01	7.68	5.49	4.60	4.11	3.79	3.56	3.39	3.26	3.14	3.06	2.98	2.93	2.83	2.74	2.63	2.55	2.47	2.38	2.33	2.25	2.21	2.16	2.12	2.10
28	.05	4.20	3.34	2.95	2.71	2.56	2.44	2.36	2.29	2.24	2.19	2.15	2.12	2.06	2.02	1.96	1.91	1.87	1.81	1.78	1.75	1.72	1.69	1.67	1.65
	.01	7.64	5.45	4.57	4.07	3.76	3.53	3.36	3.23	3.11	3.03	2.95	2.90	2.80	2.71	2.60	2.52	2.44	2.35	2.30	2.22	2.18	2.13	2.09	2.06
29	.05	4.18	3.33	2.93	2.70	2.54	2.43	2.35	2.28	2.22	2.18	2.14	2.10	2.05	2.00	1.94	1.90	1.85	1.80	1.77	1.73	1.71	1.68	1.65	1.64
	.01	7.60	5.52	4.54	4.04	3.73	3.50	3.33	3.20	3.08	3.00	2.92	2.87	2.77	2.68	2.57	2.49	2.41	2.32	2.27	2.19	2.15	2.10	2.06	2.03
30	.05	4.17	3.32	2.92	2.69	2.53	2.42	2.34	2.27	2.21	2.16	2.12	2.09	2.04	1.99	1.93	1.89	1.84	1.79	1.76	1.72	1.69	1.66	1.64	1.62
	.01	7.56	5.39	4.51	4.02	3.70	3.47	3.30	3.17	3.06	2.98	2.90	2.84	2.74	2.66	2.55	2.47	2.38	2.29	2.24	2.16	2.13	2.07	2.03	2.01
32	.05	4.15	3.30	2.90	2.67	2.51	2.40	2.32	2.25	2.19	2.14	2.10	2.07	2.02	1.97	1.91	1.86	1.82	1.76	1.74	1.69	1.67	1.64	1.61	1.59
	.01	7.50	5.34	4.46	2.97	3.66	3.42	3.25	3.12	3.01	2.94	2.86	2.80	2.70	2.62	2.51	2.42	2.34	2.25	2.20	2.12	2.08	2.02	1.98	1.96
34	.05	4.13	3.28	2.88	2.65	2.49	2.38	2.30	2.23	2.17	2.12	2.08	2.05	2.00	1.95	1.89	1.84	1.80	1.74	1.71	1.67	1.64	1.61	1.59	1.57
	.01	7.44	5.29	4.42	3.93	3.61	3.38	3.21	3.08	2.97	2.89	2.82	2.76	2.66	2.58	2.47	2.38	2.30	2.21	2.15	2.08	2.04	1.98	1.94	1.91

注：表头“分子自由度 df”横跨 1 至 ∞ 各列。

续表

分母 df	α	分子自由度 df																						
		1	2	3	4	5	6	7	8	9	10	11	12	14	16	20	24	30	40	50	75	100	200	500	∞
36	.05	4.11	3.26	2.86	2.63	2.48	2.36	2.28	2.21	2.15	2.10	2.06	2.03	1.89	1.93	1.87	1.82	1.78	1.72	1.69	1.65	1.62	1.59	1.56	1.55
	.01	7.39	5.25	4.38	3.89	3.58	3.35	3.18	3.04	2.94	2.86	2.78	2.72	2.62	2.54	2.43	2.35	2.26	2.17	2.12	2.04	2.00	1.94	1.90	1.87
38	.05	4.10	3.25	2.85	2.62	2.46	2.35	2.26	2.19	2.14	2.09	2.05	2.02	1.96	1.92	1.85	1.80	1.76	1.71	1.67	1.63	1.60	1.57	1.54	1.53
	.01	7.35	5.21	4.34	3.86	3.54	3.32	3.15	3.02	2.91	2.82	2.75	2.69	2.59	2.51	2.40	2.32	2.22	2.14	2.08	2.00	1.97	1.90	1.86	1.84
40	.05	4.08	3.23	2.84	2.61	2.45	2.34	2.25	2.18	2.12	2.07	2.04	2.00	1.95	1.90	1.84	1.79	1.74	1.69	1.66	1.61	1.59	1.55	1.53	1.51
	.01	7.31	5.18	4.34	3.83	3.51	3.29	3.12	2.99	2.88	2.80	2.73	2.66	2.56	2.49	2.37	2.29	2.20	2.11	2.05	1.97	1.94	1.88	1.84	1.81
42	.05	4.07	3.22	2.83	2.59	2.44	2.32	2.24	2.17	2.11	2.06	2.02	1.99	1.94	1.89	1.82	1.78	1.73	1.68	1.64	1.60	1.57	1.54	1.51	1.49
	.01	7.27	5.15	4.29	3.80	3.49	3.26	3.10	2.96	2.86	2.77	2.70	2.64	2.54	2.46	2.35	2.26	2.17	2.08	2.02	1.94	1.91	1.85	1.80	1.78
44	.05	4.06	3.21	2.82	2.58	2.43	2.31	2.23	2.16	2.10	2.05	2.01	1.98	1.92	1.88	1.81	1.76	1.72	1.66	1.63	1.58	1.56	1.52	1.50	1.48
	.01	7.24	5.12	4.26	3.78	3.46	3.24	3.07	2.94	2.84	2.75	2.68	2.62	2.52	2.44	2.32	2.24	2.15	2.06	2.00	1.92	1.88	1.82	1.78	1.75
46	.05	4.05	3.20	2.81	2.57	2.42	2.30	2.22	2.14	2.09	2.04	2.00	1.97	1.91	1.87	1.80	1.75	1.71	1.65	1.62	1.57	1.54	1.51	1.43	1.46
	.01	7.21	5.10	4.24	3.76	3.44	3.22	3.05	2.92	2.82	2.73	2.66	2.60	2.50	2.42	2.30	2.22	2.13	2.04	1.98	1.90	1.86	1.80	1.76	1.72
48	.05	4.04	3.19	2.80	2.56	2.41	2.30	2.21	2.14	2.08	2.03	1.99	1.96	1.90	1.86	1.79	1.74	1.70	1.64	1.61	1.56	1.53	1.50	1.47	1.45
	.01	7.19	5.08	4.22	3.74	3.42	3.20	3.04	2.90	2.80	2.71	2.64	2.58	2.48	2.40	2.28	2.20	2.11	2.02	1.96	1.88	1.84	1.78	1.73	1.70
50	.05	4.03	3.18	2.79	2.56	2.40	2.29	2.20	2.13	2.07	2.02	1.98	1.95	1.90	1.85	1.78	1.74	1.69	1.63	1.60	1.55	1.52	1.48	1.46	1.44
	.01	7.17	5.06	4.20	3.72	3.41	3.18	3.02	2.88	2.78	2.70	2.62	2.56	2.46	2.39	2.26	2.18	2.10	2.00	1.94	1.86	1.82	1.76	1.71	1.68
55	.05	4.02	3.17	2.78	2.54	2.38	2.27	2.18	2.11	2.05	2.00	1.97	1.93	1.88	1.83	1.76	1.72	1.67	1.61	1.58	1.52	1.50	1.46	1.43	1.41
	.01	7.12	5.01	4.16	3.68	3.37	3.15	2.98	2.85	2.75	2.66	2.59	2.53	2.43	2.35	2.23	2.15	2.06	1.96	1.90	1.82	1.78	1.71	1.66	1.64
60	.05	4.00	3.15	2.76	2.52	2.37	2.25	2.17	2.10	2.04	1.99	1.95	1.92	1.86	1.81	1.75	1.70	1.65	1.59	1.56	1.50	1.48	1.44	1.41	1.39
	.01	7.08	4.98	4.13	3.65	3.34	3.12	2.95	2.82	2.72	2.63	2.56	2.50	2.40	2.32	2.20	2.12	2.03	1.93	1.87	1.79	1.74	1.68	1.63	1.60
65	.05	3.99	3.14	2.75	2.51	2.36	2.24	2.15	2.08	2.02	1.98	1.94	1.90	1.85	1.80	1.73	1.68	1.63	1.57	1.54	1.49	1.46	1.42	1.39	1.37
	.01	7.04	4.95	4.10	3.62	3.31	3.09	2.93	2.79	2.70	2.61	2.54	2.47	2.37	2.30	2.18	2.09	2.00	1.90	1.84	1.76	1.71	1.64	1.60	1.56

续表

分母 df	α	分子自由度 df																						
		1	2	3	4	5	6	7	8	9	10	11	12	14	16	20	24	30	40	50	75	100	200	500	∞
70	.05	3.98	3.13	2.74	2.50	2.35	2.22	2.14	2.07	2.01	1.97	1.93	1.89	1.84	1.79	1.72	1.67	1.62	1.56	1.53	1.47	1.45	1.40	1.37	1.35
	.01	7.01	4.92	4.08	3.60	3.29	3.07	2.91	2.77	2.67	2.59	2.51	2.45	2.35	2.28	2.15	2.07	1.98	1.88	1.82	1.74	1.69	1.62	1.56	1.53
80	.05	3.96	3.11	2.72	2.48	2.33	2.21	2.12	2.05	1.99	1.95	1.91	1.88	1.82	1.77	1.70	1.65	1.60	1.54	1.51	1.45	1.42	1.38	1.35	1.32
	.01	6.96	4.88	4.04	3.56	3.25	3.04	2.87	2.74	2.64	2.55	2.48	2.41	2.32	2.24	2.11	2.03	1.94	1.84	1.78	1.70	1.65	1.57	1.52	1.49
100	.05	3.94	3.09	2.70	2.46	2.30	2.19	2.10	2.03	1.97	1.92	1.88	1.85	1.79	1.75	1.68	1.63	1.57	1.51	1.48	1.42	1.39	1.34	1.30	1.28
	.01	6.90	4.82	3.98	3.51	3.20	2.99	2.82	2.69	2.59	2.51	2.43	2.36	2.26	2.19	2.06	1.98	1.89	1.79	1.73	1.64	1.59	1.51	1.46	1.43
125	.05	3.92	3.07	2.68	2.44	2.29	2.17	2.08	2.01	1.95	1.90	1.86	1.83	1.77	1.72	1.65	1.60	1.55	1.49	1.45	1.39	1.36	1.31	1.27	1.25
	.01	6.84	4.78	3.94	3.47	3.17	2.95	2.79	2.65	2.56	2.47	2.40	2.33	2.23	2.15	2.03	1.94	1.85	1.75	1.68	1.59	1.54	1.46	1.40	1.37
150	.05	3.90	3.06	2.67	2.43	2.27	2.16	2.07	2.00	1.94	1.89	1.85	1.82	1.76	1.71	1.64	1.59	1.54	1.47	1.44	1.37	1.34	1.29	1.25	1.22
	.01	6.81	4.75	3.91	3.44	3.13	2.92	2.76	2.62	2.53	2.44	2.37	2.30	2.20	2.12	2.00	1.91	1.83	1.72	1.66	1.56	1.51	1.43	1.37	1.33
200	.05	3.89	3.04	2.65	2.41	2.26	2.14	2.05	1.98	1.92	1.87	1.83	1.80	1.74	1.69	1.62	1.57	1.52	1.45	1.42	1.35	1.32	1.26	1.22	1.19
	.01	6.76	4.71	3.88	3.41	3.11	2.90	2.73	2.60	2.50	2.41	2.34	2.28	2.17	2.09	1.97	1.88	1.79	1.69	1.62	1.53	1.48	1.39	1.33	1.28
400	.05	3.86	3.02	2.62	2.39	2.23	2.12	2.03	1.96	1.90	1.85	1.81	1.78	1.72	1.67	1.60	1.54	1.49	1.42	1.38	1.32	1.28	1.22	1.16	1.13
	.01	6.70	4.66	3.83	3.36	3.06	2.85	2.69	2.55	2.46	2.37	2.29	2.23	2.12	2.04	1.92	1.84	1.74	1.64	1.57	1.47	1.42	1.32	1.24	1.19
1000	.05	3.85	3.00	2.61	2.38	2.22	2.11	2.02	1.95	1.89	1.84	1.80	1.76	1.70	1.65	1.58	1.53	1.47	1.41	1.36	1.30	1.26	1.19	1.13	1.08
	.01	6.66	4.62	3.80	3.34	3.04	2.82	2.66	2.53	2.43	2.34	2.26	2.20	2.09	2.01	1.89	1.81	1.71	1.61	1.54	1.44	1.38	1.28	1.19	1.11
∞	.05	3.84	2.99	2.60	2.37	2.21	2.10	2.01	1.94	1.88	1.83	1.79	1.75	1.69	1.64	1.57	1.52	1.46	1.40	1.35	1.28	1.24	1.17	1.11	1.00
	.01	6.64	4.60	3.78	3.32	3.02	2.80	2.64	2.51	2.41	2.32	2.24	2.18	2.07	1.99	1.87	1.79	1.69	1.59	1.52	1.41	1.36	1.25	1.15	1.00

附录 5　F 值表（双侧检验）

分母 df	α	分子自由度 df 1	2	3	4	5	6	7	8	9	10	12	15	20	24	30	40	60	120	∞
1	0.05	647.8	799.5	864.2	899.6	921.8	937.1	948.2	956.7	963.3	968.6	976.7	984.9	993.1	997.2	1001.0	1006.0	1010.0	1014.0	1018.0
	0.01	16211.0	20000.0	21615.0	22500.0	23056.0	23437.0	23715.0	23925.0	24091.0	24224.0	24426.0	24630.0	24836.0	24940.0	25044.0	25148.0	25253.0	25359.0	25465.0
2	0.05	38.51	39.00	39.17	39.25	39.30	39.33	39.36	39.37	39.39	39.40	39.41	39.43	39.45	39.46	39.46	39.47	39.48	39.49	39.50
	0.01	199.5	199.0	199.2	199.2	199.3	199.3	199.4	199.4	199.4	199.4	199.4	199.4	199.4	199.5	199.5	199.5	199.5	199.5	199.50
3	0.05	17.44	16.04	15.44	15.10	14.88	14.73	14.62	14.54	14.47	14.42	14.34	14.25	14.17	14.12	14.08	14.04	13.99	13.95	13.90
	0.01	55.55	49.80	47.47	46.19	45.39	44.84	44.43	44.13	43.88	43.69	43.69	43.08	42.78	42.62	42.47	42.31	42.15	41.99	41.83
4	0.05	12.22	10.65	9.98	9.60	9.36	9.20	9.07	8.98	8.90	8.84	8.75	8.66	8.56	8.51	8.46	8.41	8.36	8.31	8.26
	0.01	31.33	26.28	24.26	23.15	22.46	21.97	21.62	21.35	21.14	20.97	20.70	20.44	20.17	20.03	19.89	19.75	19.61	19.47	19.32
5	0.05	10.01	8.43	7.76	7.39	7.15	6.98	6.85	6.76	6.68	6.62	6.52	6.43	6.33	6.28	6.23	6.18	6.12	6.07	6.02
	0.01	22.78	18.31	16.53	15.56	14.94	14.51	14.20	13.96	13.77	13.62	13.38	13.15	12.90	12.78	12.66	12.53	12.40	12.27	12.14
6	0.05	8.81	7.26	6.60	6.23	5.99	5.82	5.70	5.60	5.52	5.46	5.37	5.27	5.17	5.12	5.07	5.01	4.96	4.90	4.85
	0.01	18.63	14.54	12.92	12.03	11.46	11.07	10.79	10.57	10.39	10.25	10.03	9.81	9.59	9.47	9.36	9.24	9.12	9.00	8.88
7	0.05	8.07	6.54	5.89	5.52	5.29	5.12	4.99	4.90	4.82	4.76	4.67	4.57	4.47	4.42	4.36	4.31	4.25	4.20	4.14
	0.01	16.24	12.40	10.88	10.05	9.52	9.16	8.89	8.68	8.51	8.38	8.18	7.97	7.75	7.65	7.53	7.42	7.31	7.19	7.08
8	0.05	7.57	6.06	5.42	5.05	4.82	4.65	4.53	4.43	4.36	4.30	4.20	4.10	4.00	3.95	3.89	3.84	3.78	3.73	3.67
	0.01	14.69	11.04	9.60	8.81	8.30	7.95	7.69	7.50	7.34	7.21	7.01	6.81	6.61	6.50	6.40	6.29	6.18	6.06	5.95
9	0.05	7.21	5.71	5.08	4.72	4.48	4.32	4.20	4.10	4.03	3.96	3.87	3.77	3.67	3.61	3.56	3.51	3.45	3.39	3.33
	0.01	13.61	10.11	8.72	7.96	7.47	7.13	6.88	6.69	6.54	6.42	6.23	6.03	5.83	5.73	5.62	5.52	5.41	5.30	5.19
10	0.05	6.94	5.46	4.83	4.47	4.42	4.07	3.95	3.85	3.78	3.72	3.62	3.52	3.42	3.37	3.31	3.26	3.20	3.14	3.08
	0.01	12.83	9.43	8.08	7.34	6.87	6.54	6.30	6.12	5.97	5.85	5.66	5.47	5.27	5.17	5.07	4.97	4.86	4.75	4.64

续表

分母 df	α	分子自由度 df 1	2	3	4	5	6	7	8	9	10	12	15	20	24	30	40	60	120	∞
12	0.05	6.55	5.10	4.47	4.12	3.89	3.73	3.61	3.51	3.44	3.37	3.28	3.18	3.07	3.02	2.96	2.91	2.85	2.79	2.72
	0.01	11.75	8.51	7.23	6.52	6.07	5.76	5.52	5.35	5.20	5.09	4.91	4.72	4.53	4.43	4.33	4.23	4.12	4.01	3.90
15	0.05	6.20	4.77	4.15	3.80	3.58	3.41	3.29	3.20	3.12	3.06	2.96	2.86	2.76	2.70	2.64	2.59	2.52	2.46	2.40
	0.01	10.80	7.70	6.48	5.80	5.37	5.07	4.85	4.67	4.54	4.42	4.25	4.07	3.88	3.79	3.69	3.58	3.48	3.37	3.26
20	0.05	5.87	4.46	3.86	3.51	3.29	3.13	3.01	2.91	2.84	2.77	2.68	2.57	2.46	2.41	2.35	2.29	2.22	2.16	2.09
	0.01	9.94	6.99	5.82	5.17	4.76	4.47	4.26	4.09	3.96	3.85	3.68	3.50	3.32	3.22	3.12	3.02	2.92	2.81	2.69
24	0.05	5.72	4.32	3.72	3.38	3.15	2.99	2.87	2.78	2.70	2.64	2.54	2.44	2.33	2.27	2.21	2.15	2.08	2.01	1.94
	0.01	9.55	6.66	5.52	4.89	4.49	4.20	3.99	3.83	3.69	3.59	3.42	3.25	3.06	2.97	2.87	2.77	2.66	2.55	2.43
30	0.05	5.57	4.18	3.59	3.25	3.03	2.87	2.75	2.65	2.57	2.51	2.41	2.31	2.20	2.14	2.07	2.01	1.94	1.87	1.79
	0.01	9.18	6.35	5.24	4.62	4.23	3.95	3.74	3.58	3.45	3.34	3.18	3.01	2.82	2.73	2.63	2.52	2.42	2.30	2.18
40	0.05	5.42	4.05	3.46	3.13	2.90	2.74	2.62	2.53	2.45	2.39	2.29	2.18	2.07	2.01	1.94	1.88	1.80	1.72	1.64
	0.01	8.83	6.07	4.98	4.37	3.99	3.71	3.51	3.35	3.22	3.12	2.95	2.78	2.60	2.50	2.40	2.30	2.18	2.06	1.93
60	0.05	5.29	3.93	3.34	3.01	2.79	2.63	2.51	2.41	2.33	2.27	2.17	2.06	1.94	1.88	1.82	1.74	1.67	1.58	1.48
	0.01	8.49	5.79	4.73	4.14	3.76	3.49	3.29	3.13	3.01	2.90	2.74	2.57	2.39	2.29	2.19	2.08	1.96	1.83	1.69
120	0.05	5.15	3.80	3.23	2.89	2.67	2.52	2.39	2.30	2.22	2.16	2.05	1.94	1.82	1.76	1.69	1.61	1.53	1.43	1.31
	0.01	8.18	5.54	4.50	3.92	3.55	3.28	3.09	2.93	2.81	2.71	2.54	2.37	2.19	2.09	1.98	1.87	1.75	1.61	1.43
∞	0.05	5.02	3.69	3.12	2.79	2.57	2.41	2.29	2.19	2.11	2.05	1.94	1.83	1.71	1.64	1.57	1.48	1.39	1.27	1.00
	0.01	7.88	5.30	4.28	3.72	3.35	3.09	2.90	2.74	2.62	2.52	2.36	2.19	2.00	1.90	1.79	1.67	1.53	1.36	1.00

附录 6 F_{max}临界值表

F_{max} = 最大 σ^2/最小 σ^2

σ_i^2 的 $-df$	α	k=变异数的数目										
		2	3	4	5	6	7	8	9	10	11	12
4	0.05	9.60	15.5	20.6	25.2	29.5	33.6	37.5	41.4	44.6	48.0	51.4
	0.01	23.2	37.	49.	59.	69.	79.	89.	97.	106.	113.	120.
5	0.05	7.15	10.8	13.7	16.3	18.7	20.8	22.9	24.7	26.5	28.2	29.9
	0.01	14.9	22.	28.	33.	38.	42.	46.	50.	54.	57.	60.
6	0.05	5.82	8.38	10.4	12.1	13.7	15.0	16.3	17.5	18.6	19.7	20.7
	0.01	11.1	15.5	19.1	22.	25.	27.	30.	32.	34.	36.	37.
7	0.05	4.99	6.94	8.44	9.70	10.8	11.8	12.7	13.5	14.3	15.1	15.8
	0.01	8.89	12.1	14.5	16.5	18.4	20.	22.	23.	24.	26.	21.
8	0.05	4.43	6.00	7.18	8.12	9.03	9.78	10.5	11.1	11.7	12.2	12.7
	0.01	7.50	9.9	11.7	13.2	14.5	15.8	16.9	17.0	18.9	19.8	21.
9	0.05	4.03	5.34	6.31	7.11	7.80	8.41	8.95	9.45	9.91	10.3	10.7
	0.01	6.54	8.5	9.9	11.1	12.1	13.1	13.9	14.7	15.3	16.0	16.6
10	0.05	3.72	4.85	5.67	6.34	6.92	7.42	7.87	8.28	8.66	9.01	9.34
	0.01	5.85	7.4	8.6	9.6	10.4	11.1	11.8	12.4	12.9	13.4	13.9
12	0.05	3.28	4.16	4.79	5.30	5.72	6.09	6.42	6.72	7.00	7.25	7.48
	0.01	4.91	6.1	6.9	7.6	8.2	8.7	9.1	9.5	9.9	10.2	10.6
15	0.05	2.86	3.54	4.01	4.37	4.68	4.95	5.19	5.40	5.59	5.77	5.93
	0.01	4.07	4.9	5.5	6.0	6.4	6.7	7.1	7.3	7.5	7.8	8.0
20	0.05	2.46	2.95	3.29	3.54	3.76	3.94	4.10	4.24	4.37	4.49	4.59
	0.01	3.32	3.8	4.3	4.6	4.9	5.1	5.3	5.5	5.6	5.8	5.9
30	0.05	2.07	2.40	2.61	2.78	2.91	3.02	3.12	3.21	3.29	3.36	3.39
	0.01	2.63	3.0	3.3	3.4	3.6	3.7	3.8	3.9	4.0	4.1	4.2
60	0.05	1.67	1.85	1.96	2.04	2.11	2.17	2.22	2.26	2.30	2.33	2.36
	0.01	1.96	2.2	2.3	2.4	2.4	2.5	2.5	2.6	2.7	2.7	2.7
∞	0.05	1.00	1.00	1.00	1.00	1.00	1.00	1.00	1.00	1.00	1.00	1.00
	0.01	1.00	1.00	1.00	1.00	1.00	1.00	1.00	1.00	1.00	1.00	1.00

附录 7 q 分布的临界值表

（各平均数间差异显著时所需之 q 值）

df_W		r = 等级相差数								
	1−α	2	3	4	5	6	7	8	9	10
1	.95	18.0	27.0	32.8	37.1	40.4	43.1	45.4	47.4	49.1
	.99	90.0	135	164	186	202	216	227	237	246
2	.95	6.09	8.3	9.8	10.9	11.7	12.4	13.0	13.5	14.0
	.99	14.0	19.0	22.3	24.7	26.6	28.2	29.5	30.7	31.7
3	.95	4.50	5.91	6.82	7.50	8.04	8.48	8.85	9.18	9.46
	.99	8.26	10.6	12.2	13.3	14.2	15.0	15.6	16.2	16.7
4	.95	3.93	5.04	5.76	6.29	6.71	7.05	7.35	7.60	7.83
	.99	6.51	8.12	9.17	9.96	10.6	11.1	11.5	11.9	12.3
5	.95	3.64	4.60	5.22	5.67	6.03	6.33	6.58	6.80	6.99
	.99	5.70	6.97	7.80	8.42	8.91	9.32	9.67	9.97	10.2
6	.95	3.46	4.34	4.90	5.31	5.63	5.89	6.12	6.32	6.49
	.99	5.24	6.33	7.03	7.56	7.97	8.32	8.61	8.87	9.10
7	.95	3.34	4.16	4.69	5.06	5.36	5.61	5.82	6.00	6.16
	.99	4.95	5.92	6.54	7.01	7.37	7.68	7.94	8.17	8.37
8	.95	3.26	4.04	4.53	4.89	5.17	5.40	5.60	5.77	5.92
	.99	4.74	5.63	6.20	6.63	6.96	7.24	7.47	7.68	7.87
9	.95	3.20	3.95	4.42	4.76	5.02	5.24	5.43	5.60	5.74
	.99	4.60	5.43	5.96	6.35	6.66	6.91	7.13	7.32	7.49
10	.95	3.15	3.88	4.33	4.65	4.91	5.12	5.30	5.46	5.60
	.99	4.48	5.27	5.77	6.14	6.43	6.67	6.87	7.05	7.21
11	.95	3.11	3.82	4.25	4.57	4.82	5.03	5.20	5.35	5.49
	.99	4.39	5.14	5.62	5.97	6.25	6.48	6.67	6.84	6.99
12	.95	3.08	3.77	4.20	4.51	4.75	4.95	5.12	5.27	5.40
	.99	4.32	5.04	5.50	5.84	6.10	6.32	6.51	6.67	6.81
13	.95	3.06	3.73	4.15	4.45	4.69	4.88	5.05	5.19	5.32
	.99	4.26	4.96	5.40	5.73	5.98	6.19	6.37	6.53	6.67
14	.95	3.03	3.70	4.11	4.41	4.64	4.83	4.99	5.13	5.25
	.99	4.21	4.89	5.32	5.63	5.88	6.08	6.26	6.41	6.54
16	.95	3.00	3.65	4.05	4.33	4.56	4.74	4.90	5.03	5.15
	.99	4.13	4.78	5.19	5.49	5.72	5.92	6.08	6.22	6.35
18	.95	2.97	3.61	4.00	4.28	4.49	4.67	4.82	4.96	5.07
	.99	4.07	4.70	5.09	5.38	5.60	5.79	5.94	6.08	6.20
20	.95	2.95	3.58	3.96	4.23	4.45	4.62	4.77	4.90	5.01
	.99	4.02	4.64	5.02	5.29	5.51	5.69	5.84	5.97	6.09
24	.95	2.92	3.53	3.90	4.17	4.37	4.54	4.68	4.81	4.92
	.99	3.96	4.54	4.91	5.17	5.37	5.54	5.09	5.81	5.92
30	.95	2.89	3.49	3.84	4.10	4.30	4.46	4.60	4.72	4.83
	.99	3.89	4.45	4.80	5.05	5.24	5.40	5.54	5.56	5.76
40	.95	2.86	3.44	3.79	4.04	4.23	4.39	4.52	4.63	4.74
	.99	3.82	4.37	4.70	4.93	5.11	5.27	5.39	5.50	5.60
60	.95	2.83	3.40	3.74	3.98	4.16	4.51	4.44	4.55	4.65
	.99	3.76	4.28	4.60	4.82	4.99	5.13	5.25	5.36	5.45
120	.95	2.80	3.36	3.69	3.82	4.10	4.24	4.36	4.48	4.56
	.99	3.70	4.20	4.50	4.71	4.87	5.01	5.12	5.21	5.30
∞	.95	2.77	3.31	3.63	3.86	4.03	4.17	4.29	4.39	4.47
	.99	3.64	4.12	4.40	4.60	4.76	4.88	4.99	5.08	5.16

附录 8 χ^2 分布临界值（χ^2_α）表

$P(\chi^2 > \chi^2_\alpha) = \alpha$

df \ α	.99	.98	.95	.90	.80	.70	.50	.30	.20	.10	.05	.02	.01	.001
1	0.0^3157	0.0^3628	0.0^2393	0.0158	0.0642	0.148	0.455	1.074	1.642	2.706	3.841	5.412	6.635	10.828
2	0.0201	0.0404	0.103	0.211	0.446	0.713	1.386	2.408	3.219	4.605	5.991	7.824	9.210	13.816
3	0.115	0.185	0.352	0.584	1.005	1.424	2.366	3.665	4.642	6.251	7.815	9.837	11.345	16.266
4	0.297	0.429	0.711	1.064	1.649	2.195	3.357	4.878	5.989	7.779	9.488	11.668	12.277	18.467
5	0.554	0.752	1.145	1.610	2.343	3.000	4.351	6.064	7.289	9.236	11.070	13.388	15.068	20.515
6	0.872	1.134	1.635	2.204	3.070	3.828	5.348	7.231	8.558	10.645	12.592	15.033	16.812	22.458
7	1.239	1.564	2.167	2.833	3.822	4.671	6.346	8.383	9.803	12.017	14.067	16.622	18.475	24.322
8	1.646	2.032	2.733	3.490	4.594	5.527	7.344	9.524	11.030	13.362	15.507	18.168	20.090	26.125
9	2.088	2.532	3.325	4.168	5.380	6.393	8.343	10.656	12.242	14.684	16.919	19.679	21.666	27.877
10	2.558	3.059	3.940	4.865	6.179	7.267	9.342	11.781	13.442	15.987	18.307	21.161	23.209	29.588
11	3.053	3.609	4.575	5.578	6.989	8.148	10.341	12.899	14.631	17.275	19.675	22.618	24.725	31.264
12	3.571	4.178	5.226	6.304	7.807	9.034	11.340	14.011	15.812	18.549	21.026	24.054	26.217	32.909
13	4.107	4.765	5.892	7.042	8.634	9.926	12.340	15.119	16.985	19.812	22.362	25.472	27.688	34.528
14	4.660	5.368	6.571	7.790	9.467	10.821	13.339	16.222	18.151	21.064	23.685	26.873	29.141	36.123
15	5.229	5.985	7.261	8.547	10.307	11.721	14.339	17.322	19.311	22.307	24.996	28.259	30.578	37.697

续表

df \ α	.99	.98	.95	.90	.80	.70	.50	.30	.20	.10	.05	.02	.01	.001
16	5.812	6.614	7.962	9.312	11.152	12.624	15.338	18.418	20.465	23.542	26.296	29.633	32.000	39.252
17	6.408	7.255	8.672	10.085	12.002	13.531	16.338	19.511	21.615	24.769	27.587	30.995	33.409	40.790
18	7.015	7.906	9.890	10.865	12.857	14.440	17.338	20.601	22.760	25.989	28.869	32.346	34.805	42.312
19	7.633	8.567	10.117	11.651	13.716	15.352	18.338	21.689	23.900	27.204	30.144	33.687	36.191	43.820
20	8.260	9.237	10.851	12.443	14.578	16.266	19.337	22.775	25.038	28.412	31.410	35.020	37.566	45.315
21	8.897	9.915	11.591	13.240	15.445	17.182	20.337	23.858	26.171	29.615	32.671	36.343	38.932	46.797
22	9.542	10.600	12.338	14.041	16.314	18.101	21.337	24.939	27.301	30.813	33.924	37.659	40.289	48.268
23	10.196	11.293	13.091	14.848	17.187	19.021	22.337	26.018	28.429	32.007	35.172	38.968	41.638	49.728
24	10.856	11.992	13.848	15.659	18.062	19.943	23.337	27.096	29.553	33.196	36.415	40.270	42.980	51.179
25	11.524	12.697	14.611	19.473	18.940	20.867	24.337	28.172	30.675	34.382	37.652	41.566	44.314	52.618
26	12.198	13.409	15.379	17.292	19.820	21.792	25.336	29.246	31.795	35.563	38.885	42.856	45.642	54.052
27	12.879	14.125	16.151	18.114	20.703	22.719	26.336	30.319	32.912	36.741	40.113	44.140	46.936	55.476
28	13.565	14.847	16.928	18.939	21.588	23.647	27.336	31.391	34.027	37.916	41.337	45.419	48.278	56.893
29	14.256	15.574	17.708	19.768	22.475	24.577	28.336	32.461	35.139	39.087	42.557	46.493	49.588	58.301
30	14.953	16.306	18.493	20.599	23.364	25.508	29.336	33.530	36.250	40.256	43.773	47.962	50.892	59.703

附录9 练习与思考题答案

第一章 绪论

1. (1) A;(2) C;(3) B

2. 教育统计是对教育领域中各种事物进行量的统计和分析。具体地说,就是在教育实践中,有意识地通过调查、实验、测量等手段获取有关事物特征的定量数据,并根据统计学原理和步骤对数据加以整理、计算、分析及推断,最后得出结论的活动过程。教育统计学是教育学、心理学与统计学相结合的一门交叉学科,是应用统计学的一个分支。

3. 测量是按照明确的规则对人、事或物的属性进行定量描述的过程。例如,王某去医院测得的视力为双眼5.0,这个过程就是对于视力的测量,即按照视力测量的规则,对王某的左、右眼的视力进行定量描述的过程。

4. 教育测量可以分狭义和广义两种理解。狭义的教育测量指通过测验对学生的学业成就和心理特质进行定量描述的过程。广义的教育测量泛指对教育领域内各种事物或现象的特征进行定量描述的过程,它可以是学生学业成就的测量,可以是学生心理特质的测量,还可以是学校办学质量的测量。教育测量与物理测量相比具有目的性、间接性和不确定性。

5. (1) 科学测评学生学习进展,为教育教学改进提供依据。(2) 定量分析影响学生学习的因素,寻找有效的改进策略。(3) 加强定量分析,推动教育研究走向科学化。(可根据以上提纲结合自身体会展开分析)

第二章 数据整理与统计图表

1. (1) 等比数据;(2) 顺序数据;(3) 等距数据;(4) 称名数据;(5) 等比数据

2. 次数分布表、次数直方图、次数多边图和累积次数曲线图分别如下所示。

次数分布表

组别	组中值	次数	相对次数	累积次数	累积相对次数	累积百分数
62~66	64	1	0.02	54	1.00	100
57~61	59	0	0	53	0.98	98
52~56	54	0	0	53	0.98	98
47~51	49	4	0.07	53	0.98	98
42~46	44	6	0.11	49	0.91	91
37~41	39	3	0.06	43	0.80	80
32~36	34	13	0.24	40	0.74	74
27~31	29	11	0.20	27	0.50	50
22~26	24	12	0.22	16	0.30	30
17~21	19	4	0.08	4	0.08	8
$\sum$		54	1.00			

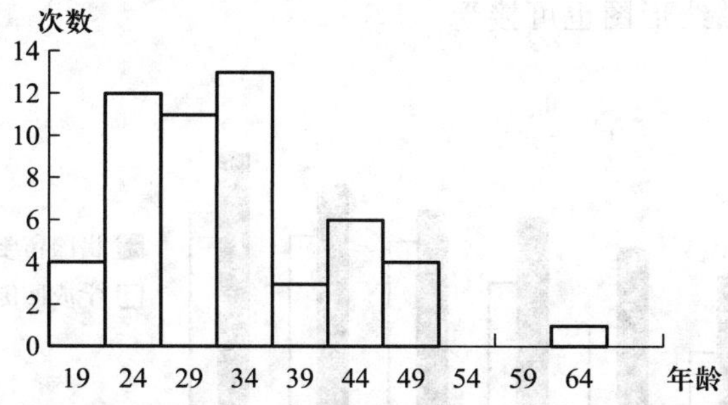

次数直方图

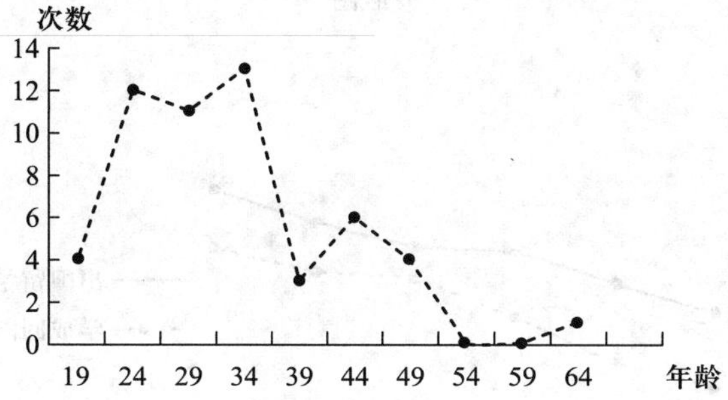

次数多边图

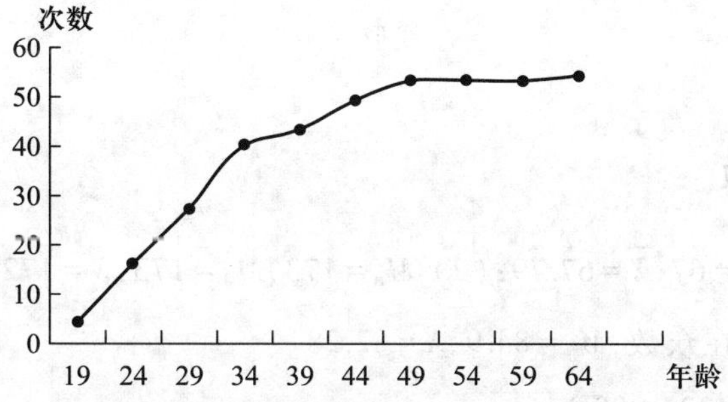

累积次数曲线图

3. 几种图的概念和应用特点如下。

散点图的概念:是用平面直角坐标系上点的散布来表示两种事物之间的相关性及联系模式;应用特点:常用来描述二元变量的观测数据,通过坐标系中点的散布所构成的整体来表示因变量与自变量之间具有的某种联系。

线形图的概念:是以起伏的折线来表示某种事物的发展变化及演变趋势的统计图;应用特点:更多地应用于连续性数据,适用于描述某种事物在时间序列上的演变趋势,也可用来描述某一事物随另一事物发展变化的趋势模型。

条形图的概念:是以相同宽度的条形的长短或高矮来表示各个统计事项之间的数量关系;应用特点:一般用来表示定性数据,每一条表示一种类别的次数或百分数。

圆形图的概念:是以单位圆内各扇形面积占整个圆形面积的百分比来表示统计事项在其总体中所占相应比例的图形;应用特点:通常被用来呈现具有百分比结构的定性数据。

4. 最好采用条形图,线形图也可接受。

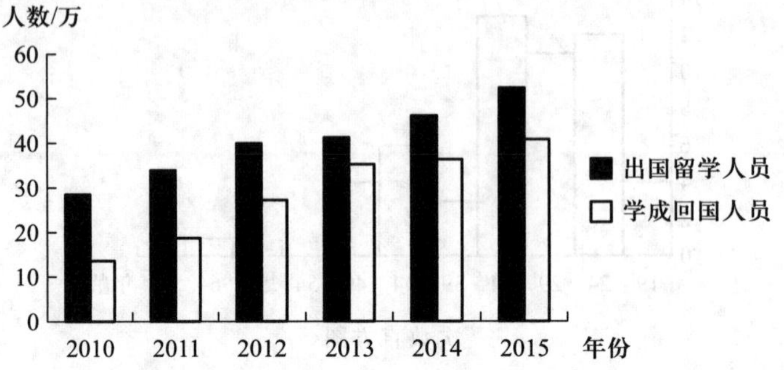

条形图

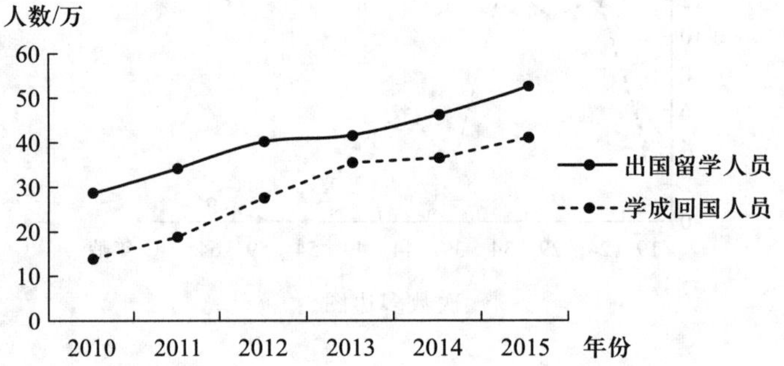

线形图

第三章　集中量数

1. (1) $M_0=67, M_d=67, \overline{X}=67.79$;(2) $M_0=173, M_d=173, \overline{X}=172.18$;(3) $M_0=55, M_d=58, \overline{X}=56.82$;(4) 不存在众数,$M_d=84.9, \overline{X}=82.28$

2. $M_d=185\ 900, \overline{X}=324\ 900.14$

3. (1) $M_0=26$ 或 $33, M_d=31.5, \overline{X}=32.74$;(2) 正偏态分布,$\overline{X}>M_d>M_0$。

4. 众数、中位数和平均数的优缺点和适用范围见下表。

集中量数	优点	缺点	适用范围
众数	概念简单明了,不受到极端数据的影响	不稳定,不能做进一步的代数运算	快速粗略地寻求代表值,数据不同质,出现极端数据
中位数	概念简单明了,不受到极端数据和两端模糊数据的影响	缺乏灵敏性,不能做进一步的代数运算	快速粗略地寻求代表值,出现极端数据或两端有模糊数据
平均数	确定严密,反应灵敏,简明易懂,计算简便,能做进一步的代数运算	易受极端和模糊不清数据的影响	数据同质、准确,需要精确可靠的集中量数,进一步参与其他运算

第四章 差异量数

1.（1）$R=16, Q_1=66, S^2=13.87, S=3.73$；（2）$R=35, Q_1=167.5, S^2=64.92, S=8.06$；（3）$R=19, Q_1=53.5, S^2=28.9, S=5.38$；（4）$R=22.2, Q_1=74.5, S^2=60.6, S=7.78$

2. $R=47, S^2=89.97, S=9.49$

3. $CV_{数学}=6.47, CV_{物理}=10.98$，物理成绩差异比数学成绩差异更大。

4. $Z_{语文}=0.26, Z_{数学}=0.87$，数学成绩更好。

5. 以下用表格说明全距、百分位数与百分位差、平均差、标准差的优缺点和适用范围。

差异量数	优点	缺点	适用范围
全距	计算简便、易于理解	受极端数据影响，不稳定不全面	进行粗略比较，考察两极端差异程度
百分位数与百分位差	不受极端值影响	不能做进一步的代数运算，不全面	进行粗略比较，考察两端差异程度
平均差	容易理解、直观、科学性较强	使用绝对值不便于快速处理数据	一般与平均数联系使用
标准差	确定严密、反应灵敏、适合于代数运算	易受极端和模糊不清数据的影响	两组同质数据的平均数相等或接近时

第五章 概率分布

1. 随机事件是在随机试验中可能出现也可能不会出现的事件。随机事件之间的关系一般有包含关系、相等关系、互斥关系、对立关系，也可以求事件的和、事件的积。

2. 正态分布是关于连续型随机变量的一种特殊分布，也是最为常见、应用最为广泛的概率分布形态，如人的智力水平、社会的财富分配等都可以用正态分布来表示其分布情况；二项分布主要应用于离散型随机变量的分布，主要适用于“二项独立试验”所获得的变量，例如抛硬币时我们描述“正面”或“反面”的分布可以通过二项分布来表示。

3. 事件 A；事件 C

4. $\frac{3}{8}$

5. 79.2

6.（1）0.682 6；（2）0.975；（3）1.65

第六章 抽样分布

1. 总体是一个研究中依据研究目的而确定的所有想要研究个体（或事件）的全体；样本是从一个总体中抽取出来的部分个体（或事件）的集合。

2. 描述总体特性的值被称为参数；描述样本特性的值被称为统计量。

3. 总体分布是指总体内个体观察值的次数分布或概率分布；样本分布是指样本内个体观察值的次数分布或概率分布；抽样分布是指同一总体下，相同样本容量的所有可能样本的某个统计量观察值的理论概率分布。

4. 样本平均数的抽样分布的平均数 $\overline{X}=\mu=100$,标准误 $\sigma_{\overline{X}}=\frac{\sigma}{\sqrt{n}}=\frac{7}{\sqrt{49}}=1$,样本平均数符合正态分布。

5. 样本平均数符合 $\mu=200$,$\sigma_{\overline{X}}=\frac{\sigma}{\sqrt{n}}=\frac{10}{\sqrt{100}}=1$ 的正态分布。当 $\overline{X}=201$ 时,$Z=\frac{\overline{X}-\mu}{\sigma_{\overline{X}}}=\frac{201-200}{1}=1$,查正态分布表可得:$P\{\overline{X}>201\}=P\{Z>1\}=0.158\ 66$。因此,该样本的平均数大于 201 的概率约为 15.87%。

6. 标准误指样本平均数分布的变异性,也就是样本平均数分布的标准差,一般用 $\sigma_{\overline{X}}$ 表示,也有时用 SE 表示。

7. t 分布有如下特征:(1) 均值为 0;(2) 以 0 为中心,是左右对称的单峰分布;(3) t 分布是一簇曲线,它的形态变化与自由度 $df=n-1$ 的大小有关。自由度 df 越小,t 分布曲线越低平;自由度 df 越大,t 分布曲线越接近正态分布曲线;(4) 随着自由度增大,t 分布逐渐接近正态分布。

8. (1) $df=7$ 时,$P\{0\leqslant t\leqslant 2.998\}=0.5-0.01=0.49$;(2) $df=6$ 时,$P\{t<-1.440\}=0.1$;(3) $df=3$ 时,$P\{t\geqslant 5.841\}=0.005$

第七章　参数估计

1. 点估计是用某一样本统计量的值来估计相应总体参数的值。点估计的优点在于它能够提供一个具体的总体参数估计值,且易于理解、计算。缺点在于点估计值并不是总体参数的真值,两者之间总是存在一定的偏差,而且无法估计估计值和参数真值的接近程度和可靠程度。区间估计指的是根据样本统计量以一定可靠程度推断总体参数所在的置信区间的过程。与点估计相比,区间估计虽然不能具体给出总体参数的值,但它能指出总体参数可能落入的区间范围,同时给出总体参数被正确估计的概率。

2. 无偏性、有效性、一致性和充分性。

3. 区间估计是以样本统计量的抽样分布为理论依据,用样本抽样分布的标准差(即标准误,通常用 SE 表示)计算总体参数值所在的区间长度,并解释总体参数值落入该置信区间可能的概率。例子合理即可,此处从略。

4. (1) 估计总体平均数:根据样本的实际数据,计算样本的平均数与标准差,使用样本的平均数点估计总体平均数。(2) 计算标准误:根据样本平均数的抽样分布,计算样本平均数抽样分布的标准误 $\sigma_{\overline{X}}$。(3) 确定置信水平:统计上一般采用的显著性水平为 0.05 或者 0.01,与此对应的置信水平为 0.95 或者 0.99。(4) 计算置信区间:根据样本平均数的抽样分布,计算置信区间。当样本平均数的抽样分布为正态分布,总体平均数在 0.95 和 0.99 置信水平下的置信区间分别是 $(\overline{X}-1.96\ \sigma_{\overline{X}},\overline{X}+1.96\ \sigma_{\overline{X}})$,$(\overline{X}-2.58\ \sigma_{\overline{X}},\overline{X}+2.58\ \sigma_{\overline{X}})$。当样本平均数的抽样分布为 t 分布,总体平均数的置信区间是:$\overline{X}-t_{\frac{\alpha}{2}}\sigma_{\overline{X}}<\mu<\overline{X}+t_{\frac{\alpha}{2}}\sigma_{\overline{X}}$。(5) 解释总体平均数的置信区间:根据确定的置信水平 0.95 或者 0.99,估计出具体总体平均数,并指出有 95%或 99%的信心,总体平均数落在置信上限和置信下限的区间里。但是要注意的是,即使

采用了这种方法，总体平均数仍然可能不在这个置信区间之内，我们还是有5%或1%的可能性会犯错。

5. 该测验的真实分数有95%的可能性落在82.648～87.352，有99%的可能性落在81.904～88.096。

第八章 假设检验

1. 根据样本信息对所提出假设做出拒绝或保留的决断过程，称之为假设检验。假设检验的一般包含四个步骤：提出假设、选择检验统计量并计算其值、选择显著性水平并确定临界区域、做出统计推断。

2. 假设检验中的两类错误：Ⅰ类错误，又称拒真错误，是指本该接受H_0，却做出了拒绝H_0的结论。Ⅱ类错误，又称取伪错误，是指本该拒绝H_0，却做出了接受H_0的结论。

3. 双侧检验就是研究者只想知道检验的两个总体参数之间是否有差异，不用确定差异的方向或者说根本不关心差异的方向，这时候假设检验α水平的概率被平均分配在抽样分布的两侧。单侧检验就是研究者在进行检验之前依据理论或者其他经验，已知其中一个总体参数大于另一个总体参数，那么在对实验结果进行进一步检验时，可以采取单侧检验。这时候假设检验α水平的概率位于抽样分布的一侧。

4. 独立样本是指两个样本数据是独立观察得到的，相互之间不存在关系；相关样本是指来自统一对象或者匹配组的样本数据。需要注意的是这两类样本使用的具体的检验方法也不一样。

5. 方差齐性检验是用来检验两个或者多个总体的方差是否有显著性差异的统计方法。

6. (1) 若总体方差已知，双侧检验，$\left|Z=\dfrac{\overline{X}-\mu_0}{\dfrac{\sigma}{\sqrt{n}}}=\dfrac{5.93-7}{\dfrac{1.5}{\sqrt{30}}}=-3.895\right|>Z_{0.01}=2.58, p<0.01$，网络游戏过度者和总体有显著性差异；若总体方差未知，双侧检验，$\left|t=\dfrac{\overline{X}-\mu_0}{S_M}=\dfrac{5.93-7}{0.332}=-3.21\right|>t_{0.01(29)}=2.756, p<0.01$，同样有显著性差异。(2) 相关样本$t$检验，单侧检验，$\left|t=\dfrac{M_D-\mu_D}{S_{M_D}}=\dfrac{-\dfrac{13}{30}}{0.298}=-1.45\right|<t_{0.05(29)}=1.699, p>0.05$，学习对网络游戏过度者的满意度未产生显著性的积极影响。

7. (1) 总体方差未知，双侧检验，$t=\dfrac{\overline{X}-\mu_0}{S_M}=\dfrac{514.5-120}{203.256}=1.941<t_{0.05(19)}=2.093, p>0.05$，“双十一”活动并没有显著提高淘宝的人均消费额。(2) 独立样本t检验，双侧检验，$t=\dfrac{\overline{X}_1-\overline{X}_2}{S_{(\overline{X}_1-\overline{X}_2)}}=\dfrac{585-444}{416.326}=0.339<t_{0.05(18)}=2.101, p>0.05$，两组人的消费未见显著性差异。

8. F检验：$F=\dfrac{S_2^2}{S_1^2}=\dfrac{2.786}{1.982}=1.405<F_{(6,6)}=4.28$，方差齐性；独立样本$t$检验：双侧检验，

$t=\frac{\overline{X}_1-\overline{X}_2}{S_{(\overline{X}_1-\overline{X}_2)}}=\frac{11.75-10.375}{0.772}=1.781<t_{0.05(14)}=2.145$，$p>0.05$，两所幼儿园的测验成绩没有显著性差异。

9. 相关样本 t 检验：$t=\frac{M_D-\mu_D}{S_{M_D}}=\frac{1.6}{0.635}=2.516>t_{0.05(9)}=2.262$，$p<0.05$，训练效果显著。

第九章　方差分析

1. 如果在比较两个以上的样本平均数差异时仍使用 t 检验，需要将所有样本的平均数进行两两比较，会耗费大量的时间，比较繁琐，并且会增加犯一类错误的概率。

2. 方差分析是依据方差的可加性原理，将数据的总变异分解为多个变异来源，从而对引起方差变化的各种原因进行分析和比较。通常数据的变异可以分为组间变异（不同组之间的差异）和组内变异（同一组内不同个体之间的差异），通过比较组间变异和组内变异的关系，来判断各组平均数间是否存在显著差异。

3. 总体服从正态分布；变异的可加性；方差齐性。

4. 建立假设；求平方和；求自由度；求均方；求 F 值；进行 F 检验并做出决断；陈列方差分析表。

5. 方差分析的结果只能表明各组之间至少有一对平均数间的差异达到了显著水平，但不能回答具体是哪一对或哪几对的均值差异显著，所以需要进行事后比较。

6. 相比于完全随机设计的方差分析，重复测量设计中每种处理条件下的被试完全相同，所以重复测量的方差分析消除了个体差异。

7. C

8. ABCD

9. (1) 方差分析；(2) 因素：父母教养方式，水平：民主型、专制型、放任型，因变量：在校受欢迎程度；(3) 虚无假设表示家庭教养方式没有影响，备择假设表示家庭教养方式有影响。

10. ① = 31.25；② = 40；③ = 15.625；④ = 71.25；⑤ = 18；(1) $F(2,16)$；(2) $F_{0.05(2,16)}=3.63$，能拒绝。

11. ① = 22.2；② = 7.4；③ = 48；④ = 24；⑤ = 4；⑥ = 12；⑦ = 2；⑧ = 70.2；⑨ = 19；(1) $F(3,12)$；(2) $F_{0.05(3,12)}=3.49$，能拒绝。

第十章　相关与回归分析

1. ABBC

2. (1) 错，因为在比较 r 值大小的时候，不能抛开其样本量的背景，r 值的大小只是一个我们判断两个变量相关程度的参考；(2) 错，可能是仅仅是共变关系；(3) 错，变量要存在相关关系。

3. (1) 线性正相关；(2) 是；(3) $Y=1.199X+7.316$；(4) 84.052

第十一章　卡方分析

1. χ^2 检验适合用于分析离散数据，如频数等，是一种非参数检验方法。

2.（1）建立零假设和备择假设；（2）查询或求取理论频数；（3）计算χ^2值，即求取理论频数与实际频数差异；（4）确定检验的显著性水平并查表；（5）比较计算所得χ^2值与临界值大小，进行统计推断。

3. 原因：离散数据计算得到的χ^2值为离散数据，当理论频数小于5时间断性更为明显。为更好地估计连续曲线的取值，需要利用亚茨连续性校正公式进行计算。如果每一组的理论频数均小于5，则说明该数据不适合进行χ^2检验。条件：数据中某些组别的理论频数小于5个。

4. H_0：该校实际招收人数符合预期比例

H_1：该校实际招收人数不符合预期比例

根据抽样总数为428人，计算各等级人数的理论频数。

$f_{文}=428\times2/15.5=55.226$，$f_{理}=428\times7/15.5=193.290$，

$f_{工}=428\times5/15.5=138.065$，$f_{农}=428\times1/15.5=27.613$，

$f_{医}=428\times0.5/15.5=13.806$

$$\chi^2=\sum\frac{(f_0-f_e)^2}{f_e}=7.263$$

该例题中自由度$df=C-1=5-1=4$，经查χ^2分布表可得，当自由度为4，$\alpha=0.05$的显著性水平上，$\chi^2_{0.05(4)}=9.488$。该例题中计算所得χ^2小于$\chi^2_{0.05(4)}$，因此在$\alpha=0.05$的显著性水平上接受零假设，拒绝备择假设，该校实际招收人数符合预期比例。

5. H_0：样本所代表的总体符合正态分布

H_1：样本所代表的总体不符合正态分布

结合正态分布及正态曲线面积的相关知识求取各分组中的理论频数如下：

身高分组	实际频数	各组下限的标准分 Z	各组下限 Z 至 $Z=0$ 的面积	理论概率	理论频数
80～	14	1.5	0.433 19	0.066 81	6.681
70～	30	0.5	0.191 46	0.241 73	24.173
60～	36	−0.5	0.191 46	0.382 92	38.292
50～	18	−1.5	0.433 19	0.241 73	24.173
40～	2	−2.5	0.493 79	0.060 6	6.06

通过上文中计算所得的理论频数，可以根据已知的实际频数求取χ^2值。

$$\chi^2=\sum\frac{(f_0-f_e)^2}{f_e}=13.856$$

$df=C-1-2=5-3=2$。经查χ^2分布表可得，当自由度为2，$\alpha=0.01$的显著性水平上，$\chi^2_{0.01(2)}=9.210$。该例题中计算所得χ^2大于$\chi^2_{0.01(2)}$，因此在$\alpha=0.01$的显著性水平上拒绝零假设，接受备择假设，说明实际频数与理论频数存在极其显著的差异，样本所代表的总体不符合正态分布。

6. H_0：学生的课外阅读习惯与学习成绩无关

H_1：学生的课外阅读习惯与学习成绩有关

通过计算可得各组别合计人数及理论频数，具体结果如下表：

性别	数学成绩				合计
	优	良	及格	不及格	
较多	38(28.15)	40(34.68)	11(16.58)	6(15.58)	95
一般	12(13.04)	16(16.06)	8(7.68)	8(7.22)	44
较少	6(14.81)	13(18.25)	14(8.73)	17(8.20)	50
合计	56	69	33	31	189

$$\chi^2=\sum\frac{(f_0-f_e)^2}{f_e}=31.60$$

本题中行变量包括 3 个组别,列变量包括 4 个组别,因此 $df=(3-1)\times(4-1)=2\times3=6$。经查$\chi^2$分布表可得,当自由度为 6,$\alpha=0.01$ 的显著性水平上,$\chi^2_{0.01(6)}=16.812$。该例题中计算所得χ^2大于$\chi^2_{0.01(6)}$,因此在 $\alpha=0.01$ 的显著性水平上拒绝零假设,接受备择假设,说明学生的课外阅读习惯与学习成绩存在极其显著的关联。

第十二章　教育测量

1. (1) C;(2) B

2. (1) √;(2) ×;(3) √;(4) √;(5) ×

3. A—(5);B—(8);C—(1);D—(7);E—(3);F—(6);G—(4);(H)—(2)

4. 教育测量与教育统计是两种联系相当密切的活动。教育测量离不开教育统计,教育统计也离不开教育测量,两者相互联系,相互支持。教育测量是教育统计的基础,有测量所得来的数据,才能做进一步的统计分析。教育统计使教育测量更加深入,增进人们对事物特征及发展规律的认识。

5. 教育测量与教育评价既相互区别又相互联系。区别:教育测量与教育评价是两种不同的认识活动。教育测量采用量表客观、定量地描述教育领域某种事物的特征,是认识世界“是什么”的活动;而教育评价是对事物进行价值判断的过程,是一种主观活动,是一种以把握世界意义和价值为目的的活动。联系:教育测量是教育评价的基础之一,教育测量定量描述了学生的学业成就或其他相关变量,为教育评价——评判教育目标达成程度——准备了定量数据;教育评价是教育测量的延伸,它在教育测量的基础上,依据教育目标或一定的价值标准对此进行价值判断,使人们对教育事物的认识更加深入。

第十三章　测验的编制

1. 测验编制要经过如下几个主要步骤:(1) 明确测量对象和目标;(2) 确定测验目的与用途;(3) 编辑测验题目;(4) 试测和题目分析;(5) 合成测验;(6) 测验标准化;(7) 鉴定测验;(8) 编写测验说明书。

2. 编制成就测验的目的有以下 4 种:(1) 诊断;(2) 达标验收;(3) 评比与选拔;(4) 教学改进。

3. 测验双向细目表是测验题目编制时比较常用的一种细目表,它通过内容和目标两个维度上的双向列联表,确定测验题目的构成,绘制测验命题的蓝图。举例从略。

4.（1）PISA 2009 阅读测试所选取的文本具有多样性，除连续文本之外，还有一定数量的非连续文本、混合文本以及多重文本，我国在阅读测试和阅读教育中可以更多关注非连续文本；(2) 在任务类型上，PISA 2009 比较重视“整合与解释”，题目占很大比例，这是阅读能力的重要成分，我国可以多些关注这个维度；(3) PISA 2009 重视阅读情境，强调将阅读与生产生活实际联系起来，4 种情境——个人生活、公共生活、职业生活、教育生活——都有一定比例的题目出现，而我们的阅读通常局限于文学类文本，要阅读生产生活中可能遇到的各种有用文本；(4) PISA 2009 题目类型多样，且注重题目的开放性，开放式问答题与简答题所占的比例接近一半，我国可以在阅读命题中适度增加开放性。

5. 编写成就测验题目需要注意以下问题：(1) 题目与预期成果相匹配；(2) 清楚地表述每道题目；(3) 题目要适合学生的阅读水平；(4) 题目表述不能包含民族、种族、性别或城乡偏见；(5) 避免题目中的无意线索；(6) 确保每道题目的答案或评分细则没有争议；(7) 编写题目和任务的数量要多于最终测验实际使用的数量；(8) 注重对测验题目的检查与修改。

6. 本题为开放题。以下答案供参考。指导语：这是一份数学学习兴趣问卷。问卷中有很多陈述，其中有的是肯定句，有的是否定句，请您判断它们符合你的情况。答案没有对错之分，请根据真实情况作答。请在符合你情况的选项上打√。本问卷为匿名问卷，你不用写你的名字。题目：我认为数学是有用的；我喜欢上数学课外兴趣班；我期待下一次数学课；学习数学很有趣；我喜欢在数学课上发言；我上数学课就想打瞌睡；我喜欢我的数学老师。

第十四章 测验的质量分析

1. 效度指对于一个既定的目标，在做出推论和提供解释过程中测评的有用性程度。每个测评都要基于所收集到的数据，对评价对象在某个特定领域的表现做出推论，而在推论和解释过程中测量的有效程度，就是效度。对于一个测验，效度代表了其“所测即欲测”的程度，是一种准确性的体现。信度高，效度未必好，只有效度好，测量才是有意义的，因此，效度是测验质量分析中最为重要的一个指标。

2. 信度指多次测验结果的一致性程度，具体点说，就是在不同时间，使用同一测验或使用两个平行测验，或者在不同测试条件下，对同一组被试实施多次测验所得分数的一致性。信度与效度的关系：测验效度受其信度的制约；信度高是效度高的必要而非充分条件；信度高是好测量的前提，效度高是好测量的核心特征。

3.（1）内容效度；(2) 重测信度；(3) 肯德尔和谐系数

4.（1）√；(2) ×；(3) √；(4) √；(5) √；(6) √；(7) √；(8) √；(9) √；(10) ×

5. 难度：$P=0.63$；鉴别指数：$D=0.41$

第十五章 测验分数的解释与应用

1.（1）D；(2) C

2. 相对解释是在被试集合中选取一个或多个被试作为基准，然后把各个被试与基准进行比较的解释方法。这种解释方法将一个人的分数与其他人做比较，能较为清楚地展示他在团体中处于什么样的相对位置，在一定程度上可以激励先进和鞭策后进，但这种依照分数排队的做法实际上侵犯了学生的隐私，在一定程度上造成了紧张和压力。

3. 标准分：$Z=\frac{X-\overline{X}}{S}=\frac{105-97.5}{11.3}\approx 0.66$

百分等级：$P_R=100-\frac{100R-50}{N}=100-\frac{100\times 783-50}{3\ 220}\approx 75.7$

4. 为便于比较，将 5 名同学的分数均转化为百分等级。

查表 15-5 可知，甲同学 Z 分数是 1，百分等级为 84.13；乙同学的 Z 分数是 0，百分等级为 50。根据百分等级的计算公式，丙同学排名第 35，其百分等级为 99.31；丁同学排名第 3050，其百分等级为 39.01。题中已知戊同学的百分等级是 90。

比较可得，5 名同学的分数排序应该是：丙>戊>甲>乙>丁。

参考文献

第一章

[1] Thorndike, E. L. The nature, purposes and general methods of measurements of educational products, in G. M. Whipple (ed.) National Society for the Study of Educational Products: Seventeenth Yearbook[M]. Bloomington, IL: Public School Publishing, 1918.

[2] 刘霞光. 教育统计学的产生和发展及其对统计学的贡献[J]. 内蒙古师范大学学报(教育科学版),2008,(9):16-19.

[3] 段成荣,梁宏. 关于流动儿童义务教育问题的调查研究[J]. 人口与经济,2005,(1):11-16.

[4] 戴海崎,张锋,陈雪枫. 心理与教育测量[M]. 广州:暨南大学出版社,1999.

[5] 萨克斯. 教育和心理的测量与评价原理[M]. 王昌海,等,译. 4 版.南京:江苏教育出版社,2002.

[6] 辛涛,李峰,李凌艳. 基础教育质量监测的国际比较[J]. 北京师范大学学报(社会科学版),2007,(6):5-10.

[7] 中华人民共和国教育部. 义务教育生物课程标准(2011 年版)[S]. 北京:北京师范大学出版社,2011.

[8] OECD. PISA 2015 Results: Excellence and Equity in Education (volume I). [EB/OL] http://www. oecd - ilibrary. org/docserver/download/9816061e. pdf? expires = 1483280245&id = id&accname = guest&checksum = D39C0E18E2F8868D25A19515684F3A68, 2016-12-30.

[9] 赵德成. 促进教学的测验与评价[M]. 上海:华东师范大学出版社,2016.

[10] Walberg, H. J. Improving the productivity of America's schools[J]. Educational Leadership, 1984, 41(8): 19-27.

[11] 权朝鲁. 效果量的意义及测定方法[J]. 心理学探新,2003,(2):39-44.

[12] 哈蒂. 可见的学习[M]. 彭正梅,等,译. 北京:教育科学出版社,2015.

[13] 曹均伟,李凌. 经济学的定性分析与定量分析:争论与融合[J]. 上海立信会计学院学报,2007,(3).

[14] 姚计海,王喜雪. 近十年来我国教育研究方法的分析与反思[J]. 教育研究,2013,(3):20-24.

[15] 袁振国. 中国教育需要实证研究[J]. 中国教育学刊,2017,(2):3.

第二章

[1] C. R. 劳. 统计与真理：怎样运用偶然性[M]. 李竹渝，等，译. 北京：科学出版社，2004.

[2][3][7][8][10] 中华人民共和国国家统计局. 中国统计年鉴 2016[M]. 北京：中国统计出版社，2016.

[4] 黄光扬. 教育统计与测量评价综合教程[M]. 福州：福建科学技术出版社，2006.

[5] 赵梅，季建林. 中国自杀率研究[J]. 临床精神医学杂志，2002，(03)：161-163.

[6] 白露，马慧，黄宇霞，罗跃嘉. 中国情绪图片系统的编制——在 46 名中国大学生中的试用[J]. 中国心理卫生杂志，2005，(11)：4-7.

[9] 中华人民共和国教育部发展规划司. 中国教育统计年鉴 2015[M]. 北京：中国统计出版社，2016.

第三章

[1] Gravetter F. J., Wallnau L. B. 行为科学统计[M]. 王爱民，等，译. 7 版. 北京：中国轻工业出版社，2008.

[2] 徐文彬. 教育统计学 思想、方法与应用[M]. 南京：南京师范大学出版社，2007.

[3] 周谦. 教育评价与统计[M]. 北京：科学出版社，1997.

[4] 中华人民共和国国家统计局. 中国统计年鉴 2016[M]. 北京：中国统计出版社，2016.

第四章

[1] 约翰逊，克里斯滕森. 教育研究：定量、定性和混合方法[M]. 马健生，等，译. 重庆：重庆大学出版社，2015.

[2] 徐文彬. 教育统计学：思想、方法与应用[M]. 南京：南京师范大学出版社，2007.

[3] 漆书青. 教育统计与测量[M]. 沈阳：辽宁大学出版社，2007.

[4] 中华人民共和国国家统计局. 中国统计年鉴 2016[M]. 北京：中国统计出版社，2016.

第五章

[1] Butler J. The Analogy of Religion: Natural and Revealed, to the Constitution and Course of Nature [M]. Ivison, Blakeman, Taylor & Company, 1872.

[2] 龚曙明. 应用统计学[M]. 北京：清华大学出版社，2005.

[3] 郭同德，贾军国. 概率论与数理统计[M]. 郑州：郑州大学出版社，2007.

[4] 贾俊平. 统计学 [M]. 5 版. 北京：中国人民大学出版社，2014.

[5] 教育部关于普通高中学业水平考试的实施意见[EB/OL]. http://old.moe.gov.cn//publicfiles/business/htmlfiles/moe/s4559/201412/181664.htm，2014-12-10.

第六章

[1] 刘义庆. 世说新语[M]. 北京:中华书局, 2014.

[2][3] 金勇进,蒋妍,李序颖. 抽样技术[M]. 北京:中国人民大学出版社,2002.

[4] 辛涛. 心理与教育统计学[M]. 北京:中国人民大学出版社,2010.

[5] 邵志芳. 心理统计学[M]. 北京:中国轻工业出版社,2009.

[6][7] 格拉维特,沃朗. 行为科学统计[M]. 王爱民,李悦,等,译. 7 版.北京:中国轻工业出版社,2008.

[8] 张厚粲,徐建平. 心理与教育统计学[M]. 北京:北京师范大学出版社,2003.

第七章

[1] 卢梭. 爱弥儿(上卷)[M]. 李平沤, 译. 北京: 商务印书馆, 1996.

[2][3][4] 张厚粲,徐建平. 现代心理与教育统计学[M]. 北京:北京师范大学出版社,2009.

[5][7] 王孝玲. 教育统计学[M]. 上海:华东师范大学出版社,2015.

[6] 邵志芳. 心理统计学[M]. 北京:中国轻工业出版社,2017.

第八章

[1] 布洛赫. 墨菲定律[M]. 曾晓涛,译. 太原:山西人民出版社,2012.

[2] 王景英. 教育统计学[M]. 北京:高等教育出版社,2009.

[3][5] 王孝玲. 教育统计学[M]. 上海:华东师范大学出版社,2006.

[4] 格雷维特. 行为科学统计精要[M]. 刘红云,骆方,译. 北京:中国人民大学出版社,2016.

第九章

[1] Wishart J. Statistics in Agricultural Research[J]. Supplement to the Journal of the Royal Statistical Society, 1934, 1(1):26-61.

[2][3][4][7] Gravetter F. J., Wallnau L. B. 行为科学统计[M]. 王爱民,李悦,等,译. 7 版. 北京:中国轻工业出版社, 2008.

[5][6][8] 张厚粲, 徐建平. 现代心理与教育统计学[M]. 北京:北京师范大学出版社, 2009.

第十章

[1] 霍尔巴赫. 自然的体系(上)[M]. 北京:商务印书馆,1964.

[2] 莫雷. 心理学研究方法[M]. 广东:广东高等教育出版社,2007.

[3] Gravetter F. J.,Wallnau L. B. 行为科学统计[M]. 北京:中国轻工业出版社,2008.

[4] 邓铸. 心理统计学与 SPSS 应用[M]. 上海:华东师范大学出版社,2009.

[5] 王孝玲. 教育统计学[M]. 上海:华东师范大学出版社,2014.

[6] 邵志芳. 心理统计学[M]. 3 版. 北京:中国轻工业出版社,2017.

[7] [美]梅雷迪恩 · S.高尔，等. 教育研究方法导论[M]. 许庆豫，等，译. 6 版. 南京：江苏教育出版社，2002.

[8] 吴明隆. 问卷统计分析实务——SPSS 操作与应用[M]. 重庆：重庆大学出版社，2010.

第十一章

[1] Pearson K. The Ethic of Freethought and Other Address and Essay[M]. New York: Adam and Charles, 1901.

[2] [3] 张厚粲，徐建平. 现代心理与教育统计学[M]. 北京：北京师范大学出版社，2009.

[4] 贾俊平，何晓群，金勇进. 统计学[M]. 北京：中国人民大学出版社，2012.

第十二章

[1] [9] [美]萨克斯. 教育和心理的测量与评价原理[M]. 王昌海，等，译. 南京：江苏教育出版社，2002.

[2] [以色列]内伏. 教育评价概念的形成：对文献的分析评论[M]//瞿葆奎. 教育学文集：第 16 卷. 北京：人民教育出版社，1989.

[3] 李聪明. 教育评价的理论与方法[M]. 台北：幼狮书局，1961.

[4] Cronbach, L. J. 以评估改进课程[M]//Stufflebeam, D. L.，等. 评估模型. 苏锦丽，等，译. 北京：北京大学出版社，2007.

[5] Scriven, M. Evaluation as a discipline[J]. Studies in Educational Evaluation, 1994, (20): 147-166.

[6] 程书肖. 教育评价方法技术[M]. 北京：北京师范大学出版社，2004.

[7] 赵德成. 促进教学的测验与评价[M]. 上海：华东师范大学出版社，2016.

[8] [美]Linn R. L., Gronlund N. E. 教学中的测验与评价[M]. 北京：中国轻工业出版社，2003.

[10] [美]安娜斯塔西，厄比纳. 心理测验[M]. 缪小春，竺培梁，译. 杭州：浙江教育出版社，2001.

[11] 中华人民共和国教育部. 义务教育语文课程标准(2011 年版)[S]. 北京：北京师范大学出版社，2011.

[12] 戴海崎，张锋，陈雪枫. 心理与教育测量(修订本)[M]. 广州：暨南大学出版社，2007.

[13] 刘新平，张运良. 教育统计与测评导论[M]. 2 版. 北京：科学出版社，2013.

第十三章

[1] 赵德成. 促进教学的测验与评价[M]. 上海：华东师范大学出版社，2016.

[2] 中华人民共和国教育部. 义务教育语文课程标准(2011 年版)[S]. 北京：北京师范大学出版社，2011.

[3] [4] Bloom B. S., Madaus G. F., Hastings J. T. Evaluation to improve learning[M].

New York:McGraw-Hill,1971.

[5] [美]Bloom B.S.,等. 教育目标分类学提纲[M]//瞿葆奎. 教育学文集:第16卷. 北京:人民教育出版社,1989.

[6] [7] [美]安德森,等. 布卢姆教育目标分类学修订版(完整版)[M]. 蒋小平,等,译. 北京:外语教学与研究出版社,2009.

[8] [美]Linn R. L.,Gronlund N. E.教学中的测验与评价[M]. 国家基础教育课程改革"促进教师发展与学生成长的评价研究"项目组,译. 北京:中国轻工业出版社,2003.

[9] OECD.PISA 2009 Results:What Students Know and Can Do-Student Performance in Reading, Mathematics and Science (Volume Ⅰ) [EB/OL]. http://dx. doi. org/10. 1787/9789264091450-en,2010-10/2011-05.

[10] 李煜祥. 应用"命题双向细目表"的体会[J]. 华南师范大学学报(社会科学版),1999(5):102-105.

[11] [13] [美]格伦隆德,沃. 学业成就评测[M]. 杨涛,边玉芳,译. 9版. 北京:教育科学出版社,2011.

[12] 佚名. 国科大生物试卷玩诗意走红网络[EB/OL]. http://epaper.bjnews.com.cn/html/2015-05/17/content_577211.htm? div=-1,2015-05/2015-05.

[14] [美]Popham W. J.促进教学的课堂评价[M]. 国家基础教育课程改革"促进教师发展与学生成长的评价研究"项目组,译. 北京:中国轻工业出版社,2003.

[15] 蔡敏. 小学生数学学习情感评价的研究[J]. 教育科学,2010,(1):26-30.

[16] 一帆. 测验等值[J]. 教育测量与评价(理论版),2015,(3):54.

第十四章

[1] 董圣宏. 教育测量与评价的质量特性[M]//黄光扬. 教育统计与测量评价新编教程. 上海:华东师范大学出版社,2013.

[2] [13] [14] 戴海崎,张锋,陈雪枫. 心理与教育测量(修订本)[M]. 广州:暨南大学出版社,2007.

[3] [5] [美]安娜斯塔西,厄比纳. 心理测验[M]. 缪小春,译. 杭州:浙江教育出版社,2001.

[4] [7] [8] [11] [18] [19] [美]美国教育研究学会,美国心理学会,美国教育测量学会. 教育与心理测试标准[M]. 燕娓琴,谢小庆,译. 沈阳:沈阳出版社,2003.

[6] 孙晓敏,张厚粲. 效度概念演进及其新进展[J]. 心理科学,2004,27(1):234-235.

[9] 李方. 现代教育科学研究方法[M]. 广州:广东高等教育出版社,1997.

[10] [美]萨克斯. 教育和心理的测量与评价原理[M]. 王昌海,等,译. 南京:江苏教育出版社,2002.

[12] 赵德成. 内容效度:一个不容忽视的问题[J]. 语文建设,2006,(9):62-64.

[15] 张雨强,张志红. PISA 2006 科学试题的设计和开发及其启示[J]. 外国教育研究,2011,(2):59-65.

[16] 教育部初中毕业与高中招生制度改革项目组. 中考命题指导·语文[M]. 南京:江苏教育出版社,2005.

[17] [美]Sousa D. A. 脑与学习[M]. “认知神经科学与学习”国家重点实验室脑与教育应用研究中心,译. 北京:中国轻工业出版社,2005.

[20] Educational Testing Service. 2014 ETS Standards for Quality and Fairness[EB/OL]. http://www.ets.org/s/about/pdf/standards.pdf, 2015-05-01.

[21] [美]Popham W. J. 促进教学的课堂评价[M]. 国家基础教育课程改革“促进教师发展与学生成长的评价研究”项目组,译. 北京:中国轻工业出版社,2003.

第十五章

[1] [美]美国教育研究学会,美国心理学会,美国教育测量学会. 教育与心理测试标准[M]. 燕娓琴,谢小庆,译. 沈阳:沈阳出版社,2003.

[2] 戴海崎,张锋,陈雪枫. 心理与教育测量(修订本)[M]. 广州:暨南大学出版社,2007.

[3] 杨惠中,金艳. 大学英语四、六级考试分数解释[J]. 外语界,2001,(1):62-68.

后　记

经全国高等教育自学考试指导委员会同意，由教育类专业委员会负责高等教育自学考试教育学专业教材的审定工作。

《教育统计与测量》自学考试教材由北京师范大学教育学部赵德成教授主编。北京语言大学教育测量研究所谢小庆研究员、北京师范大学中国基础教育质量监测协同创新中心韦小满教授、鲁东大学教育科学学院孙善麟副教授和苏州大学教育学院李健宁副教授参加本教材审稿并提出改进意见。

编审人员付出了辛勤劳动，在此一并表示感谢。

全国高等教育自学考试指导委员会
教育类专业委员会
2018 年 9 月